패러독스 마인드셋

# 패러독스 마인드셋

### 골치 아픈 세상에서 '둘 다 모두' 사고가 가진 힘

웬디 K. 스미스, 메리앤 W. 루이스 지음 | 엄성수 옮김

## Paradox Mindset

상상스퀘어

양인 나에게 음이 되어준
마이클에게 이 책을 바칩니다.

_웬디 K. 스미스

늘 나의 롤모델이 되어준
아버지 스티브 휠라이트에게
이 책을 바칩니다.

_메리앤 W. 루이스

이 책을 읽고 나와 주변 세상을 보는 시각이 변했다. 두 저자 웬디와 메리앤은 철저한 연구와 아주 진솔한 말들을 통해, '둘 중 하나' 사고로는 꿈도 꿀 수 없었을 무한한 가능성의 세계로 우리를 이끈다.
_돌리 추그, 뉴욕대학교 경영대학원 교수,《상처 줄 생각은 없었어》저자

우리는 환원주의적이고 이분법적인 사고에서 탈피해 보다 통합적이고 전체적인 접근법을 받아들여야 한다. 이 책에서 웬디와 메리앤은 그러기 위해 우리가 어떻게 힘을 합쳐야 하는지 보여준다.
_지타 코브, 쇼어패스트 창업자 겸 최고경영자, 포고 아일랜드 인의 주인

삶은 제로섬 게임일까? 그래서 더 많은 X를 가지려면 결국 더 적은 Y에 만족해야 하는 걸까? 이런 의문은 비즈니스와 금융 분야에서 가장 절박하다. 이 책이 오늘날의 의사결정권자들에게 더없이 중요한 이유이기도 하다. 저자들은 전통적인 '둘 중 하나' 사고 대신 '둘 다 모두' 사고를 제시하면서, 오늘날 최상급 직원 관리 분야에서 논란이 되는 일과 삶의 균형 문제를 깊이 파고든다. 모든 기업의 임원이 꼭 읽어야 할 책이다.
_스텔리오스 하지-이오아누 경, 이지제트 창업자, 이지그룹 소유주, 스텔리오스 자선재단 이사장

이 책은 오늘날 세계가 안고 있는 가장 중대한 문제들을 해결하기 위해 창의적이고 지속 가능한 통찰력을 원하는 사람들에게 필독서다. 웬디와 메리앤은 통합적이며 흥미로운 연구를 통해 혁신적이며 새로운 사고방식을 갖는 방법을 소개한다. 모든 사람이 이 책을 읽고 '둘 다 모두' 사고에 필요한 각종 툴을 받아들인다면 이 세상은 더 살기 좋은 곳이 될 것이다.
_제러미 호켄스타인, 디지털 디바이드 데이터(DDD) 창업자 겸 최고경영자

이 책에서 웬디와 메리앤은 우리에게 보다 사려 깊고, 만족스러우며, 효율적으로 일상의 딜레마를 극복하는 법을 전하며, 비판적인 사고와 수련하는 능력, 새로운 관점을 선사한다.
_마티 윅스트롬, 아틀리에 펀드의 펀딩 파트너

우리는 비즈니스와 개인적인 삶 등 모든 영역에서 각종 역설을 경험한다. 리더인 우리가 그런 역설들을 알아내고, 그것들을 다루는 법과 단 한 가지 해결책만 찾는 함정을 피하는 법을 알게 된다면, 보다 효율적인 해결책을 찾을 수 있다. 이 책에서 저자들은 우리 모두가 직면하는 수많은 역설에 대한 새로운 통찰력은 물론 그 문제들을 해결하는 데 필요한 로드맵도 제공한다. 모든 독자에게 강력히 권하는 책이다.

_테리 켈리, W. L. 고어 & 어소시에이츠(고어) 전 최고경영자

인생을 살아가다 보면, 개인의 삶과 직업적인 삶 전반에서 상반된 요구들에 끼어 내적 갈등을 겪게 된다. '우리 인간은 얼마나 오랫동안 정신적 고통에 시달려야 하는가!' 이 책에서 저자들은 '승리 아니면 패배'라는 해결 방식 대신 대안을 가지고 서로 협력하면서 창의적인 문제 해결 방식을 제시한다. 나도 그랬지만 이 놀라운 책을 읽고 나면 더 많은 사람이 더 잘 자게 될 것이다.

_베치 마이어스, 전 하버드케네디스쿨 대중 리더십센터 임원, 《주도권 잡기Take the Lead》 저자

오늘날 리더들은 '둘 중 하나'라는 이분법적 틀을 뛰어넘어 보다 종합적이고 혁신적인 '둘 다 모두' 접근법을 택해야 한다. 그래서 이 책은 리더라면 꼭 읽어야 한다. 웬디와 메리앤은 리더들이 대체 어떻게 그런 접근법을 택하는지 수십 년간 연구했으며, 리더뿐 아니라 우리 모두에게 이 복잡한 세계에서 살아가는 데 필요한 지혜를 전한다.

_앤서니 실라드, 리더십 전문 교수, 《커넥션The Connection》 저자

모든 업무가 점점 더 복잡해져가는 세상에서 우리는 이제 '둘 중 하나' 사고를 버리고 '둘 다 모두' 사고를 받아들여야 한다. 역설에 관한 한 세계 최고의 권위자인 웬디와 메리앤은 그 사고를 전환하고 당면한 문제들을 해결하려면 어떻게 해야 하는지, 정확한 지침을 건넨다.

_스콧 소넨샤인, 라이스대학교 헨리 가디너 시몬즈 경영학 교수, 베스트셀러 《스트레치》 저자

©Kathy Atkinson

**웬디 K. 스미스** Wendy K. Smith

델라웨어대학교 경영학 교수이자 여성 리더십 계획 팀 책임자다. 조직 역설 분야의 전문가로서 리더와 개인이 서로 모순되지만 상호의존적인 요구에 효과적으로 대응하는 방법을 연구한다. 하버드경영대학원에서 조직 행동 분야 박사 학위를 받았으며, 동 경영대학원에서 전략적 역설 문제에 대한 연구를 시작했다. 조직 역설 분야에서 가장 많이 인용되는 상위 1퍼센트 연구자로 인정받았으며, 〈경영아카데미리뷰〉로부터 '최다 인용 연구상'(2019~2021년)과 '10년상'(2021년)을 받았다. 그의 연구 결과는 〈경영아카데미저널〉, 〈행정과학계간지〉, 〈하버드비즈니스리뷰〉, 〈조직과학회〉, 〈경영과학회〉 등 여러 학술지에 실렸다. 스미스는 델라웨어대학교, 하버드대학교, 펜실베이니아대학교 와튼 스쿨 등에서 강의를 했으며, 전 세계 고위 리더와 중간관리자 들에게 대인관계 역학, 팀 실적, 조직 변화, 혁신 등의 문제를 해결하는 데 도움을 주고 있다.

©Odessa James

## 메리앤 W. 루이스 Marianne W. Lewis

신시내티대학교 경영대학 학장이자 경영학 교수다. 조직 역설 분야의 선구적인 사상가로, 리더십과 혁신을 둘러싼 각종 갈등과 서로 상반된 요구들을 탐구한다. 인디애나대학교 경영대학원에서 경영학 석사 학위를, 켄터키대학교 경영경제대학원에서 박사 학위를 받았다. 한때 시티런던대학교 경영대학원 학장이었으며 풀브라이트 학자이기도 했다. 국제적인 연구자나 경영진과 협력하여 제품 개발 및 조직 변화에서부터 지배 구조, 경력 개발 등 다양한 분야에 이르기까지 역설을 연구한다. 조직 역설 분야에서 가장 많이 인용되는 연구자로 인정받았으며, 〈경영아카데미리뷰〉에서 '그해의 논문상'(2000년)과 '10년상'(2021년)을 받았다. 그의 연구 결과는 〈뉴욕타임스〉, 〈파이낸셜타임스〉, 〈하버드비즈니스리뷰〉, CNBC 등 유명 매체에 소개됐으며, 〈경영아카데미저널〉, 〈미국경영과학회〉 등 여러 학술지에 실렸다.

| 차례 |

## 1부  토대 : 역설의 장밋빛 약속과 위험

## 2부  접근법 : 역설 시스템

# 골치 아픈 세상에서
# '둘 다 모두' 사고가 가진 힘

오늘날에는 모든 것이 점점 더 복잡해지고 불확실하고 취약해지고 있다. 이제 '둘 중 하나' 사고에서 벗어나 '둘 다 모두' 사고를 취할 때가 되었다. 다루기 힘들어 보이는 갈등과 극복할 수 없을 듯한 문제가 도처에 널려 있다. 그리고 앞으로 나아갈 길을 찾기 위해서는 서로 다른 관점을 확인하고 통합할 필요가 있다. 나는 웬디 스미스와 메리앤 루이스를 오랫동안 알고 지냈다. 두 사람은 그간 삶에서 직면하는 가장 큰 문제들에 숨은 골치 아픈 역설paradox을 분석함으로써 우리가 나아갈 길을 밝혀왔다. 뛰어난 재능을 가진 이 두 사람은 혁신적인 연구를 통해 갈등의 가치를 일깨우고 사고방식을 전환하도록 함으로써, 새롭고 지속 가능하며 창의적인 해결책을 찾는 데 도움을 주고 있다.

## 지금 왜 '둘 다 모두' 사고가 필요한가?

최근 몇 년간의 뉴스 제목을 살펴보면 도처에 갈등이 존재한다는 사실을 알수 있다. 우리는 매일 사회와 조직, 개인 차원에서 갈수록 늘어나는 갈등 문제를 해결하느라 애쓴다. 무엇보다 코로나19 팬데믹이 모든 나라를 강타했으며, 그 결과 육체적·정신적·경제적 삶 역시 다방면으로 타격을 입었다. 또한 팬데믹이 진행되면서 직장 일과 개인 삶 간의 갈등이 고조되었고, 그로인해 이른바 '대퇴직great resignation'이라는 사태가 촉발되기도 했다. 사람들이더 나은 급여나 보다 큰 유연성, 더 깊은 의미를 좇아 대규모로 직장을 그만둔 것이다. 게다가 각종 자연재해부터 경찰의 과잉 진압으로 인한 조지 플로이드George Floyd 사망 사건에 이르기까지 여러 대형 사고가 터지면서, 인도주의적이며 전 세계적인 문제들이 모든 이의 공통 관심사로 논의되고 있다. 그러나 이런 사건들은 단합보다는 오히려 정치적인 분열만 심화시켰다. 지구 환경을 지속 가능하도록 하는 동시에 사회적 정의와 공정성을 바로 세우고, 모든 사람에게 동등한 경제적 기회를 제공한다는 것은 불가능한 꿈처럼보이기도 한다. 특히 유니레버Unilever의 전 최고경영자 폴 폴먼Paul Polman처럼(뒤에서 다시 다룬다) 사려 깊은 기업 리더들은 다른 기업을 향해 우리의 환경을망치지 말고 잘 보존하자고 외쳐왔다. 그러나 진전은 더디다. 우리가 직면한 문제들은 여전히 골치 아프고 사악하며 복잡하고 다양하다.

웬디와 메리앤은 그런 문제들을 해결하려면 역설을(두 사람은 역설을 지속적이며 상호의존적인 모순이라고 정의한다) 제대로 이해할 필요가 있다고 주장한다. 이 책을 읽다 보면 아마 도처에서 역설이 보일 것이다. 서로 다른 방향으로 끌어당기는 상반된 요구들, 즉 오늘과 내일 간의 갈등, 자신과 다른 사람 간의 갈등, 모든 것을 그대로 유지하려는 욕구와 바꾸려는 욕구 간의 갈등에 직면한다. 팬데믹에 대처하기 위해 애쓰는 국가의 리더든, 변화하는 시장에 신속히 적응하려 애쓰는 조직의 리더든, 경력상의 변화를 맞아 고군분투 중인 개인이든, 그런 갈등을 용기를 내 있는 그대로 받아들여야 한다. 웬디와 메리앤에 따르면, 그렇게 해야 모든 도전에 창의력을 발휘하고 발전할 수 있다.

웬디나 메리앤과 마찬가지로, 나 역시 연구를 통해(주로 배움과 조직 내 협력에 대한 연구) 각종 경계를 뛰어넘어야 하는 도전을 제대로 이해하는 법을 배웠다. 지식과 전문성이 중시되는 환경에서 성공하려면 지식, 지위, 거리의 경계를 넘어 다른 사람들과 교류하면서 끊임없이 배우고 협력해야 한다.[1] 그런데 배움과 협력에는 많은 갈등이 따른다. 뭔가를 배우려면 오늘 우리가 알고 있는 것들을 중히 여기면서 동시에 내일을 위한 새로운 통찰력을 기르기 위해 지식을 포기할 수도 있어야 한다. 그리고 협력을 하려면 개인의 헌신을 중히 여기면서 동시에 집단의 이익을 위해 개인의 욕구와 선호는 기꺼이 접을 수도 있어야 한다. 이런 역설들을 통해 배움과 협력이 더 강력해지고 도전적인 것이 된다. 물론 서로 솔직할 수 있는 믿을 만하고 안정적인 대인관계가 없다면 힘들다. 수십 명의 학자와 전문가의 연구로 더 확장된 나의 연구에 따르면, 사람들은 심리적 안정감이 따를 때 편하게 자기 의사를 표명하고, 본연의 자기 모습을 보일 수 있으며, 보다 효과적으로 배울 수 있다.[2] 그러나 심리적 안정감이라는 개념에도 역설적인 갈등이 내포되어 있다. 스스로 취약한 상태가 되기 위해서는 용기가 필요하기 때문이다. 나는 심리적 안정감과 용기가 동전의 양면이라고 생각한다. 대인관계의 위험을 줄이기 위해서는 동전의 한 면인 심리적 안정감이 필요하고, 각종 위험을 무릅써야 하는 개인에게는 동전의 다른 면인 용기가 필요하다. 자신이 말하고 행동하는 것이 인정받을 만한지 미리 정확히 알 수는 없기 때문이다. 어떤 사람이 아이디어를 내고 싶지만 거부당할까 봐 두렵다면, 개인은 사실상 딜레마에 빠진다. 딜레마에 빠졌을 때, 그 딜레마에 구체적인 이름을 붙이면 도움이 된다. 갈등 자체에 주의를 집중시키는 것이다. 그런 식으로 대화에 임하면 갈등을 극복하고 앞으로 나아가는 데 도움이 된다.

웬디와 메리앤의 이 책이 너무도 설득력 있는 이유는 우리가 직면한 역설들에 구체적인 이름을 붙이는 일 이상을 하기 때문이다. 또한 모든 역설을 헤쳐나갈 길을 제시하면서 골치 아픈 퍼즐을 창의성과 가능성의 원천으로 바꿔준다. 25년 넘게 해온 연구를 토대로 여러 툴을 제공하며, 통합된 시스템 안에서 그 툴을 어떻게 사용하는지 보여준다. 나는 그들의 역설 시스템이 앞으로 수년간 각종 리더십 개발 프로그램에 폭넓게 적용될 것이라 확신한다.

## 나는 왜 웬디와 메리앤이 쓴 이 책에 흥분할까?

내가 처음 만났을 때 웬디는 하버드경영대학원에서 박사 학위 과정 중이었다. 당시 나는 영광스럽게도 웬디의 논문을 심사하는 위원 중 한 명이었다. 웬디는 IBM의 리더들이 어떻게 그들의 기존 제품과 서비스를 유지하면서 동시에 혁신을 추구할 수 있었는지를 연구함으로써 역설이라는 개념에 도달했다. 그들이 미래의 이익을 확보하려면 현재의 이익도 확보해야 한다는 사실을 깨달았던 것이다. 웬디가 연구에서 역설에 초점을 맞춘 데는 일리가 있었지만 위험도 따랐다. 역설이라는 개념은 그 뿌리가 수천 년 전까지 거슬러 올라간다. 또한 1970년대와 1980년대에 찰스 페로Charles Perrow, 앤디 반 드 벤Andy Van de Ven, 마셜 스콧 풀Marshall Scott Poole, 밥 퀸Bob Quinn, 킴 캐머런Kim Cameron 등 영향력 있는 경영학자들이 조직론에서 역설을 탐구했지만, 그런 흐름은 이후 여러 해 동안 사라졌다.[3] 그러나 웬디는 포기하지 않았다.

당시 메리앤도 비즈니스 연구를 통해 역설을 파고들고 있었고, 하버드경영대학원 선배였던 메리앤의 아버지를 통해 여러 해 전에 운 좋게 메리앤을 소개받았다. 당시 조직 행동 분야에서는 제한된 숫자지만 관련 출판물이 점차 늘고 있었는데, 메리앤은 철학과 심리학의 통찰을 추가해 역설에 대한 획기적인 논문을 썼다. 그 논문으로 유명 학술지에서 '그해 최고 논문상'을 받았고, 곧 많은 학자 사이에 역설과 관련된 더 폭넓은 논의의 장이 열렸다.

웬디와 메리앤은 역설이라는 개념에 대해 함께 연구하며 그야말로 무적의 팀이 되었다. 두 사람은 먼저 학술적인 방식으로 각종 개념에 접근했으며, 역설 개념의 토대를 세운 중요한 논문을 공동 저술해 지난 10여 년간 한 주요 학술지에서 가장 많이 인용된 저자들이 되었다. 그런 다음 각종 실험을 통해 역설에 대한 기본 지식을 확대하고 검증했으며, 역설을 헤쳐나가는 법을 연구했다. 또한 자신들의 철학을 토대로 역설에 관심을 가진 학자나 기업 리더, 개인들을 연결하는 커뮤니티를 만들었으며, 관련 분야 학자들을 상대로 각종 콘퍼런스와 심포지엄도 개최했다. 지난 10여 년간 전 세계 학자들 사이에서는 역설 관리의 본질과 관련된 광범위한 연구가 진행되었다. 또한 웬디와 메리앤은 기업 리더와 중간관리자, 최일선 직원 들과 함께 일하면서 많은 걸 배웠고 각종 아이디어를 제시해 그들의 업무에 도움을 주기도 했다. 간단히 말해, 두 사람은 연구와 실무 분야에 지대한 영향을 줄, 즉 이 시대에 꼭 필요한 역설이라는 개념을 발전시켜왔다.

결국 웬디와 메리앤이 강조하는 것은 '둘 다 모두' 사고가 개인의 도전과 세계적인 문제를 동시에 해결해줄 보다 창의적이고 지속 가능한 해결책이 될 수 있다는 것이다. 앞서 언급했듯이, 각종 딜레마를 더 깊이 파고들 때마다 우리는 골치 아픈 모순 또는 역설을 발견한다. 역설로 곤경에 빠지고 무력해질 수 있지만, 그에 내재된 창의적인 갈등을 잘 받아들인다면 에너지를 높이고 혁신을 꾀할 수 있다. 이 책에 담긴 많은 툴과 실례가 유용한 길잡이가 되어줄 것이다. 그 모든 것을 즐거운 마음으로 읽기를 바란다.

에이미 C. 에드먼슨Amy C. Edmondson
하버드경영대학원 리더십 및 경영학 교수

# 어떤 문제들은
# 왜 그리 도전적인가?

나(웬디)는 이 서문의 초고를 쓰다 계속 멈추곤 했다. 당시는 코로나19 팬데믹이 한참 기승을 부릴 때였다. 코로나 봉쇄로 우리 다섯 식구는 직장 일과 학교 일을 집에서 해야 했고, 집 안은 늘 어수선했다.

당시 아홉 살이던 아들은 내가 글을 쓸 때면 식탁 맞은편에 앉아 계속 이런저런 질문을 하거나 도움을 청했다. 때로는 '줌Zoom' 비밀번호를 찾지 못했고, 때로는 헤드셋이 제대로 작동하지 않았다. 당시 아이는 수업에서 중국 문화를 배우고 있었는데, 내가 자기 나이 때쯤 4개월간 중국에서 살았다는 것을 알고는 중국에 대한 모든 얘기를 해달라고 했다. 나는 아들을 상대해주고 싶었지만, 이 서문의 집필을 마쳐야 한다는 압박감에 시달리고 있었다. 일과 삶 사이에 쌓아놓은 모든 경계가 완전히 무너져버린 기분이었다.

좌절감이 점점 커져갔다. 집필 작업은 엉망이었다(그래서 이 서문은 여러 차례 수정되었다). 적어도 아들은 줌 수업을 한 번 이상 놓쳤다(그런데도 아무렇지 않아 보였고, 그래서 또 놀랐다). 나는 마치 한참이나 줄다리기를 하는 기분이었다. 그리고 나의 일과 아들의 학업 관련한 일 사이에 끼어 이도 저도 못 하는 기분이었다.

한편 다른 도시에 고립되어 있던 나(메리앤)는 몸담고 있던 경영대학원의 중요한 후원자와 통화한 뒤 전전긍긍하고 있었다. 그 후원자가 불만을 토로한 것이다. 10여 년 전 경영대학원 부학장이던 시절에 나는 그와 함께 새로운 상급 프로그램을 만들었다. 우리에게는 세 개의 상급 프로그램이 있었는데, 각기 애초에 서로 다른 목적으로 만들어진 프로그램이었다.

그러나 그 프로그램들은 시간이 지나면서 계속 변질되었고, 한때 뚜렷했던 목적 또한 흐릿해졌다. 급변하는 비즈니스 환경과 학생들의 요구에 맞추기 위해 혁신해야 했고, 동시에 브랜드 혼동과 내부의 비효율성 문제도 해결해야 했다.

이제 경영대학원 학장이 된 나는 극심한 압박감을 느끼고 있었다. 6개월에 걸친 전략 수립 끝에 각 프로그램의 장점을 취합해 통합된 하나의 프로그램을 만들면 큰 이점이 생긴다는 것을 알게 됐다. 그러나 학생과 졸업생, 후원자 들은 기존의 각 프로그램을 소중히 여겼다. 나는 미래를 위한 혁신과 전통 중시 사이에 끼어 갈피를 잡지 못했다. 이런저런 감정이 고조되고 있었다.

학자들은 흔히 가장 힘들다고 느끼는 연구를 '나 찾기'(우리의 경우 '우리 찾기')라고 한다. 우리는 그 말이 사실이라고 믿는다. 여러 해에 걸쳐 학문적 공동

작업과 우정을 통해, 일과 삶 그리고 그 둘 모두에서 직면하는 많은 문제를 서로 공유해왔다. 또한 정치적 양극화, 기후변화, 인종차별, 경제적 정의 문제 등 오늘날 세계가 안고 있는 가장 큰 문제들에 대해 고민하며 밤늦게까지 머리를 싸맸다. 개인적이면서 세계적인 문제이기도 한 이 문제들은 갈등을 일으킨다. 우리만 이런 경험을 하는 것이 아님을 안다. 갈등은 우리를 인간답게 만들며, 사람들끼리 연결되도록 돕는다. 문학, 철학, 심리학, 사회학, 조직론 분야의 옛 문헌과 오늘날의 문헌을 읽다 보면, 지속적인 갈등은 인간의 삶에서 일부분임을 새삼 깨닫게 된다.

잠시 시간을 내 당신이 직면했던 다른 문제를 생각해보라. 아마 우리와 마찬가지로 코로나19 팬데믹 기간 중 육아 문제에 부딪혔을 것이다. 아니면 전 세계적인 코로나 봉쇄 사태 속에서 물리적 거리두기를 하면서 어떻게 하면 사회적 고립감을 느끼지 않을 것인가 하는 문제를 놓고 고심했을 것이다. 어쩌면 새로운 일자리를 찾을 것인가 또는 직원을 일시 해고할 것인가 또는 새로운 계획에 자원들을 쓸 것인가 하는 문제를 놓고 결정해야 했을 것이다. 아니면 우리처럼 어려운 결정을 하며 집단이나 기업 또는 조직을 이끄느라 고군분투했을 것이다. 아마 별 노력 없이도 어떤 문제에 직면했는지 알 것이다. 당신이 〈포춘〉 선정 500대 기업의 최고경영자든 기업가든 관리자든 부모든 학생이든 누구든 상관없다. 우리 모두 개인 문제부터 조직 내 도전, 가장 다루기 힘든 전 세계적 위기에 이르기까지 각종 힘든 문제에 직면한다. 때로는 매일, 이 골치 아픈 문제들이 우리의 감정 에너지와 정신 에너지의 상당 부분을 잠식한다.

자, 이제 자신에게 물어보라. '그 문제는 왜 그리 힘겨웠을까?' 자신의 도전을 되돌아보면서 종종 불안감, 회의감, 예측을 떠올리게 된다. 어떻게 해결책을 찾았는지 그 세세한 부분을 떠올리기도 한다. 그러면서도 대개 이런 문제들이 왜 그리 힘겨웠는지 이해하지 못한다.

'가장 힘겨운 문제에는 무엇이 숨어 있고, 또 우리는 거기에 어떻게 대처해야 할까?' 이 의문은 우리가 수십 년간 연구를 계속할 수 있었던 강력한 원동력이었다. 삶에서 그리고 넓은 세상에서 우리가 직면하는 도전들은 워낙 광범위해서 이 의문은 특히 더 강력한 원동력이 되는 것 같다. 우리 모두에게 문제를 해결할 더 나은 접근법이 있다면, 보다 효과적이고 창의적이며 지속 가능한 해결책을 만들 수 있을 것이다.

25년 넘게 해온 연구를 통해, 사람들이 자신의 가장 힘겨운 문제에 대해 알고 있는 것과 실제 대처하는 방식 사이에 커다란 괴리가 있음을 알게 됐다. IBM과 레고LEGO 같은 거대 기업과 스타트업, 소셜 기업은 물론 비영리단체와 정부 기관에 대해서도 많은 연구를 했다. 그 연구는 그리스와 캄보디아 그리고 세상과 동떨어진 한 섬에서 행해졌다. 우리는 조직 안에서 더없이 힘겨운 도전에 맞서 싸우는 리더들로부터 많은 것을 배웠다. 일상 문제부터 인생을 바꿀 만큼 중대한 결정에 이르기까지, 많은 개인적인 문제를 해결하려 애쓰는 사람들에 대해서도 연구했다.

어떤 맥락에서든 이 골치 아픈 문제들은 해결이 쉽지 않다. 그건 여러 대안 중에서 하나를 선택해야 하는 딜레마를 안겨주기 때문이다. 현재의 경력이 주는 편안함에 머물러야 할까 아니면 새로운 기회를 찾아 과감히 도약해야 할까? 회사 전체에 가장 좋은 일을 해야 할까 아니면 개별 직원에게 가장 좋은 일을 해야 할까? 내 시간을 주로 나 자신에게 필요한 것을 위해 써야 할

그림 I-1

## 갈등의 언어

딜레마 (조장)

우리에게 선택을 요구하는 상반된 옵션.

갈등

상반되며 대체 가능한 기대치와 요구가 있는 상황. 갈등은 아주 중요한 개념으로, 딜레마를 조장하고 역설의 토대가 된다.

역설 (토대)

상호의존적인 모순. 동시에 존재하며 오랜 시간 지속된다.

까 아니면 다른 사람들에게 필요한 것을 위해 써야 할까? 이런 식으로 우리는 서로 상반된 요구들로 갈등을 겪는다. 이는 마치 내적인 줄다리기와 같은 것으로, 우리에게 반응을 요구한다.

이런 종류의 문제에 대처하기 위해 '어떻게 분명하고도 설득력 있는 선택을 해야 하는가'와 관련해 중요한 제안을 하는 책은 많다. 그러나 선택에 앞서 문제의 본질을 더 깊이 들여다봐야 한다. 이 책을 쓰기 전에 행해진 연구의 핵심 주제들을 면밀히 들여다봐야 하는 것이다. 먼저 '갈등'과 '딜레마' 그리고 특히 '역설'을 제대로 이해해야 한다. 이 세 용어의 정의를 내리는 것으로 시작해보자.

- **갈등:** 서로 상반되며 대체 가능한 기대치와 요구가 있는 모든 종류의 상황. 이때 우리는 내적인 줄다리기를 하는 기분이 든다. 갈등이라는 말은 아주 중요한 개념으로, 딜레마를 조장하며 역설의 토대가 된다. 갈등은 좋은 것도 아니고 나쁜 것도 아니다. 창의성과 지속 가능성의 원동력이 되기도 하고 수동적이거나 파괴적인 것으로 발전하기도 한다. 또한 갈등의 파급력은 우리가 어떻게 반응하느냐에 따라 달라진다.

- **딜레마:** 상반되는 대안이지만 각기 그 자체로 논리적인 해결책을 제공하는 상황. 우리에게 닥쳐오는 문제와 도전은 종종 이런 딜레마의 형태로 그 모습을 드러낸다. 그때 우리는 대체 가능한 옵션 중에서 선택해야 한다는 압박감을 느낀다. 각 옵션의 장점과 단점을 따져보는 과정에서 갈피를 잡지 못한다. 한 옵션의 장점은 다른 옵션의 단점이 되고, 반대의 경우도 마찬가지다. 분명하고도 올바르고 지속성 있는 해결책을 찾기 위해 많은 시간과 에너지를 쏟지만, 해결책이 나타나지 않는 경우가 많다. 게다가 여러 옵션 중에서 선택하게 될 경우, 시간이 지나면서 다람쥐 쳇바퀴 돌 듯 어떤 틀에 갇히게 된다. 그렇게 악순환에 빠진다.

- **역설:** 우리가 빠진 딜레마에 내재된 상호의존적이며 지속적인 모순. 딜레마에 빠져 여러 옵션 사이에서 깊이 고민하다 보면, 밀물과 썰물 같은 변화 속에서 상반된 힘들이 뒤엉키게 된다. 모순이 내재되어 있으므로 역설은 처음에 불합리해 보이기도 한다. 하지만 자세히 들여다보면 전체적으로 시너지 효과를 내는 상반된 요구들 속에 나름대로 합리적인

면이 있음을 알게 된다. 그래서 역설이란 말 대신 양극성 또는 변증성이라고 하는 사람들도 있다. 그러나 우리 연구에서는 오랜 전통에 따라 그리고 복잡하면서도 이해하기 힘든 면을 반영해 역설이란 말을 사용했다.

　서문 도입부에서 언급한 딜레마에 대해 생각해보라. 나(웬디)는 내 일을 해내면서 동시에 아들 일에도 관심을 보이기 위해 애를 썼다. 이 딜레마에는 일과 삶, 나 자신과 다른 사람들, 규율과 자연스러움, 주는 것과 받는 것 간의 역설이 깔려 있다. 대체 어떻게 하면 아들에게 도움을 주고 아이에게 필요한 일을 해주면서, 동시에 규율을 지키고 경계를 유지하며 해야 할 일에 집중할 수 있을까? 나(메리앤)는 어떻게 하면 학교를 위해 중요한 전략적 혁신을 꾀하면서 동시에 소중한 후원자와 졸업생 들을 만족시킬 것인가 하는 문제를 놓고 고심했다. 이 딜레마를 통해 우리의 상급 프로그램들을 바꿀 것인지, 바꾸지 않을 것인지 하는 문제를 놓고 대체 가능한 옵션들이 생겨났다. 그러나 그 딜레마에는 과거와 미래, 안정과 변화, 중앙집권화와 분권화 사이의 역설이 깔려 있었다. 대체 어떻게 하면 시장에서의 기회를 살리고 운영상 필요한 일을 충족하면서 동시에 소중한 전통과 정체성도 유지할 수 있을까?

　갈등은 우리를 서로 반대되는 방향으로 끌어당긴다. 그래서 갈등 상태에서는 불편함과 불안감이 생긴다. 우리는 이런 갈등을 종종 대체 가능한 옵션들 사이에서의 딜레마로 경험하며, 선택을 강요당하는 느낌을 받게 된다. 그러나 이런 딜레마 밑에 깔린 역설이 꼭 상반된 것만은 아니다. 상호의존적이기도 하다. 역설의 상반된 힘들은 서로를 규정하고 보강한다. 예를 들어 자신에게 집중하는 것과 다른 사람들에게 집중하는 것 간의 역설을 생각해보라. 자신이 건강할수록 사람들과 더 좋은 관계를 맺고 사람들을 더 잘 도울 수 있다. 그리고 사람들로부터 도움을 잘 받을수록 자신이 더 건강해진다. 비슷한 이유로 중앙집권화가 더 잘된 조직일수록 분권화된 단위 조직에 더 많은 힘을 실어줄 수 있고, 그 반대 경우도 마찬가지다. 결국 상반된 요구로 인해 서로에게 더 큰 힘을 실어주게 되는 것이다.

또는 살아가면서 직면하는 수많은 도전에 얼마나 많은 안정과 변화의 역설이 숨어 있는지 생각해보라. 가던 길을 계속 갈 것인가 아니면 새로운 길을 시도할 것인가? 우리는 안정을 추구함으로써 계속 현실에 뿌리를 두고 집중력을 높이려 한다. 그러면서 또 새로움과 모험 그리고 성장을 위해 변화도 추구한다. 안정과 변화는 상반된 동시에 서로 밀접하기도 하다. 자신에게 또는 조직에 변화를 주고 싶은가? 그렇다면 기존의 자신, 기존의 조직을 중시하는 데서 시작하는 것이 가장 좋다. 더 큰 안정을 누리고 싶은가? 그렇다면 뭔가 변화를 주면서 안정을 추구해야 할 것이다. 살아남아 장기적인 번영을 누리려면 안정과 변화 간의 상호작용을 받아들여야 한다.

상반되면서도 상호의존적인 관계는 결코 사라지지 않고 계속 유지된다. 자신과 다른 사람들, 과거와 미래, 안정과 변화 간의 상반된 힘에 수없이 맞닥뜨린다 해도 갈등은 계속 나타날 것이다. 딜레마의 세세한 면은 변할 수도 있지만, 그 밑에 숨어 있는 역설은 변하지 않는다. 내(웬디)가 식탁에서 아홉 살 아들의 맞은편에 앉아 있던 순간은 '일하는 부모'라는 입장에서 직면한 많은 순간 중 하나였다. 이런 경험의 세세한 면은 시간이 지나면서 벼

했지만, 그 모든 상황에는 늘 일과 삶, 자신과 다른 사람들, 주는 것과 받는 것 간에 생겨나는 역설이 깔려 있다. 우리가 맞닥뜨리는 딜레마는 우리에게 해결책을 찾으라고 요구하지만, 그 밑에 깔린 역설은 결코 완전히 해결될 수 없다.

## '둘 중 하나' 사고에서 '둘 다 모두' 사고로

'둘 다 모두' 사고는 우리가 맞닥뜨리는 딜레마에 숨은 역설을 알아차리면서 시작된다. 그다음엔 더 효과적으로 역설을 헤쳐나가는 것을 배운다.

역설을 헤쳐나가려면 갈등이 양날의 검이라는 점을 이해해야 한다. 갈등은 우리를 부정적인 길로 내몰 수도 있고 긍정적인 길로 이끌 수도 있다. 파도는 전기 에너지가 되어 생산적일 수도 있지만, 그 자체로 파괴적일 수도 있다. 갈등 역시 파괴적이며 해로울 수 있는 반면, 창의력을 높이고 기회를 창출해줄 수도 있다. 선구적 학자이자 활동가인 메리 파커 폴릿Mary Parker Follett은 갈등에 어쩔 수 없이 자연스럽고 가치 있는 모순이 내재되어 있다고 강조한다. 다시 말해 갈등 속에는 목표, 요구, 이해관계, 관점 간의 차이가 존재한다. 이런 갈등에 대해 폴릿은 다음과 같이 마찰의 본질을 파고들어 설명한다.

우리는 마찰을 탓할 게 아니라 제대로 활용해야 한다. 그래서 안 될 이유가 뭔가? 엔지니어는 마찰을 어떻게 활용하는가? 물론 엔지니어의 주 임무는 마찰을 없애는 것이지만, 마찰을 잘 활용해야 하는 것 역시 그의 임무다. 벨트에 의한 동력 전달은 벨트와 도르래 간의 마찰에 따라 달라진다. 열차를 움직이려면 기관차의 구동 바퀴와 선로 간 마찰이 필요하다. 모든 연마 역시 마찰로 이루어진다. 바이올린 연주 역시 마찰로 소리를 낸다.[1]

그러나 갈등은 우리에게 불안감을 안긴다. 딜레마를 경험할 때, 그 자리에서 도망쳐 확실하고 안전한 곳으로 가고 싶은 마음이 들기도 한다. 딜레마는 대안이 될 옵션들을 제시할 뿐, 그 답이 없는 의문으로 인해 상황이 불확실해지기 때문이다. 그래서 우리는 보다 이분법적인 '둘 중 하나' 사고를 활용해 여러 옵션 중 하나를 선택하는 접근법으로 좁혀 의문에 답하는 데 집중한다. 그렇게 분명한 선택으로 불확실성을 없애 단기적으로 불안감을 줄일 순 있지만, 그 결과로 창의력이 제한되고 더 지속 가능한 가능성이 줄어든다. 살아가면서 우리는 어디서 저녁을 먹을 것인가(피자집 아니면 동네 주점?) 하는 평범한 문제부터 어떻게 살 것인가(연인과 결혼할까, 헤어질까?) 하는 거창한 문제까지, 그 모든 문제에 직면할 때마다 '둘 중 하나' 사고를 택하는 경향이 있다. 부모가 자기 아이를 위한 옵션(어린이집에 맡길 것인가, 집에서 돌볼 것인가?) 중에서 선택하려 할 때 '둘 중 하나' 사고를 택하듯, 리더들 역시 전략적 딜레마(해외 시장으로 진출할 것인가, 국내에 머물 것인가?)에서 벗어나려 할 때 '둘 중 하나' 사고를 택한다. 이런 딜레마는 서로 배타적으로 느껴질 수 있다. 한 옵션을 선택하면 다른 옵션은 버려야 하기 때문이다.

물론 '둘 중 하나' 사고는 아주 유용하다. 별일 아닌 결정이거나, 시간이나 노력을 쏟을 가치가 없는 문제라면 우리는 일단 분명한 선택을 하려 할 수 있다. 예를 들어 저녁에 무얼 먹을지, 침대 옆에 놓인 책 중 무얼 읽을지 같은 결정을 위해 굳이 역설을 깊이 파고들 필요는 없다. 또한 문제가 다시 발생하지 않을 것이라고 믿는다면, 최종 선택을 하려 할 수도 있다. 내(웬디)가 학생들에게 즐겨 하는 말인데, 안 좋은 관계를 끝내기 위해서는 '둘 중 하나' 결정이 유용하기도 하다.

그러나 '둘 중 하나' 사고는 좋게 말하면 한계가 있고 나쁘게 말하면 안 좋은 딜레마로 이어질 수 있다. 또한 갈등은 방어적인 심리 상태를 유발해 뭔가 선택을 하게 만든다. 그러나 선택은 문제를 심화할 수도 있다. 심리학 연구 결과에 따르면, 우리는 늘 불확실성과 변화보다는 안정과 일관성을 선호하기 때문이다. 일단 어떤 선택을 하게 되면 일관성을 유지하고 싶어 하는 경우가 많다. 그렇게 뭔가를 하는 방식에 익숙해져 다람쥐 쳇바퀴 돌 듯 틀에 박힌 삶을 살게 된다. 그러니까 뭔가 급격한 변화를 겪지 않는 이상 현상 유지를 하게 된다. 이런 경향 때문에 우리는 대개 과한 수정을 하고, 그 바람에 반대쪽 대안으로 가는 악순환에 빠진다. 다이어트를 해봤다면 아마 폭식을 오가는 경험을 해봤을 것이다. 조직은 과한 혁신과 충분치 않은 혁신 사이를 오가는 경우가 많다. 정치권은 더 보수적인 정책과 더 진보적인 정책 사이를 오간다. 결국 이런 종류의 '둘 중 하나' 사고로 인해 대체 가능한 옵션 사이를 오가는 악순환에 빠지게 된다. 이는 많은 혼란이 도사리고 있는 멀고도 험한 길이다.

그런데 우리가 딜레마를 달리 생각하게 된다면 어떨까? 서로 배타적인 옵션 사이에서 선택하는 대신 딜레마에 숨어 있는 역설을 밖으로 끌어내고 그 역설이 해결될 수 없다는 걸 인정하고 시작한다면? 대체 가능한 역설의 양극단을 선택하는 대신 "양극단을 동시에 선택하면 안 되나?" 하는 질문을 던진다면 어떨까? 시간을 갖고 상반된 요구들을 충족해나간다면 어떨까? 그러면 '둘 다 모두' 사고를 하게 되며, 그 결과 갈등을 받아들이고 더 창의적이고 효과적이며 지속 가능한 해결책을 찾을 수 있게 된다. 그렇게 함으로써 이분법적 사고를 뛰어넘는 전체론적 통합을 볼 수 있다. 또한 '둘 다 모두' 사고는 대화를 가능하게 하며 선순환을 촉진한다.

지난 25년간 우리 두 사람은 최고경영자, 임원, 중간관리자, 동료, 학생, 친구 들과 함께 역설을 연구해왔다. 이들 중 상당수는 우선 딜레마에 빠지게 한 역설을 찾고 그런 다음 '둘 다 모두' 사고를 택했다. 예를 들면 이런 식이었다.

- 지타 콥은 자신이 태어난 섬인 캐나다 뉴펀들랜드주 포고 아일랜드가 다시 활력을 되찾을 수 있도록 돕고자 애썼다. 시골 공동체가 흔히 겪는 일이지만, 포고 아일랜드의 경우 주요 자원인 대구의 씨가 마르고 있었다. 콥은 20대 때 다른 많은 사람처럼 섬을 떠났다. 그리고 JDS 유니페이스 사에서 리더십을 발휘해 캐나다에서 두 번째로 높은 연봉을 받는 여성 경영자 자리를 획득한 뒤 40대에 섬으로 돌아왔다. 콥은 포고 아일랜드 공동체가 그곳의 대구처럼 씨가 말라버리는 지경에 이르지 않도록 경제 개발을 지원하고자 했다. 또한 포고 아일랜드를 세계 경제와 연결하면서 동시에 독특한 유산과 문화를 유지할 방법을 알아내기 위해 고군분투했다. 즉 과거의 것에 관심을 쏟으면서 동시에 현재를 바꾸고 싶었고, 전통을 유지하면서 동시에 현대화하고 싶었으며, 지역 내

유대감을 유지하면서 동시에 세계와 연결되는 이점을 누리고 싶었다.

- 테리 켈리는 W. L. 고어 앤 어소시에이츠 사가 창립 50주년을 맞이할 무렵 최고경영자 자리를 넘겨받았다. 그 회사는 지역 의사 결정권이 리더들에게 분산된 조직 문화를 가진 곳으로, '소규모 팀들의 힘'을 기반으로 삼고 있었다. 그러나 회사가 성장하자 분권형 방식이 조직을 작은 단위로 쪼갰고, 강력한 구심점이 없는 상태가 되었다. 켈리는 이 딜레마를 해결하는 과정에서 중앙집권화와 분권화, 성장과 친밀감 간의 역설에 맞닥뜨릴 것임을 잘 알았다.

- 미국 사우스캐롤라이나주 찰스턴 시 경찰청장인 그레그 멀린은 마더 에마누엘 아프리칸 감리교(AME) 교회에서 인종차별 때문에 벌어진 흑인 9명 살해 사건에 큰 충격을 받았다. 그는 찰스턴 시를 더 안전한 곳으로 만들고 싶었다. 그러려면 먼저 지역 주민과 경찰 사이에 생겨난 깊은 균열과 불신을 해결해야 했다. 그의 도전에는 신뢰와 불신, 시민과 경찰, 포함과 배제 간의 역설이 지속적으로 숨어 있었다. 멀린은 적대적인 집단들 사이에 세워진 장벽을 허무는 일에 착수했고, 모두가 힘을 합쳐 공동의 목표를 향해 갈 수 있게 했다.

- 병원 관련 모금 활동 전문가인 엘라 프랑케(가명)는 다른 병원으로부터 더 큰 역할을 맡아달라는 제안을 받았다. 그렇게 드림팀을 이끌 기회를 맞았으나, 프랑케는 딜레마에 빠졌다. 회사에 계속 남아 팀을 이끌고

주요 모금 활동을 끝내야 할까, 현재 회사를 떠나 보다 도전적인 새 기회를 잡아야 할까? 한편으로는 지금 팀에 대한 책임감이 중요했고, 현재 모금 활동을 잘 마무리 짓고 싶었다. 다른 한편으로는 경력을 쌓는 새로운 일을 시작하고도 싶었다. 이런 딜레마에서 벗어나기 위해 프랑케는 우선 현재 자기 일에 대한 책임감과 경력을 쌓고 싶다는 욕구 사이에 숨은 역설을 찾아내야 했다.

이들은 모두 자신 앞에 놓인 가장 도전적인 문제를 해결하기 위해 역설을 활용했다. 그리고 당면한 딜레마를 뛰어넘기 위해 숨은 역설을 찾았다. 그럼으로써 자신이 당면한 가장 힘겨운 문제를 해결할 새로운 대안을 찾을 수 있었다. 우리는 이 책을 통해 직업과 개인의 삶 사이에서 직면하게 되는 역설을 헤쳐나온 많은 사람의 이야기를 공유하고자 한다. 각자 처한 상황도 직면한 문제도 다르지만, 이들의 이야기에는 한 가지 공통점이 있다. '둘 다모두' 사고는 숨어 있는 역설을 밖으로 드러내고, 새롭고 더 창의적이며 보다 오래 지속되는 가능성을 안긴다는 것이다.

## 가장 중요한 것은 타이밍이다

역설은 새로운 개념이 아니다. 2500년 전 지적인 사고가 싹틀 무렵 발생했다. 우리는 역설이란 개념을 파고들면서 늘 옛사람들의 통찰에서 많이 배운다. 노자의 《도덕경》 같은 동양철학과 그리스 철학자 헤라클레이토스의 철학 같은 서양철학에서 많은 것을 배우고 있다. 흥미로운 사실은 이런 통찰이 같은 시대에 나타났다는 것이다. 통신이나 다른 연결 수단이 극히 제한되던 시대에 세계 여러 지역에서 거의 동시에 나타났다. 그런데 세월이 흐르면서 우리는 합리적인 사고와 단순명쾌한 (한 가지로만 사고하는) 선형적 사고linear thinking에 치우치게 되었다. 그 결과로 우리가 맞닥뜨리는 도전들 이면에 숨은 역설과도 단절되게 되었다.

오늘날 우리 모두가 개인적으로 또 세계적으로 맞닥뜨리는 문제들을 헤쳐나가려면 역설과 관련된 통찰이 필요하다. 그래야 '둘 다 모두' 사고를 활용해 힘거운 문제들을 해결할 수 있다. 우리는 연구 과정에서 각종 딜레마에 숨은 역설을 더 중요하게 만드는 세 가지 요소, 즉 '변화, 결핍, 다극화'를 찾아냈다.[2] 변화의 속도가 빠를수록 미래는 더 빨리 현재가 되며, 우리는 오늘과 내일 간의 갈등을 더 잘 해결해야 한다. 또한 자원 결핍이 심화할수록 자기 몫의 파이를 차지하기 위해 더 치열하게 싸워야 한다. 결국 자신과 다른 사람들, 경쟁과 협력 사이에 갈등이 생기게 된다. 또한 더 많은 목소리와 아이디어를 내고 더 많은 통찰을 가질수록 상반된 접근법들이 생겨나 공동의 문제를 더 잘 해결할 수 있게 되며, 통합된 세계적 관점과 독특한 지역의 관점 사이에서 더 많은 갈등을 겪게 된다. 빠른 속도로 기술이 발전하고 천연자원이 줄어들며 세계화가 진행된다는 점을 감안하면, 현재 우리가 살고 있는 세계야말로 더없이 완벽한 역설의 세계가 아닐까 싶다.

일상 문제 외에 우리가 맞닥뜨린 가장 고약하고 다루기 힘든 문제에서도 역설을 본다. 예를 들어 기후문제에는 시스템 차원의 변화와 개인 차원의 변화, 단기적인 것과 장기적인 것 간에 역설이 숨어 있다. 마찬가지로 다양성과 인종과 관련된 문제에는 수용과 배제, 개인적 관계와 조직 변화라는 역설이 숨어 있다.

도전이 심화하면서 사람들은 역설의 언어를 더 사용하게 되고 그런 상황에서 양극단이 서로 뒤얽힌다. 예를 들어 우리는 정치적으로 양극단에 속한 세계 리더들이 '둘 다 모두' 사고를 요구하는 것을 본다. 작가이자 학자인 브레네 브라운Brené Brown이 전 미국 대통령 버락 오바마와 인터뷰했을 때, 오바마는 자신이 헤쳐나온 역설에 대해 다음과 같이 말했다.

역설, 그러니까 삶의 모호성, 회색 지대들, 불합리성을 알아내되 그 때문에 무기력해지지 않는 것. 이는 충분히 가능하고도 필요한 일이며…… 미국 대통령으로서 내가 할 일은 미국 국민의 안전을 지키는 것입니다. 반면 우리의 경계 밖에서는 평화와 공정, 정의에 대한 관심이 큽니다. 나는 어떻게 그 모든 걸 조화시키고, 또 군 통수권자로서 역할을 다하면서 올바른 결정을 내릴 수 있을까요?

경제 위기에 대처해야 하는 문제도 있습니다. 우리는 자유시장제도가 엄청난 효율성과 부를 창출하고 있으며, 또 그 제도가 충동적으로 무너뜨릴 제도가 아니라는 사실을 받아들여야 합니다. 많은 사람이 경제와 관련해 제대로 된 결정을 내려주길 바라고 있습니다. 반면에 제대로 작동하지 않고 부당하며 사람들에게 좌절감과 분노만 안겨주는 경제 분야도 있는데…… 둘 다 사실이며, 그런데도 여전히 제대로 된 결정을 내려야 합니다.[3]

대선에서 오바마 전 미국 대통령과 경쟁을 벌였던 존 매케인 상원의원 역시 비슷한 생각을 갖고 있었다. 2018년 당시 매케인은 자신이 뇌종양으로 죽어가고 있음을 알았다. 그래서 그는 고별 메시지를 썼다. 우리 모두를 향해 "세계 도처에 분노와 증오와 폭력의 씨를 뿌려온 종족 간의 경쟁"을 뛰어넘어 앞으로 나아갈 것을 촉구했다. 그러면서 통합을 외쳤으며, 서로를 연결해줄 '둘 다 모두' 사고를 가질 것을 요구했다. "우리가 만일 벽을 허물지 않고 그 뒤에 숨는다면, 늘 그래왔듯 우리의 이상이 변화를 일으킬 위대한 힘을 갖고 있다는 걸 의심한다면, 우리는 스스로 약해질 것입니다."[4] 결국 두 리더 모두 오늘날의 세계가 복잡하다는 것을 인정했고, 정치 체제를 떠받치고 있는 서로 반대되는 중요한 힘들을 이해하고 받아들일 필요가 있다는 것을 잘 알았다. 오바마와 매케인은 정치적 라이벌이었어도 우리가 직면한 문제들을 해결하려면, 갈수록 심해지는 정치적 양극화를 극복하고 서로 다른 이념과 가치를 재연결할 방법을 찾아야 한다는 데 의견이 일치했던 것이다.

또한 리더들은 조직의 목표와 임무를 제대로 전달하기 위해 '둘 다 모두' 언어를 구사한다. 예를 들어 300년이 넘는 역사를 가진 영국 글로벌 금융기업 바클레이즈Barclays는 자신들이 다음 세기까지 살아남으려면 주주와 이해당사자를 만족시키면서 동시에 기존 시장과 임무에도 충실해야 한다는 걸 강조하며, AND 캠페인(둘 중 하나가 아니라 둘 다 모두 중시한다는 뜻—옮긴이)을 벌였다. 또한 스타벅스의 최고경영자는 최근 회사 차원에서 고객을 위해 편하면서도 빨리 커피를 제공하고 동시에 지역사회 모임을 위한 공간을 만들 생각이 없느냐는 질문을 받고 이렇게 답했다. "그러나 우리는 그런 종류의 타협이 필요하다곤 생각지 않으며…… 지금도 우리 매장에선 그 두 가지 경험을 다 제공할 수 있고 앞으로도 계속 그럴 겁니다."[5] 예일대학교도 마케팅 캠페인에서 이런 언어를 썼다. "예일대학교의 특성은 AND라는 단어에 가장 잘 드러납니다." 그들의 대학 소개 책자에 나온 말이다. 그러면서 교육에 대한 자신들의 접근법은 크면서도 작고, 강의실 안과 밖을 다 중시하며, 다양성과 공동체 의식을 높이는 것이라고 설명했다. 최근에는 정치 참모인 후마 애버딘Huma Abedin(2016년 미국 대선에서 힐러리 클린턴 선거 캠프에서 활동—옮긴이)이 이질적인 세계에서 겪은 삶을 다룬 회고록에 'Both/And(이 책의 원제에 사용된 단어—옮긴이)'라는 제목을 붙이기도 했다.[6] 이외에도 '둘 다 모두' 언어가 사용된 사례는 얼마든지 있다.

## 다음은 무엇인가? 뭐가 새로운가?

지금 Both/And, 즉 '둘 다 모두'는 일종의 만트라가 되어가고 있다. 이를 위해 역설의 언어를 사용하는 것이 바람직한 첫걸음이다. 역설의 언어를 사용하다 보면, 우리가 직면하는 딜레마 밑에 숨어 있는 긴밀히 얽힌 상반된 요구들이 보이며, 서로 상반된 힘들을 통합하는 것이 중요하다는 점을 새삼 깨닫게 된다.

그러나 실질적인 힘은 말이 아니라 실행으로 옮길 때 나온다. 어떻게 하면 우리가 직면하는 딜레마 밑에 숨은 역설을 이해할 수 있을까? 어떻게 하면 '둘 다 모두' 사고를 통해 그 역설을 효과적으로 헤쳐나가고 긍정적이며 지속적인 결과를 얻을 수 있을까?

우리가 이 책을 쓴 목적이 그것이다. '둘 다 모두' 사고를 통해 우리가 맞닥뜨리는 가장 힘겨운 개인적, 사회적 문제를 해결하는 데 도움을 주고 싶었다. 학자인 우리 두 사람은 20여 년간 역설을 연구해왔다. 역설의 본질을 규명하는 작업을 했고, 사람들이 '둘 다 모두' 사고를 통해 어떻게 효율적으로 역설에 대처할 수 있는지에 대해 연구했다. 지금 우리의 목표는 연구 결과를 알리고, 경험적 증거와 이론적 통찰 그리고 실용적 툴을 제공해 숨은 역설을 찾고, 그와 관련된 문제를 헤쳐나가도록 돕는 것이다.

'둘 다 모두' 사고를 택하기 위해 무엇보다 역설의 본질을 이해하고 다시 '둘 중 하나' 사고에 빠질 수 있는 함정을 알아내야 한다. 1부에서는 기초 개념을 다룰 것이다. 2부에서는 '둘 다 모두' 사고를 가능하게 하는 접근법을 소개할 것이다. 이는 우리가 역설에 대해 생각하고 느끼는 것에 영향을 준다. 그러기 위해서는 안정감을 주는 동시에 역동적인 변화도 가능하게 해주는 환경이 조성되어야 한다. 우리는 그렇게 하는 데 필요한 일련의 툴을 찾아냈고, '역설 시스템paradox system'에서 소개할 것이다. 마지막으로, 이 시스템을 실제로 활용해 다양한 딜레마 상황에서 '둘 다 모두' 사고를 활용하는 법을 알아볼 것이다. 단계마다 과정을 소개하고 있는 3부는 역설 시스템을 위한 사용설명서와 같다. 이 역설 시스템을 개인적인 결정, 집단 간 갈등, 상반된 요구들을 충족시킬 조직 전략에 적용해볼 것이다.

역설은 수천 년간 철학자, 심리학자, 신학자를 포함한 학자들에게 혼란, 좌절감, 기쁨을 안겨주었다. 그리고 이제 우리가 직면하는 개인과 조직 차원의 도전에서 그 모습을 드러내고 있다.

역설을 무시하면 더 큰 문제가 올 뿐이다. 그래서 효과적인 대처가 더 나은 접근법이라고 생각한다. 창의적인 갈등을 있는 그대로 받아들이면 자신의 문제에 더 잘 대처할 수 있고, 사람들과 더 잘 합심해 세계적인 문제도 해결할 수 있을 것이다. 그러다 보면 성장과 배움의 여정을 계속할 수 있다. 이 책에서 영감을 얻어 인류의 가장 힘겨운 문제들을 해결하는 데 도움이 될 창의적이고 지속 가능한 방법을 찾을 수 있기를 바란다.

# 1부

# 토대

## : 역설의 장밋빛 약속과 위험

일상적인 관심사에 의해서든 세계적인 문제에 의해서든 사람들이 상반된 방향으로 끌려가는 상황이 지속되면서, 세계는 지금 위기를 맞고 있다. 오늘과 내일, 자신과 다른 사람들, 안정과 변화 가운데 어느 쪽 요구에 집중해야 할까? 우리는 지금 상반된 요구들에 둘러싸여 있다. 그러나 그런 딜레마에 숨어 있는 것은 역설, 즉 모순되면서도 상호의존적인 갈등이다. 그에 효과적으로 대처하기 위해 먼저 역설의 본질을 잘 이해해야 한다.

수천 년간 역설은 철학자와 과학자, 심리학자에게 에너지를 불어넣었고 혼란도 안겨왔다. 이처럼 모순되면서도 상호의존적인 갈등은 양날의 검과 같아, 새롭고 창의적이며 지속적인 통찰의 가능성을 열 뿐 아니라 엄청난 좌절감도 안긴다. 이 같은 역설의 불합리성과 부조리 속에서 막다른 골목에 부딪칠 수도 있다. 1부에서는 '둘 다 모두' 사고의 토대를 깊이 파고들어 가볼 것이다. 갈등을 받아들이려면 역설을 깊이 이해해야 하는데, 역설은 좋기도 하고 나쁘기도 하고 소중하기도 하고 도전적이기도 하다. 또한 역설의 정의와 특성, 그 종류에 대해서도 알아볼 것이다. 그리고 악순환에 빠질 수 있는 상황에 대해서도 경고할 것이다. 2500년 넘게 축적되어온 인류의 통찰이 오늘날 우리가 역설을 잘 헤쳐나가도록 거인의 어깨 위에 서게 해줄 것이다.

# 1

# 갈등 경험하기

## 왜 역설인가? 왜 지금인가?

안개를 헤치고 앞으로 나아가라.

**- 캐나다 뉴펀들랜드 지역에서 전해오는 말**

지타 콥Zita Cobb은 어찌해야 좋을지 갈피를 잡을 수 없었다.

콥은 이제 막 기업 경영진 자리에서 물러난 상태로, 사업 감각을 활용해 고향인 캐나다 뉴펀들랜드주 포고 아일랜드의 지역 경제를 발전시키는 데 일조하고 싶었다. 그런데 제8세대 포고 아일랜드인인 콥은 그 섬 특유의 것들, 그러니까 섬의 전통, 아름다움, 지식 전수 방식은 보존하고 싶었다. 그건 결코 쉬운 일이 아니었다.

콥은 수년간 포고 아일랜드에서 많은 변화를 봐왔다. 어린 시절의 그녀는 문명 세계와 동떨어진 외딴 섬에 사는 아이답게 그 외진 야생 지역을 마음껏 돌아다녔다. 대서양 북단에 위치한 섬인 포고 아일랜드와 주변 바다에서 아이들은 파트리지베리partridgeberry 열매를 땄고 카리부caribou(북아메리카의 순록—

옮긴이)의 흔적을 쫓았다. 바다로 나가 바다오리를 찾았고 떠다니는 빙산을 피해 다녔으며, 바위투성이 해변에서 몇 시간씩 어부들을 도와 섬 주민들의 주식인 대구를 당일에 잡아 내렸다.[1] 콥은 생존을 위해 합심하는 포고 아일 랜드 공동체의 끈끈한 유대감에서 힘을 얻으며 성장했다.

그런데 1970년대에 들어 국제적인 공장형 선단들이 심해의 대구를 잡기 위해 대형 저인망 어선을 동원했고 연안의 어족 자원은 씨가 말라갔다. 그 러자 어업으로 생계를 이어가던 뉴펀들랜드의 주민들은 종일 바다에 나갔 다가 빈 배로 돌아오는 일이 잦아졌다. 지역 어족 자원이 줄자 사람들은 굶 주리고 좌절했고 삶의 의욕도 잃었다. 그리고 주요 자원이 고갈된 다른 소 도시들과 마찬가지로 사람들이 떠났다. 게다가 어족 자원 회복의 일환으로 주 정부가 연안 어업을 일시 중지시켰고, 그 바람에 제조업으로 일자리를 찾 아 떠나는 어부가 늘었다. 그렇게 포고 아일랜드의 인구는 줄었다. 그러자 주 정부는 연락선 운행은 물론 폐기물 처리 등의 서비스도 줄였다. 의료 서 비스는 제한됐고 보육 시설은 전무했다. 삶이 피폐해지고 생계가 위협받자 더 많은 사람이 떠났다. 콥 역시 결국 캐나다 수도 오타와로 이주해 칼턴대 학교에서 경영학을 공부했다.

콥은 마침내 광섬유 기업 JDS 유니페이스JDS Uniphase의 최고전략책임 자CSO가 되었고, 캐나다에서 손꼽히는 여성 비즈니스 리더가 되었다. 그러 나 포고 아일랜드가 늘 콥을 향해 손짓했다. 결국 2006년에 섬으로 돌아가 삼촌 아트Art에게서 물려받은 솔트박스 하우스saltbox house(앞은 2층이고 뒤는 1층 인 소금통 모양의 주택—옮긴이)에 살았다. 당시 콥은 40대로, 포고 아일랜드 지역 사회에서는 젊은 세대에 속했다.

다른 주민들과 마찬가지로 콥 역시 섬의 독특한 지식 전수 방식과 존재 방식을 소중히 여겼다. 또한 섬 주민들은 목공예와 어업 관련 지식, 접대 문화, 북대서양에 대한 경의와 존경, 혹독한 기후에서 살아가는 자신들의 적응력도 소중히 여겼다. 이 모든 건 섬 주민들이 대대로 물려받은 것으로, 미래 세대에도 물려주어야 할 유산이었다. 그러나 이제 전통을 보존하기 위해서라도 생활 방식을 바꿀 수밖에 없다고 느꼈다. 세상은 바뀌고 있었다. 더는 연안 어업으로 생계를 꾸려나갈 수 없었다. 세계 경제의 부름을 무시할 수도 없었다. 콥의 말처럼, 이제 "낡은 것을 가지고 살아가는 새로운 방식"을 찾아내야 했다. 이제 자신들의 지역 경제가 살아남으려면 세계 공동체와 연결되는 방법을 찾아내야 한다는 것도 알았다.

너무 힘든 일이었다. 어떻게 하면 과거의 영광을 보존하면서 미래로 나아갈 수 있을까? 어떻게 하면 지역공동체가 가진 독특하면서도 소중한 것들을 잃지 않으면서 세계 경제와 연결될 수 있을까? 그들은 모든 걸 유지하기 위해서라도 변해야 했다. 독창성을 보존하기 위해 마음의 문을 열고 더 넓은 시각을 받아들여야 했다.

처음에 콥은 오빠인 앨런Alan과 토니Tony와 함께 포고 아일랜드를 도울 최선의 방법이 장학금 제도를 만들어 학생들을 대학에 보내는 것이라는 결론을 내렸다. 섬 주민 가운데 상당수는 항구 건너편 첫 번째 도시인 갠더 너머를 가본 적이 없었다. 젊은이들을 도와 세계관을 넓히고 각종 기술을 습득하게 하면 포고 아일랜드에도 새로운 기회들이 생기리라. 그러나 지역사회 사람들은 이 아이디어가 초래할 의도치 않은 결과를 지적했다. 장학 제도로 인해 섬의 두뇌 유출만 더 심화될 것이라는 지적이었다. 학생들은 대학에

가게 되겠지만, 결국 새로운 기회를 찾아갈 것이고 절대 섬으로 돌아오지 않으리라는 것이다. 그래서 콥은 그 계획을 폐기했다.

콥의 다음 계획은 새로운 시각을 가진 사람들을 포고 아일랜드로 끌어들일 장치를 마련하는 것이었다. 그런 사람들로 전위예술가만 한 사람들이 또 있을까? 그래서 콥은 예술가들이 쓸 작업실을 네 개 만들었고, 예술가 상주 프로그램도 만들었다. 작가와 화가, 조각가 등을 초대해 포고 아일랜드의 아름다운 자연 속에서 작업하게 하는 프로그램이었다. 예술가들로 하여금 현지 주민과 어울리면서 창의적인 세계관을 공유케 하고, 그러면서 포고 아일랜드 고유의 것을 배워 지구촌 공동체에 널리 알리게 하자는 데 목적이 있었다. 실제로 새로운 통찰을 가진 예술가들이 왔지만, 발전 속도는 더뎠고 변화의 필요성만 더 커져갔다. 포고 아일랜드의 경제를 일으키고 인구를 다시 늘리려면 몇 개월마다 상주 예술가 네 명을 데려오는 걸로는 턱없이 부족했다.

포고 아일랜드를 재건하기 위해 콥이 달리 할 수 있었던 일은 무얼까? 가장 쉬운 일은 회사나 공장을 세우는 것이다. 그러나 제조 공장이 들어서면 자연경관은 물론 수 세기 동안 섬을 지탱해온 야생의 자연 문화와 공동체 분위기가 망가지리라.

콥은 선택의 기로에 섰다. 낡은 것과 새로운 것, 전통적인 것과 현대적인 것, 지역적 특색과 전 세계적 연결, 점진적 발전과 시급한 요구 사이에서 갈등을 느꼈다. 근본적으로 역설과 씨름하고 있었던 것이다.

# 역설 이해하기

역설은 도처에 널려 있다. 우리 두 저자가 처음 만나 나누었던 대화의 골자도 그것이었다. 당시 나(메리앤)는 역설의 역사와 철학, 심리학에 대한 깊은 탐구가 담긴 원고 집필을 막 마친 상태였다. 더 많은 것을 읽을수록, 크든 작든 살아가며 부딪히는 모든 도전에는 상반되고 복잡한 것이 많이 내재되어 있음을 확인할 수 있었다. 그리고 더 많은 것을 쓸수록, 더 많이 넘쳐나는 에너지를 느꼈다. 한편으로는 이 만연한 그리고 당혹스러운 불합리에 어찌 대처해야 하나 하는 문제로 왠지 불안하고 부담스러웠다. 그런데 이런 생각과 감정을 털어놓았을 때 웬디는 계속 힘차게 고개를 끄덕여주었고, 덕분에 나는 안심이 되었다. 웬디 역시 도처에서 역설을 보았고, 이해하기 힘든 그 복잡성으로 인해 마음까지 복잡해져 있었다.

당시 나(웬디)는 박사 과정을 밟던 학생이었다. 대기업 리더들이 어떻게 혁신을 꾀하면서 동시에 시장에 깔린 기존 제품을 관리하는지에 대해 연구하고 있었다. 그러다 메리앤과 처음 대화를 나눈 뒤 생각이 확고해졌다. 내가 연구 대상으로 삼은 리더들은 상반된 오늘과 내일의 요구에 직면해 있었다. 역설이라는 개념 덕에 그들에게 가장 시급한 도전이 무엇인지 이해할 수 있었다. 다른 한편으로는 불안감 같은 것도 느껴졌다. 이 기업 리더들은 대체 어떻게 과거와 현재를 동시에 다 수용할 수 있었을까?

많은 사람과 역설에 대해 이야기를 나누어보면, 그들 역시 명료성과 모호성 사이에서 당혹스러워한다. 우리의 가장 큰 도전을 명료하게 설명해주는 것처럼 느껴지던 생각이 때로는 쉽게 모호해지기도 한다. 통찰이 깊다고 느끼던 생각이 바로 불합리한 것으로 바뀔 수도 있다.

경영학자 윌리엄 스타벅 William Starbuck은 역설이 우리에게 얼마나 불합리하게 보일 수 있는지를 알아본 적이 있다. 그는 인간이 각종 역설을 비이성적이고 혼란스럽다고 느끼는 것은 인지 능력의 한계 때문일지도 모른다고 말했다. "우리는 뉴욕증권거래소의 서까래를 타고 돌아다니면서 그 원칙을 규명하려 애쓰는 침팬지 같은 존재일지도 모릅니다. 우리가 보는 역설은 제한된 추론 능력과 논리를 가진 생명체에겐 불합리해 보일지 모르지만, 보다 복잡한 뇌나 다른 형태의 논리를 구사하는 뇌를 가진 생명체에게는 합리적으로 보일 수도 있겠죠."[2]

스타벅의 말처럼 역설이 인지 능력의 한계를 확장할 수도 있다. 그러나 우리는 자신의 인지 능력 내에서도 얼마든지 필요한 패턴과 통찰을 찾아낼 수 있으며, 그 결과로 더 효과적으로 역설을 이해하고 관련 문제에 대처할 수 있다고 믿는다. 안개가 낀 길 같은 이런 상황을 헤쳐나가기 위해 우리는 수년간 학문적 툴을 정밀하게 다듬어왔다. 역설이란 무엇인가? 역설이 왜 중요한가? 어떻게 역설을 관리해야 하는가? 이런 의문에 대한 답을 다듬어 온 것이다.

우리는 역설의 정의를 명확히 하는 것으로 시작했다. 이 상반된 힘들 사이의 비논리적이고 해결 불가능한 연결고리를 여러 방법으로 정의했다. 우리는 연구에서 옛 학자들과 현대 학자들의 도움을 받아 역설을 '동시에 존재하고 오랫동안 지속되는 모순되면서도 상호의존적인 요소'로 정의했다.[3]

그림 1-1

## 음양: 역설의 이미지

- **모순성**: 검은색과 흰색 부분이 상반된 이원적 특성을 나타낸다.

- **상호의존성**: 검은색과 흰색 부분이 서로를 규정하고 보강하며 하나로 합쳐져 완전한 원형이 된다.

- **지속성**: 검은색과 흰색 부분은 늘 작은 쪽에서 큰 쪽으로 흐르며, 검은색과 흰색 부분 안의 두 점은 한 힘이 계속 움직이면서 어떻게 반대쪽 힘의 원천이 되는지를 보여준다.

다음 페이지의 '역설: 수천 년 전에 만들어지다'에서는 역설 사고의 초창기 뿌리를 설명한다. 음양의 상징은 동양철학에서 나온 것으로, 역설의 세 가지 핵심 특징인 '모순성', '상호의존성', '지속성'에 대한 설명이 들어 있다 (그림 1-1).

'거짓말쟁이의 역설 liar's paradox'은 이렇게 지속적이며 상호의존적인 모순의 대표적인 예다. 그리스 철학자들은 수천 년 전에 이 개념을 만들었는데, 이는 이후 많은 논리학자의 속을 태웠다. 이 역설은 "나는 지금 거짓말을 하고 있다"라는 말로 단순화된다. 이 말은 진실과 거짓 사이의 상반된 본질을 나타낸다. 이런 모순은 불합리하고 상호의존적인 연결고리 안에 들어 있다. 만일 내가 '나는 거짓말을 하고 있다'라고 말하면서 진실을 말한다면, 나는 거짓말을 하고 있는 것이다. 그러나 만일 내가 '나는 거짓말을 하고 있다'라고 말하면서 거짓말을 한다면, 나는 진실을 말하고 있는 것이다. 결국 논리적이고도 철학적인 해결책을 찾기 위해 여러 노력을 해도 "나는 지금 거짓말을 하고 있다"라는 말은 절대 사라지지 않고 진실과 거짓 간의 갈등을 일으킨다.[4]

## 역설: 수천 년 전에 만들어지다

서로 긴밀히 얽혀 있는 상반된 것들에 대한 통찰력은 기원전 5세기경에, 그러니까 2500년도 훨씬 전에 나타났다. 현대의 스위스계 독일 철학자인 카를 야스퍼스Karl Jaspers는 그 시기를 '축의 시대Axial Age'[a]라고 했다. 그 시기에 혁신적인 개념이 대거 탄생했음을 감안하면, 세계는 축을 중심으로 회전하며 인류 문명의 토대를 재설정하는 듯 보였다. 인간 사회가 처음으로 역설이라는 개념을 놓고 씨름한 때도 그 시기였다.

역설이라는 개념은 세계 도처에서 나타났다. 그 예로 우리는 동양(중국)철학과 서양(그리스)철학에서 나온 통찰을 집중적으로 다루고자 한다. 흥미롭게도 서로 다른 지역의 여러 철학자가 우리 세계에서 흔히 볼 수 있는 역설의 본성에 대해 비슷한 얘기를 했다. 그리고 그들의 통찰에는 이원성과 역동성이라는 두 가지 공통된 특징이 있었다.

첫째, 두 지역의 철학자들은 전체론적 조화가 이원적인 것들의 통합에 달려 있다면서 상반된 것들의 통합을 강조했다. 예를 들어 중국의 노자가 쓴 《도덕경》은 다음과 같은 말로 존재하는 것과 존재하지 않는 것 간의 시너지를 주장했다. "모든 것은 존재에서 태어난다. 그리고 존재는 존재하지 않는 것에서 태어난다."[b] 그리스 철학자 헤라클레이토스는 같은 개념에 대해 다음과 같은 말로 더 직접적인 주장을 했다. "상반된 것들은 통합되고, 가장 뛰어난 조율은 서로 반대 방향에서 나오며, 모든 것은 갈등에서 생긴다."[c]

둘째, 이 철학자들은 삶이 역동적인 것으로 끊임없이 변한다고 했다. 헤라클레이토스는 오늘날에도 자주 인용되는 다음과 같은 말로 유명하다. "누구도 같은 강물에 다시 발을 담글 수 없다." 흐르는 강이 순간순간 변하듯, 사람도 마찬가지다. 노자 역시 비슷한 말을 했다. "참된 것은 변하는 것처럼 보인다." 훨씬 심오한 말이지만, 이 철학자들은 이원성으로 인해 역동성이 커진다고 했다. 즉 서로 반대되는 것들은 계속 부딪히며 서로를 바꿔놓기 때문에 끊임없이 변화가 일어난다는 것이다. 노자는 이런 개념에 대해 다음과 같은 말을 했다. "만일 무언가를 줄이고 싶다면 먼저 그것이 늘어나도록 허용해야 한다. 만일 무언가를 없애고 싶다면 먼저 그것이 번성하도록 허용해야 한다. 만일 뭔가를 취하고 싶다면 먼저 그것이 주어지게 허용해야 한다. 이를 만물의 존재 방식에 대한 미묘한 인식이라 한다."[d]

이원성과 역동성의 이런 특징은 역설과 관련된 사고의 토대가 되며, 2500년이 지난 오늘날까지 그대로 전해지고 있다. 역설을 연구하는 사람들은 지금도 수천 년 전에 생겨난 이 개념을 토대로 삼고 있다.

---

a. Jaspers (1953).

b. 노자의 《도덕경》 40장. 여기에 나오는 노자의 말은 모두 미첼Mitchell이 번역한 《도덕경》(1988)에서 인용.

c. 오클라호마대학교 학생이던 랜디 호이트Randy Hoyt는 헤라클레이토스의 저서에는 흥미로운 통찰이 들어 있지만 일반 대중이 그 저서를 접하기 어렵다는 사실을 깨달았다. 그래서 웹사이트를 개설해 헤라클레이토스의 말을 포스팅하고 영어로 번역했으며 본문에 주도 달았다. 편집자 랜디 호이트의 저서 《The Fragments of Heraclitus》 참고(2020년 7월 http://www.heraclitusfragments.com/files/e.html 접속). 이 말은 이 책 B9에서 발췌. 그레이엄Graham(2019)도 헤라클레이토스의 말을 자세히 분

석했다.

**d.** 미첼이 번역한 노자의 《도덕경》(1988) 36장.

역설은 우리 삶에서 이런 논리적 퍼즐과 비슷한 방식으로 작동한다. 포고 아일랜드 주민들이 직면한 문제들을 생각해보라. 그들은 해결책을 찾아야 했는데, 대체 가능한 여러 옵션이 있어 심각한 딜레마에 직면했다. 예를 들면 섬의 인구를 늘리기 위해 어떤 종류의 프로그램과 기회에 투자할 것인가 하는 문제를 놓고 딜레마에 빠졌다. 그러나 그런 딜레마에는 역설이 숨어 있었다. 포고 아일랜드 주민의 수를 늘리고 생계와 문화 그리고 지식을 유지하려면 결국 공동체 전체가 변해야 했다. 또한 지역공동체를 중시하려면 세계 경제와 연결될 필요가 있었다. 그리고 당면한 딜레마에는 안정과 변화, 옛것과 새것, 전통 유지와 현대화, 지역과 세계 간의 역설들이 있었다. 섬의 주민들은 양극단 사이에서 선택해야 한다는 압박감을 느꼈다. 과거에 집중할 것인가, 현재에 집중할 것인가? 지역 문화를 잘 유지할 것인가, 자신들의 공동체에 몰려드는 전 세계적인 힘을 허용할 것인가? 그러나 콥은 양극단적인 이 옵션 중에서 선택한다면, 한계는 물론 부작용까지 있으리라는 것을 깨달았다. 무엇보다 이렇게 환원주의적 사고로는 전체 그림을 볼 수 없으므로 포고 아일랜드를 곤경에 빠뜨릴 수 있었다. 연안 어업을 중단시키고 섬 주민들을 제조업 분야로 이동시키려는 주정부의 정책은 단기적인 경제 문제에 초점이 맞춰져 있을 뿐, 섬과 그 공동체에 정말 소중한 것은 완전히 간과하고 있었다. 섬 주민들에게는 그런 상황에서 벗어날 새로운 접근법이 필요했다.

정곡을 찌르는 다른 예로 소중한 사람들 간의 관계에 내재된 역설을 생각해보자. 연인은 서로 닮은 점이 두 사람을 하나로 이어준다고 생각하는 경우가 많다. 그러나 사실 사람을 끌어당기는 것은 서로 반대되는 점이며, 연인으로 하여금 서로에게 몰두할 수 있게 해주는 것 역시 서로 보완하는 다른 점인 경우가 많다. 다른 점이 연인 사이에 불꽃을 일으키고 시너지 효과를 내게 한다. 물론 시간이 지나면서 상반된 접근법은 지속적인 논쟁의 근원이 되기도 한다. 어떤 경우에는 이런 차이가 별것 아니지만, 또 다른 경우에는 뜨거운 감자가 된다. 차이는 일상, 휴가, 돈에 대한 결정 등 모든 일에서 모습을 드러낸다. 그리고 상반된 접근법을 둘러싸고 논쟁이 벌어질 때 우리는 딜레마에 빠진다. 그러나 그런 딜레마 밑에는 지속적이고 역동적이며 양극단적인 것, 즉 역설이 숨어 있다.

우리가 맞닥뜨리는 딜레마는 감기 증상과 비슷하다. 그러니까 증상 완화에 집중하면서 정작 그 증상 밑에 숨은 근원적인 것을 놓치는 경우가 많다. 예를 들어 우리는 다음 휴가 때 어디를 갈지 결정하면서 여러 옵션을 놓고 저울질한다. 단체 관광을 갈지 아니면 독립적으로 해변에 묵을지, 집이나 집 근처에서 보낼지 아니면 외국으로 갈지, 대가족과 함께 시간을 보낼지 아니면 꼭 가보고 싶던 곳에서 시간을 보낼지 등등. 그러나 특정 순간에 여러 옵션 중 무얼 선택하든, 계획적으로 움직일지 아니면 우발적으로 움직일지, 검소하게 할지 아니면 화려하게 할지, 자기중심적으로 할지 아니면 다른 사람들 중심으로 할지 등등, 서로 상반된 요구들 간에 여전히 또 다른 역설이 남게 된다. 이렇듯 지속적이며 서로 밀접하게 뒤얽힌 상반된 요구들로 인해 우리는 이런저런 도전에 맞닥뜨리게 되며, 그 결과로 무력감이나 좌절감에 빠지기도 한다. 그러나 그런 도전에는 늘 배우고 성장할 기회, 창의력을 발휘할 수 있는 기회가 따른다. 우리가 공유하는 목표를 소중히 여기고, 상호보완되는 다른 점을 소중히 여겨 사람들과의 관계를 돈독히 하고 유대감을 키우며 상호지원을 늘린다면, 우리는 그 모든 가능성을 제대로 활용할 수 있다.

## 4가지 형태의 역설

비단 우리만 도처에서 서로 밀접하게 뒤얽힌 상반된 요구들을 보고 있는 것은 아니다. 먼 옛날부터 현대에 이르기까지 철학자를 비롯한 많은 사람이 이 문제를 놓고 씨름해왔다(다음 페이지 '역설적 사고의 멀고도 험한 길' 참고). 또한 점점 더 많은 사람이 모든 분야에서 갈등에 관한 글을 쓰고 있다. 아는 것과 모르는 것, 강점과 약점, 선과 악, 안정과 변화, 사랑과 증오, 전진과 후퇴, 중앙집권화와 분권화, 일과 삶, 규율과 즐거움 등 역설의 예는 얼마든지 있다. 우리는 우리의 마음속은 물론 집단과 조직 그리고 보다 넓은 체제 내에서도 역설을 경험한다.

심리학자와 정신분석학자 들은 우리 마음속에도 역설이 존재한다고 말한다. 정신분석학자 칼 융은 저서에서 정신과 물질, 선과 악, 영혼과 육신, 삶과 죽음, 진실과 거짓, 통일성과 다양성 등 여러 형태의 역설에 대해 말했다. 보다 최근에는 심리학자 커크 슈나이더Kirk Schneider가 《역설적 자아The

Paradoxical Self》에서 비슷한 이야기를 했다.[5] 덴마크 철학자 쇠렌 키르케고르Søren Kierkegaard의 철학에서 많은 영향을 받은 그는 인간 정신이 보다 제한적이고 내성적이며 소극적인 측면과, 보다 개방적이고 모험적이며 외향적인 측면들 사이를 오간다고 주장했다. 양극단 중 지나치게 어느 한쪽에 치우칠 때 역기능이 생기며, 그로 인해 한쪽에서는 우울증이 다른 한쪽에서는 조증이 생기기도 한다. 이 경우 우리의 도전 과제는 그런 갈등 속에서 살아가며 계속 합일점을 찾는 것이다. 작가이자 학자인 브레네 브라운은 자신의 취약한 면을 인정하는 능력에 따라 우리의 힘도 달라진다고 말한다. 예를 들어 우리가 자신의 두려움을 인정할 수 있다면, 더는 그 두려움에 휘둘리지 않게 된다는 것이다.[6]

## 역설적 사고의 멀고도 험한 길

역설에 대한 통찰력 있는 생각은 동양과 서양에서 동시에 발생했다. 그러나 그 생각은 양 지역에서 서로 다른 방식으로 발전됐다. 학자이자 지배층의 자문가였던 노자는 유교적 사고와 전통에 영향을 주었으며 이는 많은 중국인의 사고에 녹아들게 된다. 반면 추상적이며 불합리해 보인 외톨이 철학자 헤라클레이토스의 생각은 명쾌한 논리로 칭송이 자자했던 동시대 철학자 겸 연설가 파르메니데스Parmenides의 견제를 받았다. 당시 두 사람의 논쟁에서 결국 파르메니데스가 이겼고, 이후 수 세기 동안 동양철학과 서양철학의 차이는 확연해졌다. 심리학자 카이핑 펭Kaiping Peng과 리처드 니스벳Richard

Nisbett의 설명에 따르면, 서양에서는 선형적이며 합리적인 사고에 바탕을 둔 철저한 접근법이 각광받으면서 중요한 과학적 발전이 이루어졌다. 반면 동양에서는 이원성과 조화, 윤회사상을 토대로 여러 형태의 신비주의가 나타났고, 그 결과로 마음챙김 명상과 초월적 사고 같은 중요한 철학적 발전이 이루어졌다.[a]

오늘날에는 지식과 정보가 나노초라는 극히 짧은 순간에 지역을 넘나들면서 사상 면에서 판이한 동서양이 하나로 합쳐지고 있다. 물리학 분야를 예로 들어보자. 아이작 뉴턴의 선형 물리학으로 인해 중력에 대한 보다 깊은 이해가 가능해졌고, 천문학과 유체역학 같은 학문 분야가 더 발전하게 되었다. 그러나 1800년대 말에 마이클 패러데이Michael Faraday와 제임스 클러크 맥스웰James Clerk Maxwell, 이후 알베르트 아인슈타인과 닐스 보어Niels Bohr 같은 과학자들이 아원자 차원에서 상반된 힘들 간에 일어나는 밀고 당기는 현상을 개념화하기 시작했으며, 이것이 이후 양자물리학으로 발전하게 된다. 과학자 프리초프 카프라Fritjof Capra는 《현대 물리학과 동양사상》에서 이런 혁신을 통해 어떻게 동양철학식 접근법이 중시되고 영향력이 높아졌는지, 그리고 어떻게 상반된 힘들의 통합이 중시되고 영적 사상과 윤회사상이 받아들여졌는지 상세히 설명했다.[b]

물리학 분야에서는 역설과 관련된 통찰이 물질세계에 도입된 데 반해, 정신분석 분야에서는 인간정신 세계에 도입됐다. 이는 지그문트 프로이트와 칼 융 같은 학자들에 의해 시작됐으며, 그들은 인간의 경험을 이원적인 내적 본능과 동기의 통합으로 개념화하기 시작했다. 특히 융은 인간 본질의 역설적 이론을 발전시켰다. 그는 서구 문화에서 계몽주의 시대 이후 논리와 이성이 과대평가됐다면서, 이를 감정과 직관의 가치가 결여된 편파적인 상황으로 보았다. 그는 역설이 "가장 가치 있는 영적 소유물 중 하나"라면서 이런 말을 덧붙였다. "오직 역설을 통해서만 충만한 삶을 제대로 이해할 수 있다."[c] 예를 들어 융은 우리의 자아가 제대로 표출된 자아의 긍정적인 반영과 억눌린 '그림자' 자아의 부정적인 욕망의 통합이라고 믿었다. 그러면서 우리가 그림자 자아를 피하거나 줄이려 애쓰다가 제대로 표출된 자아에 해로운 행동이 촉발될 수 있다고 주장했다. 예를 들어 그는 자아도취가 다른 사람이 나를 어떻게 보는가에 대한 집착이라고 봤다. 자아도취에 빠진 사람은 자신의 그림자 자아를 피하거나, 그림자 자아의 특징을 다른 사람에게 투영한다. 융은 사람들이 그림자 자아의 특징을 거부하거나 억누르기보다 그대로 받아들여 내 것으로 만듦으로써 성장한다고 보았다.

이 간단한 역설의 역사는 한 가지 흥미로운 패턴을 보여준다. 즉 지리적으로 멀리 떨어진 지역들에서 생겨난 비슷한 사고는 곧 달라지지만, 결국 수천 년 후에 다시 비슷해지는 패턴을 띤다는 것이다. 그렇다면 역설은 근본적인 통찰력을 제공하는 오래된 개념일까, 아니면 우리 세계의 복잡성에 대한 새로운 접근 방식일까? 역설적이게도…… 둘 다 옳다.

---

**a.** Nisbett(2010); Spencer-Rodgers et al. (2004); Spencer-Rodgers et al. (2009). 역설, 이원성, 변증법과 관련된 더 광범위한 문화적·철학적 사고방식은 다음 참고. Hampden-Turner (1981).

**b.** 카프라(1975)는 힌두교, 불교, 도교, 선 같은 동양 사상에 담긴 역설적 본질과 더 넓은 중국 철학을 깊이 파고들었고, 그 모든 것이 물리학과 어떤 관련이 있는지 살펴보았다.

**c.** Jung (1953), paragraph 18.

우리가 개인과 집단, 협력과 경쟁, 자신과 다른 사람들 사이에서 갈등을 느낄 때, 역설은 우리의 집단과 팀의 본질을 명확히 규정한다. 켄윈 스미스Kenwyn Smith와 데이비드 버그David Berg는《집단생활의 역설 Paradoxes of Group

Life》에서 그런 갈등을 이야기했다. 예들 들어 좋은 성과를 내는 팀의 경우 개인이 나름대로 노력하며 최선을 다한다. 그러자면 팀원들 간에 경쟁이 벌어지는 경우가 많지만, 개인보다 집단을 우선시해 팀원들 간 협력이 필요해지기도 한다.[7] 게다가 집단과 팀이 성장하고 배우고 적응하는 과정에서 계속 역설이 생겨난다. 에이미 에드먼슨Amy Edmondson은 《티밍》에서 단체나 팀 또는 조직이 좋은 성과를 내려면 끊임없이 배우는 수밖에 없다는 점을 상기한다. 그리고 배우기 위해서는 실험하고 새로운 것을 시도하면서 실수와 실패도 해야 하며, 그래야 살아남아 성공할 수 있다고 했다. 에이미는 팀 내에 심리적 안정감을 주는 문화를 조성하면, 어떻게 우리가 현재에 충실하면서 동시에 미래를 위한 학습을 할 수 있게 되는지에 대해 깊이 파고들었다.[8]

리더들이 직면하는 도전에는 이보다 큰 역설이 숨어 있다. 학자들은 늘 리더들이 상반되면서도 긴밀하게 얽힌 요구에 직면하게 된다고 말한다. 정통성과 투명성, 기술력과 정서 지능, 배움과 성과 간 갈등이 그런 것이다. 린다 힐Linda Hill과 켄트 라인백Kent Lineback은 《보스의 탄생》에서 역설을 헤쳐나가는 것은 리더가 꼭 갖춰야 할 능력이라고 강조한다.[9] 리더는 집단 차원을 뛰어넘는 큰 그림을 그리면서 동시에 자기 사람들이 성장할 수 있게 해주어야 한다.

역설과 관련된 갈등은 조직의 구석구석까지 스며들어 있다. 도러시 레너드Dorothy Leonard는 제품 개발 연구에서 조직이 기술력과 공유 가치 그리고 현재의 제품을 강화하면서 핵심 역량을 쌓는다는 것을 알게 됐다. 결과적으로 성공은 이러한 장점을 더욱 강화하려는 노력으로 이어지지만, 동시에 부작용을 유발하기도 한다. 핵심 역량이 혁신을 저해하는 핵심 경직성으로 변해버리기 때문이다.[10] 조직의 성공이 때로는 실패로 이어지기도 한다는 레너드의 통찰은 이후 다른 연구에서도 반복되어 언급되었다.[11] 킴 캐머런Kim Cameron과 로버트 퀸Robert Quinn은 한 발 더 나아가 조직의 성공은 역설에 얼마나 잘 대처하는지에 달려 있다고 했다. 그들이 만든 '경쟁 가치 모델'은 협력, 창조, 통제, 경쟁이라는 상반되면서도 대체 가능한 조직의 가치를 알아내는 데 도움이 된다. 조직의 효율성은 이런 다양한 가치에서 나온다.[12]

이런 예들은 그 범위가 넓고 다양하다. 그래서 이런 예들을 소개하면, 우리의 반응이 그랬듯 사람들의 반응 역시 복잡하다. 뭔가 영감을 느끼면서 놀라기도 한다. 그 놀라움을 잘 활용하면서 안개가 낀 길을 헤쳐나가기 위해 우리는 다양한 역설을 비교하고 분류해보았다. 우리는 연구를 통해 네 가지 역설, 즉 성과 역설, 배움 역설, 조직 역설, 소속 역설을 찾아냈다(그림 1-2 참고).[13] 이 역설들은 여러 측면에서 나타난다. 예를 들어, 오늘과 내일 간의 역설은 한 사람이 다음 단계의 경력으로 가려는 상황에서 직면하는 딜레마에서 나타나며, 동시에 그 사람이 큰 조직의 리더로서 겪게 되는 도전에서도 나타난다.

어떤 역설에 딸린 갈등에 대처하기 위해 굳이 4가지 역설 중 어떤 역설로 봐야 하는지를 알 필요는 없다. 이 책에서 소개하는 전략은 역설의 범주를 초월한 데다가, 대부분의 역설은 그 범주가 서로 중복되기 때문이다. 다만 이런 분류가 가치 있는 것은 역설이 우리의 세계와 삶에 다양한 영향을 준다는 점을 드러내기 때문이다.

그림1-2

**4가지 형태의 역설**

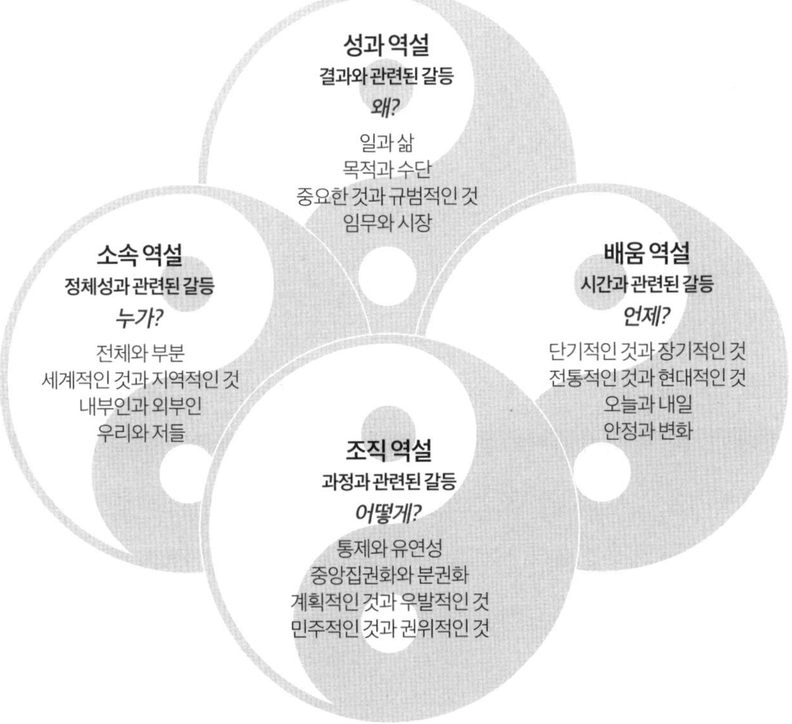

**성과 역설**
결과와 관련된 갈등
*왜?*

일과 삶
목적과 수단
중요한 것과 규범적인 것
임무와 시장

**소속 역설**
정체성과 관련된 갈등
*누가?*

전체와 부분
세계적인 것과 지역적인 것
내부인과 외부인
우리와 저들

**배움 역설**
시간과 관련된 갈등
*언제?*

단기적인 것과 장기적인 것
전통적인 것과 현대적인 것
오늘과 내일
안정과 변화

**조직 역설**
과정과 관련된 갈등
*어떻게?*

통제와 유연성
중앙집권화와 분권화
계획적인 것과 우발적인 것
민주적인 것과 권위적인 것

## 성과 역설

성과 역설은 우리의 목표와 결과 그리고 기대치 속에 존재하는 상반된 요구와 관련 있다. 이 역설은 '왜?'라는 질문 형태로 나타난다. 내가 왜 이 인생 행로를 선택해야 하는가? 내가 왜 이 계획에 투자해야 하는가? 우리가 왜 이 전략을 선택해야 하는가?

기업의 사회적 책임은 전형적인 성과 역설에 해당한다. 기업의 목표와 목적과 관련된 논란은 이미 여러 해 전에 시작되었으며, 21세기에 들어와 사람들이 기업에게 기후변화와 경제적 불안정, 인종차별, 환경 파괴 같은 문제들에 대해 책임을 물으면서 점점 더 관심이 커지고 있다. 한편 기업의 목표는 주주들을 위해 돈을 버는 것이다. 1970년에 시카고대학교 경제학자 밀턴 프리드먼은 〈뉴욕타임스〉에 특별 기고문을 실었는데, 그것이 훗날 이런 관점에 관한 선구적인 글이 되었다. "기업의 사회적 책임은 이윤을 늘리는 것이다"라는 제목의 글에서 프리드먼은 기업의 리더들을 향해 늘 보텀 라인 bottom line(기업의 순이익-옮긴이)을 높이는 데 관심을 쏟으라고 촉구했다.14 그러면서 사회 문제나 환경 영향에 관한 관심은 비영리단체나 정부 규정에 맡기는 것이 더 좋다고 강조했다. 그러나 보텀 라인에 대한 높은 관심은 기업의 나쁜 행동 내지 파괴적인 결과로 이어질 수도 있다. 1990년대 말에 발생한 엔론 Enron, 월드컴 WorldCom, 타이코 Tyco 같은 기업들의 몰락이 좋은 예다.

사람들은 주주들을 위해 보텀 라인, 즉 순이익을 중시하면서 나아가 더블 보텀 라인 double bottom line(순이익과 사회적 책임-옮긴이) 또는 트리플 보텀 라인 triple bottom line(순이익과 사회적 책임과 환경 지속성-옮긴이)까지 중시하면서 다양한 목표에 관심을 기울이라고 기업에게 요구해왔다. 벤 코언 Ben Cohen과 제리 그린필드 Jerry Greenfield는 1978년에 벤 앤 제리스 Ben & Jerry's를 설립함으로써 이런 접근법을 취한 초창기 리더들이었다. 해가 지나면서 기업 리더들을 향해 순이익과 열정, 임무와 시장, 이해당사자와 주주 들에게 관심을 집중해 달라는 사람들의 목소리가 더 커졌으며, 그 결과 리더의 조직 전략에서 성과 역설이 차지하는 비중 또한 커졌다. 우리의 동료 교수인 토비아스 한Tobias Hahn과 루츠 프로이스Lutz Preuss, 조나탄 핀스케Jonatan Pinske, 프랭크 피게Frank Figge는 사회적 임무와 경제적 성과 간의 상호작용을 중시하는 '둘 다 모두' 사고를 채택하는 것이 조직의 장기적인 안정에 도움이 된다는 주장을 강력하게 지지한다.[15] 더 최근에는 조직 전문가인 에드 프리먼Ed Freeman과 커스틴 마틴Kirsten Martin, 비드한 파르마르Bidhan Parmar가 《그리고의 힘 The Power of And》에서 기업 참여에 대한 새로운 접근법을 탐구했다. 그들은 광범위한 연구를 통해 리더가 다음의 5가지 요소를 토대로 더 영향력 있고 수익성이 좋으며 지속 가능한 비즈니스 솔루션을 찾았다는 것을 알게 됐다.

1. 수익성은 물론 목적과 가치와 도덕성도 중시하기.
2. 주주들은 물론 이해당사자들을 위한 가치 창출도 중시하기.
3. 비즈니스를 시장 제도는 물론 사회 제도로도 보기.
4. 사람들의 경제적 이해관계는 물론 인간적인 면도 인정하기.
5. '비즈니스'와 '도덕성'을 보다 전체론적인 비즈니스 모델로 통합하기.[16]

성과 역설은 개인의 일상에서도 나타난다. 예를 들어 무언가를 누구로부터 살 건지에 대한 결정을 내리면서 사회적·경제적 결과를 고심할 수 있다. 전국적인 대형 매장 아니면 지역 매장에서? 싼 제품 아니면 오래 쓸 수 있는 제품? 또한 우리는 직장에서 상사들의 상반된 기대에 직면하며, 직업적인 요구와 개인적인 요구를 해결해야 하고, 자신의 목표와 요구를 충족하기 위해 엄격한 규율과 유통성 사이에서 타협을 봐야 한다. 매년 반복하는 새해

결심을 생각해보라. 그 과정에서 성과 역설이 생기며 참여와 포기 사이에서 줄다리기하던 모습이 기억날 것이다.

## 배움 역설

배움 역설은 어떻게 과거에서 벗어나 미래로 향할 것인가 하는 문제와 관련된 도전을 만든다. 이 역설은 오늘과 내일, 새로운 것과 낡은 것, 안정과 변화, 전통 유지와 현대화 간의 시간상 갈등과 관련 있다. 이 역설들은 '언제?'라는 형태로 나타난다. 우리는 언제 지금의 현실에서 새로운 현실로 옮겨가야 하는가?

혁신과 변화의 문제는 핵심 배움 역설을 야기한다. 조직의 리더들과 얘기를 나누어보면 끊임없는 적응과 기민성이 점점 더 중요해지고 있다는 말을 자주 한다. 그러나 대기업들은 그 규모가 워낙 비대해져 마치 바다에 떠 있는 유조선 같다. 바람이 바뀔 때 쉽게 방향을 틀지 못한다. 기업들이 왜 갈수록 〈포춘〉 선정 500대 기업 리스트에 신경을 덜 쓰는지 생각해보라. 지금은 고인이 된 조직 전문가 제임스 마치 James March는 기업의 도전을 이렇게 설명했다. "혁신을 꾀하려면 핵심 사업을 관리하면서 동시에 새로운 기술을 도입하고 새로운 접근법과 관점을 채택해야 한다." 그러면서 이를 현실을 잘 '활용'하면서 새로운 기회를 '탐구'하는 것이라고 설명했다.[17] 이런 도전을 염두에 두고, 마이클 투시먼 Michael Tushman과 찰스 오라일리 Charles O'Reilly는 《리드 앤 디스럽트》에서 조직은 '양손잡이'가 되어야 한다고, 즉 '활용'과 '탐구'를 동시에 할 수 있어야 한다고 주장했다. 다시 말해 조직은 배움 역설을 받아들여야 한다는 것이다. 결국 기업은 오늘과 내일 중에서 선택하기보다 오늘과 내일 모두에 집중해 시너지를 낼 수 있는 방법을 찾아야 한다. 어떻게 하면 오늘의 성공이 내일의 성장에 도움이 될 수 있을까? 어떻게 하면 내일의 혁신이 오늘의 성공에 활기를 줄 수 있을까?

개인적 차원에서 생기는 오늘과 내일 간의 비슷한 도전을 상상해보라. 내 (웬디) 친구는 로스쿨로 돌아가고 싶었으나 금융 서비스 분야에서의 자기 역할과 연봉을 포기하기가 두려워 선뜻 결정을 내리지 못했다. 그는 계속 망설이다 10년의 세월을 보냈고, 결국 너무 늦었다는 결론을 내렸다. 우리 주변에서는 변화가 일어나기 마련이다. 우리는 그 변화에 적절히 대처할 만큼 기민한가? 주변의 모든 것이 변화하기 전에 새로운 기술을 도입하고 새로운 가능성을 모색해볼 수는 없을까? 그리고 이런 변화에 잘 대처하는 동시에 현재의 성공을 잘 활용할 수는 없을까?

## 소속 역설

소속 역설은 '우리는 누구인가?'와 관련 있으며, 우리의 역할과 정체성, 가치, 성격과 관련된 갈등을 야기한다. 다양한 정체성 문제에 대처하기가 힘들다 보니 대다수에게 있어 어려운 도전이다. 우리는 자신의 일관된 모습을 보여주기 위해 많은 노력을 기울일 수 있다. 사회심리학자 레온 페스팅거Leon Festinger와 제임스 칼스미스James Carlsmith는 초기 심리 실험을 통해 일관성에 대한 인간의 욕구를 연구했다. 아주 적은 돈을 받고 한 시간 동안 지루한 일을 해야 할 때, 실험 참가자들은 자신의 시간 낭비를 정당화할 방법을 찾아야 했다. 그래서 질문을 받았을 때 그들은 실험이 흥미롭고 재미있는 것 같다고 말했다. 페스팅거와 칼스미스는 사람들이 객관적인 현실에 맞춰

자아를 바꾼다는 면에서 이런 현상을 '인지부조화cognitive dissonance'라고 말했다.[18]

일과 삶 간의 갈등은 시간을 어떻게 할당할 것인가 하는 문제에서 나타나는 경우가 많지만, 이런 딜레마의 중심에는 정체성과 관련된 도전이 도사리고 있다. 나는 헌신적인 조직 리더인가 아니면 좋은 부모인가? 나는 다른 사람들에게도 도움이 되고 있는가 아니면 나 자신이 필요로 하는 일에만 신경 쓰는가? 그런데 우리의 자아는 모순된 여러 정체성과 관련 있는 경우가 많기 때문에, 이 딜레마는 한층 더 깊어진다. 우리는 자신이 내부인인지 외부인인지, 발명가인지 실행자인지, 연인인지 전사인지, 리더인지 추종자인지, 주는 사람인지 받는 사람인지, 독특한 개인인지 헌신적인 팀원인지 하는 문제를 놓고 고심한다. 그러나 그날그날 또는 시간이나 상황 또는 문제에 따라 정체성을 바꾸는 경우가 많다. 그래서 어느 한쪽이 아닌 양쪽 모두의 정체성을 가진다. 우리의 자아에는 상반된 특성들이 녹아 있는 것이다. 미국의 시인 월트 휘트먼Walt Whitman은 이런 점을 〈나 자신의 노래〉라는 시에 담았다.

나는 자기모순에 빠졌는가?

그래 좋다. 나는 자기모순에 빠져 있다.

(나는 크니까. 나는 많은 걸 품고 있으니까.)[19]

성격 검사를 해보면 많은 사람이 이런 다중성을 느낀다. 우리는 선호도 면에서 둘 중 한쪽에(내성적이거나 외향적이거나, 직감적이거나 합리적이거나, 리더이거나 추종자이거나) 치우치기도 하지만, 상황이 달라지면 다른 툴, 다른 기술, 다른 선호도, 다른 정체성에 치우치거나 동시에 양쪽 모두에 치우치기도 한다. 그리고 둘 중 한쪽에 치우칠 경우 너무 쉽게 우리의 다중성은 물론 여러 정체성의 시너지 효과도 잃을 수 있다. 교수이자 작가이며 활동가로 지금은 고인이 된 글로리아 진 왓킨스Gloria Jean Watkins(벨 훅스bell hooks라는 필명으로 더 알려져 있다—옮긴이)는 우리가 가진 여러 사회적 정체성에 대해 보다 통합적인 접근법을 취해보라며 이런 말을 했다. "우리가 만일 '둘 중 하나' 사고에서 벗어난다면 얼마나 좋겠는가! 나는 여러 인종, 성별, 계층, 성적 취향, 종교의 통합체다."[20]

많은 조직 역시 자신들의 전략 밑에 복잡하게 얽힌 정체성의 도전에 직면해 있다. 최근에 나(웬디)는 100년이 넘는 역사와 전통을 가진 보험회사와 일한 적이 있다. 그 회사의 새로운 최고경영자는 회사가 다음 세기까지 살아남으려면 더 혁신적이고 기민할 필요가 있음을 알고 있었다. 그러려면 너무 규범적이고 계통적이며 위험을 기피하는 회사의 정체성을 벗어던지고 수익성을 올리기 위해 더 실험적이고 책임감을 보이는 접근법을 택해야 했다. 그리고 그 회사가 직면한 가장 큰 도전은 직원들로 하여금 새로운 문화와 정체성의 가치를 알게 하고, 또한 모든 것은 기존의 문화와 정체성을 토대로 해야 한다는 점을 알게 하는 것이었다.

### 조직 역설

조직 역설은 우리의 삶과 조직을 '어떻게?' 구축할 것인가에 대한 의문과 관련 있다. 어떤 일을 어떻게 해낼 것인가? 이에 대한 조직 역설은 계획적인 것과 우발적인 것, 위험을 무릅쓰는 것과 위험을 피하는 것, 통제와 유연성 간의 갈등과 관련 있다.

리더들은 조직 구조를 생각할 때 늘 이런 도전에 직면한다. 중앙에서 그리고 전 세계적으로 얼마나 많은 의사결정이 내려지고 있는가? 얼마나 많은 의사결정에서 미묘한 차이가 생기고 또한 현지 상황에 잘 맞는가? 직원에 대한 통제에 비해 직원에게 주어지는 자율권은 어느 정도인가? 돌이켜보면 이런 갈등은 역사적으로 조직의 발전 과정에서 생겨났음을 알 수 있다. 산업혁명 이후 우리는 조직 생활의 급성장을 목격해왔다. 아울러 중앙집권적 통제가 심해지는 과정도 봐왔다. 1800년대에 막스 베버와 헨리 페욜Henri Fayol을 비롯한 유럽의 이론가들은 리더가 자기 조직을 확실히 통제해야 한다면서 그 방법을 자세히 설명했다. 그러나 이런 개념은 미국에서 프레드릭 테일러Frederick Taylor가 과학적 관리법을 도입하면서 완전히 새로운 국면에 접어든다. 과학적 관리법은 사람들이 더 효율적으로 일할 수 있게 타이밍을 조절하고 인센티브를 주는 관리법이다. 그러나 이는 업무 효율성이 오르는 것이 분명했지만, 사람들이 기계처럼 취급당한다고 느껴 인권 침해 소지가 너무 많았다. 그 결과 인간관계운동the human relations movement이 벌어졌다. 하버드대학교 교수 엘턴 메이오Elton Mayo, 프리츠 뢰슬리스버거Fritz Roethlisberger 등에 의해 시작된 인간관계운동은 인간의 동기 유발 및 각종 요구와 욕구를 직원 관리의 중심에 두었다. 1950년대에는 더글러스 맥그리거Douglas McGregor가 바통을 이어받아 개인은 채찍보다 당근을 더 필요로 한다고 주장했다. 사람들에게는 성과를 높이기 위한 공공연한 통제가 필요 없으며, 그보다는 성장하고 배우며 영향력과 목적의식을 갖게 해줄 환경이 필요하다는 것이다.

경제가 변화하면서 다시 중앙집권화된 통제와 분권화된 자율 중 무엇을 택할 것인가 하는 논란에 휩싸이게 되었다. 코로나19 팬데믹 이후 조직들이 다시 문을 열어젖히면서, 리더들은 스스로를 향해 어떻게 '가상 근무virtual work'(온라인을 이용한 근무―옮긴이)나 '하이브리드 근무hybrid work'(사무실 근무와 재택 근무의 혼합―옮긴이)를 관리할 것인가 하는 질문을 던지고 있다. 또한 더 많은 노동자가 '긱 경제gig economy'(기업들이 정규직보다 필요에 따라 계약직 또는 임시직을 고용하는 경향이 커지는 경제. 여기서 gig은 '일시적인 일'이라는 뜻―옮긴이)로 편입되면서 그들 역시 스스로를 향해 같은 질문을 하고 있다. 직원들은 부분적으로 개인이 높은 수준의 의사결정권을 가질 수 있다는 점에 끌려 일을 택하지만, 긱 경제하에서는 훨씬 더 미묘한 형태의 통제가 이루어지고 있다는 점을 깨닫는 경우가 많다.[21]

우리는 개인적인 삶에서도 조직 역설을 경험한다. 예를 들어 육아와 관련해서도 자율권과 통제 간의 갈등이 존재한다. 내(웬디) 경우에는 며칠 전 밤에 설거지 문제를 어떻게 조정할지를 놓고 남편과 옥신각신하면서 그런 갈등을 경험했다. 우리 딸은 설거지하는 걸 아주 싫어하지만, 그건 3주마다 돌아가면서 하는 아이의 집안일 중 하나였다. 아이에게 얼마나 많은 자율권을 주어야 할까? 언제 설거지를 할지 스스로 결정하게 해야 할까? 그렇다면 아이가 설거지를 하고 싶다는 생각이 들 때까지 며칠이고 계속 접시와 컵들을 쌓아둘 수도 있다는 얘기인가? 종이접시들을 다 쓸 때까지? 파리들이 날아다니는 게 보일 때까지? 얼마나 많은 통제를 해야 할까? 삶에서 육아 외 다른 일도 생각하면, 이런 의문은 끝없이 나온다. 우리는 자신이 정한 여러 경계

1 갈등 경험하기

에 얼마나 유연한가? 얼마나 규율을 잘 따르는가?

## 얽힌 내포 역설

포고 아일랜드 주민들이 직면한 딜레마에는 앞서 설명한 4가지 역설이 숨어 있었다. 미래를 향해 공동체를 끌고 나가면서 동시에 과거를 잘 보존하자는 지역공동체의 목표에는 과거와 현재, 전통 유지와 현대화 간의 갈등 형태인 배움 역설이 숨어 있었다. 그리고 그런 도전을 헤쳐나가다 성과 역설에 직면하게 됐다. 주민의 목표는 섬의 문화를 보존하는 것이지만, 그런 사회적 사명을 달성하려면 임무와 시장, 경제 성장과 공동체 발전 간의 갈등에서 경제적 탄력성을 길러야 했다. 소속 역설도 많았다. 섬 주민은 내부인과 외부인을 구분하려는 경향이 많았다. 그러나 섬을 재건하려면 내부인과 외부인이 힘을 합해야 했다. 이런 갈등 때문에, 특히 지역공동체가 섬의 발전을 저해할 만한 과정을 피하면서 섬 주민들의 다양하면서도 상반된 관점을 민주적인 방식으로 통합하려 했기 때문에, 온갖 종류의 조직 역설이 생겨났다. 갈등은 서로 뒤얽혀 있었고, 그래서 한 가지 역설에 대처하려 하면 또 다른 역설이 나타나는 이른바 '얽힌 역설 knotted paradox'이 발생했다.[22] 이런 식으로 갈등을 본다고 해서 꼭 얽힌 역설을 풀어낼 수 있는 것은 아니지만, 그 복잡성을 이해하는 데는 도움이 된다.

역설은 서로 얽힐 뿐 아니라, 동일한 역설이 개인 차원이 아닌 집단이나 조직 또는 사회 차원에서 나타나기도 한다. 우리는 이런 역설을 '내포 역설 nested paradox'[23]이라고 한다. 조직이 직면하는 도전은 구성원 간의 갈등에도 그대로 나타난다. 포고 아일랜드 주민들은 개인적으로 새로운 것과 오래된 것, 임무와 시장 그리고 전통 유지와 현대화 간의 문제를 해결하려 애썼다. 그들은 섬의 재건에 일조하기 위해 섬에 남아야 했을까 아니면 더 나은 경제적 기회와 사회적 기회를 찾아 떠나야 했을까? 게다가 조직 차원에서 경험하는 갈등은 규모가 더 큰 사회적 차원에서도 경험하게 된다. 포고 아일랜드 주민들이 직면한 이런 도전은 어떻게 하면 특색 있는 지역공동체가 세계 경제에 먹히지 않고 오히려 세계 경제 안에서 발전하게 할 것인가 하는 보편적인 의문의 축소판이다.

## 역설 시스템:
## '둘 다 모두' 사고를 가능하게 하다

우리는 수십 년간의 연구를 통해 역설을 헤쳐나가는 데 도움이 될 툴을 찾아냈다. 그리고 그 툴을 우리가 말하는 이른바 '역설 시스템'('둘 다 모두' 사고를 가능하게 해줄 통합 시스템) 안에 통합시켰다. 그 시스템에는 역설을 헤쳐나갈 때 갖게 되는 생각(추정)과 느낌(편안함)을 바꿔주는 툴이 포함되어 있다. 또한 역설 시스템은 고정된 구조(경계)를 만들면서 동시에 적응 훈련(역동성)을 가능하게 해줌으로써 각 상황에 대한 우리의 접근법을 발전시킨다(그림 1-3 참고).

　우리는 사람들이 이런 툴을 쓰는 것을 살펴보았다. 그 과정에서 두 가지 중요한 통찰을 얻었다. 첫째, 우리가 이 방법을 역설 시스템이라고 일컫는

그림 1-3

**역설 시스템**

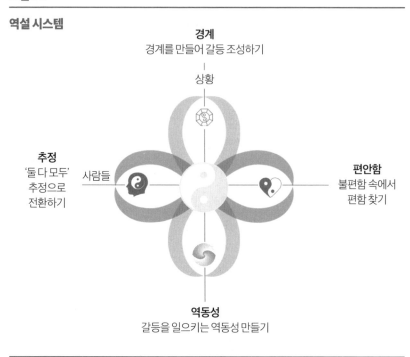

경계
경계를 만들어 갈등 조성하기
|
상황

추정
'둘 다 모두'
추정으로
전환하기
사람들

편안함
불편함 속에서
편함 찾기

역동성
갈등을 일으키는 역동성 만들기

이유는 가장 효과적인 '둘 다 모두' 사고를 채택하는 사람들이 한 종류의 툴만 사용하지 않았기 때문이다. 그런 사람들은 이 툴을 모두 사용한다. 그래야 함께 일할 수 있으니까. 그들은 '둘 다 모두' 사고를 택하면서 동시에 자신들의 감정을 잘 관리해 불편한 상황에서도 편함을 느낀다. 또한 고정된 경계를 만들어 갈등에 대한 자신의 반응을 조절하고 시간이 지나도 계속 유연한 자세를 유지하며 배우고 적응하고 변화한다.

둘째, 역설을 헤쳐나가는 것 자체가 역설적이다. 역설 시스템의 토대에는 갈등이 내재한다. 그림 1-3에서 봤듯이, 수평축(사람들)에는 마음과 마음을 사로잡는 툴이 자리 잡고 있다. 갈등 상황에서는 마음과 마음이 서로를 보강하기도 한다. 수직축(상황)은 특정 상황의 프레임을 짜는 데 도움을 주는 툴을 나타내며, 이는 안정적인 경계를 만들고 변화를 위한 역동성을 준다. 여기서도 역시 안정과 변화는 서로 반대 방향으로 끌어당길 뿐 아니라 시너지 효과도 낸다. 이 툴은 '둘 다 모두' 사고에 도움을 주며, 그 결과 개인적 역설(추정과 편안함)과 상황적 역설(경계와 역동성)을 해결해준다.


## 오래된 것으로 새로운 길 찾기


콥은 포고 아일랜드가 안고 있는 문제들을 잘 알고 있었다. 사실 콥은 대부분의 섬 주민이 늘 육지와 바다가 맞닿은 바위투성이 해안가라는 경계 공간을 경험하는 역설 속에 살고 있다며, 언젠가 이런 말을 했다. "삶을 경험할 수 있는 가장 좋은 또는 유일한 방법은 죽음을 편안하게 받아들이는 것입니다. 포고 아일랜드는 지금 그걸 잘 이해하고 있습니다. 통제력을 경험하는 유일한 방법은 손에서 놔버리는 것입니다. 그래서 이렇게 모순 같아 보이는 삶을 사는 것도 정말 멋진 능력입니다."[24]

콥은 지역공동체가 계속 번영하길 바란다면 주민들이 '둘 다 모두' 사고에 익숙해질 필요가 있음을 알고 있었다. 그들에게는 환원주의적 사고를 할 여유가 없었다. 전체론적 접근법을 택해야 했다. 그래서 콥과 두 오빠 앨런과 토니는 지역경제 재건과 공동체 통합에 일조하기 위해 캐나다 자선단체 쇼어패스트Shorefast를 설립했다. '쇼어패스트'는 어선을 부두에 연결하는 줄이다. 마찬가지로 그 자선단체는 섬 공동체의 여러 계획을 서로 연결하고 섬 공동체를 외부 경제에 연결하는 역할을 했다. 콥은 자선단체의 웹사이트에 이렇게 썼다. "우리는 전체와의 관계 속에서 존재합니다. 지구 전체, 인류 전체, 존재 전체와의 관계 속에서 말입니다. 우리가 할 일은 전체에 속하는 길을 찾는 동시에 섬사람들과 장소의 특별함을 계속 유지하는 것입니다."[25]

콥이 주장하듯, 세상은 특성이 뚜렷한 지역들을 전 세계적 네트워크, 즉 고유한 기여를 중시하는 네트워크에 연결하면서 이익을 얻는다. 그런 목적으로 쇼어패스트는 포고 아일랜드 인Fogo Island Inn을 지었다. 지역 문화를 보존하면서 경제 성장 엔진을 만들기 위한 객실 29개짜리 호텔이다. 그 호텔은 포고 아일랜드 특유의 그리고 넓게는 뉴펀들랜드주 특유의 융숭한 접대 문화를 자랑한다. 그 호텔에서는 포고 아일랜드 주민의 기술이 다시 꽃피었다. 한때 목선을 만들던 목공들은 호텔에 쓸 예술적 디자인의 목재 가구를 만들었다. 그리고 천 조각을 꿰매 혹독한 아북극 겨울용 담요를 만들며 수십 년간 기술을 연마해온 퀼트 제작자들이 호텔 침대에 쓸 아름다운 퀼트를 만들었다. 사람들이 통조림 과일과 채소를 사기 시작하면서 그 기술이 필요 없어진 채집가들은 이제 자연산 진미를 찾아 섬의 황야를 샅샅이 훑고 다녔다. 콥이 예상했던 대로, 이 모든 것이 '오래된 것으로 새로운 길 찾기'에 도움이 되었다.

포고 아일랜드 인은 섬에 외부인을(그리고 수입을) 끌어들이고 있다. 그리고 그 투숙객들은 공동체 구성원의 비전과 가능성을 넓힐 새로운 아이디어를 소개한다. 그 관계는 상호호혜적이다. 콥은 섬 주민이 호텔에서 투숙객을 태워 섬 관광을 시키는 공동체 호스트 프로그램도 만들었다. 섬 주민이 좋아하는 하이킹 장소, 현지 술집, 심지어 호스트의 집에서 호스트가 만든 저녁 식사를 할 수도 있다. 프로그램 덕에 투숙객은 섬 주민의 눈을 통해 포고 아일랜드를 경험할 수 있고, 섬에서 유대감을 느낄 수 있고, 대구에 대한 섬 주민의 경외심, 켈트족 음악의 영향을 받은 현지 발라드 음악의 풍부한 감성, 어느 장소와 거기에 사는 사람들이 소중히 여기는 것에서 진정한 가치를 느낀다. 이 같은 소통은 섬 주민과 투숙객 사이에 끈끈한 인연을 만들고, 이는 투숙객이 섬을 떠난 뒤에도 오래 남는다.

콥은 자신의 호텔과 지역공동체의 관계를 밀접하게 얽힌 지속 가능한 관계로 보았다. 호텔은 지역공동체의 다른 면에도 도움을 주어야 섬 경제 회복을 도울 수 있었다. 그래서 자선단체 쇼어패스트는 지역공동체와 손잡고 어업 협동조합을 만들었고, 어업으로 돌아오고 싶어 하는 사람들을 지원했다. 또한 목재와 공예품을 취급하는 매장을 여는 데 일조함으로써, 목공예가와 퀼트 제작자 들이 계속 일할 수 있게 해주었을 뿐 아니라 제품을 내다 팔 시장까지 만들어주었다. 그렇게 포고 아일랜드 인이 성공을 거두고 지역공동체가 발전하면서 사람들이 섬으로 돌아오기 시작했다.

콥이 보기에 지역공동체와 경제는 선순환 구조 속에 존재하는 것이 이상적이었다. 지역 경제가 튼실하면 공동체가 활력을 띠며, 공동체가 튼실하면 지역 경제가 번성한다. 이런 선순환 구조는 지역 차원에서만 나타나는 것이 아니다. 콥에 따르면, 글로벌 자원과의 연결이 지역의 번영으로 이어지듯 지역의 번영은 세계에 지속 가능성의 엔진 역할을 한다. 콥의 말처럼, 문제는 우리가 너무 좁은 렌즈를 통해 세상을 보는 경향이 있다는 것이다. 그게

1 갈등 경험하기

서 우리는 글로벌 세계에서 기업의 성공을 지나치게 강조하면서 지역 조직과 지역공동체의 중요한 역할을 간과한다. 또는 넓은 세계로 나아갈 때 생기는 위협을 피하려다 좋은 기회까지 놓치는 등 지역에만 몰두해 배타적인 자세를 보이기도 한다.

콥은 극단으로 흐르지 않고 전통을 존중하고 지역공동체를 구축하면서 여러 관행을 현대화하고 전 세계와 연결하려 애썼다. 자선단체 쇼어패스트는 시간이 지나도 그런 복잡성을 유지해야 한다. 어떻게 하면 그럴 수 있을까? 우리는 앞으로도 계속 이 질문에 답하기 위해 노력할 것이다.

## 【 주요 내용 】

- **갈등은 우리를 서로 반대 방향으로 끌어당긴다.** 우리가 맞닥뜨린 딜레마에는 역설이 숨어 있다. 우리는 옵션들 사이에서 선택해야 할 때 '둘 중 하나' 접근법을 택하는 경향이 있다. 그러나 우리가 직면한 큰 도전에 제대로 대처하려면 먼저 그 토대가 되는 복잡하고 골치 아픈 역설부터 이해해야 한다.

- **역설은 동시에 나타나 시간이 지나도 계속 존재하는 상반되면서도 상호의존적인 요소로, 모든 곳에서 나타난다.** 성과 역설, 배움 역설, 소속 역설, 조직 역설로 나눌 수 있다.

- **역설은 다른 차원에서 비슷한 갈등이 나타날 때 얽히며 서로를 보강한다.**

- **역설은 수천 년간 연구되어왔다.** 오늘날 더 큰 변화, 다극화, 결핍으로 특징지어지는 상황 속에서 역설은 더 두드러지며, 우리는 세계에서 더 자주 갈등을 경험한다.

- **역설을 헤쳐나가는 일 자체가 역설적이다.** 역설을 잘 활용하기 위해 우리가 활용하는 툴이 상반되면서도 긴밀하게 얽혀 있다.

# 악순환에 빠지기
## 토끼굴, 건물 해체용 쇳덩이, 참호전

우리는 절대로 '둘 중 하나'
사고에 휘둘려서는 안 된다.
주어진 두 옵션 중 하나를 고르는 것보다
더 나은 경우가 있을 가능성이 크기 때문이다.
**- 메리 파커 폴릿**

명인 목수였던 올레 키르크 크리스티얀센 Ole Kirk Christiansen
은 1932년에 레고를 설립했다. 이 회사는 끼워 맞춰 조립
하는 멋진 블록 제품에만 집중했다. 이 전략은 1990년대 초에 들어오면서
빛을 발했다. 그리고 레고는 눈부신 발전을 겪었다. 레고는 경쟁 업체들을
멀찌감치 제치고 전 세계 조립 완구 시장의 거의 80퍼센트를 장악했다.

당시 레고는 엄격한 품질 관리와 강력한 공유 가치로 유명세를 떨쳤다.
회사의 리더들은 혁신적인 결정을 내리는 데 아주 신중했다. 기존 블록에
다섯 번째 블록 색깔인 초록색을 추가하는 데 거의 10년이 걸린 것이 단적
인 예다. 마찬가지로, 다른 기업과 제휴를 맺는 문제를 놓고도 내부에서 치
열하게 논의했다. 루카스필름으로부터 제휴 제안을 받았는데, 당시 한 부사

장이 이런 말을 했다. "내 눈에 흙이 들어가기 전엔 레고에서 〈스타워즈〉를 소개하는 일은 없을 겁니다." 다른 부사장은 이렇게 말했다. "레고는 외부 파트너들을 믿지 않았으며…… 늘 '우린 우리 식으로 할 거야. 우린 더 잘할 수 있어.' 이런 생각을 했습니다." 이런 생각은 60년 넘게 유지됐다. 1999년에 레고 제품은 '세기의 장난감'으로 선정됐다.[1]

그러나 1990년대 말에 이르자 경쟁 업체들이 시장에서 레고 사의 입지를 위협하기 시작했다. 디지털 장난감과 컴퓨터화된 장난감들이 나타나면서, 레고는 자신들이 침체에 빠졌고 속수무책 상태라는 걸 깨달았다. 21세기에도 업계의 리더 자리를 지키려면 중대한 변화를 꾀해야 했다.

2001년 당시 덴마크에서 박사 과정을 밟던 학생 로테 뤼서Lotte Lüscher가 내게(메리앤) 연락을 해왔다. 뤼서는 레고의 변화를 위해 연구하던 중이었다. 레고의 리더들은 자신들과 회사가 현실에 안주해 배타적인 자세를 취하면서 급변하는 시장과 경쟁 추세에 부응하지 못하고 있음을 깨달았다. 회사가 기민성과 비용 절감책을 찾기 위해 관리 시스템 전반을 뜯어고치는 등 대대적인 조직 개편에 들어가면서 압박은 고조됐다. 중간관리자들은 혁신과 효율성, 현대화와 전통 유지, 유연성과 통제 간의 딜레마와 갈등에 빠져 허우적대고 있었다. 뤼서는 역설이란 개념을 더 알고 싶어 했고, 그 개념이 레고에서 벌어지고 있는 일들과 어떤 관련이 있는지도 알고 싶어 했다.

레고의 이야기는 익숙하다. 붕괴 직전의 위대한 제국 이야기다. 우리는 그런 이야기를 로마 제국과 대영 제국 그리고 소비에트 연방의 흥망성쇠에서 본다. 그런 흥망성쇠를 자신의 사회 경력과 결혼 생활은 물론이고 위대한 기업들의 탄생과 몰락에서도 본다.[2] 레고 이야기에서 오랜 역사를 지닌 악순환의 패턴을 본다. 성공이 무사안일로 이어지고 결국 몰락으로 이어지는 보편적인 패턴 말이다. 레고의 리더들은 편협한 자세로 자신들의 가장 큰 장점이자 성공의 토대였던 한 가지 접근법에만 매달렸다. 그러면서 장난 감 업계의 이 전설적인 지배자는 배움과 변화에서 계속 뒷걸음질친 것이다. 레고의 리더들은 '둘 중 하나' 사고에서 헤어나지 못했다. 오랜 세월 성공을 준 장점에 매달리거나 방향을 바꿔 모든 것을 걸고 새로운 모험을 시작하거나 둘 중 하나뿐이었던 것이다. 정말 위험한 건 그들의 이런 '둘 중 하나' 사고였다.

## '둘 중 하나' 사고의 위험성

'둘 중 하나' 사고는 잘해봐야 한계가 있고 잘못되면 해롭다. 역설의 한쪽만 지나치게 강조하면서 다른 쪽은 간과하게 되어 위험한 것이다. 레고의 이 야기에서 볼 수 있듯, 지나치게 현재의 성공에 매달려 혁신을 꾀하지 않으면, 미래가 현재가 될 때 그 조직은 과거에서 헤어나지 못하게 된다. 그것이 딜레마에 빠질 때 흔히 볼 수 있는 반응이다. 결정을 못 하고 망설이거나 계속 유연한 자세를 유지하면 불확실성에 대한 불안감에 사로잡히게 된다. 이 때 '둘 중 하나' 사고를 선택하면 분명한 결정을 내릴 수 있어 불안감에서 벗어날 수는 있다. 우리는 일관성을 잃을 때도 불안을 느낀다.[3] 그래서 성공을 가져다준 선택에 따라 결정하려 한다. 시간이 갈수록 특정 선택에 대한 집착은 심해진다. 그리고 우리에게는 일단 특정한 길을 가기 시작하면 계속 그 길로 가려는 경향이 있고 결국 그 길에서 벗어나지 못하게 된다.

인간 사회는 각종 딜레마를 해결하기 위해 논리적이지만 한계가 있는 이 '둘 중 하나' 접근법을 강화한다. 로버트 프로스트Robert Frost의 시 〈가지 않은 길〉을 예로 들어보자.

노란 숲속에서 두 길이 갈라졌고
안타깝게도 나는 두 길을 다 갈 수 없었습니다. [4]

프로스트는 1914년에 영국 친구 에드워드 토머스Edward Thomas를 생각하며 이 글을 썼다. 당시 토머스는 영국이 제1차 세계대전에 참전할 준비를 하는 상황에서 군에 입대할 건가 아니면 미국으로 건너가 프로스트와 함께 있을 건가 하는 힘든 결정을 내려야 했다. 머물 건가, 떠날 건가? 토머스는 딜레마에 빠졌다. 참전하는 건 어려운 일이었지만, 영국에 남는 것이 보다 전통적인 길이었고, 따라서 선택하기도 더 쉬운 옵션이었다. 미국으로 이주하는 건 더 새롭고 더 색다르고 더 위험한 옵션으로 느껴졌다. 이 시에서 프로스트는 친구에게 그리고 후에는 독자들에게 더 위험한 길을 택하라고 권한다.

나는 사람들이 덜 다니는 길을 택했고
그 때문에 모든 것이 달라졌습니다.

프로스트의 권유에도 불구하고 토머스는 전통적인 접근법을 택했다. 그렇게 군에 입대했고, 가슴 아프게도 전쟁터에서 목숨을 잃었다.

프로스트의 시는 많은 사람에게 영감을 주어 위험을 무릅쓰고 과감하게 행동하며 새로운 것을 시도하게 했다. 그런데 우리가 전통적인 방식을 택하는 것이 문제가 아니라면 어떨까? 새로운 것과 전통적인 것 중에서 하나를 선택하는 게 중요한 문제가 아니라면 어떨까? 우리가 문제를 규정짓는 방식이 너무 편협한 것이 문제는 아닐까? 두 갈래 길이 나타날 때 우리는 왜 꼭 하나를 택해야 하는지 자문하며 더 깊이 생각해보지 않는다. 그리고 그냥 그 두 길이 유일한 옵션이라고 생각한다.


## 무사안일주의:
## '둘 중 하나' 선택에 빠지다

역설의 한쪽만 강조하면 선택의 폭이 너무 좁아지고 단순해진다. 그런데 난처하게도 한쪽을 선택하면 대개 편함, 존경, 보상, 효율, 기쁨이 주어져 단기적인 성공을 맛보게 된다. 그러면 성공을 가져다준 선택에만 매달리게 되며, 결국 무사안일에 빠지게 된다. 또한 '둘 중 하나' 선택으로 누리는 성공이 클수록 무사안일은 심해진다. 레고의 리더들은 회사에 성공을 가져다준 장점들만 고수하다 몰락 직전까지 내몰리고서야 이 모든 걸 통감했다.

《두 번째 곡선The Second Curve》에서 찰스 핸디Charles Handy는 무사안일주의가 어떻게 생겨나는지에 대한 수십 년간의 연구 결과를 소개했다. 그는 선택으로 인해 어떻게 발전에서 정체로 그리고 결국 몰락에 이르는지 설명하기 위해 '시그모이드 곡선sigmoid curve' 또는 'S곡선'이라는 것을 사용했다. 이 곡선은 배움, 제품 혁신, 점진적 발전, 경력 향상까지 여러 현상에 나타나는 유사한 경로를 보여주는 데 사용되었다.[5] 우리 연구에서 이 S곡선은 개인적 정체성, 팀 발전, 조직 관리의 진전과 관련된 경로를 보여주었다.

진전은 서서히 나타난다. 또한 더 나은 성과를 올리려면 시간이 걸리며 이런저런 시행착오와 노력과 집중적인 투자가 필요하다. 그러다 서서히 그리고 점점 더 빨리 장점을 기르게 되고 더 나은 성과를 올릴 수 있다는 자신감을 갖게 된다. 위를 향해 오르는 건 정말 기분 좋은 일이다. 더 나은 성과를 올리면, 배우는 속도가 빨라지고 찬사도 받게 된다. 그러나 그렇게 상승 곡선을 그리며 위로 향하다가도 결국 정체기를 맞고 그러다 내리막길을 걷게 된다. 우리는 종종 그런 내리막을 피할 수 있다고 생각하지만, 그건 피할 수 없는 일이다. 게다가 내리막의 경사면은 미끄럽다. 그러나 장점이 많아지고 관련된 문제가 줄면, 현실에 안주하고 경직된 사고를 갖게 되며 오만해지기도 한다. 그러면서 외부 환경에 맞춘 변화가 불가능해지고 내부 역량도 떨어진다. 다시 새로운 문제가 나타나지만 해결할 툴이 없다.

S곡선은 성공과 실패의 역설을 한눈에 보여준다(그림 2-1 참고). 성공의 길에만 집착하면 결국 실패에 이른다.

나(메리앤)는 사회 경력에서 그런 역설을 직접 경험했다. 박사 과정을 마치기 위해 논문을 쓰기 시작했는데 경력에는 별 도움이 되지 못했다. 사랑스러운 아이를 셋 낳으면서 연구는 우선순위에서 밀렸고, 그 결과로 경력의 S곡선에서 여전히 바닥을 맴돌고 있었다. 그런데 많은 사람, 특히 부모님과 시댁 부모님을 놀라게 한 일이지만, 남편이 기꺼이 집안일을 도맡아 '미스터

그림 2-1

**자원과 성과의 S곡선**

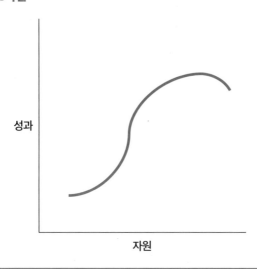

엄마' 역할을 해주었고, 그 덕에 나는 경력을 쌓는 데 온전히 몰두할 수 있었다. 나는 직장 일에 전념해 새벽 5시에 출근했다. 대신 오후 5시까지 귀가해 남편의 일을 덜어주고 아이들과 시간을 보냈다.

　내 논문의 주제는 기술 변화로 인해 생기는 갈등이었다. 나는 그 모순과 상반된 요구 그리고 궁극적으로 역설을 다룬 글을 닥치는 대로 읽었다. 역설이 조직 관리 전문 학자들의 사고에 상당한 영향을 줄 수 있다고 확고히 생각했다. 이는 당시까지 간과되던 생각이다. 그리고 우리 분야에서 가장 유명한 저널인 〈아카데미 오브 매니지먼트 리뷰Academy of Management Review〉에 논문을 한 편 게재했다. 그 논문으로 저널에서 2000년 최우수 논문상을 받았을 때, 남편과 나는 내가 이제 최소 다섯 명에게는 유명해졌다며 농담을 했다.

그러나 내 무명 시절은 곧 끝났다. 지식이 늘고 인지도가 올라가자 관련 기회도 늘었다. 역설이란 개념에 대해 더 많이 배우고 싶다며 세계 각지에서 많은 연구원이 연락을 해왔다. 몇 년 내에 내 연구는 큰 진전을 보였고 출판물 수도 늘었다. 경력이 S자로 상승 궤도에 오른 걸 느낄 수 있었다. 동시에 현실에 안주하고 있다고도 느꼈다. 새로운 연구도 조만간 진부한 연구가 될 것이고 내 열정과 신명도 점점 식을 테니, 그것도 걱정이었다.

계속 진전을 이루는 비결은 첫 번째 S곡선에서 성공적인 상승 궤도(A지점)를 그리는 동안 그다음 S곡선을 시작하는 것이다(그림 2-2 참고). 지속되는 진전을 이루려면 창의적인 탐구와 과감한 혁신, 근본적인 변화를 통해 에너지를 재충전해야 한다.

그러나 그렇게 하자면 여러 중요한 도전에 맞닥뜨리게 된다. 우선 언제 A지점에 있는지 늘 알 수 있는 것이 아니다. 게다가 A지점에 이르러 마침내 성공의 짜릿함을 맛볼 때는 굳이 변화를 추구할 동기 자체가 없다. 흔히 하는 말이지만, 고장 나지 않는다면 굳이 고칠 필요도 없는 법이니까. 그러다 B지점에 도달해 하강 궤도가 보일 때야 변화의 필요성을 느끼게 된다. 그때가 되면 너무 늦을 수 있다. 에너지를 재충전하고 변화를 추구하려 해도 이미 예전의 자원들이 바닥났기 때문이다. 아마 들어본 적 있겠지만, 직업이 없을 때(B지점에 있을 때)보다 직업이 있을 때(A지점에 있을 때) 새로운 직업을 찾기 더 쉽다. 이에 대해《두 번째 곡선》의 저자 찰스 핸디는 이렇게 요약했다. "골치 아프고 너무 힘든 문제는 첫 번째 곡선이 정점에 이르기 전에 두 번째

그림 2-2

**자원과 성과의 두 S곡선**

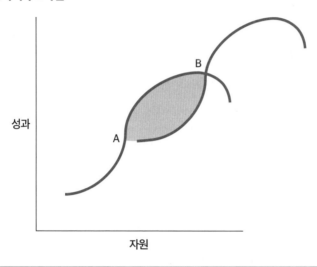

곡선이 시작되어야 한다는 것입니다. 그때여야 첫 번째 하강을 만회할 충분한 자원, 즉 충분한 돈, 시간, 에너지가 있기 때문입니다. 투자의 적기인 거죠."[6]

혁신 및 변화 전문가 대니 밀러Danny Miller는 《이카루스 패러독스》에서 조직의 S곡선이 어떤 식으로 형성되는지 그 사례를 보여주었다. 그리고 성공이 어떤 식으로 조직을 실패의 나락으로 몰아넣는지 자세히 설명했다. 더없이 큰 성공을 거둔 조직은 각 과정을 지나치게 단순화하기 시작한다. 자만하고 배타적으로 변하며 각종 피드백에 반응하지 않게 되고, 변화에 필요한 동기나 자원이 부족해진다. 그 결과로 한때 대단히 효율적이던 과정과 조직과 리더들이 새로운 기술이 등장하고 시장 추세가 변할 때 제 기능을 못 하게 된다.

밀러는 이런 문제를 그리스의 신 이카루스의 이름을 따 '이카루스 역설'이라고 했다. 이카루스는 자신의 밀랍 날개로 하늘을 날게 된 것에 도취해 태양을 향해 너무 가까이 날아갔고, 밀랍 날개가 녹으면서 추락해 죽고 만다.[7] 밀러는 시장에서 급부상한 기업의 리더들이 성공에 도취한 나머지 대비책을 세우는 데 실패하고, 그 결과로 S곡선에서 빠르게 추락한 사례들을 보여주었다.

텍사스 인스트루먼트Texas Instruments 사를 예로 들어보자. 이 회사의 가장 큰 강점은 최첨단 디자인과 수준 높은 엔지니어링 기술에 있었다. 그런데 시장이 보다 기본적이며 사용자 중심의 제품을 요구하자, 이 회사는 그런 제품을 내놓을 수 없었다. 깊게 뿌리내린 각종 기술과 과도한 자신감으로 인해 변화할 수가 없었다. 마찬가지로 애플 사는 큰 돌파구를 찾아내는 데 능했다. 그들은 계속 앞으로 밀고 나아갔다. 그런데 애플의 디자이너들은 갈수록 놀랄 만큼 멋지지만, 상업성은 도리어 떨어지는 신제품을 만들어냈다.

그렇다면 우리는 A지점에 도달했는지 어떻게 알 수 있을까? 성공과 실패를 가르는 티핑 포인트tipping point(어떤 현상이 서서히 진행되다 작은 요인으로 갑자기 폭발하는 순간—옮긴이), 즉 과거의 성공을 위해 해온 일에서 미래를 위해 해야 하는 일로 전환할 필요가 있는 지점에 도달했다는 것을 어떻게 알 수 있을까? 모든 것이 잘 돌아갈 때는 상승 궤도가 조만간 하강 곡선을 그릴 것이라고 믿을 이유가 없는데 말이다. 그러므로 현재의 성공을 즐기면서도 늘 자신이 A지점에 도달해 있다고 믿고, 끊임없이 수평선을 내다보며 S곡선이

2 악순환에 빠지기

나타나지 않나 살피는 것이 방법이다.

　기본적으로 우리는 이미 잘 개발된 각종 기술과 제품을 최대한 활용하면서 동시에 지속적인 실험과 탐구를 통해 새로운 기회를 만들어나가야 한다. 그러나 현재의 세계와 새로운 세계는 다를 뿐 아니라 서로 모순되는 경우가 많다. 현재의 기술을 활용하면서 동시에 새로운 기술을 만들기는 결코 쉽지 않다. 새로운 기술이 현재의 기술에 장애가 될 수도 있다. 우리가 역설 속에서 살아가는 이유이기도 하다. 그와 관련해 찰스 핸디는 이런 조언을 했다. "역설을 헤치고 가는 길, 현재를 유지하면서 새로운 미래를 여는 길이 이렇다 보니, A지점에서 두 번째 곡선을 그리기 시작하는 사람은 현명하다."[8]

　나(메리앤)는 운 좋게도 내 사회 경력의 S곡선이 정점에 도달해 변화가 필요하다는 징후를 미리 보았다. 에너지가 소진되고 있었다. 그로 인해 피로가 몰려드는 기분은 유쾌하지 않았지만, 내가 조만간 B지점에 도달하리라는 것을 알려주는 고마운 신호였다. 그런데 마침 학계에는 이런 문제를 해결해줄 안식 휴가 전통이 있다. 그래서 나는 가족과 함께 영국으로 떠났다. 그 휴가는 다람쥐 쳇바퀴 도는 듯한 삶에서 벗어날 기회는 물론, 절실히 필요하면서도 종종 불편하게 느껴지던 앞으로 할 일에 대해 곰곰이 생각할 기회를 주었다. 하던 연구를 포기하고 싶지 않았고, 동시에 집중력을 강화하고 에너지를 되찾을 새로운 도전도 필요했다. 새로운 상승 곡선을 그려야겠다는 결의에 찬 나는 하던 일들을 제대로 하면서 상반된 요구들도 수용하겠다는 비전을 안고 신시내티대학교로 돌아왔다. 그리고 대학 부학장이 되었다. 그 결정에 다시 많은 사람이 놀랐는데, 당시 내가 아직 종신 재직권도 획득하지 못했기 때문이다. 교수들이 대학에서 종신 재직권을 획득하려면 연구 생산성이 아주 높아야 하고, 그러기 전에는 대개 중요한 직책을 맡기 힘들다. 그런데 당시 나는 에너지가 소진되고 피로감이 심한 상태였고, 그래서 하던 연구는 계속하되 뭔가 새로운 책임을 맡을 필요가 있었다. 과거와 미래, 이론과 실제 간의 갈등을 받아들이는 것이 에너지 충전에 도움이 됐다.

S곡선에서 알 수 있듯이 우리는 자신이 만든 것에 안주할 때 뭔가 선택해야 한다. 갈등이 생기는 상황에서 계속 '둘 중 하나' 사고를 하면 이런 딜레마에 빠진다. '현재 기울이는 노력을 강화해야 하나 아니면 급격한 변화를 꾀해야 하나?' 그러나 그로 인한 대처로 기존 함정이 더 깊어지거나 새로운 함정이 생긴다. 그리고 악순환에 빠진다. 우리는 연구를 통해 악순환에는 '토끼굴'(심화), '건물 해체용 쇳덩이'(과잉 수정), '참호전'(양극화)이라는 세 가지 패턴이 있음을 알아냈다.

## 토끼굴: 심화

《이상한 나라의 앨리스》에서와 마찬가지로, 우리는 토끼굴에 들어갔다가 자신도 모르는 사이에 빠른 속도로 깊이 빠져들 수 있다. 성장과 변화의 필요성을 깨닫고서도 오랫동안 계속 편협한 선택을 유지하며 토끼굴 깊이 내려가게 되는 이유는 무엇일까? 친구, 가족, 리더, 기업, 사회가 장점이 단점으로 변하고 나서도 오랫동안 현실에 안주해 상황이 악화되는 이유는 무엇일까?

특정 방식으로 갈등에 대처하고 효과를 보면 그에 지나치게 의존하게 되면서 악순환이 심화한다. 익숙하고 편해서 거의 자동으로 그 방식을 택한다. 습관이 되는 것이다. 이런 악순환의 고리를 부채질하는 함정은 세 가지다. 생각하는 방식(인지), 느끼는 방식(감정), 행동하는 방식(행동)이 우리를 토끼굴로 내려가게 한다. [9]

## 인지 함정

인지, 즉 우리의 마음 자세나 사고방식이 우리를 악순환의 고리로 밀어 넣는다. 다시 말해 보고 싶은 것만 보게 만든다. 기존 추정들은 마음의 렌즈 역할을 하고 각종 문제와 대처 방식의 틀을 어떻게 짜는지 알게 한다. 자신의 사고방식에 익숙해지고 편해질수록 기존의 추정, 정신적 한계, 편견을 더 당연하게 여긴다. 그리고 도전에 직면할 때 자신이 세상을 보는 방식에 집착하고 방어적인 자세를 취하게 된다. 방어적인 자세는 다시 기존의 추정을 강화한다. 조직심리학자 애덤 그랜트 Adam Grant는 연구를 통해, 사고방식을 바꾸려면 용기와 호기심이 필요하고 겸손해야 하는데 우리는 목적 없이 계속 현재의 사고방식을 강화하는 경우가 많다고 했다. [10]

경험은 새로운 배움을 촉발하기도 하지만 기존 지식을 강화하기도 한다. 심리학자이자 교육 연구원인 데이비드 콜브 David Kolb는 배움의 과정을 설명했다. (1) 경험—새로운 것을 시도, (2) 반영—일어난 일을 살핌, (3) 이론화—일어난 일에 따라 추상적인 개념을 발전시킴, (4) 실험—그 추상적인 개념을 테스트할 방법을 찾음. [11] 요즘에 나(메리앤)는 한 살 난 손자를 통해 이런 배움의 과정을 너무도 생생히 관찰할 수 있어 놀라고 있다. 예를 들어, 아이가 주방의 식지 않은 오븐을 건들더니 펄쩍 뛰듯 물러나 내게 오븐을 가리키고 자기 손을 보여준다. 아이를 보고 내가 말한다. "뜨거워!" 아이의 작은 뇌가 돌아가는 게 보인다. 주방은 위험한가? 커다란 은빛 물건은 다 뜨거운가? "뜨거워!"라는 할머니의 말은 무슨 뜻이지? 아이는 곧 아장아장 근처 캐비닛으로 다가가 만진다. 그리고 아무 느낌이 없자 뇌에 그건 따분한 물건이라고 기록한다. 다시 아장아장 스테인리스강으로 만들어진 냉장고로 가그게 차갑다는 걸 알게 된다. 저녁 식사 후 아이는 다시 오븐을 테스트한다. 이번에는 느낌이 다르다. 아이는 행동을 통해 새로운 경험을 얻는다. 반영하고 이론화하고 그런 다음 자신의 이론을 실험한다. 나는 손자의 열린 마음을 기특해하며 이런저런 설명을 해주려 애쓴다. 그리고 세상에는 손자가 탐험하고 싶은 것이 너무도 많다는 점을 잘 알지만, 배움의 과정에서 자신의 행동과 반영이 얼마나 중요한지도 잘 안다.

성인의 경우 경험에 의한 배움이 아주 빨리 그리고 거의 자동으로 이루어진다. 각종 경험에도 불구하고 우리는 자신의 추정에 의문을 제기하는 경우가 드물다. 그리고 추정 능력이 발달하면 자기충족적 예언self-fulfilling prophecy(미래에 대한 기대에 부합하기 위해 행동하여 실제 기대한 바를 현실화하는 현상-옮긴이) 효과를 일으키면서 실제 경험에 영향을 주게 된다. 예를 들어, 자신을 아주 분석적이라고 생각한다 해도, 동료가 자신의 작업을 비판하면 그의 수학 능력을 의심하거나 자신의 입장을 옹호한다. 우리의 동료이자 보스턴칼리지 경영학 교수인 진 바투네크Jean Bartunek는 직접적인 반박과 도전적인 딜레마에 직면할 때 문제를 재규정해야 하며, 사고 수준을 높여 '둘 다 무두' 대

2 악순환에 빠지기

안을 고려해야 한다고 말한다.¹² 그러나 우리는 이미 알고 있는 지식을 활용해 갈등 상황을 이해하면서 자신을 합리화할 가능성이 높다. 갈등을 해소하고 앞으로 나아가기 위해 과거의 접근법을 활용하면서 낯선 것에서 익숙한 것을 만들려고 한다. 그 결과로 우리는 저명한 심리학자 그레고리 베이트 슨Gregory Bateson이 말하는 이른바 '이중구속double-bind'(이러지도 저러지도 못하는 정신 상태─옮긴이)¹³ 상태에 빠지게 된다. 현재의 틀에 갇혀, 자신의 사고방식에 반하는 해석보다는 뒷받침해주는 해석을 선택함으로써, 마음의 렌즈를 최대한 넓혀야 할 상황에서 오히려 좁히는 것이다. 사고의 폭을 넓히지 않고서는 배우고 적용할 수도 없고 옵션을 늘리지도 못한다.

로테 뤼서는 레고의 중간관리자들이 각종 역설을 헤쳐나갈 수 있게 해주려 애썼다. 회사의 리더들이 대대적인 변화를 도입하고 있었고, 생산 관리자들은 기존의 사고 체계로 변화를 이해하려고 고군분투 중이었다. 그 관리자들은 여러 해 동안 좋은 성과를 내며 직원들을 관리 감독해, 점점 효율이 높아지고 품질 목표를 달성하면서 현재 위치에 이른 사람들이었다. 그러나 회사가 자금난에 허덕이자 리더들은 가뜩이나 높았던 목표들을 한층 더 높였다. 게다가 이제 회사는 생산 관리자들에게 생산 과정을 개선할 혁신적인 자율관리팀을 만들라고 주문했다. 관리자들은 생산율을 높이려면 어떻게 해야 하는지, 생산라인의 관리 감독에 필요한 것이 무엇인지 속속들이 알고 있었지만, 그들이 생산성을 높이기 위해 더 강력한 접근법을 쓸수록 팀원들을 코치하고 실험을 독려할 시간은 부족해졌다. 게다가 자율관리팀을 관리하라는 건 대체 무슨 뜻이란 말인가?

우리의 정신적 한계와 지름길 때문에 함정이 더 깊어지고, 토끼굴로 빠져드는 속도 또한 빨라진다. 노벨 경제학상을 수상한 경제학자 허버트 사이먼Herbert Simon은 정신적 한계를 '제한된 합리성bounded rationality'이라고 정의했다.[14] 우리에게는 복잡하면서도 변화무쌍한 정보를 수집하는 능력이 제한되어 있으므로, 기존 사고방식으로 볼 때 가장 중요하다고 여겨지는 것에 집중하게 된다는 것이다. 그러나 그렇게 선별된 정보로는 기존 사고방식만 강화될 가능성이 높다.

이처럼 사고가 좁아지고 편협해지며 스스로 강화되면 이른바 '터널 시야'를 갖게 된다. 오랜 연구 끝에 클레이튼 크리스텐슨Clayton Christensen은《혁신기업의 딜레마》에서 이 악순환의 고리를 언급했다.[15] 혁신과 관련된 역설로 고심 중인 리더의 경우, 현재 운영상 필요한 일을 처리하면서 동시에 미래를 위한 과감한 혁신에 나서야 하는데, 각종 편견에 사로잡혀 미래의 가능성을 모색하는 것은 소홀해지고 핵심 역량 강화를 위한 투자만 늘리는 경우가 많다. 아이러니한 일이지만, 리더의 편견은 충성스러운 고객들로 더 강화된다. 크리스텐슨에 따르면, 오래된 고객들에게 신제품에 바라는 것을 물어보면 기존 제품의 개선된 버전을 더 싸게 구입하는 것이라고 답한다고 한다.

인지 함정은 우리의 사고방식을 초월하며, 닳고 닳은 패턴으로 우리의 감정과 행동을 심화시킨다. 스탠퍼드대학교의 유명 심리학자 폴 와츠라비크Paul Watzlawick는 "자기충족적 예언이 우리가 바라는 현실을 만들어내는 마법 같은 능력"이라고 표현했다.[16] 실제 경험이 그 예언과 일치하고 기대에도 부응한다면, 그것을 자신이 옳다는 증거로 받아들인다. 그러나 예언과 실제 경험 간의 갈등이나 모순에 맞닥뜨리면 그 경험을 무시하거나 거부하거나 합리화하려 한다. 1968년에 로버트 로젠탈Robert Rosenthal과 레노어 제이콥슨Lenore Jacobson은 한 실험에서 이 같은 자기충족적 예언이 학교 교실에서 어떻게 구현되는지 보여주었다. 연구진은 학생들의 실제 능력과 학업 성취도와 상관없이 무작위로 한 집단의 어린 학생들을 선정해 '배우는 속도가 빠르고 잠재력이 큰 학생'이란 의미에서 '급성장 가능 학생growth spurter'이라는 이름을 붙였다. 학기 초에 연구진은 교사들에게 그 학생들의 이름을 알려주었고, 그런 다음 교사와 학생 모두를 관찰했다. '급성장 가능 학생'이라는 꼬리표는 교사들이 학생들과 소통하는 방식에 영향을 주었다. 교사들은 '급성장 가능 학생'이라는 꼬리표가 붙은 학생에게 더 큰 기대를 보였고 더 많이 칭찬했다. 그 결과 '급성장 가능 학생'들은 평균적으로 다른 학생들에 비해 지속적으로 더 나은 학업 성취도를 보였다. 학생의 행동이 교사의 기대에 많은 영향을 받는다는 면에서, 로젠탈과 제이콥슨은 이 같은 자기충족적 예언에 '피그말리온 효과Pygmalion Effect'라는 이름을 붙였다. 이는 이제 학교 내 교사와 어린 학생 간의 소통 방식을 넘어 기업 내 관리자와 직원 간 소통 방식에도 적용되고 있다.[17]

## 감정 함정

감정 역시 현실에 안주하게 만드는 함정을 만든다. 자신감과 확실성 그리고 안정에 대한 욕구는 타고나는데, 갈등은 불확실성과 불안을 만든다. 상반된 요구들에 맞닥뜨리면 불확실성을 느끼면서 가슴이 철렁 내려앉거나 심장이 마구 뛴다.

인간은 본질적으로 불편을 덜기 위한 행동을 하고 싶어 한다. 그러기 위해 갈등을 피하거나 거부하거나 벗어나려 한다. 역설에 대한 연구를 통해, 켄윈 스미스와 데이비드 버그는 우리가 갈등을 있는 그대로 받아들이면, 새로운 옵션들을 찾을 수 있고 기존 접근법에 의문을 제기하며 새로운 변화를 꾀할 수 있음을 알아냈다. 또한 우리는 갈등에 대처하는 훈련을 통해 불안을 줄일 수도 있다. 그러나 사실 그러지 못하는 경우가 많다. 대개 갈등을 피하고 변화를 처음부터 거부한다. 그러면 단기적으로는 불안을 최소화할 수 있지만, 시간이 지나면 결국 감정적인 면에서 더 큰 불편을 겪게 되는 경우가 많다.[18]

우리의 감정은 왜 갈등에 대해 그렇게 비생산적이며 방어적일까? 정신분석학자들에 따르면, 갈등은 불안을 유발하고 그 불안이 다시 자아를 위협한다. 모순과 상반된 요구 그리고 갈등은 놀라게 하고 당혹스럽게 하며, 자신에 대한 믿음을 흔들고 기존 사고방식, 기술, 정체성, 인간관계에 의문이 들게 만든다. 갈등은 불확실성을 유발해 미래의 가능성까지 불분명하게 만든다. 또한 불확실성은 불안과 불편을 심화한다. 인지적 편견과 마찬가지로, 감정적으로 방어적인 자세를 취하면 각종 경험과 정보를 무시하거나 거부하거나 재해석하게 된다. 그래서 우리는 불확실성과 불편을 최소화해줄 확실한 결과를 원한다. 결국 변화보다는 편하게 느끼는 반응을 심화하려 할 수 있다.

방어적 메커니즘은 불편한 갈등에 노출되는 것을 일시적으로는 최소화해준다. 그중 하나는 분열 행위인데, 여기에는 상반된 힘을 나누려는 시도가 포함된다. 예를 들어 회의에서 갈등이 생겼을 때, 우리 마음은 사람들을 두 집단으로 나누려 한다. 특정 문제에 찬성하는 사람들과 반대하는 사람들로 말이다. 그렇게 함으로써 문제와 관련된 입장을 분명히 할 수 있고, 누가 아군이고 적군인지 알아낼 수도 있다. 또한 지지해주는 사람들이 있어 외롭지 않다는 사실에 안도감을 느끼기도 한다. 그러나 이런 분열 행위는 결국 아군과 적군의 구분을 심화할 뿐 아니라 상반된 견해들 간의 결합마저 어렵게 만든다. 또한 새롭고 통합적인 접근법을 만들기는커녕 파벌과 세력 다툼만 조장한다.

마찬가지로 우리는 억압이나 거부를 통해 갈등을 받아들이지 않음으로써 일시적으로는 불편함을 면할 수 있다. 불안을 일으키는 문제에서 덜 당혹스러운 문제로 관심을 옮기는 것이다. 단기적으로는 에너지가 재충전되는 느낌을 받을 수 있다. 그러나 문제를 잠시 뒤로 미루는 일일 뿐이다. 결국 갈등에 직면해 결정을 내려야 한다. 우리는 자신의 자존감을 지키기 위해 갈등의 여러 측면 가운데 좋아하고 편한 부분만 지나치게 강조할 수 있다. 이렇게 방어적인 메커니즘을 활용함으로써 결국 틀에 박힌 일상으로 돌아오고, 능력을 과시하고 자존감을 높이기 위해 기존 기술을 더 많이 사용하게 된다.[19] 새로운 것에 대한 노력이 절실하다는 증거들이 있는데도 말이다.

## 행동 함정

토끼굴을 심화하는 일에서 헤어나오지 못하게 하는 마지막 함정은 우리의 행동과 관련 있다. 습관의 노예인 우리에게는 새로운 일을 시도하기보다 기존의 일을 유지하려는 경향이 있다. 그런 습관은 일관된 노력으로 목표를 달성할 수 있게 해주어 삶에서 강력한 힘이 되기도 한다. 하지만 그 습관이 너무 경직되거나 자동적이면 문제가 된다.

우리는 개인과 집단 그리고 조직 등 모든 차원에서 습관이 형성되는 것을 볼 수 있다. 습관은 문제 해결에 도움이 되기도 방해가 되기도 한다. 리처드 사이어트Richard Cyert와 제임스 마치James March는 대표 저서《기업의 행동 이론A Behavioral Theory of the Firm》에 이 과정을 자세히 적었다.[20] 효과적이라고 입증된 일상적인 습관을 만들어나가는 가운데, 그 습관이 보상받고 공유되고 반복된다. 그리고 습관은 비공식적인 문화 규범보다 공식적인 표준 운영 절차를 통해 개인에게서 집단과 조직으로 옮아간다. 그 결과 생겨나는 규범과 절차 덕에 기업에 도움이 되는 관행이 공유되고 협력이 가능해지지만, 모든 문제가 표준적인 것이 아니라는 데 문제가 있다. 사실 상황이 더없이 불확실하고 복잡하고 안 좋을 때 새로운 기회가 생기는 경우가 많다. 시간이 가면 우리의 최대 장점(예를 들어 레고의 엄격한 품질 관리와 강력한 공유 가치 같은 장점)이 약점이 되어, 변화하는 시기에 맞춘 더 대담한 혁신과 더 철저한 자기성찰을 제대로 하지 못하게 한다.

의사, 엔지니어, 과학자 같은 전문가들을 대상으로 한 연구에서도 비슷한 패턴의 심화 행동이 나타났다. 수십 년간 관련 연구를 검토한 끝에, 경영학 교수 에릭 데인Eric Dane은 전문가들의 경우 그들의 깊은 지식으로 찬사를 받지만, 그 결과로 전문지식이 깊어지는 동시에 더 좁아진다는 사실을 발견했다. 그래서 수시로 변하는 새로운 문제를 다른 관점에서 생각하고 대처하는 능력 또한 제한된다. 따라서 현재의 일에는 더없이 유능한 전문가도 완전히 새로운 접근법으로 새로운 시도를 하면, 육체적·정신적으로 아주 힘든 도전으로 느낀다.[21]

행동 함정은 성과가 하강 곡선을 그릴 때 뒤얽히며 인지 함정과 감정 함정을 심화한다. S곡선이 행동상의 현실 아주라는 틀에서 벗어나지 못하고, 밑으로 내려갈 때, 우리는 현실에 더 안주하려 할 가능성이 높다. 유명한 연구들을 수행한 조직 전문 학자 배리 스토Barry Staw는 왜 리더들이 잘못된 결정을 내리는지에 대해 의문을 제기했다. 거의 40년에 걸친 그와 다른 연구자들의 연구에 따르면, 사람들은 일단 어떤 결정에 시간과 에너지를 투자하면 그에 집착하고 그러지 말아야 한다는 조짐이 있어도 계속 투자를 늘리는 경향이 있다. 배리 스토는 그런 경향을 '몰입 상승escalating commitment'이라고 했다. 이전에 내린 결정과 기존의 사고방식을 고수하려는 경향을 뜻한다. 토끼굴 안으로 더 깊이 들어가면, 습관과 커져가는 불안으로 이런 인지 함정도 깊어진다. 예를 들어 기업가들은 고군분투 중인 사업에서 손을 잘 떼려 하지 않는다. 돈과 열정과 땀을 조금만 더 투자하면 반드시 그 보상을 얻으리라는 확신 때문이다. 현재 상태가 침체되고 의미 없는 듯하지만, 조금만 더 노력하면 반드시 보상을 받는다는 확신이다. 자원이 고갈될수록 성공에 대한 열망은 커진다. 또한 선호하던 행동 패턴을 더 따르게 된다. 스토와 동료들은 한 발 더 나아가 위협과 경직성 간의 관계도 밝혔다. 위협에 맞닥뜨릴수록 기존 접근법에 더 집착하게 되며, 통제할 수 없게 된 것에 대한 통제권을 되찾으려 한다는 것이다.[22]

## 건물 해체용 쇳덩이: 과잉 수정

우리는 '둘 중 하나' 사고라는 깊은 토끼굴에서 빠져나오려 애쓰는 과정에서 너무 반대 방향으로 치우쳐 과잉 수정을 하게 될 수도 있다. 다섯 개의 쇠구슬이 시계추처럼 왔다 갔다 하는 뉴턴의 진자 실험을 상상해보라. 한쪽에서 쇠구슬 하나를 당겼다 놓으면, 그것이 나머지 쇠구슬들을 때리면서 에너지가 반대편 쪽으로 옮겨 간다. 그러면 반대편 끝에 있는 쇠구슬이 위로 솟구쳤다가 다시 떨어지면서 나머지 쇠구슬들을 때리게 된다. 에너지가 반복해서 오가지만 전혀 성취하는 것이 없다. 우리의 연구에 따르면, '둘 중 하나' 사고 역시 이런 패턴을 따를 뿐 아니라 훨씬 더 파괴적인 결과를 낳을 수 있다. 과잉 수정을 하면 결국 새로운 틀인 현실 안주에 빠질 수 있다. 이 경우 시계추처럼 왔다 갔다 하는 진자는 건물 해체용 쇳덩이처럼 변하게 된다. 반대쪽에서 오는 힘이 너무도 강력해져 새로우면서도 훨씬 큰 도전이 되는 것이다.[23]

레고의 리더들은 한때 성공을 가져다준 전략이 자신들을 현실에 안주하게 만들었다는 사실을 깨닫고는 과도하게 수정했다. 품질 관리에 대한 외골수 같은 접근법이 불러온 고립과 침체와 쇠락을 깨닫고는 급격한 혁신에 모든 걸 쏟아붓기로 결정한 것이다. 《레고 어떻게 무너진 블록을 다시 쌓았나》에서 데이비드 로버트슨David Robertson과 빌 브린Bill Breen은 그런 레고의 과잉 수정에 대해 자세히 말했다. 레고는 당시 세계 최고의 혁신 전문가들을 고용해 7가지 혁신적인 조치를 교과서처럼 완벽히 시행해 찬사를 받았다. 슬로건은 "무엇보다 창의성을!"이 되었다. 생산비를 줄이고 모든 자원을 연구개발 분야로 돌리자, 런던과 밀라노 그리고 샌프란시스코에 세운 디자인 센터에서 새로운 아이디어와 제품이 쏟아져 나왔다. 디자인 센터들은 회사 구조와 목표, 각종 업무 절차 등 모든 걸 오로지 한 가지 전략, 혁신 또 혁신에 맞춰 조정했다.

레고의 S곡선이 수평을 달리다 곤두박질치는 데는 수십 년이 걸렸다. 그러나 다음 S곡선은 훨씬 빠른 속도로 상승세를 탔다. 신제품 출시와 브랜드 인지도, 매출이 급등했다. 2002년에 이르러 레고의 리더들은 기록적인 수익을 기대했다. 하지만 매출이 급락했고 재고가 눈덩이처럼 불었다. 어찌 된 일일까? 이사회는 당시 맥킨지 앤 컴퍼니 컨설팅 McKinsey & Company consulting 에서 영입한 예르겐 비 크누스토르프 Jørgen Vig Knudstorp에게 레고의 전략개발팀을 이끌면서 문제를 조사해달라고 했다.

크누스토르프는 충격적인 사실을 알게 됐다. 초기의 수많은 성공에도 불구하고 각종 혁신이 실은 별 수익을 내지 못하고 있었던 것이다. 매출이 정체된 상황에서 연구개발비는 과도하게 나갔다. 또한 크누스토르프가 레고의 재무 상태를 조사한 결과, 매출이 거의 30퍼센트나 줄어 잘못하면 채무 불이행 상태에 빠질 수도 있었다. 무질서하게 진행된 혁신 전략이 건물 해체용 쇳덩이로 변해 복잡성과 혼돈만 심화한 것이다. 레고는 한때 블록 색깔에 초록색을 하나 추가하는 데 거의 10년이나 걸렸다. 그런데 몇 년도 안되는 사이에 무려 157가지 색깔의 블록 조각들을 만들었다. 한때는 철저한 공급망 관리가 자랑이었는데 이제는 비용과 품질 관리는 물론 조직 관리도 제대로 이루어지지 않았다. 충성도 높은 오랜 고객들은 레고에서 뭔가를 새로 내놓을 때마다 절레절레 머리를 저었다. 레고의 창업 리더들과 새로운 리더들 간에 갈등이 깊어졌고, 소매업자들은 마구잡이로 쏟아져 나오는 신제품에 질려버렸다. 크누스토르프는 이사회에 보낸 메모에서 자신의 조사 결과를 이렇게 요약했다. "우리는 지금 절체절명의 위기를 맞고 있습니다."[24]

우리의 동료인 배리 존슨Barry Johnson은 레고가 직면했던(그림 2-3)[25] 역설의 악순환과 선순환을 설명하기 위해 '양극단 지도polarity map'라는 유용한 툴을 개발했다. 양극단, 즉 상반된 대안은 서로 정반대에 위치하며, 각각의 장점과 단점이 대조된다. 한쪽 극단의 장점에만 지나치게 집중하면 S곡선이 내리막을 탈 때 결국 그 단점이 드러나게 된다. 그러면 토끼굴을 벗어나기 위

그림 2-3

**양극단 지도: 레고 전략의 장단점**

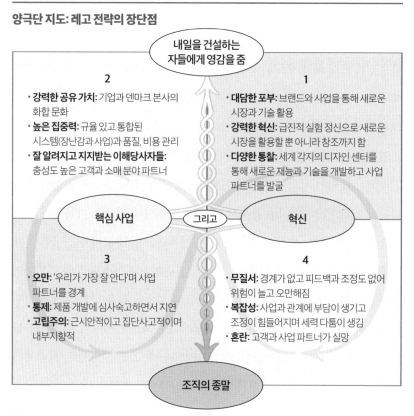

해 사라진 장점을 찾게 된다. 반대쪽 옵션으로 옮겨 가 새로운 S곡선을 그리기 시작하는 것이다. 그러나 그 S곡선 역시 내리막을 타기 마련이며, 진자가 다시 왔다 갔다 하고, 진자 운동은 그렇게 반복된다. 그 진자 운동이 양극단에 머무는 것을 줄이고 양극단 지도의 장점에 더 오래 머물게 하는 것이 우리의 목표다.

그러나 레고 리더들의 결정에는 양극단 지도(그림 2-3)에서의 악순환이 반영되어 있다. 자신들이 양극단의 단점에 빠져들고 있으며, 점점 아래쪽 사분면(그림 2-3의 3, 4사분면)으로 내려가고 있음을 알게 됐다. 처음에는 강력한 공유 가치와 높은 집중력 그리고 충성도 높은 고객(2사분면)에 대한 헌신을 중시함으로써 핵심 제품에 대한 통제력을 강화했다. 그러나 완구 시장에 변화가 생기자, 이런 접근법은 3사분면에서 언급된 중대한 단점들로 이어졌다. 그래서 그들은 죽자 살자 혁신(1사분면)으로 옮겨 가기로 결정했으나, 극단적인 대처로 4사분면에 언급된 단점들만 노출하게 됐다.[26]

나(메리앤) 역시 사회 경력에서 이렇게 급진적인 진자 운동을 경험한 적이 있다. 그간 연구에만 너무 몰두해 나 자신을 벼랑 끝까지 몰아붙였다는 것을 안식 휴가 중에 깨달았다. 물론 나는 철저하고도 창의적인 연구를 통해 나름의 이론을 수립할 수 있었고, 그 덕에 일련의 논문들을 완성해 전통적인 학문적 성공도 이룰 수 있었다. 그러나 그 과정에서 몸을 너무 혹사해 탈진 상태에 빠졌다. 그렇게 죽어라 이론 수립에 몰두하는 과정에서, 내가 사람들의 삶 또는 관심 있는 문제들에 제대로 영향을 주고 있는지, 많은 사람에게 알려지는 것이 대체 무슨 의미가 있는지 회의감이 들었다.

다행히 나는 개인에게 영감을 주는 일을 연구하면서, 리더십을 발휘하는 사람이 개인에게 엄청나게 큰 영향을 줄 수 있다는 사실을 알게 됐다. 나의 사회 경력에도 그럴 가능성이 있는지 생각해보았다. 다람쥐 쳇바퀴 도는 듯한 일상에서 잠시 벗어나 얻게 된 당시의 깨달음으로 전혀 다른 길을 가기로 마음먹었다. 나는 대학 행정관이 되어야겠다고 결심한 뒤 신시내티로 돌아갔다. 이후 10여 년간 한때 연구하면서 보였던 패기와 자유분방함을 가지고 리더십을 쌓았다. 그러기 위해 정말 많은 시간을 투자해야 했다. 초기에는 그야말로 실수투성이였다. 때로는 말도 안 되는 큰 실수도 했다. 특히 첫해에는 너무 많은 시간을 투자해야 해서, 행정직으로 옮긴 결정이 잘못된 것인가 하는 생각도 했다. 연구에 몰두해 탈진한 뒤 과잉 수정한 것이 아닐까? 너무 심하게 정반대 극단으로 옮긴 것이 아닐까? 대체 내가 무슨 짓을 한 거지?

내게는 훌륭한 멘토들과 동료들이 있었고, 그들은 힘겹게 천천히 학습 곡선learning curve을 오르고 있는 내게 도움이 될 건설적이며 꼭 필요한 조언을 해주었다. 그 덕에 시간이 지나면서 배우는 것이 점점 쉬워졌다. 성공은 물론 실패를 통해서도 자신감을 키울 수 있었다. 나는 혁신을 꾀하면서 뛰어난 팀을 이끄는 일이 너무 좋았다. 그러다 곧 내가 낯익은 상황에 처해 있다는 것을 깨달았다. 이제 이론을 수립하는 일이 아니라 대학에서 리더십을 발휘하는 일에 지나치게 몰두하고 있었다. 강박적일 정도로 한 가지 일에 몰두하는 외골수적 접근법으로 인해 다시 탈진 상태로 내몰리고 있었다. 대규모 대학 프로젝트에 힘을 보태고 난 뒤 나는 활력을 잃었다. 한술 더 떠 삶에 대한 회의까지 생겼다. 이혼했고, 내 육아 방식에 과도할 만큼 비판적이 되었으며, 빈 둥지에 혼자 남은 어미 새처럼 되었고, 말 그대로 취미도 하나 없었다. 그러나 다행히 다시 안식 휴가를 얻으면서 재충전의 시간을 가질 수 있었다. 이번에는 풀브라이트 장학금을 받았고, 시계추처럼 왔다 갔다 하는 건물 해체용 쇳덩이를 멈춰야겠다는 마음을 먹고 런던으로 향했다.

## 참호전: 양극화

악순환의 마지막 경고는 양극화 패턴에서 나온다. 지금까지 우리는 개인과 리더 그리고 조직이 '둘 중 하나' 사고에 빠질 때 어떤 일이 일어나는지 살펴봤다. 그런데 만일 문제가 발생해 사람들이 양극단으로 몰려가고 각 집단이 자신의 사고 패턴을 고집해 서로 반목한다면 어떨까? 지난한 참호전이 벌어지는 것이다.

상반된 사고 패턴에 집착하는 사람들 간에 전투가 벌어지면 양쪽으로 '집착'이 더 강해진다. 우리의 사고 패턴은 서로의 생각과 느낌, 행동 방식에 영향을 주고 또 그 방식에 영향을 받으며 더 굳어지기 때문에, 상반된 집단에 속한 사람들의 생각과 느낌, 행동에 대처하기는 아주 힘든 일이 된다. 그리고 상대편 사람들이 더 거센 도전을 해올수록 우리는 자신의 입장을 더 강하게 옹호하게 된다. 결국 끝도 없이 치열해지는 줄다리기가 벌어진다. 나(메리앤)는 제1차 세계대전 100주년 전시회를 보러 런던에 있는 임페리얼 전쟁박물관을 방문했을 때 이 끝없는 싸움을 목격했다. 제1차 세계대전 당시 양 진영은 계속 자신들의 참호전 전술을 발전시켰으며, 삶의 질과 전투 능력을 개선하고 보다 많은 우군을 끌어들이려 애썼다. 결국 참호전을 치르면서 서로가 자신을 지키려 애쓸수록, 양 진영은 전쟁을 끝낼 길을 찾기보다 전쟁을 연장시키는 결과만 초래했다.

수년 전에 동료인 차무 순다라무르티 Chamu Sundaramurthy가 나(메리앤)에게 연락해왔다. 당시 그는 기업 이사회에 대해 연구했는데, 이사회에 조언을 해주는 사람들 사이에 논쟁이 격화돼 좌절감을 느끼고 있었다. 일부 사람은 경영진이 경영을 잘못할 가능성이 있으며, 이사회는 그들을 잘 통제하고 감시해야 한다고 강력히 주장했다. 그래서 그들은 조직을 상대로 경영진의 역할을 분리하라고 권했다. 반면에 다른 사람들은 이사회가 경영진과의 협력을 통해 조직을 위해 더 많은 일을 할 수 있어야 한다고 주장했다. 그들은 모든 참여자가 협력을 통해 서로 배우며, 그 과정에서 회사 발전에 도움이 될 새로운 기회를 찾을 것이라고 했다. 그러나 누가 어떤 주장을 하든, 듣는 사람들은 점점 고착화되어가는 자신들의 관점에 따라 그 주장을 높이 평가하거나 비판했다.

순다라무르티와 나는 각 접근법을 분리하고 서로 다른 추정과 권고 사항을 이해하려 애쓰면서, 기업지배 구조에 대한 연구를 재검토했다. 우리는 곧 질문을 바꿔야 할 필요가 있음을 깨달았다. 그래서 어떤 접근법이 옳은지 묻기보다, 극단적으로 어느 한 접근법에 집착할 경우 어떤 위험이 있는지 묻기 시작했다. 각 접근법은 인간 본성의 서로 다른 한 가지 면을 가이드로 삼는다. 첫 번째 집단은 인간 본성 자체에 문제가 있다고 보았다. 인간은 다른 사람들과 회사의 이익보다는 자신의 이익을 우선하는 경향이 있기 때문이다. 이 집단의 경우, 개인적인 이익을 추구하는 문제를 극복하기 위해 통제 장치가 필요하다. 반면에 두 번째 집단은 인간의 사회적인 본성을 강조했다. 인간은 더 큰 전체의 일부라는 소속감을 갖고 싶어 하며 또한 사람들과의 협력을 통해 이익을 얻고 싶어 한다는 것을 강조했다.

그러나 통제 중심의 접근법은 도가 지나치면 서로에 대한 불신만 키우는 악순환을 심화했다. 이사회는 경영이 잘못될지도 모른다는 불안감 때문에 경영진을 감시하느라 여념이 없었다. 또한 경영진과 척진 상태에서 각종 제재를 강화하고 회사에 외부의 관점을 접목하려 했다. 이사회가 회사에 대한 통제권을 확보하고 경영진과 한층 더 분리될 수 있어 회사가 잘 돌아갈 때는 이런 접근법도 효과가 있었다. 그러나 이사회와 회사 리더들 사이에 균열이 생겼다. 이사회 이사들과 회사 경영진 양쪽 모두 자신들의 의견을 회사 전략에 맞춰 전력투구하기보다, 성공하기만 하면 자신들의 접근법이 상대측보다 더 효율적이라는 점이 입증된다고 믿었다. 그러나 새로운 기술, 더 혁신적인 경쟁업체, 경기 침체 같은 외부 충격이 발생해 회사 실적이 악화되면 그 같은 접근법은 위험을 불러온다. 이사회와 경영진 모두 체면치레용 합리화를 통해 실적 악화를 설명하려 했고, 모든 책임을 상대측에 전가하려는 등 이른바 '인상 관리'에 나섰다. 그러니까 힘을 합쳐 위기에서 벗어날 방법을 찾기는커녕, 이사회 이사들과 경영진 모두 쓸데없는 세력 다툼이나 벌이고, 이사회는 통제력을 강화해 창의적 사고와 실험 정신, 협력을 어렵게 만든 것이다.

협력 중심의 접근법은 같은 패턴을 보였으나 다른 느낌을 주었다. 이사회와 경영진 모두 하나의 경영 팀으로 일했다. 최고경영자가 이사회 이사장을 겸직하며 이끄는 이 팀은 집단적인 의사결정 방식을 택해 조직 목표를 세우고 이루는 데 능했다. 그리고 경영진과 이사회는 함께 일하고 배우면서 조직을 발전시키고 상호 간 이해도를 높였으며, 점점 더 조직에 그리고 서로에게 헌신했다. 이들은 회사의 실적이 좋을 때면 성공의 원인을 자신들의 공고한 협력 덕으로 봤고, 그러면서 신속하게 의견을 일치하는 데 익숙해졌다. 그리고 결국 그런 일은 일어나게 되어 있지만, 회사의 S곡선이 하강 국면에 접어들자 실패의 원인을 자신들의 통제권 밖에 있는 요인에서 찾았다. 또한 외부 의견을 구하거나 전략을 바꾸기보다는 현재의 계획에 더 전념했고 이사회와 경영진 간 협력을 더 공고히 했다. 앞서 언급한 통제 중심 접근법은 서로 간의 불신이 문제였지만, 협력 중심의 접근법은 이 같은 집단 사고가 문제였다.

아주 흥미로운 사실인데, 순다라무르티와 내가 우리의 연구 결과를 논문으로 발표했을 때도 같은 패턴의 참호전 양상이 나타났다. 우리는 서로 다른 의견을 하나로 합할 수 있는 대안을 제공하려 애썼지만, 그에 대한 반응은 양극화 형태로 나타나는 경우가 많았다. 우리의 논문을 검토한 학자들은 이쪽 진영 아니면 저쪽 진영이었다. 그 과정에서 그들은 자신의 견해에 너무 함몰되어버렸다. 순다라무르티와 나는 우리 논문에 대한 익명 검토를 계속 진행해봐야 끝도 없을 것이라고 생각했다. 결국 논문 편집자는 학자들의 검토를 무시하기로 했다. 서로 반대되는 두 진영으로 하여금 자신들의 논쟁에 대해 다시 생각하게 하고, 조직의 지배구조 개선에 도움을 주기 위해서는 질문 방식을 바꾸어야 한다고(둘 중 어떤 접근법이 나은지 묻는 게 아니라 두 접근법의 어떤 부분이 중요한지 묻는 방식으로) 판단한 것이다.[27]

우리의 경험에 따르면, 크든 작든 논쟁이 벌어지면 대개 양극화 패턴은 더 심화된다. 서로 반대되는 두 진영이 중요한 특정 문제에 대해 생각과 느낌, 대처 방식을 바꾸지 않고 완강히 고수하려 하기 때문이다. 지배구조의 경우와 마찬가지로, 각 진영이 가진 기본 추정은 대개 인간 본성의 복잡성처럼 더 복잡한 문제의 일부에만 초점을 맞추고 있다. 그러나 논쟁이 가열되면 사람들의 주장은 단순화되면서 양극단으로 나뉘고, 각자의 주장만 메아리치는 두 반향실로 분리된다. 이때 양 진영의 주장은 사사로운 것으로 변질되면서 추해지고 심한 경우 비인간적인 면까지 띠게 된다.

런던에서 경영대학원을 이끌 당시 나(메리앤)는 이런 논쟁이 얼마나 불편한 논쟁으로 변할 수 있는지 직접 경험했다. 브렉시트 기간 중 그리고 이후 한동안 영국 국민은 감정이 복잡했다. 카스경영대학원의 학생들과 졸업생들, 교수진, 후원자들의 출신 국가는 100개가 넘는다.[28] 당시 그 경영대학원의 학장이었으며 외국인 입장에서 EU와 영국이 낯설었던 나는 아주 복잡 미묘한 당시 상황을 최대한 빨리 파악하려고 애썼다. 영국 국민들의 견해는 다양했지만, 상반되고 단순하면서도 분노에 찬 두 진영, 즉 EU에 남자는 진영과 떠나자는 진영으로 굳어진 듯했다.

브렉시트 찬반 투표 직후 어느 날 저녁에 나는 유럽연합위원회European Commission의 전 위원장인 조제 마누엘 바호주Jose Manuel Barroso와 함께 학장 강연회를 열었다. 그날 바호주는 세계 경제와 EU 및 영국의 발전된 역할에 대해 통찰력 있고 도발적인 기조연설을 했다. 그 후 바호주와 우리 이사회의 두 이사, 나는 함께 저녁 식사를 하기 위해 식당을 향해 걸어갔다. 나는 이사 두 사람과 따로 브렉시트에 대한 이야기를 나눴으며, 상반된 그들의 사려 깊고 확고한 의견에서 많은 것을 배웠다. 그 순간 한 이사가 브렉시트 투표를 신랄하게 비난했다. 한마디로 EU를 떠나자는 쪽에 표를 던진 사람들이 무지몽매한 인종 차별주의자라는 말이었다. EU 탈퇴에 반대하는 이사 쪽을 훔쳐보는데 나는 심장이 마구 뛰었다. 그러자 바호주가 미소 지으면서 각자의 투표 결정은 존중되어야 한다고 말했다. 그러면서 아직 포괄적인 협상 과정이 남아 있으니 이젠 상대 진영의 관심사에 대해 제대로 알고 모두의 미래를 위해 가장 나은 길을 찾아야 할 때라는 말을 했다. 두 이사는 원로 정치인의 말에 수긍하며 미소 지었고, 이후 아주 허심탄회하고 통찰이 담긴 토론이 이어졌다.

그날 밤에 마음이 좀 진정된 뒤 나는 상반된 정치 문제와 관련해 어떻게 이런 패턴의 논쟁이 생기는지 생각해보았다. 단순화되고 양극화되고 고립되고 비인간적인 패턴의 논쟁은 해결하기 힘든 갈등으로 발전된다. 그리고 우리의 온갖 편견과 습관 그리고 자기방어 본능까지 터져 나오게 된다. 또한 자기 진영의 승리에만 목을 매기 때문에, 문제에 대한 의미 있는 논의는 고사하고 다른 사람의 말을 들으려고도 하지 않게 된다. 그래서 극단적인 양극화 현상이 벌어질 때, 나는 '둘 중 하나' 사고에 빠진 사람들로 하여금 새로우면서도 보다 창의적이고 포괄적인 대안을 모색하게 만든 바호주의 지혜로운 처신을 떠올리고는 한다.

## 더 나은 길

우리는 과거의 실수를 되풀이하면서 우리의 S곡선이 정점을 찍고 곤두박질칠 때까지 계속 토끼굴 속 깊이 파고들 운명일까? 어쩌면 그런지도 모른다. 자신의 장점을 너무 과신해 다 사라질 때까지 써버리는 것이 우리 인간의 본성이니까. 그러면서 또 과잉 수정을 해 죽어라 또 다른 토끼굴을 파기 시작하는 것이 우리 본성이니까. 마찬가지로 우리 인간은 툭하면 참호전을 벌여 해결하기 힘든 양극화된 갈등에 빠지기도 한다.

그러나 서로 다른 대안 사이를 왔다 갔다 하는 진자가 건물 해체용 쇳덩이로 변해 상반된 의견에서 나오는 창의적인 에너지를 박살 내게 할 필요는 없다. 반대되는 두 진영이 언제까지 늘 자신들의 입장만 고수할 필요도 없다. 더 나은 길이 있다. '둘 다 모두' 사고를 받아들이고 상반된 요구들을 동시에 충족하는 길 말이다. 조직 전문 학자 찰스 햄든-터너Charles Hampden-Turner는 우리가 개인적으로 또 직업적으로 추구하는 것을 이루기 위해서는 상반된 의견들을 받아들일 필요가 있다고 오랫동안 강조해왔다. 1982년에 낸《마음의 지도들Maps of the Minds》에서 그는 이렇게 말했다.

선과 악을 이루는 기본 요소는 같기 때문에, 그 둘의 근본적인 차이를 알아내려 해봐야 소용없다. 선과 악의 가장 중요한 차이는 그 구조, 즉 각 부분을 조립하는 방식에 있다. 악은 분열이며 서로 배척하는 양극단 간의 분노에 찬 대립으로, 각 부분은 늘 다른 부분을 억누르려 애쓴다. 선은 같은 부분의 통합이며 화해다. 29

레고의 사례를 돌아보자. 매출 급감으로 위기에 빠진 레고를 구하러 온 크누스토르프는 회사 리더들을 향해 철저한 품질 관리와 재무 관리는 물론, 세계 최고 수준의 과감한 혁신을 위해서 모두가 '이중 초점 관점bifocal perspective'을 가져야 한다고 말했다. 30 세계 정세의 변화 속에서 결코 쉽지 않은 일이지만, 레고는 결국 목전까지 닥쳐온 재난을 극복했고 계속 배우며 번성할 수 있었다. 그리고 크누스토르프는 1980년대 이후 레고 사의 사무실 벽마다 걸려 있고 현재 레고 박물관에 전시된 다음과 같은 11가지 역설을 모두가 되새기게 했다.

- 직원과 긴밀한 관계를 맺되 적절한 거리를 유지한다.
- 앞장서 사람들을 이끌되 뒤에 물러나 있는다.
- 직원을 믿되 무슨 일이 일어나는지 늘 지켜본다.
- 관대하게 행동하되 어떻게 하면 원하는 것이 제대로 이루어지는지 안다.
- 자기 부서의 목표를 잘 이행하되 회사 전체의 목표에도 충실한다.
- 자신의 시간을 계획성 있게 보내되 자신의 일정에 융통성을 갖는다.
- 견해를 자유롭게 표명하되 사람들과의 관계도 관리한다.
- 예지력을 발휘하되 현실을 무시하지 않는다.
- 의견 일치를 이끌되 과감히 돌파도 한다.
- 역동적으로 움직이되 심사숙고한다.
- 확신을 갖되 겸손을 갖춘다.

레고 그룹 최고경영자 닐스 크리스티안센 Niels Christiansen은 2020년도 결산 보고에서 기록적인 이익을 낸 것을 자축하며, 계속 규율을 잘 지키는 동시에 창의적인 사고를 하자며 말했다. "다른 많은 업계와 마찬가지로 우리 업계 역시 디지털화와 전 세계적인 사회경제적 변화 속에서 구조 변화를 겪는 중입니다. 우리는 앞으로도 우리의 견실한 재무 상태를 잘 활용해 현재 상황을 잘 헤쳐나가, 장기적으로 성장을 이룰 것입니다."[31]

나(메리앤) 역시 이후 또 다른 S곡선을 그려나가고 있다. 런던에서 아주 즐겁고 도전적인 경험을 했으며, 그 덕에 이전의 토끼굴에서 무사히 빠져나올 수 있었다. 그리고 개인적인 악순환 뒤에 학장이 되어 신시내티대학교로 돌아왔고 다시 상승 곡선을 탔다. 이후 몇 차례 더 S곡선을 거치면서 내가 사랑하는 대학에서 리더십과 연구 그리고 개인적 삶 사이를 오고 감으로써 그 모든 것을 잘 통합해낼 수 있음을 알게 됐다. 이는 계속 진행되는 그리고 계속 앞으로 나아가는 배움과 성장의 과정이다.

## 【 주요 내용 】

- **'둘 중 하나' 사고는 좋게 말하면 한계가 있고 나쁘게 말하면 해롭다.** 역설의 한쪽만 중시하면 옵션이 너무 단순화되고 좁아져 악순환으로 이어질 수 있다.

- **우리의 생각하는 방식(인지), 느끼는 방식(감정), 행동하는 방식(행동)은 우리를 악순환의 고리에 빠뜨려 보고 싶은 것만 보게 만든다.** S곡선을 보면, 자신의 장점을 과신할 경우 시간이 지나면서 초기 장점이 어떻게 단점으로 변하는지 잘 보여준다.

- **역설을 헤쳐나가다가 세 가지 악순환에 빠질 수도 있다.** 토끼굴(심화), 건물 해체용 쇳덩이(과잉 수정), 참호전(양극화) 패턴의 악순환이 그것이다. 그러니 늘 이 세 가지 패턴의 악순환에 빠지게 만드는 사고방식과 감정 상태 그리고 행동에 주의하라.

  - **토끼굴:** 갈등 상태에서 지나칠 만큼 자주 보이는 반응은 경직된 기존 틀에 집착하는 것이다. 역량과 지식과 옵션을 늘려야 하는 절박한 상황에서 장점을 과신하면 배우고 성장하고 변화하는(새로운 S곡선을 그려내는) 능력을 발휘할 수 없게 된다.

  - **건물 해체용 쇳덩이:** 오랫동안 무시되어온 역설의 한쪽 면에서 강한 압박이 오면 경직된 기존 틀이 부각되면서 과잉 수정에 돌입할 수 있다. 왔다 갔다 하던 진자가 반대편으로 너무 멀리 가는 것인데, 이때 서둘러 새로운 토끼굴로 들어가거나 반대되는 여러 힘 사이를 불규칙하게 오가게 된다.

  - **참호전:** 집단이 역설의 대립된 면을 강조할 경우, 양극화 현상이 일어나 서로 자신의 기존 틀에 집착하거나 자신의 입장을 격하게 옹호할 수 있다. 그리고 양측이 자기 입장을 더 단순화하고 반동적이며 배타적인 태도를 취하면서 해결하기 힘든 갈등이 생긴다.

# 접근법

## : 역설 시스템

*Paradox Mindset*

우리가 골치 아파하는 문제들에 역설이 도사리고 있다면, 우리는 모순이면서도 상호의존적인 이 도전을 보다 효과적으로 헤쳐나갈 필요가 있다. 또한 '둘 중 하나' 사고의 유혹에서 벗어나 의지를 다지고, 불합리한 역설의 복잡성을 극복해나 갈 필요가 있다. 우리에게는 환원주의적 사고에서 벗어나 전체론적 옵션을 모색 하게 해줄 툴이 필요하다. 또한 '둘 중 하나' 사고의 차원을 뛰어넘어 역설의 미스 터리를 안고 문제 해결에 전념하게 해줄 툴도 필요하다. 그러나 한 가지 툴로는 충분하지 않다. 우리는 완벽한 시스템을 만들기 위해 일련의 툴이 필요하다.

2부에서는 그 툴을 소개할 것이다. 그에 필요한 장을 마련하기 위해 '노새mule' (창의적 통합)와 '줄타기 곡예사tightrope walker'(일관된 비일관성)라는 두 패턴을 알아보 고, 역설로 인해 어떻게 생성적 선순환이 일어나는지 살펴보겠다. 그리고 우리가 ABCD, 즉 Assumption(추정), Boundary(경계), Comfort(편함), Dynamism(역동 성)이라 지칭하는 일련의 툴과 함께 역설 시스템을 소개할 것이다. 이어지는 장에 서 이 툴의 세트를 하나하나 설명하고 실생활에서 사용되는 광범위한 사례를 소 개할 것이다.

# 역설 시스템으로
# 선순환 만들기

## 노새와 줄타기 곡예사

역설의 길은 곧 진리의 길이다.
현실을 검증하려면 팽팽한 줄 위에 서서 봐야 한다.
진리가 곡예사가 될 때야 우리는 비로소 그 진리를 판단할 수 있다.

**- 오스카 와일드**Oscar Wilde

얼마 전에 나(웬디)는 〈포춘〉 선정 500대 기업에 몸담은 중
견 경영인들에게 역설을 헤쳐나가는 법을 가르치는 워크
숍을 주관했다. 역설에 대한 이야기를 꺼내면 바로 감정이 격해질 수 있기
때문에, 생활에서 맞닥뜨리는 딜레마를 생각해보라는 말로 워크숍을 시작
했다. 고심 중인 현안을 생각해보고 관련되어 상반된 일들을 떠올려보라고
권했다. 또한 직장에서의 문제들도 생각해보라고 했다. 어쨌든 회사는 직
장 내 문제들을 해결하는 데 일조해달라며 월급을 준다. 그러나 최대한 포
괄적이면서도 적절한 해결책을 찾기 위해 직장 밖 세상에서 고심 중인 문제
들도 생각해보라고 권했다. 그런 다음 지원자에 한해 그들의 생각을 공유
해보았다.

손을 번쩍 든 첫 번째 사람이 말했다. "저는 회사 일을 집까지 가져가지 않으려 애쓰고 있습니다."

많은 사람이 고개를 끄덕였다.

누군가가 공감을 표했다. "저는 아이들과 있을 땐 직장 이메일에 신경 쓰지 않으려고 합니다."

그 말에 또 다른 사람이 보탰다. "저는 직장에서 집중력을 높이려고 집에서 일어나는 일에 전혀 신경 쓰지 않으려 합니다."

그래서 내가 물었다. "그러면 여러분 가운데 몇 분이 일과 개인적인 삶 간의 균형을 맞추는 문제를 메모지에 적어봤을까요?" 방 안에 있던 사람 중 거의 절반이 손을 들었다. (여성만 그렇지는 않았다.)

일과 삶 간의 균형을 맞추는 것은 늘 줄타기 곡예와 같다. 우리 중 상당수는 직장에서 필요로 하는 것과 그 외 삶에서 필요로 하는 것, 즉 배우자, 파트너, 자녀, 부모, 친구, 학교, 취미 사이에서 무얼 선택해야 할지 딜레마에 빠진다. 전 세계적인 코로나19 팬데믹 상황에서 이 문제는 심각해졌다. 코로나 봉쇄 기간 중 일과 삶 간의 경계가 무너지면서 양쪽 모두에 효과적으로 대처해야 하는 도전이 심화되었다. 그러나 우리는 재택 근무라는 새로운 방법을 터득했고, 많은 사람이 재택 근무를 좋아했다. 이런 도전 속에서 각 직장이 어떻게 보다 혼합적이고 유연한 근무 환경을 조성할 것인가 하는 새로운 문제가 생겼다. 우리가 이 장을 쓰는 현재, 직원들과 회사 리더들은 일과 삶 간의 균형 문제에 새로운 표준이 될 방법을 실험 중이다.

그간 일과 삶 간의 균형 문제와 관련해 많은 글이 쓰였으며, 그 덕에 갈등을 해결하기 위한 다양한 아이디어가 나왔다. 균형을 맞추는 방법에 대하

조언도 나왔고, 그냥 손에서 놓는 방법에 대한 조언도 있었다. 통찰을 보이는 일부 사람은 일과 삶을 분리하는 방법을 제안했고, 어떤 사람은 일과 삶의 시너지 효과를 위한 방법을 제안했다. 지금도 계속 새로운 제안이 나오는 상황이지만, 여러분도 이미 많이 들어봤으리라 짐작한다.

널리 퍼지고 상반되기도 한 이런 지침은 당면한 딜레마, 즉 상반된 요구들을 어떻게 해결할지와 관련된 매일의 문제를 다룬다. 이는 중요한 조언이다. 이 책에서 계속 주장한 바이지만, 이런 딜레마 너머 멀리 앞을 내다볼 때 우리는 보다 강력한 통찰력을 얻게 된다. '어떻게 역설을 알아내고 제대로 이해하고 받아들일 것인가?' 이것이 훨씬 도움이 되는 질문이다. 거센 파도에 맞서려면 현재 그런 파도를 일으키고 앞으로도 그런 파도를 일으킬 상반된 힘을 잘 다루어야 한다.

일과 삶 간의 균형을 맞추는 일은 우리가 직면하는 여러 갈등 중 하나일 뿐이다. 그러나 이는 워낙 흔히 직면하는 갈등이기 때문에, '둘 다 모두' 사고에 필요한 접근법을 도입하는 데 도움이 될 좋은 사례이기도 하다. 먼저 역설을 헤쳐나가는 두 패턴이 어떻게 선순환을 일으킬 수 있는가 하는 얘기부터 시작할 것이다. 그 두 패턴을 우리는 '노새'(창의적 통합 찾기)와 '줄타기 곡예사'(일관된 비일관성 가능하게 하기) 패턴이라고 한다. 이 두 접근법은 앞서 2장에서 언급했던 세 가지 패턴의 악순환(토끼굴, 건물 해체용 쇳덩이, 참호전)에 대안을 제시한다. 다음으로 접근법을 선택하는 데 도움을 줄 '역설 시스템'을 소개할 것이다.

## 노새: 창의적 통합 찾기

'둘 다 모두' 사고의 첫 번째 패턴은 노새, 즉 창의적 통합을 찾는 것과 관련 있다. 노새는 암말과 수탕나귀 사이에서 태어난다. 말은 강하고 근면하지만 인내심이 적고 금방 지루해한다. 당나귀는 인내심이 좋지만 고집이 세고 머리가 별로 좋지 않다. 이 두 종을 합치면 말보다 인내심 있고 강하며 오래 살고 당나귀보다는 덜 고집스럽고 똑똑한 생물학적 잡종이 생겨난다. 인간은 기원전 3000년 전부터(인간이 역설이라는 개념을 알기 훨씬 전부터) 무거운 짐을 싣고 멀리 가는 데 쓸 목적으로 노새를 만들어냈다.

여기서 결국 노새를 얻는다는 것은 역설의 상반된 면들을 통합해 시너지 효과를 낼 옵션을 찾는다는 의미다. 1970년대 말 정신과 의사 앨버트 로텐버그Albert Rothenberg는 천재들이 대개 서로 반대되는 아이디어들을 통합해 획기적인 아이디어를 낸다고 함으로써 노새를 얻는 일의 잠재력과 그 과정을 설명했다. 그는 알베르트 아인슈타인, 파블로 피카소, 볼프강 아마데우스 모차르트, 버지니아 울프 같은 사람들의 일기와 편지를 분석했다. 저마다 활동 분야가 달랐지만, 로텐버그는 그들의 창의적인 작업 과정에서 눈에 띄는 유사성을 발견했다. 그들이 '아하' 하는 깨달음을 얻은 순간들은 작업 중에 서로 반대되는 힘을 발견하면서 시작된 경우가 많았다. 그 힘들 사이에서 발생하는 긴장이 그들을 당혹스럽게 했고 도전의식을 불러일으켰다. 그들은 반대되는 두 힘 중 한쪽에만 집중하는 대신 하나로 통합할 방법을 모색했다.

아인슈타인의 상대성이론은 어떻게 해야 물체가 움직이면서 동시에 운

직이지 않을 수 있는지 이해하려는 과정에서 탄생했다. 피카소의 그림은 빛과 어둠을 같은 이미지 안에 통합하려는 노력으로 태어났다. 모차르트의 음악은 화음과 불협화음을 하나로 합한 것이다. 울프의 소설은 삶과 죽음 간의 상호의존성을 그렸다. 로텐버그는 이러한 창의적인 과정을 두고, 두 얼굴을 갖고 있어 동시에 앞뒤를 볼 수 있는 로마의 신 야누스Janus에서 이름을 따 '야누스적 사고Janusian thinking'라고 표현했다.[1]

희소식이 있다면, 노새를 찾기 위해 굳이 천재가 될 필요가 없다는 점이다. 인시아드INSEAD(프랑스에 있는 세계적인 경영대학원 -옮긴이)의 엘라 미론-스펙터 Ella Miron-Spektor와 하버드경영대학원의 프란체스카 지노Francesca Gino, 카네기멜론 테퍼경영대학원의 린다 아르고테Linda Argote는 학생들을 실험실로 데리고 와 창의적 통합을 하게 만들 수 있음을 연구 과정에서 발견했다. 연구진이 할 일은 단 하나, 사람들에게 제시하는 문제를 바꾸는 것뿐이었다. 그들은 실험 참가자들에게 단순히 서로 반대되는 대안을 생각해보거나, 역설적이고 반대되면서도 상호의존적인 대안을 생각해보라고 권했다. 그 결과 역설적인 대안을 생각해보라고 권해진 사람들이 더 창의적인 문제 해결책을 만들어냈다.[2]

1900년대에 선구적인 학자이자 활동가였던 메리 파커 폴릿은 사람들에게 개인 또는 집단 사이에서 갈등을 경험할 때 창의적 통합을 시도해보라고 권했다. 그리고 사람들이 갈등을 경험할 때 흔히 세 가지 반응이 나타난다는 사실을 알게 됐다. 우세한 반응은 '둘 중 하나' 사고와 관련된 것으로, 이는 한쪽이 이기고 다른 한쪽은 지는 윈/루즈win/lose 게임이다. 타협적인 반응의 경우, 양쪽이 각자 원하는 것을 갖되 무언가는 포기해야 한다. 이 옵션은 양쪽 다 이기는 윈/윈 게임으로 보이지만, 폴릿의 지적에 따르면 양쪽 모두 뭔가를 잃는다는 한계가 있다.

하나의 대안으로 폴릿은 '창의적 통합'이라는 개념을 탐구한다. 양쪽 모두 뭔가를 포기하지 않고 원하는 것을 손에 넣는 진정한 윈/윈 게임이다. 폴릿은 도서관에서 경험한 의견 불일치를 예로 들었다. 당시 폴릿은 도서관 창문 근처에 앉아 있었는데, 한 여성이 도서관 안으로 들어왔다. 그 여성은 폴릿 옆의 창문을 열고 싶어 했다. 그러나 폴릿은 창문을 닫힌 채로 두고 싶었다. 우세한 해결책은 한 여성이 이기는 방식이었을 것이다. 창문을 닫힌 상태로 두든가 열든가 둘 중 하나를 택하는 것이다. 타협적인 해결책은 창문을 잠시만 열거나 일부만 여는 것이다. 그 경우 양쪽 다 원하는 것을 일부 얻겠지만 전부를 얻지는 못한다. 그러나 폴릿도 주장했듯, 양쪽이 진정 필요로 하는 것을 명확히 안다면 통합적인 해결책을 찾기 위해 문제를 좀 더 들여다볼 수도 있다. 실제로 창문을 여는 문제를 놓고 이런저런 이야기를 나누면서 새로 들어온 여성은 환기를 하고 싶어 창문을 열고 싶었고, 폴릿은 자신의 종이가 날아갈까 봐 창문을 닫아두기를 원했음을 깨달았다. 그래서 두 사람은 종이가 바람에 날리지 않게 하면서 환기를 시킬 방법으로 문제를 바꾸었다. 결국 도서관 옆방에 있는 창문을 열기로 결정했다. 환기도 시키고 폴릿의 종이가 날리지도 않게 하는 해결책이었다. 양쪽 모두 어떤 것도 포기하지 않고 원하는 것을 얻었다.[3]

최근 로저 마틴Roger Martin은 이런 종류의 통합적인 사고야말로 성공한 사람이 갖는 리더십의 핵심이라고 주장했다. 그는 《생각이 차이를 만든다》에서 마음속에 서로 반대되는 생각을 가질 수 있는 능력은 인간의 진화 과정에서 생겨난 장점이라면서 이렇게 주장한다.

> 잘 알려진 사실이지만, 우리 인간은 다른 손가락과 '마주할 수 있는 엄지손
> 가락'이라는 물리적 특성 때문에 거의 모든 다른 생명체와 구분된다. 엄지
> 손가락과 나머지 손가락들이 마주해 부딪칠 수 있는 덕에, 우리는 다른 생
> 명체들이 할 수 없는 놀라운 일을 할 수 있다. 글을 쓰고, 바늘에 실을 꿰고,
> 다이아몬드를 세공하고, 그림을 그리고, 카테터를 동맥에 넣어 뚫는다. 또
> 한 우리 인간은 선천적으로 서로 반대되는 두 가지 생각을 할 수 있다. 건
> 설적인 갈등으로 상반된 두 가지 생각을 동시에 할 수 있다. 그러면 새롭고
> 나은 아이디어를 낼 수 있다. [4]

마틴은 여러 유형의 사고를 비교해보았다. 일반적인 사고와 달리, 통합적
인 사고를 하면 특정 문제의 더 많은 특징을 가지고 상반된 요구들 간의 연
관성을 높일 수 있다. 그렇게 문제의 여러 특징을 가지고 통합적 사고를 하
는 사람은 상반된 요구들 간의 복잡하고 다각적이며 비선형적인 관계를 알
아내게 된다. 나아가 그 관계를 통해 문제를 더 종합적인 관점에서 볼 수 있
고, 문제의 구체적이고 개별적인 부분까지 들여다볼 수 있다. 결국 통합적
사고를 하는 사람은 그저 적당한 타협에 만족하지 않고 더 창의적인 옵션을
찾아낸다.

우리가 일과 삶 간의 갈등 속에서 어떻게 창의적 통합을 찾는지 생각해보
자. 예를 들어, 직장에서 다음 주말 워크숍이 열리는 날을 알게 됐다고 상상
해보라. 임원들이 우리에게 그 워크숍을 주관하라고 한다. 우리는 그 좋은

기회에 흥분한다. 그런 다음 달력을 본다. 그런데 워크숍 날짜가 다른 도시에서 열리는 집안 식구의 결혼식과 겹친다. 동시에 두 곳을 다 갈 수 없으니 딜레마에 빠진다. 우리의 첫 번째 반응은 워크숍과 결혼식을 두고 '둘 중 하나' 선택을 하려는 것이리라.

그런데 결정을 내리기에 앞서 잠시 한 발 물러나 생각해보면 어떨까? 우선 이 딜레마 속에 긴밀히 얽힌 다양한 역설이 숨어 있음을 알 수 있다. 우리는 직장 워크숍에 꼭 참석하고 싶지만, 동시에 결혼식에 참석해야 한다는 가족의 압박도 느낄 것이다. 그 반대일 수도 있다. 자신과 다른 사람들 간에 숨은 역설에 주목하라. 자신을 위해 하는 것과 다른 사람들을 위해 하는 것, 원하는 것과 필요로 하는 것, 바라는 걸 하는 것과 의무적으로 하는 것 간의 역설 말이다. 단기적으로는 집안 결혼식 참석이 즐거우면서도 소중한 일이지만, 장기적으로는 직장 워크숍 주관이 힘은 들어도 경력에 도움이 된다. 결국 이 결정에 오늘과 내일 간의 시간적 역설도 숨어 있는 것이다.

이 역설을 헤쳐나가기 위해 우리는 어떤 종류의 노새를 찾을 수 있을까? 우리의 문제와 다른 사람들의 문제를 풀 해결책을 어떻게 알아낼 수 있을까? 또한 단기적 기회와 장기적 기회를 모두 살릴 수 있는 해결책을 어떻게 알아낼 수 있을까? 어쩌면 워크숍 날 직접 참여는 하지 않더라도, 그 워크숍에 물심양면으로 도움을 줌으로써 리더십과 회사에 대한 헌신을 보여주는 방법이 있을 수도 있다. 어쩌면 임원들이 우리에게 워크숍의 기조연설을 해달라고 할 수도 있다. 결혼식 피로연에서 잠시 빠져나와 온라인 기조연설을 할 수도 있지 않을까? 아니면 미리 녹화해둔 기조연설을 워크숍에서 틀게 할 수도 있다. 또는 결혼에서 가장 필요한 것은 신랑과 신부에게 도움을 주는 데 있음에 주목할 수도 있다. 결혼식 전에 도움을 주기 위해 예비 신랑 신부와 귀중한 시간을 함께 보낼 수도 있다. 어쨌든 문제를 다른 각도에서 보면 새로운 가능성이 생긴다. 그러면 딜레마에 숨은 역설을 헤쳐나갈 길을 찾을 수 있다.

여기서 노새에 대해 기억할 중요한 사실이 있다. 노새는 번식력이 없다. 노새는 노새를 낳지 못한다. 그래서 우리가 말과 당나귀를 길러 새로운 노새를 낳게 해야 한다. 이는 역설을 헤쳐나가는 데 중요한 특징이기도 하다. 창의적 통합을 통해 딜레마에 효과적으로 대응할 수 있지만, 이는 임시방편적인 대처일 뿐이다. 예를 들어, 직장 워크숍과 집안 결혼식 간의 딜레마를 해결할 창의적 통합 방법을 찾아낸다 해도, 우리는 여전히 일과 삶, 자신과 다른 사람들, 단기적 문제와 장기적 문제 간의 갈등에 지속적으로 직면한다. 새로운 해결책을 찾아야 하는 새로운 딜레마 속에서 역설이 되풀이해 나타난다. 결국 이런저런 딜레마의 해결책을 찾는다 해도, 그 바탕의 역설은 해결되지 않아서 시간이 지나도 계속 나타나는 것이다.[5]


## 줄타기 곡예사:
## 일관된 비일관성에서 살아가기

서로 윈/윈하는 창의적 통합을 찾는 일은 가치 있지만, 쉽지는 않다. 또한 반드시 모든 딜레마를 해결해주는 최선의 방법도 아니다. 가끔은 앞서 줄타기 곡예사에서 언급한 것처럼 상반된 대안들 사이에서 선택할 필요도 있다.

나(웬디)는 내 쌍둥이 아이들이 생후 6개월쯤 됐을 때 일과 삶 간의 딜레마를 해결하기 위해 창의적 통합 방법을 찾으려고 애썼다. 당시 나는 출산 휴가를 끝내고 복직한 상태였다. 대학 교수 일을 시작한 첫해인 데다가, 동료 교수들이 종신 재직권과 관련된 결정을 내리기까지 내게 주어진 시간이 많지 않음을 알고 있었던지라 하루라도 빨리 복직해 연구를 계속하고 싶었다. 나는 아침 일과에 익숙해 있었다. 잠자리에서 일어나 쌍둥이를 돌보고, 아이들을 남편에게 맡기고, 샤워하고, 옷을 입고 아이들 옷도 입히고, 아이들을 유모에게 맡기고, 집을 나서는 아침 일과 말이다. 그런 일과가 아주 힘들고 혼란스럽게 느껴졌다.

어느 날 아침에 나는 자주 가는 동네 커피숍에서 내 지친 뇌에 생산성을 불어넣어줄 더블샷 커피를 기다리며 서 있었다. 아침 일과를 마치고 집을 나서는 것만으로도 큰일을 해낸 기분이었다. 무슨 영웅이라도 된 기분이었다. 그런 자신을 뿌듯해하며 무심코 아래쪽을 내려다봤다. 내 스웨터의 검은색과 완전히 대비되는 흰색 침이 묻어 있었다. 아침에 쌍둥이 중 하나가 선물로 남겨준 것이었다. 내 상상 속 슈퍼우먼 망토에 구멍이 뻥뻥 나는 느낌이었다. 영웅 같던 기분도 사그라들었다. 수면 부족으로 생긴 마음속 틈새들을 어두운 그림자가 빠른 속도로 메웠다. '빌어먹을!' 나는 생각했다. '내가 왜 이러고 있지? 왜 애들을 유모 손에 맡겨놓고, 이 모든 직장 일에 대처하려 하는 거지? 직장에선 그야말로 정신이 하나도 없는 상태이고. 대체 난 어떤 부모인 거야? 지금 아이들에게 평생 갈 상처를 주고 있는 건지도 몰라!'

그런 다음 이런 생각도 했다. '지금 역설을 연구 중이잖아, 이 딜레마를 해결해줄 더 나은 창의적 통합 방법을 알아낼 수 없을까? 어떻게 하면 계속 일하면서 아이들과 더 많은 시간을 보내고 스트레스를 덜 받을 수 있을까?' '둘다 모두' 사고의 경우처럼 이런 의문을 가지고 새로운 가능성을 생각해보게 됐다.

나는 생각했다. '아하! 일과 삶을 동시에 챙길 수도 있겠네.' 교수 일을 포기하고 우리 쌍둥이와 다른 애들을 위해 어린이집을 차릴 수도 있으리라. '그러면 일이 삶이 되고 삶이 일이 되겠지. 아침마다 반복되는 대소동을 끝내고 여유롭게 천천히 하루를 시작할 수 있을 거고. 마찬가지로 저녁 식사 시간에 맞춰 서둘러 귀가하면서도 책상 위에 끝내지 못한 일을 놔두지 않아도 될 거고.' 그러면서 나는 커피숍 바로 옆에 어린이집을 열면 어떨까 하는 계획까지 세워봤다.

그때 더블샷 커피가 나왔다. 나는 한 모금 홀짝이다 화들짝 놀라 현실로 돌아왔다. 물론 전문적으로 어린이집을 운영하며 자기 아이를 키우는 이런 종류의 원/원 게임을 높이 평가하는 사람도 있을 것이다. 나 역시 아이들을 사랑하지만, 대학에서의 내 일도 사랑한다. 나는 무엇보다 어린이집 운영을 직업으로 생각해본 적이 없다는 이유를 떠올렸다. 결국 그런 식의 창의적 통합은 내 딜레마의 해결책이 아니었다.

대신에 나는 딜레마를 해결하기 위한 다른 패턴, 즉 계속 균형을 잡아나가는 패턴의 해결책에 의존하려 했다. 우리는 이를 '줄타기 곡예' 패턴이라고 한다. 오랜 시간 동안 딜레마에 일관된 비일관성을 고수하면서 상반된 요구들에 대처하는 패턴이다. 아마 1974년에 뉴욕 시 세계무역센터의 두 빌딩 사이를 외줄 타기로 건너는 데 성공한 프랑스 출신의 줄타기 곡예사 필리프

프티 Philippe Petit의 사진을 본 적이 있을 것이다. 그 일을 성공시키기 위해 그는 외줄 위에서 균형을 잘 잡아야 했다. 그러나 그것은 정지 상태에서의 균형인 정적 균형 static balance이 아니라 끊임없이 움직이는 상태에서의 균형인 동적 균형 dynamic balance이었다. 정신은 계속 멀리 떨어져 있는 목표에 집중하면서, 몸은 오른쪽과 왼쪽 사이를 미세하게 오가며 섬세하면서도 일관된 동작으로 앞으로 나아가는 것이다. 오른쪽과 왼쪽으로의 움직임은 아주 미세했다. 몸이 어느 한쪽으로 너무 쏠렸다면 바로 줄에서 떨어졌을 것이다.

우리는 줄타기 곡예처럼 대안과 대안 사이를 미세하게 오가며 계속 앞으로 나아감으로써 역설을 헤쳐나갈 수 있다. 앞서 2장에서 언급했듯, 계속 아주 큰 '둘 중 하나' 선택을 함으로써 현실 안주라는 틀에 스스로를 가두어서는 안 된다. 끊임없이 두 대안 사이를 오가다 큰 그림 안에서 두 대안을 다 받아들이게 되는 것은 작은 '둘 중 하나' 선택들을 통해서다.

대부분 줄타기 곡예는 시도조차 해본 적 없으니 이런 비유가 낯설게 느껴질 수 있다. 그래도 이런 비유를 즐겨 쓰는 것은 역설을 헤쳐나가는 게 결코 쉬운 일이 아니라는 걸 상기시키기 때문이다. 역설을 헤쳐나가는 것은 모험이 될 수도 있고 때로는 위험할 수도 있다. 줄타기 곡예의 이미지에는 오른쪽이나 왼쪽 중 한쪽으로 너무 쏠리면 바로 떨어질 수 있다는 갈등도 담겨 있다. 그러나 사실 모든 역설이 줄타기 곡예만큼 위험하고 도전적인 것은 아니다. 일부 역설은 다른 역설에 비해 대처가 쉽다. 더 쉬운 비유를 원한다면 보트 타기나 자전거 타기를 생각해보라. 줄타기 곡예와 마찬가지로 보트나 자전거 역시 앞으로 가기 위해 서로 반대되는 두 쪽 사이를 계속 미세하게 오가야 한다. 때로는 그 움직임이 너무 미세하거나 너무 자연스러워 인식조차 하지 못한다. 그러나 한쪽으로 너무 쏠리면 자전거가 넘어지며, 보트는 뒤집힐 수도 있다. 다행히 미세하게 움직이는 것은 훈련이나 연습을 통해 가능하다. 우리가 제자리에 가만히 서 있을 때도 절대 완전한 균형을 유지하는 것이 아니다. 실은 무의식적으로 계속 균형을 잡기 위해 미세하게 움직이고 있다.

일과 삶 간의 갈등에서 생기는 딜레마를 해결하기 위해서는 가끔 줄타기 곡예를 해야 한다. 예를 들어 어느 날 밤에는 프로젝트 완성을 위해 가족과의 저녁 식사를 포기하고 늦게까지 직장에 남기로 마음먹을 수도 있다. 하지만 다음 날 밤에는 정반대의 결정을 내릴 수도 있다. 같은 날에 직장 워크숍에도 참석하고 집안 결혼식에도 참석해야 하는 딜레마를 다시 생각해보자. 일관된 비일관성을 유지한다는 것은 우리의 사고를 한 가지 사례에 한정시키지 않고 더 넓은 맥락에서 생각해본다는 의미다. 어쩌면 최근에 일을 너무 열심히 하느라 여러 차례 집안 행사에 참석하지 못했을 수도 있다. 그래서 일과 삶 간의 균형을 조금 바꿔, 이번에는 집안 결혼식을 최우선으로 생각할 수도 있다. 반대로 최근 집안 행사로 많은 시간을 보내서 이번에는 직장 일을 중시할 수도 있다. 어떤 결정을 내리든, 다음 딜레마에 빠질 때는 여전히 열린 마음으로 다른 결정을 내릴 수 있어야 한다. 이런 식으로 융통성 있게 정반대되는 결정을 내리면 악순환이 더 심화되지 않는다. 과잉 수정도 하지 않게 된다. 대신 어떤 선택을 한 뒤 현실 안주라는 틀에 갇히면 계속 외곬으로 이쪽 아니면 저쪽에 치우치는 악순환에 빠지게 된다. 너무 일에 매달려 탈진하거나 너무 개인적인 삶만 중시해 일을 제대로 할 수 없게 되는 것이다.

심리학자 커크 슈나이더는 《역설적 자아》에서 우리가 마음속으로 역설을 헤쳐나갈 때 어떻게 그 같은 줄타기 곡예에 매몰되는지를 살펴보았다. 또한 철학자 쇠렌 키르케고르의 생각을 토대로 '팽창'(열린 마음으로 외부의 것에 집중하고 모험적으로 기꺼이 새로운 것을 시도하고 위험을 받아들임)과 '수축'(속마음을 드러내지 않고 내부의 것에 집중하고 절제하고 스스로 경계를 만듦) 사이의 줄다리기를 설명했다. 사람들은 너무 극단으로 치우칠 때 심리적 스트레스를 받는다. 그리고 심리적으로 건강한 사람은 팽창과 수축 사이에서 끝없이 균형을 맞추려 애쓴다. 이를 슈나이더는 이렇게 설명했다.

그런 사람들은 십중팔구 보통 사람들보다 건강하거나 실존주의자들의 말처럼 더 '통합적이거나' 창의적이거나 강인한 듯하다. 이는 그들의 삶이 기하학적으로 균형이 잘 잡혀 있다거나 그들의 행동이 고대 그리스인의 말처럼 '매사에 중용을 지키고 있다'라는 의미가 아니다. 그것과는 거리가 멀다. 오히려 그들이, 특히 자기 관심사의 한정된 범위 내에서, 기꺼이 자신의 팽창 능력과 수축 능력에 도전하고 맞선다는 의미에 가깝다. 그들은 적절한 요구에 맞추려고 팽창과 수축의 적절한(그리고 가장 유용한) 조합을 찾아낸다.[6]

# 줄타기 곡예를 하는 노새 만들기

노새를 만들고 줄타기 곡예를 하면 두 가지 패턴의 '둘 다 모두' 사고가 생기면서 선순환이 이루어진다. 그러나 이 두 패턴은 서로 분리된 것이 아니다. 시간이 지나면서 서로 긴밀하게 얽히는 경우가 많다. 어쩌다 노새가 나타날 때 줄타기 곡예를 하고 있을 수 있다. 아니면 괜찮은 노새를 찾아내 갑자기 이쪽 아니면 저쪽에 집중해야 할 수도 있다.

우리는 연구를 통해 먼저 이 패턴들이 어떻게 서로 얽히는지 알아봤다. 당시 나(웬디)는 IBM의 전략 사업 부문 리더들이 어떻게 혁신 관련 도전에 대처했는지 연구 중이었다. 시장에 나온 제품들을 잘 관리하면서 동시에 새로운 기회를 모색해야 하는 과정에서 온갖 딜레마가 생겼다. 자원은 어떻게 배분해야 하나? 지도부는 어떻게 구축해야 하나? 고위직 회의 시간은 어떻게 관리해야 하나? IBM 전략 사업 부문 리더들은 오늘과 내일, 혁신과 기존 제품 사이에 계속 생겨나는 역설을 헤쳐나가려 애쓰고 있었다.

그 연구 프로젝트에 착수하면서, 나는 최고의 리더란 혁신과 기존 제품 사이에서 창의적 통합을 이룰 수 있는 사람이라고 추정했다. 그런데 알고 보니 사실은 아주 달랐다. 물론 성공한 리더들은 핵심 제품을 지키면서 혁신해야 할 필요성을 인정하고 그 해결책을 찾았으며, 실제로 가끔 창의적인 통합 방법을 찾아내기도 했다. 예를 들면 기존 고객과의 관계를 활용해 새로운 혁신 제품을 파는 방법이 있었다. 그러나 그런 창의적 통합 사례는 드물었다. 사실 가장 성공한 리더들은 딜레마마다 창의적 통합 방식을 적용하려 해봐야 소용없다는 사실을 잘 알았다. 리더들은 더 조심스럽게, 더 의도적

으로, 주안점과 주장을 바꿔가며 줄타기 곡예에 전념했다.[7]

이런 패턴들이 어떻게 서로 얽혀 일과 삶 간의 갈등을 받아들이는 선순환을 가능하게 만드는지 생각해보라. 우리는 대개 일과 삶 사이의 주안점을 바꾸기도 하지만 그런 다음 다시 통합의 시간을 갖는다. 예를 들어, 우리의 일은 저녁 식사 자리에서 생산적인 대화에까지 스며들어 가정 내에서의 배움과 연결을 가능하게 할 수도 있다. 아니면 여러 육아 문제를 해결하는 과정에서 더 폭넓은 대인관계의 기술을 알게 되어, 보다 나은 리더가 되는 데 도움이 될 수 있다. 마찬가지로 우리는 창의적 통합을 하기 위해 전력투구하기도 하지만, 때로는 보다 일관되게 일관성 없는 결정을 내려야 할 필요도 있음을 알게 된다.

나(웬디)는 코로나19 팬데믹 봉쇄로 인해 일과 삶 간의 역설과 관련된 도전과 기회를 직시하게 됐다. 봉쇄로 종종 직장 일과 가정 일을 통합할 수밖에 없게 된 것이다. 어떻게 하면 당시 아홉 살이던 아들과 함께 식탁에 앉아, 아이는 인터넷 수업을 듣고 나는 내 일을 할 수 있나 하는 문제로 머리가 아팠다. 다시 말해 아이가 필요로 하는 것과 내가 필요로 하는 것을 통합할 방법을 찾아내야 했다. 하지만 나는 집중해서 일할 시간도 필요하다는 것을 알았다. 다행히 남편 역시 근무 유연성이 있는 교수다. 우리는 바로 적절한 일정표를 만들었다. 매일매일 어떤 부모가 당번이 되어 직장 일을 손에서 놓고 그날의 줄타기 곡예를 하고, 어떤 부모가 아무 방해도 받지 않고 직장 일을 할지를 정한 것이다.

# 역설 시스템:
# '둘 다 모두' 사고에 필요한 통합 툴

대체 무엇이 사람들로 하여금 노새를 찾게 하고, 줄타기 곡예를 통한 선순환으로 역설을 헤쳐나갈 수 있게 할까? 그러려면 '둘 다 모두' 사고에 집중할 수 있어야 한다. '둘 다 모두' 사고는 이제 하나의 유행어처럼 되었다. 그러나 우리는 성공한 사람들이 단순히 유행 차원을 뛰어넘어 어떻게 이 접근법에 제대로 집중하는지 잘 안다. 우리는 연구를 토대로, '둘 다 모두' 사고에 도움을 주는 4세트의 툴을 알아냈다. 쉽게 기억할 수 있도록 툴마다 ABCD로 이름을 붙였다. 이는 Assumption(추정), Boundary(경계), Comfort(편함), Dynamism(역동성)의 머리글자다(그림 3-1 참고). 성공한 사람들은 이 4세트의 툴에서 따로 골라 쓰지 않고 모두 함께 활용해 서로가 보강하게 한다. 우리는 이 4세트의 툴을 '역설 시스템'에서 함께 다룰 것이다.

'둘 다 모두' 사고는 **'추정'**으로 시작된다. 추정이란 동시에 서로 반대되는 두 힘을 인지할 수 있게 해주는 사고방식과 그 토대가 되는 믿음이다. 우리의 접근법을 바꾸기 위한 첫걸음은 문제를 규정하는 방식을 바꾸는 것이다. '둘 다 모두' 사고를 하는 사람은 'A와 B 중 어느 걸 선택해야 하나?'가 아니라 '어떻게 하면 A와 B를 모두 취할 수 있을까?' 하는 접근법을 취한다. 바로 정신과 의사 앨버트 로텐버그의 연구 대상이 됐던 창의적인 천재들이 취했던 접근법이다. 아인슈타인은 자기 자신에게 물체가 움직이고 있는가, 정지해 있는가가 아니라 물체가 움직이면서 동시에 정지해 있을 수도 있는가 하고 물었다. 질문을 바꾸면 관점도 바뀐다. 중요한 것은 사고방식이다. 사고방

그림 3-1

## 역설 시스템: 4세트의 툴

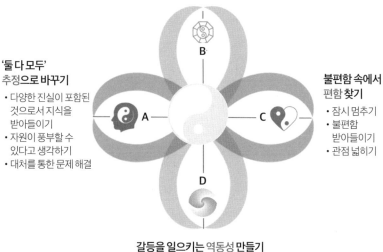

**갈등을 포함하는 경계 만들기**
- 보다 높은 목적으로 연결하기
- 분리하고 연결하기
- 너무 멀리 가지 않게 가드레일 설치하기

**'둘 다 모두' 추정으로 바꾸기**
- 다양한 진실이 포함된 것으로서 지식을 받아들이기
- 자원이 풍부할 수 있다고 생각하기
- 대처를 통한 문제 해결

**불편함 속에서 편함 찾기**
- 잠시 멈추기
- 불편함 받아들이기
- 관점 넓히기

**갈등을 일으키는 역동성 만들기**
- 단계마다 신중하게 실험하기
- 예상치 못한 행운에 대비하기
- 배운 것들을 잊는 법 배우기

식은 문제에 대한 생각과 대처 방식에 영향을 준다. '둘 다 모두' 사고를 하는 사람은 세상이 일관되고 단순명료하며 고정되어 있다고 생각하지 않는다. 모순투성이고 순환되며 역동적이라고 추정한다.

**'경계'**는 우리가 역설에 직면했을 때 사고방식과 감정과 행동을 떠받치기 위해 주변에 구축하는 구조물이다. 상반된 요구 가운데 어느 한쪽을 선택하

뒤 죽어라 그것에만 매달리는 악순환에 빠지면 현실 안주의 덫에 빠질 수 있다. 경계는 무엇보다 먼저 우리가 그런 덫에 빠지지 않게 해준다. 우리는 왜 그리고 어떻게 역설에 빠졌는지 상기하기 위해 더 높은 목적을 정한다. 즉 동기를 부여해주고 통합을 가능하게 해줄 중요한 비전을 세우는 것이다. 또한 상반된 요구들을 분리하고(즉 서로 나눠 각 요구의 가치를 평가하고) 연결해주는 구조물을 만드는 것이(그래서 시너지 효과와 통합 효과를 보는 것이) 도움이 된다는 것을 확인한다. 그리고 역설의 한쪽에 치우쳐 현실 안주의 틀에 너무 깊이 빠지지 않게 해주는 가드레일의 역할을 점검한다.

'**편함**'은 우리의 감정에 초점을 맞춘다. 그 결과 역설로 처음 갖게 되는 감정적인 불편함을 소중히 여기게 되며 동시에 그 불편함에도 편해지는 방법을 찾게 된다. 역설은 내면 깊숙이 숨은 감정을 깨운다. 한편 갈등으로 불안해지고 방어적인 자세를 취하게 되며, 그로 인해 '둘 중 하나' 사고의 틀에 갇힐 수 있다. 다른 한편으로는 힘겨운 문제를 해결해줄 새롭고 창의적인 옵션을 찾게 됨으로써 활력을 되찾을 수도 있다.

마지막으로 '**역동성**'은 지속적인 배움과 변화를 통해 상반된 요구들 사이에서 과감히 변화할 수 있게 해주는 행동과 관련 있다. 역설에는 이중성과 역동성이 숨어 있다. 서로 반대되는 이 두 힘은 끊임없이 충돌하며 서로를 변화시킨다. 우리는 역동적인 행동의 일관성을 찾게 되며, 그 결과 '둘 중 하나' 사고의 틀에 갇히지 않게 된다.

다음 4개 장에서 '둘 다 모두' 사고에 도움을 주는 4세트의 툴을 하나씩 알아볼 것이며, 개인의 삶과 조직 생활에서 직면하는 역설을 보다 효과적으로 헤쳐나가는 데 도움을 줄 툴에 대해 설명할 것이다. 이 툴은 독립적인 것이 아니라 상호보완적이다. 추정과 사고방식을 많이 바꿀수록, 각종 경계와 비계와 가드레일을 더 잘 구축할 수 있다. 그리고 경계를 많이 구축할수록, 그로 인해 추정과 감정이 강화된다. 그러나 역설 시스템은 그 자체로 역설적이라는 사실을 잊지 말자. 이 시스템은 사람과 환경 모두에 영향을 주는 툴과도 관련 있다. 그 툴은 사람들로 하여금 감성과 지성에 신경 쓰고 변화와 안정을 동시에 도모할 수 있는 환경을 조성하라고 요구한다. 사람과 환경, 감성과 지성, 변화와 안정 간의 갈등이다. 역설 시스템은 우리가 이 모든 갈등을 헤쳐나가는 데 도움을 준다. 킴 캐머런과 밥 퀸이 말한 것처럼 역설을 헤쳐나가는 것은 역설적이다.[8] 이 말에 우리도 동의한다.

## 【 주요 내용 】

- 서로 밀접하게 얽힌 패턴으로 역설을 헤쳐나가 선순환에 이를 수 있다.
  - 노새(창의적 통합)를 만든다는 것은 상반되는 양극단을 동시에 받아들여 시너지 효과를 내는 방법을 찾는 것과 관련 있다.
  - 줄타기 곡예(일관된 비일관성)는 상반되는 양극단을 미세하게 오가는 것을 가능하게 해주는 선택과 관련 있다.
- 역설 시스템에는 함께 작동하여 '둘 다 모두' 사고를 돕는 4세트의 툴이 포함되어 있다. 그것은 추정, 경계, 편함, 역동성(ABCD)이다.
- 역설 시스템의 툴은 상반되면서도 밀접하게 얽힌 요소들로 이루어져 역설적이다. 역설을 헤쳐나가는 것 자체가 역설적이다.

# '둘 다 모두' 추정으로
# 전환하기
## 역설 사고방식으로

변화할 수 없다면 생각해온 방식을 변화시켜라.
새로운 해결책을 찾게 될 것이다.

**- 마야 안젤루**Maya Angelou

2000년에 제러미 호켄스타인Jeremy Hockenstein은 보스턴발 홍콩행 비행기에 몸을 실었다. 그는 일과 경력에 대해 혼란과 좌절을 느꼈다. 직장에서 최대한 멀리 떨어져 있으면 돌아올 때는 어찌해야 할지 어느 정도 감이 잡히리라 기대했다.

하버드대학교 학사 학위 및 맥킨지 앤 컴퍼니와 머서 경영 컨설팅Mercer Management Consulting 근무 등 인상적인 경력을 쌓은 호켄스타인은 6개월 전 MIT에서 MBA를 마치고 졸업했다. 뛰어난 능력 덕에 은행과 컨설팅 분야 같은 연봉 높은 직장들이 서로 데려가려 했다. 하나같이 그의 동급생들이 가고 싶어 하는 선망의 직장이었다. 그러나 호켄스타인은 생각이 달랐다.

그는 어릴 때부터 세상에 긍정적인 영향을 주는 일에 관심이 많았다. 어머니는 제2차 세계대전이 끝날 무렵 난민 캠프에서 태어난 홀로코스트 생존자였다. 그런 유산 때문에 그는 삶에 늘 감사하는 마음이었고, 그 고마움을 갚아야 한다는 의무감 같은 것을 가졌다. 초등학교 시절, 그는 매년 노동절에 동네 아이들과 함께 모금 활동을 벌여 제리 루이스Jerry Lewis(미국의 배우, 영화감독, 코미디언, 자선사업가-옮긴이)가 진행하는 자선 텔레톤telethon(television과 marathon의 합성어로, 한 사람이 사회를 보며 장시간 진행하는 텔레비전 생방송-옮긴이)에 기부하고는 했다. 고등학교 시절에는 공개연설대회에 나가 '어떻게 한 사람이 변화를 가져올 수 있는가?'라는 제목의 연설로 우승하기도 했다. 대학 시절에는 학생들과 캠퍼스 내 모든 구내식당에 버려진 일회용 컵을 수거했다. 매일 산처럼 쌓이는 쓰레기들을 보여줌으로써 학교 관리자를 압박해 다회용 컵을 구매하게 한 것이다.

대학 졸업 후 호켄스타인은 맥킨지 앤 컴퍼니에 들어가 새로 만들어진 환경 정책팀에 합류했다. 그러나 MBA 취득 후 새로운 일자리를 찾을 때, 그는 세상에 더 직접적인 영향을 줄 일을 꿈꿨다. 1990년대에는 〈포춘〉 선정 500대 기업에서 사회적 책임을 수행하는 운동이 시작되고 있었다. 그러나 이런 운동은 여전히 기업의 핵심 사업이 아닌 주변 수준에 머물러 있었다. 대부분의 기업은 사회적 책임을 기부 행위 관리나 직원의 자원봉사 날을 주관하는 자선사업의 일환으로 보았다. 그 이상의 일을 하고 싶었던 호켄스타인은 비영리단체로 눈을 돌렸다. 그리고 하버드대학교의 한 학생 단체와 함께할 기회를 잡았다. 자신이 MBA로 배운 것과 컨설팅 기술을 써먹길 바라면서, 학생들이 각종 커뮤니티를 찾고 인맥을 구축하는 데 도움이 될 전략적 혁신을 관리했다,

그러나 단 6개월간 그 일을 하고 좌절감에 빠졌다. 그는 변화를 가져오고 싶다는 열망으로 여러 새로운 계획을 제안했다. 그러나 불행하게도 일의 진행이 전에 근무한 컨설팅 기업과 비교해 너무 더뎠다. 세상에 영향을 주기는커녕 계속 제자리걸음만 하는 듯했다. 덫에 걸린 기분이었다. 진행 속도가 빠르고 혁신적인 컨설팅 회사에서 일하든가 아니면 임무 지향적이지만 훨씬 느려터진 비영리단체에서 일하든가 둘 중 하나를 택해야 했다. 승산이 없는 상황 같았다.

임무인가, 돈인가? 열정인가, 수익인가? 선한 일을 해야 하는가, 잘하는 일을 해야 하는가? 호켄스타인이 직면한 갈등에는 우리가 말한 '성과 역설'이 숨어 있었다. 우리의 목표와 결과 그리고 기대에 대한 요구들이 상충하는 데서 생겨나는 역설 말이다. '비영리단체 아니면 영리단체' 딜레마의 경우처럼, 사회 경력과 관련된 우리의 결정은 변화를 가져오는 것과 월급을 받는 것 간의 갈등을 불러올 수 있다. 돈을 쓸 때도 비슷한 갈등이 생길 수 있다. 화장지를 어디에서 어떻게 살 것인가 하는 간단한 결정에도 편하고 값싼 화장지를 살지 아니면 우리의 가치에 더 잘 맞는 화장지를 살지 문제를 야기할 수 있다. 기업에서도 임무와 시장 간에 갈등이 생긴다. 현재 대두되는 전 세계적으로 복잡하면서도 구조적인 문제에 직면하면서 특히 더 그렇다. 기업의 리더들은 지금 기업이 어떻게 이런 문제를 해결하면서 동시에 수익성도 맞출 수 있을까 하는 질문에 고심이 깊어지고 있다. 영리 목적의 조직에 기업의 사회적 책임을 도입할 것인가 아니면 아예 사회적 기업을 만들 것인가? 성과 역설은 다른 방식으로도 그 모습을 드러내고 있다. 상반되는 집단들이 모순되면서도 상호의존적인 자신들의 목표를 달성하기 위해

안간힘을 쓸 때, 우리는 종종 그런 역설이 집단 간 갈등 아래 숨어 있는 것을 보기도 한다.

호켄스타인의 경우 성과 역설에 무기력해지는 기분이었다. 그래서 그는 답을 찾기 위해 아시아를 찾았다. 그러나 그곳에서 자신을 새로운 길로 이끄는 다른 의문에 부딪혔다.

## '둘 다 모두' 추정으로 전환하기

중요한 것은 사고방식이다. 언젠가 독일 심리학자 폴 와츠라비크Paul Watzlawick 가 문제 자체는 문제가 아니며, 진짜 문제는 우리가 문제를 어떻게 생각하느냐에 달렸다고 말했다.[1] 여러 연구에서 밝혀졌듯이 생각하는 방식이 행동하는 방식에 영향을 준다.[2] 역설을 헤쳐나가는 데 필요한 우리의 첫 번째 툴을 통해 추정을 바꿀 수 있을 뿐 아니라, 상반되는 두 힘을 동시에 인지할 수 있게 해주는 사고방식과 그 밑에 숨은 믿음도 채택할 수 있게 된다.

물론 추정을 바꾸기는 쉽지 않다. 역설 해결에 몰두하다 보면 합리적인 사고가 한계에 도달하는 경우가 많다. 또한 불합리하고 비논리적인 것들을 보다 보면 속이 메스꺼워질 수 있다. 그런 불확실성과 불합리로 인해 불안해지게 된다. 그래서 더 명확한 쪽으로 끌리게 된다. 그러나 갈등을 소중히 여기고 받아들이는 것을 배우면, 직면한 딜레마를 지나치게 단순화하는 것을 피하고 보다 창의적인 대안을 찾는 데 도움이 된다. 즉 '둘 중 하나' 사고를 조장하는 이분법적 사고방식에서 벗어나 '둘 다 모두' 사고를 강화하는 역설 사고방식을 가질 필요가 있다. 무엇보다 먼저 역설의 본질을 명확히 알아야 한다 (146p에 나오는 '역설: 그 모든 것이 우리의 마음속에 있는가?' 참고).

동료인 엘라 마이론-스펙터Ella Miron-Spektor, 조시 켈러Josh Keller, 에이미 인그램Amy Ingram은 상반된 요구에 대한 여러 접근법과 그 접근법이 창의성, 성과, 직업 만족도에 미치는 영향을 연구했다. 우리는 미국, 중국, 이스라엘 출신 3000명 이상에게 설문조사를 했다. 그 결과 사람들은 밀접하게 얽힌 두 가지 면에서, 즉 각자가 경험하는 갈등 수준 그리고 역설과 관련된 이해 수준에서 차이를 보임을 알게 됐다.

첫째, 사람들은 각자가 경험하는 갈등 수준에서 차이를 보인다. 이는 환경의 차이에서 비롯될 수 있는데, 갈등이 더 심한 환경이 있기 때문이다. 이스라엘 출신 팀원의 말마따나, 분쟁이 끊이지 않는 중동 지역에 살다 보면 뉴질랜드 시골의 양떼 목장에 사는 사람과는 아주 다른 갈등을 느끼게 된다. 마찬가지로 응급실에 근무하는 의사는 요가 강사에 비해 더 많은 갈등을 느낀다. 환경은 갈등에 대한 경험에 큰 영향을 미칠 수 있는 것이다.

앞서 잠시 언급했듯, 우리의 연구 결과에 따르면 사람들은 (1) 변화, (2) 다극화, (3) 결핍이 심한 환경에서 더 많은 갈등을 경험한다. 즉 변화의 속도가 빠를수록 현재와 미래 사이에서 더 많은 갈등을 경험한다. 다극화의 경우, 여러 사람과 이해당사자로부터 더 많은 목소리와 관점이 나올수록 다양한 목표, 역할, 가치 사이에서 갈등이 생긴다. 마지막으로, 자원 결핍이 심해지면 자원 분배 문제를 놓고 더 심한 경쟁이 벌어지게 된다.[3]

이처럼 환경에 따라 갈등의 본질이 달라지기도 하지만, 유난히 갈등에 민감한 사람들이 있는 것 또한 사실이다. 갈등은 우리 주변에서 소용돌이친다. 어떤 사람은 스스로 갈등을 찾아 나선다. 더 큰 창의력을 발휘하기 위해 일부러 갈등을 유발한다. 또 어떤 사람은 잠재적 갈등을 최소화하기 위해 아예 갈등을 회피하거나 무시한다. 같은 상황에 있는 두 사람이 서로 다른 수준의 갈등을 경험하기도 한다. 우리 연구에서도 같은 조직에서 같은 일을 하는 사람들이 다른 수준의 갈등을 느끼는 것으로 나타났다.

둘째, 사람들은 서로 반대되는 힘 간의 관계를 이해하는 수준에서 차이를 보인다. 이분법적 사고를 가진 사람은 사고를 좁혀 대안에서 양자택일하려 하며, 결국 '둘 중 하나' 선택을 하게 된다. 그러나 역설 사고방식을 가진 사람은 상반된 두 힘 간의 모순을 이해하며 두 힘이 상호보완적이라는 것을 잘 안다. 또한 역설 사고방식이 강한 사람은 갈등을 자연스럽고 가치 있으

그림 4-1

**역설 사고방식 평가표: 역설을 헤쳐나갈 때의 위치**

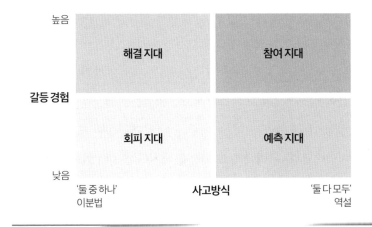

4 '둘 다 모두' 추정으로 전환하기

며 활력을 주는 것으로 받아들이는 경향이 있다. 그리고 딜레마에 직면할 때 '옵션 A와 B 중 어느 쪽을 택해야 할까?' 하는 질문이 아니라 '어떻게 하면 옵션 A와 B 모두를 동시에 취할 수 있을까?' 하는 질문을 던진다. 질문을 바꾸는 것만으로도 새로운 옵션들이 생겨나고 '둘 다 모두' 사고가 가능해진다.

경험하는 갈등 수준과 취하는 사고방식에 따라 역설을 헤쳐나가는 과정 중 어디에 위치하는지가 결정된다(그림 4-1 참고. 더 자세한 내용은 부록 참고). '회피 지대'에 있을 때, 우리는 제한된 갈등을 경험하고 '둘 중 하나'라는 이분법적 사고방식을 취하게 된다. 운 좋게 스트레스가 없는 환경에 있을 수도 있고 소용돌이치는 갈등을 무시할 수도 있다. 물론 무시하는 것이 나을 때도 있다. 우리에게는 각종 갈등에 다 대처할 시간도 에너지도 없기 때문이다. 예를 들어, 삶의 다른 요인으로 인해 중대한 진로 변경을 미뤄야 할 수도 있고, 직업적 성취와 사회적 영향과 관련해 반복 제기되는 문제를 애써 무시할 수도 있다. 싸워야 할 문제를 선택해야 할 때도 있는 것이다.

그러나 갈등을 가끔은 회피할 수 있지만 늘 무시할 수는 없다. 어느 시점에서는 미묘하던 갈등이 폭발해 시급한 문제가 되기도 한다. 아니면 어느 날부터 갑자기 공공연하고 괴로운 압박감을 느끼는 새로운 상황에 빠질 수도 있다. 예를 들어 직장에서 비교적 스트레스가 없었는데 새로운 상사가 오면서 모든 것이 힘들어질 수도 있다. 이처럼 숨어 있던 갈등이 모습을 드러내면 어떤 일이 일어날까? 우리에게 그 갈등을 헤쳐나갈 툴이 있는가? 이분법적 사고방식을 취하면, 결정과 관련된 불확실성 때문에 불편해질 수 있다. 그래서 서둘러 '둘 중 하나' 선택을 하고 싶어진다. 그때는 '해결 지대'에 있는 것이다. 해결 지대에서 내리는 '둘 중 하나' 결정으로 인해 단기적으로는 안도감을 느낄 수 있지만 조심해야 한다. 2장에서 자세히 다루었듯이 그런 결정은 장기적으로 한계가 있고, 결국 해로울 수 있으며, 악순환에 빠질 수 있다.

다른 한편으로 역설 사고방식을 취해 상호의존적 모순에 대처할 수 있다. 그러면 이렇게 생각할 수도 있다. '역설? 그래, 한번 해보자!' '예측 지대'에서는 역설 사고방식에 의존하지만 갈등은 별로 경험하지 못한다. 갈 데가 없는데도 아주 잘 차려입고 있는 것이다. 여기도 스트레스가 별로 없는 상황일 수 있다. 그러나 언제든 상황이 바뀌면 '둘 다 모두' 사고를 바로 취할 준비가 되어 있다. 또한 주변에 존재하는 갈등을 알아챌 수도 있다. 그러니까 갈등을 감추는 것이 아니라 밖으로 드러내 제대로 대처할 수 있게 된다. 이 책에 나오는 많은 리더가 그렇게 한다. '둘 다 모두' 사고에 필요한 툴로 무장한 채, 숨은 역설을 찾아내 정면 대응하면서 보다 창의적이고 지속 가능한 해결책을 만들어내는 것이다. 그럼으로써 우리는 '참여 지대'로 들어가 갈등에 역설 사고방식을 취하게 된다.

우리는 연구를 통해 이 네 가지 지대가 직장에 있는 사람들에게 어떤 영향을 미치는지 살펴보았다. 그리고 참여 지대에 있는 사람들의 업무 성과가 더 좋다는 것을 알게 됐다. 관리자 관점에서 보면, 참여 지대에 있는 사람들이 더 혁신적이고 생산적이었다. 또한 직장과 일에 대한 만족도도 더 높았다.[4] 나중에 알게 된 사실이지만, 이분법적 사고방식을 취하면 갈등 수준이 낮은 상황에서 업무 성과가 나아졌다. 즉 '둘 중 하나' 사고에 빠져 있다면 갈등을 덜 느끼거나 회피하는 쪽이 나았다. 이는 갈등 해소를 위한 우리의 접

4 '둘 다 모두' 추정으로 전환하기

근법에 한계가 있기 때문이다. 그러나 일단 심한 갈등을 경험하면, 역설 사고방식이 우리에게 효과적으로 대응할 수 있는 툴을 제공한다.

우리는 연구를 진행하면서 어떤 사람이 어느 정도의 갈등을 경험하고 역설 사고방식을 채택하는지 알아보기 위해 역설 사고방식 평가표를 개발했다. 부록에 그 평가표를 수록했으며 온라인 버전의 평가표로 연결되는 링크도 게재했다. 그 평가표를 가지고 자신의 사고방식을 테스트해볼 수 있고, 평가표를 친구들과 공유하거나 조직에서 직접 활용해볼 수도 있다.[5]

역설을 헤쳐나가는 과정에서 우리가 위치할 수 있는 네 가지 지대를 설정하면서 같은 사람이라도 다른 시간에 다른 지대에 위치할 수 있다고 추정했다. 결국 그저 환경을 바꾸거나 갈등을 더 잘 인식함으로써 경험하는 갈등 수준을 바꿀 수 있다는 것이다. 또한 역설 사고방식의 채택 수준도 바꿀 수 있다. 역설 시스템 안에는 역설 사고방식에 쓰이는 우리의 추정을 바꾸는 데 도움이 되는 세 가지 툴이 있다. 그 툴은 자원, 문제 해결, 각종 지식에 대한 관점을 재검토하는 데 도움이 된다(그림 4-2 참고).

## 그림 4-2

**역설 시스템: 추정**

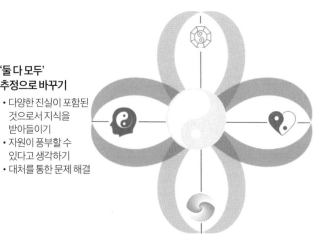

갈등을 포함하는 경계 만들기
- 보다 높은 목적으로 연결하기
- 분리하고 연결하기
- 너무 멀리 가지 않게 가드레일 설치하기

**'둘 다 모두'
추정으로 바꾸기**
- 다양한 진실이 포함된
  것으로서 지식을
  받아들이기
- 자원이 풍부할 수
  있다고 생각하기
- 대처를 통한 문제 해결

**불편함 속에서
편함 찾기**
- 잠시 멈추기
- 불편함
  받아들이기
- 관점 넓히기

갈등을 일으키는 역동성 만들기
- 단계마다 신중하게 실험하기
- 예상치 못한 행운에 대비하기
- 배운 것들을 잊는 법 배우기

# 역설: 그 모든 것이 우리 마음속에 있는가?

역설은 그저 우리의 마음이 만들어내는 것일까? 어떤 사람들은 세상을 이해하는 방식과 세상과 상호작용하는 방식에 대한 우리 마음속 견본들이 서로 반대되면서도 긴밀하게 얽힌 양극단을 만들어낸다고 주장한다. 그러니까 우리가 역설을 찍어내는 인지의 틀을 만들어낸다는 것이다. 이런 관점에는 '사회구성주의social constructivism', 즉 현실은 서로 공유된 집단적인 해석으로 만들어진다는 철학이 깔려 있다.[a] 이를 독일 철학자 프리드리히 니체는 이렇게 요약했다. "사실은 존재하지 않으며 해석만 존재할 뿐이다."

또 어떤 사람들은 서로 반대되면서도 긴밀하게 뒤얽힌 힘이 우리 세계의 본질적인 구조 중 일부라고 주장한다. 동양의 노자나 서양의 헤라클레이토스 같은 초기 철학자들은 실제로 세상에 그렇게 서로 반대되는 힘이 있다고 믿었다. 그래서 그들은 이 세상이 역동적인 이분법적 요소들, 즉 서로 뒤얽혀 끝없는 춤을 추는 반대되는 힘 덕에 돌아간다고 했다. 마이클 패러데이와 닐스 보어 같은 과학자들은 물질계에 역설이 넘쳐난다고 보았고, 칼 융과 알프레드 아들러 같은 정신의학자들은 우리 인간의 정신에 상호의존적 모순이 넘쳐난다고 보았다.[b] 보다 최근에는 배리 존슨이 역설은 "자연의 선물이며, 중력이나 햇빛 같은 자연현상"이라고 했다.[c]

사회적으로 만들어진 것인가 아니면 원래부터 있던 것인가? 해석에 따른 것인가 아니면 사실인가? 이 논란은 수 세기 동안 이어져 오늘날까지 계속되고 있다. 이 의문은 숲속의 나무와 관련된 역설 버전처럼 보인다. 만일 텅 빈 숲에서 나무가 소리를 내며 쓰러진다면, 그 나무가 소리를 내는 것일까? 그 소리는 나무의 기능일까 아니면 듣는 사람의 기능일까? 역설은 이 세상의 기능일까 아니면 세상을 관찰하는 사람들에 의해 만들어지는 것일까?

이 책을 여기까지 읽었다면, 아마 이 의문은 '사회적으로 만들어진 것인가 아니면 원래부터 있던 것인가?' 하는 '둘 중 하나' 사고의 틀에서 나왔음을 알아챘을 것이다. 이 의문을 '둘 다 모두' 의문으로 바꾼다면 어찌 될까? 역설의 특성은 어떻게 사회적으로 만들어진 동시에 원래부터 있었을까? 우리의 사회 구조는 어떻게 역설 고유의 본질에 영향을 줄까? 역설 고유의 본질은 사회 구조에 의해 어떻게 왜곡될까?

우리는 이 책에서 각종 역설이 사회 구조를 통해 두드러지게 드러나는 시스템의 특징이라고 주장해왔다. 다시 말해, 역설은 우리가 직면한 딜레마 안에 잠재되어 있지만, 역설을 밖으로 드러내는 데 일조하는 것은 우리 자신의 이해력이란 말이다.[d] 스페인 에사드경영대학원 교수 토비아스 한Tobias Hahn 과 호주 매쿼리경영대학원 학장 에릭 나이트Eric Knight는 우리의 주장에서 한 발 더 나아갔다. 그러니까 역설은 우주 물질의 움직임에 대해 우리가 이해하고 있는 것과 비슷한 방식으로 움직인다고 주장한 것이다. 양자론에서 이야기하듯 우리는 물질이 입자인지 파동인지 잘 모른다. 이 의문에 답하기 위해 물질을 측정해볼 수는 있지만, 실제 측정은 시스템에 영향을 미친다. 그렇게 우리가 물질에서 보는 일부는 물질의 특성이 되고, 다른 일부는 측정의 특성이 된다. 한과 나이트는 역설을 경험할 때도 이와 비슷하다고 주장한다. 시스템의 구조 아래 서로 반대되는 특징들 간의 복잡한 상호의존성이 존재할 수 있지만, 이것이 어떻게 역설로 나타나는가 하는 점은 현실에 대한 우리 경험과 사회 구조에 따라 달라진다는 것이다. 그러면서 두 사람은 사회 구조가 단순히 잠재적 역설을 드러낼 뿐 아니라, 그 아래 깔린 복잡한 현실을 역

설화하는 데도 일조한다고 주장한다.[e]

역설이 원래부터 있었다고 믿든, 사회적으로 만들어졌다고 믿든, 아니면 양쪽 모두라고 믿든, 역설은 늘 우리 주변에서 소용돌이친다. 그리고 이런 불합리성을 효과적으로 헤쳐나가게 해줄 일련의 툴을 잘 알고 있다면 도움이 될 것이다.

---

a. 그간 여러 동료가 사회적으로 만들어진 역설의 본질에 놀라운 통찰력을 보여주었다. 조직 생활에서 생겨나는 역설에 대한 설명에서, 마셜 스콧 풀Marshall Scott Poole과 앤드루 반 데 벤Andrew Van de Ven은 논리적 역설logical paradox과 사회적 역설social paradox을 구분했다. 논리적 역설은 "나는 지금 거짓말을 하고 있어"라는 거짓말쟁이의 역설처럼 본질적으로 모순된 말을 의미한다. 연구자들에 따르면, 조직 리더들이 오늘을 위한 관리와 내일을 위한 혁신 사이에서 느끼는 갈등 같은 사회적 역설은 마음에 의해 만들어지는 것으로, 사회 구조가 서로 반대되는 양극단을 어떻게 병치하는지에 따라 그 모습을 드러낸다. 만일 이런 역설이 우리의 시간과 공간에 대한 이해로 만들어진다면, 그 역설은 시간과 공간을 활용해 양극단을 떼어냄으로써 해결될 수 있다(Poole and Van de Ven, 1989). 린다 퍼트넘Linda Putnam과 게일 페어허스트Gail Fairhurst는 우리의 언어와 담론을 통해 어떻게 딜레마가 생겨나며, 그 결과 반대되는 양극단이 어떻게 긴밀한 관련을 맺는지 강조했다(Putnam, Fairhurst, and Banghart, 2016; Fairhurst and Putnam, 2019; Bateson, 1979). 보다 최근에는 마르코 베르티Marco Berti와 에이스 심슨Ace Simpson이 제도화된 우리의 시스템이 어떻게 힘의 역동성을 만들어 우리에게 역설을 주는지 연구하여 이런 개념을 확대했다(Berti and Simpson, 2021).

b. 1800년대에 마이클 패러데이와 제임스 클러크 맥스웰 같은 과학자들이 나왔다면, 1900년대에는 알베르트 아인슈타인과 닐스 보어 같은 과학자들이 나와 우리가 알고 있는 양자론이 탄생하는 데 필요한 통찰을 제공했다. 이 이론은 서로 반대되며 상호의존적인 힘이 있으며, 입자가 어떻게 파동이면서 동시에 입자인지, 또 어떻게 존재하면서 동시에 존재하지 않는지에 대한 통찰을 준다. 1970년대에 과학자 프리초프 카프라는 《현대 물리학과 동양사상》(Capra, 1975)에서 현대물리학과 동양 신비주의 사이에 어떤 관련이 있는지 자세히 설명했다. 그리고 그 과정에서 현대 물리학의 역설적인 본질을 간파했다.

c. Johnson (2020), 111.

d. Smith and Lewis (2011).

e. Smith and Lewis (2011); Hahn and Knight (2021).

## (하나가 아닌) 다양한 진실이 포함된 것으로서
## 지식을 받아들이기

많은 사람이 진실은 어디에나 있다고 믿는다. 그래서 무언가가 진실이라면, 그 반대는 필히 거짓이라고 믿는다.[6] 그러나 노벨상을 수상한 물리학자 닐스 보어는 이렇게 말했다고 한다. "세상에는 사소한 진실이 있고 위대한 진실도 있다. 사소한 진실의 반대는 명백한 거짓이다. 그리고 위대한 진실의 반대는 진실이다." 위대한 진실에는 반대되는 렌즈를 통과하면서 굴절된 복잡한 진실이 포함되어 있다. 우리는 그 복잡한 진실 전체를 파악하는 것이 아니라 서로 모순되는 일부만 인지할 수도 있다. 그러나 우리가 너무 한 가지 진실에만 매달려 모순되는 면을 부인한다면, 더 깊고 전체론적인 통찰을 놓칠 수 있다. 또한 한 가지 진실에만 매달리는 사람들과 해결하기 힘든 갈등을 빚을 수도 있다.

초기 철학자들은 이런 상황을 눈먼 사람들과 코끼리의 우화로 표현했다. 한 무리의 눈먼 사람들이 코끼리에게 다가가 앞에 있는 정체 모를 생명체를 알아내려 한다. 어떤 느낌인지 알아보기 위해 한 사람씩 손으로 코끼리를 더듬어보았다. 첫 번째 사람은 코끼리 코를 더듬은 뒤 두꺼운 뱀 같은 생명체라고 했다. 두 번째 사람은 코끼리 귀를 더듬은 뒤 일종의 부채 같다고 했다. 다른 사람은 코끼리 다리를 더듬은 뒤 큰 나무의 밑동 같다고 했다. 또 어떤 사람은 코끼리 꼬리를 더듬은 뒤 밧줄 같다고 했다. 마지막 사람은 코끼리 상아를 더듬은 뒤 창 같다고 했다. 그들은 각자 자신이 옳다고 확신했고, 당연히 다른 사람들은 다 틀렸다고 확신했다. 그 누구도 다른 사람의 막

4 '둘 다 모두' 추정으로 전환하기

을 인정하려고 하지 않았고 다른 견해를 깊이 생각해보려고도 하지 않았다. 그리고 그 결론은 계속되는 갈등이었다.[7]

1800년대에 미국 시인 존 고드프리 색스John Godfrey Saxe는 〈눈먼 사람들과 코끼리The Blind Men and the Elephant〉라는 시에서 이 교훈을 이렇게 요약했다.

> 그래서 이 눈먼 사람들은
> 큰 소리로 오랫동안 논쟁을 벌였고
> 각자 자신의 의견을
> 절대 굽히려 하지 않았다.
> 저마다 부분적으로만 옳을 뿐
> 다 틀렸는데도 말이다![8]

눈먼 사람들은 다른 사람도 자신과 같은 경험을 했으리라 추정했으며, 자신의 경험만이 전체 상황을 제대로 보여준다고 믿었다. 그런데 그들이 그 반대로 추정했다면 어땠을까? 자신의 관찰이 많은 관찰 중 하나일 뿐이며, 자신은 진리의 일부만 경험했고 다른 사람 역시 그랬다고 추정했다면 어땠을까? 그래서 실은 서로 이질적이고 상반된 자신들의 경험에 보다 깊은 진실이 숨어 있음을 알았다면 어땠을까? 그랬다면 그들은 보다 마음을 열고 다른 사람의 말에 귀 기울였을 것이다. 또한 자신의 지식에 의문을 표하고, 대안을 모색해볼 수 있었을 것이며, 열린 마음으로 다른 사람의 말에 귀 기울여 새로운 통찰을 얻고 또 발휘할 수 있었을 것이다. '둘 다 모두' 사고에는 그렇게 사람의 마음을 여는 추정이 있다. 이처럼 지식에 모순된 면이 있음을 알기 위해서는 다양한 진실이 공존함을 추정할 수 있어야 한다.

## 코끼리부터 고릴라까지

우리 모두 코끼리의 서로 다른 부위밖에 보지 못하는 것은, 우리 뇌가 특정 상황에서만 아주 많은 정보를 받아들일 수 있기 때문이다. 일리노이대학교 심리학 교수 댄 사이먼스Dan Simons와 가이징어 헬스 시스템 행동 및 결정 과학 프로그램 책임자인 크리스토퍼 차브리스Christopher Chabris 교수는 자신들의 연구에서, 우리가 어떤 상황에서 어떻게 다른 정보를 최소화하면서 집중력을 제한하는지 잘 보여주었다. 두 사람은 그런 현상을 '부주의 맹시inattention blindness'라고 불렀다.

사이먼스와 차브리스는 하버드대학교에서 지금은 잘 알려진 '선택적 주의력 테스트selective-attention test'라는 연구를 했다. 흰 셔츠를 입은 세 명과 검은 셔츠를 입은 세 명이 담긴 영상이 나온다. 흰 셔츠를 입은 세 명이 서로 농구공을 패스하고 있고, 검은 셔츠를 입은 세 명 역시 서로 농구공을 패스하고 있다. 사이먼스와 차브리스는 그 영상을 보는 사람에게 흰 셔츠를 입은 학생들이 서로 농구공을 몇 번 패스하는지 세라고 말한다.

그 영상을 보고 싶다면 유튜브에서 'selective attention test'로 검색하면 된다. 흰 셔츠를 입은 학생들은 서로 농구공을 15번 패스한다. 그러나 이 영상 테스트에서 가장 중요한 것은 농구공을 패스한 횟수를 정확히 셌느냐가 아니라, 영상에서 뭔가 이상한 걸 눈치챘느냐는 것이다. 두 팀이 한창 농구공을 패스하는 중에 검은색 고릴라 복장의 사람이 등장한다. 그 고릴라는 학생들이 패스하는 사이로 걸어 들어가 잠시 서서 자기 가슴을 쾅쾅 때린 뒤 걸어 나간다.

흥미로운 것은 이 대목이다. 테스트에 응한 사람 중 50퍼센트 이상은 흰 셔츠를 입은 학생들이 농구공을 패스하는 횟수를 세는 데 몰입해 고릴라 복장의 사람을 완전히 놓쳐버렸다. 어떤 것에 정신을 집중하다 보면 다른 것을 놓치는 경우가 많기 때문이다. 그 영상을 전에 이미 봤다면 또는 당신이 고릴라 복장의 사람을 놓치지 않을 것 같다면, 그들이 만든 다른 영상 '몽키 비즈니스 착시The Monkey Business Illusion'를 보는 것도 추천한다. 역시 '아하' 하고 무릎을 치게 될 텐데, 여기서 미리 결과를 알려주지는 않겠다. [9]

이런 실험에서 우리는 제한된 정보를 받아들일 경우, 전체 그림을 보지 못하게 된다는 것을 알 수 있다. 결국 나머지 정보는 놓치고 필요한 정보만 얻으면서 수박 겉핥기를 하게 되는 것이다. 심리학자들은 이런 경향을 '확증 편향confirmation bias'[10]이라고 한다. 정치가 그 좋은 예다. 정치적 견해가 다른 사람은 단순히 어떤 사실에 대한 견해가 다른 것이 아니라, 애초부터 모든 것을 아주 다른 사실에서부터 시작한다. 정치적으로 양극화된 세상에서 우리는 이미 믿고 있는 것을 확인시켜주는 정보에만 매달린다. 그 결과로 애초부터 아예 다른 뉴스를 보고 다른 집단의 사람과 얘기를 나누고 다른 문제에 집중한다. [11] 그래서 정치적 견해가 다른 사람이 아주 중요하게 여기는 통찰을 놓치게 된다. 자신의 견해에만 너무 집착함으로써 토끼굴 속에 갇혀버리는 것이다. 그러다 누가 도전이라도 해오면 상황은 바로 참호전처럼 변해버리고, 참호 안에서 방어적인 자세를 취하게 된다. [12]

반면에 역설 사고방식은 세상에 다양한 견해가 공존하며 우리가 종종 다른 사람의 관점을 보지 못하거나 제대로 이해하지 못한다는 추정에서 출발한다. 그리고 이런 추정에서 시작하면 마음의 문을 활짝 열고 다른 사람의 견해에 귀 기울이고 뭔가를 배우게 된다.

## 스크린 타임 속 모험들

최근에 나(웬디)는 집 안에서 당장이라도 큰 싸움이 날 것처럼 느꼈다. 평소에 늘 입버릇처럼 상반된 요구들을 있는 그대로 받아들여야 한다고 말하더라도, 우리는 지식을 다양한 진실이 아닌 한 가지 진실로 보기 쉬우며, 결국 옳고 그름을 따지는 한정된 논쟁을 벌이게 된다. 나는 남편과 바로 그런 논쟁을 벌이고 있었다. 각자 자신의 편협한 정보와 진실에만 매달리고 있었던 것이다. 논쟁의 주제는 스크린 타임 screen time(휴대폰, PC, TV 등 전자기기의 화면을 들여다보는 시간—옮긴이)이었다. 이런 논쟁이 처음은 아니었다. 아마 마지막도 아닐 것이다.

그날 나는 정말 눈코 뜰 새 없이 바빴다. 잠시 하던 일을 멈추고 아이들을 살피러 위층으로 올라갔다가, 막내아들이 느긋하게 컴퓨터 앞에 앉아 있는 것을 보았다. 아이는 자기 누나처럼 〈더 오피스 The Office〉(미국 시트콤 드라마—옮긴이) 재방송을 두 번째로 정주행하고 있지는 않았다. 자기 형처럼 컴퓨터게임을 하고 있지도 않았다. 나는 가뜩이나 두 아이의 그런 행동 때문에 골머리를 앓고 있었다. 그런데 막내아들을 보고 인내심이 바닥나버렸다. 아이는 몇 시간이고 다른 사람들이 게임을 하는 동영상을 보고 있었다. 이건 참 문제였다. 직접 게임을 하는 것도 아니고 다른 사람들이 게임을 하는 걸 지켜보고 있다니! 취미로 게임을 직접 즐길 수도 있고, 그렇다면 나 역시 그 열정을 높이 살 것이다. 그런데 막내아들의 경우는 도무지 이해가 되지 않았다.

내 마음속 저 깊은 데서부터 두려움이 끓어오르기 시작했다. 나는 속으로 말했다. '나는 최악의 부모야. 세상 그 어떤 부모가 자기 아이가 몇 시간이고 계속 다른 사람들이 컴퓨터 게임하는 걸 지켜보게 내버려두겠어?' (그런데 이런 동영상의 조회수를 보니, 실은 많은 사람이 다른 사람이 게임하는 걸 지켜보고 있었다.) 그러나 나 스스로를 형편없는 부모라고 규정하고 싶진 않았고, 나는 합리적인 부모라면 하지 말아야 할 행동을 했다. 모든 걸 남편 탓으로 돌린 것이다. 내 잘못이 아니라면, 남편 잘못이라는 걸 보여줄 이유를 찾아야 했다.

"우리 애가 화면에서 눈을 떼게 해야 해." 내가 남편한테 말했다.

"그런데 우리 둘 중 누가 그걸 모니터링하지?" 그가 답했다.

남편과 나 둘 다 경쟁적인 사람이어서 정말 집요하게 각자 입장을 고수하고는 한다. 그래서 걸핏하면 맞붙는다.

그러나 우리는 이미 이런 논쟁을 너무 자주 벌였고 세세한 얘기를 할 필요가 없었다. 둘 다 서로의 입장을 너무 잘 알고 있었다. 서로가 무슨 말을 할지 뻔히 알고 있었다. 그리고 특히 양쪽 감정이 뜨겁게 달아오르는 이런 순간에는 늘 내가 옳고 상대는 잘못이라고 믿었다. 나는 책임감 있는 육아를 하려면 스크린 타임에 규율을 엄격하게 적용해야 한다고 주장하는 편이었다. 규율이 없다면 잘못된 것이었다. 그때 나는 남편이 동의하기를 원했고 막내아들이 컴퓨터 화면을 그만 들여다보게 규율까지 잡아주기를 원했다.

남편 역시 스크린 타임에 대한 규율이 필요하다고 생각했지만, 실행에 옮기기가 얼마나 힘든지도 잘 알고 있었다. 두 사람 모두 일에 파묻혀 있었다. 우리는 코로나19 팬데믹 기간 중 이런 논쟁을 벌였는데, 당시 세 아이는 집에서 학교 공부를 했고, 우리 두 사람은 각기 자기 일을 하느라 정신이 없었다. 남편은 스크린 타임과 관련해 아이들에게 더 강한 규율을 적용해야 한다는 데 동의했지만, 자신은 그 규율을 실행에 옮길 수 없다는 걸 잘 알고 있었고, 내게 그런 역할을 맡아달라고 요구하지도 않았다. 나보다는 조금 더 우호적인 태도였던 것 같다.

우리는 서로 자기 입장을 개진했다. 그러나 이런 싸움에 이골이 나 있었던지라 그냥 그 정도로 끝냈다. 똑같은 얘기를 되풀이해봐야 무슨 소용이란 말인가!

누가 옳았을까? 둘 다 옳았다. 나는 스크린 타임과 관련해 우리 아이들에게 더 많은 규율을 적용해야 한다고 본 것이 옳았고, 남편은 특히 그 당시에 우리 둘 다 그런 규율을 실행에 옮길 시간도 자원도 부족하다고 본 것이 옳았다. 당시 우리가 모든 것에 그런 추정으로 출발했다면, 보다 쉽게 마음을 열고 상대의 말에 귀 기울였을 것이며, 더 창의적이고 지속 가능한 해결책을 얻기 위해 이런저런 대안을 찾고, '둘 다 모두' 사고를 채택했을 것이다.

이후 뜨겁게 달아올랐던 감정이 가라앉고 시간 여유가 좀 생겼을 때, 우리는 가정에 좋은 일을 하려 애쓰는 같은 팀이라는 점을 상기했고 해결책을 찾기 위해 머리를 맞댔다. 우리가 상상하는 이상적인 세계에서는 아이들이 스스로 규율을 지킨다. 또한 다른 활동에도 관심이 많아 휴대폰이나 컴퓨터 모니터의 유혹에 너무 빠져들지도 않는다. 또한 부모가 적절한 규율을 만들어 아이들로 하여금 더 큰 책임감을 갖게 해준다. 그 과정에서 외부의 규율을 더 줄일 필요가 있다는 것도 잘 알고 있다.

그러나 우리는 그렇게 하는 데도 어느 정도 시간과 투자가 필요하다는 것을 알게 됐다. 또한 그런 방식의 해결책을 택하려면 아이들로 하여금 다른

4 '둘 다 모두' 추정으로 전환하기

활동에 전념할 수 있게 도움을 주어야 했다. 그리고 이런 도전에 직면해 새로운 해결책을 찾을 수 있느냐 없느냐는 아이들의 나이와 성숙도에 달렸다. 우리 집의 십 대들은 스스로 책임감을 갖고 스크린 타임을 관리할 수 있었지만, 어린 막내아들에게는 더 많은 규율이 필요했던 것이다. 남편과 나는 스크린 타임과 관련된 논쟁에 계속 빠지리라는 것을 알고 있었다. 그러나 가장 중요한 것은 우리가 늘 함께 그런 도전에 직면할 것이고, 그러면서 상대의 견해를 존중해야 한다는 점이다.

## 네, 그리고

우리는 가끔 말 그대로 우리의 믿음을 행동으로 보여줘야 한다. 그리고 그 토대가 되는 추정을 바꾸려면, 우리가 믿고 싶어 하는 것을 반영하는 방식으로 행동해야 한다. 이를 잘 알았던 아리스토텔레스는 이런 말을 했다. "우리가 반복해서 하는 것이 우리 자신이 된다." 배우들, 특히 즉흥극 배우들이 '둘 다 모두' 추정을 위해 권하는 방법이 있다. "네, 그리고Yes, and"라는 말로 시작하라는 것이다. 즉흥극에서의 접근법을 응용하면 서로 반대되는 관점에 마음을 열고 받아들일 수 있다.

즉흥극은 사전 준비도 없고 대본도 없이 즉흥으로 하는 연극이다. 모든 것이 제멋대로 흘러가고 즉흥적인 것 같지만, 연극에 일정한 체계를 부여하고 혼란을 막기 위해 배우가 따라야 할 지침이 있다. 즉흥극의 초기 선구자들은 이른바 '주방 원칙kitchen rules'이라는 것을 만들었는데, 주방 식탁에 둘러앉아 자신들의 연극 장면에 무엇이 효과가 있고, 무엇이 효과가 없는지를 꼼꼼히 살펴봤다는 데서 생겨난 이름이다. 가장 유명한 주방 원칙은 절대 현실을 부정하지 않는다는 것이다. 즉흥극 배우들은 계속 "네, 그리고"란 말을 사용함으로써 동료 배우들이 정한 현실에 맞춰나가는 기술을 익힌다. "네, 그리고"란 말을 한다는 것은 즉흥극 배우가 연극 중에 다른 배우들의 생각을 받아들이고(네) 그에 맞춰 행동할 방법을 찾아낸다(그리고)는 의미다.[13]

즉흥극에서 배우는 보통 관객에게 연극 장면을 어떻게 만들어가면 좋을지 제안해달라고 요청한다. 한 관객이 놀이터에서 엄마와 아들이 교감하는 장면을 제안했다고 하자. 그러면 당신은 그 엄마 역을 하게 된다.

당신은 그네에 앉아 신나 하는 아직 걸음마 중인 어린 아들을 밀어주는 젊은 엄마라고 상상하는 등, 마음속으로 연극 장면을 생각하기 시작한다. 그 장면에서 아들 역을 맡기로 한 상대 배우가 그네에 올라타며 말한다. "엄마, 그러잖아도 엄마한테 할 중요한 얘기가 있었는데 여기서 만나게 돼 잘됐네요. 나 여자 친구를 임신시켰어요." 그네 이미지 하고는 전혀 어울리지 않는 말이다. 그 임신이 계획된 것도 바라던 것도 아니라고 추정한다면, 마음속으로 그렸던 귀엽고 즐거운 연극 장면은 졸지에 성인극의 비극적인 장면으로 바뀌게 된다.

한 가지 옵션은 그런 추정을 거부하고 이런 식으로 말하는 것이다. "얘야, 세 살밖에 안 된 네가 여자 친구를 임신시킬 수는 없단다……. 그런데 대체 넌 그 나이에 어떻게 임신시켰다는 말을 다 아니?" 당신은 상대 배우에게 "아니요, 하지만No, but" 반응을 보인 것이다. 상대 배우가 뭔가 주장했는데, 당신이 주도권을 잡고 다른 주장을 해버린 것이다.

그러면 상대 배우는 어떻게 해야 할까? 아마 당신과 상대 배우는 누구의 추정을 토대로 이야기를 진행할지를 놓고 대립할 것이다. 더는 연극이 이어지지 못한다. 한다 해도 재미가 없을 것이다.

그런데 사실 이는 현실에서 흔히 일어나는 일이다. 누가 무언가를 주장한다. 그것이 우리가 상상하거나 추정하는 것과 다르다면, 즉각 반대하고 이의를 제기하거나 자신의 현실을 보여주려 할 것이다. 그다음에는 어떤 방향으로 갈까? "아니요, 하지만" 반응은 '둘 중 하나' 사고나 다름없어서 누가 옳고 그른가를 둘러싼 갈등만 부추길 뿐이다. "아니요, 하지만" 대화에서는 기본적인 추정을 둘러싼 갈등이 생겨나기 마련이다.

당신이 그런 장면에서 그런 식의 대화를 하지 않고, '네'라고 말한 뒤 "그리고" 하면서 어떻게 그에 맞춰 행동할까 생각한다면 어떨까? 예를 들어 놀이터 장면에서 이렇게 말하는 것이다. "오, 얘야, 마침내 이런 날이 오다니 믿어지지 않는구나! 나는 네가 25년 전 네 여자 친구와 살림을 차린 뒤로 늘 이 순간만 기다려왔단다. 죽기 전에 드디어 할머니가 될 수 있겠구나!" 이 시나리오에서 당신은 아들이 아이를 가질 나이가 됐다는 것을 인정하고(네) 그 반응에 맞춰 아들이 이제 아이를 가질 나이가 됐다(그리고)는 말을 한 것이다. 결국 상대 배우의 추정을 높이 사는 방법을 찾아내 놀랄 만큼 순발력 있게 비극을 희극으로 바꾼 것이다.

그렇다고 해서 "네, 그리고" 접근법이 한없이 관대해서 뭐든 좋다는 것은 아니라는 데 유의해야 한다. 이와 관련해 즉흥극 전문가인 클레이 드링코Clay Drinko는 말했다. "동의한다는 건 사실 연극 장면에서 정한 현실에 맞춘다는 것이지, 문자 그대로 모든 것에 대해 '네'라고 답한다는 것이 아닙니다." "네, 그리고" 접근법은 사람들이 상대의 현실을 받아들이고 그에 맞춰줄 때 효과가 있지, 모든 것을 한 사람이 끌고 가고 다른 사람이 끌려다니기만 할

때는 효과가 없다.[14]

"네, 그리고" 원칙의 힘은 엔터테인먼트 분야 외에서도 발휘된다. 전문 심리치료사는 이런 접근법을 가르쳐 환자가 토끼굴에서 빠져나오게 해주고, 커플이 더 깊은 관계를 만들 기회를 갖게 해준다. 또한 조직의 코치와 트레이너 역시 "네, 그리고" 접근법을 채택해 조직의 리더가 창의력을 높이고 사람들과의 유대감을 공고히 할 수 있게 해준다. 연구 결과에 따르면, 사람들은 이런 종류의 즉흥극 훈련을 통해 더 위대한 혁신을 꾀하고 정서적 행복감을 높이며 불확실성을 견디는 힘을 키울 수 있다.[15]

더 중요한 점이 있다. "네, 그리고" 접근법은 우리가 역설을 헤쳐나가는 데도 도움이 되고, 다음과 같은 사실을 상기시킨다. 세상에는 다양한 진실이 있으며, 단순히 누가 우리의 추정에 이의를 제기한다고 그걸 부정하면 안 된다는 사실이다. 우리가 무언가에 대해 어떤 추정을 하는데, 누가 그 반대되는 추정을 말한다고 가정해보자. 그럴 때는 부정부터 하는 것이 아니라, 일단 "네" 하고 받아들이면서 그 사람의 현실을 존중해줄 수도 있다. 또한 중요한 점은 다른 누군가의 현실을 존중한다고 해서 꼭 그에 동의해야 한다는 의미는 아니다. 일단 그 사람의 현실을 인정하고 존중해주는 것이다. 그런 다음 그 현실에서 뭔가를 배울 수도 있고 한 발 더 나아갈 수도 있다.

다음 대화 때 "네, 그리고" 접근법을 직접 써보라고 권하고 싶다. 누가 당신의 생각에 이의를 제기하는 말을 할 때 어떤 일이 일어나는지 보라. 그 순간 잠시 모든 것을 멈추고 당신의 생각과 감정이 어떤지 체크해보라. 왠지 위협받는 느낌이 들고 심할 경우 화도 날 것이다. 그래서 자기방어적인 주장을 펼쳐 상대 주장에 반박하고 싶다는 생각이 들 것이다. 하지만 "네, 그리고" 대응을 해보라. 당신이 진정으로 상대의 입장을 존중한다면 어떻게 될까? 자신의 통찰에 따라, 상대의 주장에 반박하지 말고 이후 어떤 말을 이어갈지 생각해보라. 그런 다음 자신을 돌아보라. "네, 그리고" 대응이 사고방식에 어떤 변화를 주었는가? 더 다양한 관점을 볼 수 있게 되지 않았는가? 대화의 흐름에 변화를 주지 않았는가?

"네, 그리고" 접근법은 사람들이 당신과 다른 관점을 표출할 때만 유용한 것이 아니다. 스스로 자신의 생각에 부딪힐 때도 유용하다. 앞서 1장에서 언급했듯이 역설은 모든 데서, 즉 다른 사람의 관계나 집단에서 뿐만 아니라 자신 안에서도 나타난다. 우리의 내적 역설을 생각해보라. 그런 역설에 "네, 그리고" 대응을 한다면 어떻겠는가? 예를 들어, 우리는 대개 자신이 책임감 강하고 신뢰할 만한 사람이라고 생각할지 모르지만, 사실 마감을 못 지키기도 하고 누군가를 실망시키기도 한다. 우리의 첫 반응은 자책일 수 있다. 그런데 일단 있는 그대로 받아들이면 어떨까? 그렇다, 우리에게 책임이 있다. 그렇다, 한 일에는 책임이 없다. 그렇다, 일은 일어나게 마련이다. 그리고 우리는 미래에 그런 일이 일어나는 것을 최소화하기 위해 계속 경험에서 배울 것이다.

## 자원이 (부족하지 않고) 풍부할 수 있다고 생각하기

역설 사고방식은 자원에 대한 우리의 추정과 관련이 있으며, 관심의 초점을 부족에서 풍부로 바꾼다. 시간, 공간, 돈 같은 자원은 모든 딜레마의 원인이 된다. 대체 가능한 옵션들은 경쟁적으로 자원을 필요로 한다. 일과 삶 간의 도전 역시 시간을 어디에 얼마나 많이 써야 하는가 하는 문제로 요약되기도 한다. 조직에 어떤 지원자를 채용해야 하는가 하는 문제 역시 한정된 금전적 자원 내에서 선택해야 하는 데서 비롯된다. 내가 맡았던 연구 프로젝트에서 나(메리앤)는 제품 디자인 기업들을 조사했다. 그 기업들은 기존 제품을 향상하는 일과 근본적인 혁신에 투자하는 일 간의 갈등으로 악전고투하는 중이었다. 그리고 그 갈등의 중심에는 자원 문제가 도사리고 있었다. 기업들이 핵심 제품을 통해 모든 지출을 감당해야 하는 상황에서 사람, 시간, 사무실 공간 같은 자원을 근본적인 혁신에 얼마나 투입할 수 있을까? 그래서 리더들이 직면하는 중대한 도전 중 하나가 자원 할당이다.

많은 사람이 파이를 더 잘 배분할 방법, 즉 자원을 보다 효과적으로 할당하는 방법을 찾아내 해결하려고 한다. 이런 접근법은 이분법적 사고방식을 연상케 한다. 이는 자원이 부족하다는 추정에서 출발한다. 자원은 한정돼 있으며 일단 사용하면 사라진다는 추정이다. 예를 들어 우리가 어떤 프로젝트에 한정된 금액만 쓸 수 있다고 하자. 만일 그 돈을 한 가지 용도로 다 써버린다면, 다른 용도에는 쓸 수 없게 된다. 우리가 여러 대안 중에서 선택해야한다고 생각하는 것은 이런 제로섬 사고 때문이다. 그로 인해 결국 한정된 자원의 사용을 둘러싸고 심각한 갈등을 빚게 된다.

역설 사고방식은 자원과 관련된 이런 추정에 이의를 제기한다. 자원 분배가 제로섬 게임이 아니라면 어떨까? 자원에 얽매일 필요가 없다면 어떨까? 자원의 가치를 늘릴 수 있다면 어떨까? 역설 사고방식은 캐태하면 기 인 기치가 부족하다고 추정하는 것이 아니라 풍부하다고 추정하며, 자원을 잘 활용함으로써 그 가치를 늘릴 수 있다. 자원의 가치를 늘리는 방법은 다양하다. 한 자원의 다양한 측면을 알아낼 수 있으며, 일반적으로 그 가치가 다 같지 않다는 사실도 알 수 있다. 다시 말해, 한 사람에게 가치 있는 자원이 반드시 다른 사람에게도 가치 있는 것은 아니다. 또한 기술과 혁신을 통해 새로운 가치를 만들어낼 수도 있다. 가치를 늘리기 위한 다양한 접근법을 찾을 수도 있으며, 그 결과로 역설을 헤쳐나갈 새로운 기회를 창출할 수도 있다.

## 피자 나누기

뛰어난 협상가들은 자원이 처음 추정하는 것보다 더 큰 가치가 있다는 사실을 잘 안다. 협상에서 서로 윈/윈 하려면, 양측이 자원에 다양한 측면이 있다는 것을 알고 그 가치를 늘려나갈 수 있어야 한다.

사람들은 대개 자원을 한 가지 면에서만 보며, 그것을 누가 더 많이 또는 더 적게 가질 것인지 결정하려고 한다. 우리가 한 항아리 가득 돈을 갖고 있다면, 누가 더 많이 가질 것인지 결정해야 할 것이다. 많은 시간을 갖고 있다면, 어떤 활동에 더 많은 시간을 써야 할지 결정해야 할 것이다. 이런 종류의 협상에서는 가치가 중요하다. 우리는 이런 자원들이 부족하다고 추정해서 어떻게 나눌지를 결정해야 한다. 하버드경영대학원 교수이자 협상 전문가인 맥스 베이저만Max Bazerman은 자원이 부족하다는 추정을 '잘못 한정된 파이mythical fixed pie'[16]라고 부른다. 반면에 가치를 창출한다는 것은 자원이 풍부하다는 추정을 하는 것이고, 그 결과 협상가들은 파이를 나누기에 앞서 그 크기를 늘릴 수 있게 된다.

실제 파이를 생각해보자. 예를 들어, 당신과 내가 함께 피자를 먹으러 집을 나선다고 가정해보라. 피자 한 판을 사서 나눠 먹기로 한다. 그리고 각자 피자 값의 반을 낸다. 그 피자를 어떻게 나눠야 할까?

아마 둘 다 똑같이 반씩 나눠야 한다고 말할 것이다. 피자가 여덟 조각이라면 나 네 조각, 당신 네 조각인 것이다. 각자 피자 값을 반씩 냈으니 공평해보인다. 그러나 어쨌든 우리는 협상을 시작할 것이다. 우리는 직장에서 방금 퇴근했는데, 나는 당신이 마감에 맞춰 프로젝트를 마칠 수 있게 해주려고 점심까지 거르며 당신을 도왔다. 그런 이유로 나는 당신보다 배가 더 고프며, 따라서 내가 다섯 조각을 먹고 당신은 세 조각만 먹어야 한다. 반면에 당신은 최근 두 번이나 피자 값을 혼자 다 냈기 때문에 이번에는 당신이 더 많이 먹어야 한다고 말한다. 우리는 아마 두 사람 다 만족할 수 있는 방법을 찾을 때까지 계속 주거니 받거니 협상하게 될 것이다.

이 같은 협상에는 어떤 추정이 숨어 있는지 생각해보라. 우리는 피자에 한 가지 측면, 즉 조각들만 있으며 자원이 한정되어 있다는 추정을 하고 있다. 피자는 여덟 조각이다. 따라서 우리의 협상은 각자 몇 조각을 먹느냐에 대한 것이다.

그런데 실제 피자 크기를 바꾸지 않고도 더 큰 가치를 끌어낼 방법은 없을까? 피자의 다른 측면을 생각해볼 수는 없을까? 그럴 수 있다면 피자 자체의 양을 변화시키지 않고도 그 자원의 가치를 늘릴 수 있을 것이다.

예를 들어 당신과 내가 피자 가게로 가는 길에 피자에 대한 얘기를 나누기 시작했다고 생각해보자. 나는 당신이 소스와 치즈, 토핑 등 피자 속을 정말 좋아한다는 것을 알고 있다. 그래서 피자 바깥 부분을 늘 남긴다. (당신은 귀탄

수화물 식단이 좋다는 건 인정하지만, 입맛이 아직 아홉 살 때 그대로다.) 반면에 나는 토핑 같은 것은 전혀 좋아하지 않고 엄격한 채식주의자여서 치즈나 고기는 전혀 먹지 않는다. 그래서 대개 치즈나 고기는 전부 빼내고 빵만 먹는다. (그리고 프랑스식 요리를 좋아하지만, 나 역시 입맛이 아직 아홉 살 아이 때 그대로다.) 이런 사실을 토대로 다른 방법으로 피자를 나누는 것을 생각해볼 수 있다. 피자 속은 당신이 다 가져가고, 바깥쪽 빵은 내가 다 가져오는 것이다. 각자 네 조각씩 가져가 피자의 반만 먹는 것이 아니라, 피자 한 판 전체에서 각자가 좋아하는 부분을 먹는 것이다. 베이저만은 이런 접근법을 '피자 키우기'라고 부른다.

이 접근법으로 자원을 1차원적으로(예를 들어 조각들로) 보던 것에서 다른 차원(예를 들어 피자의 서로 다른 부분을 좋아함)에서 보게 된다. 그런 다음 그 다양한 차원에 따라 자원 분배를 재고해볼 수 있다.

다음으로 시간에 대해 생각해보자. 우리가 하루에 할당할 수 있는 시간은 24시간뿐이다. 그 시간을 어떻게 분배하는가 하는 문제를 놓고 많은 갈등이 일어난다. 시간을 단순히 할당하는 측면에서 생각한다면, 자원이 부족할 때의 접근법인 제로섬 게임에 빠지게 된다. 그리고 우리가 할 수 있는 일은 그 시간을 이러저러한 활동 가운데 어떤 활동에 더 많이 할당할지를 생각하는 것뿐이다. 그러나 생산성에 관한 한 모든 시간이 같은 것은 아니다. 예를 들어 아침형 인간인가 저녁형 인간인가에 따라 아침 9시에 마칠 수 있는 일의 양과 밤 9시에 마칠 수 있는 일의 양이 아주 다른 경우가 많다. 따라서 일하는 순서에 따라 효율성 또한 달라진다. 시간 관리의 대가들은 일의 순서가 얼마나 중요한지 설명하기 위해 종종 돌멩이와 모래가 든 병의 비유를 사용한다. 병 안에 먼저 모래를 넣고 그다음에 작은 돌멩이들을 넣으면, 큰 돌멩이들을 넣을 공간이 없을 수 있다. 그러나 병 안에 먼저 큰 돌멩이들을 넣고 그다음에 작은 돌멩이들을 넣는다면, 대부분의 모래는 돌멩이들 사이로 들어간다. 마찬가지로 우리가 큰 프로젝트를 먼저 진행한다면, 그다음 작은 프로젝트를 더 짧은 시간 안에 해낼 방법을 찾을 수 있다. 해야 할 여러 프로젝트에 시간을 할당하는 것은, 단순히 각 프로젝트에 얼마나 많은 시간을 할당할지를 결정하는 일일 뿐 아니라 언제 어떤 순서로 할지를 결정하는 일이기도 한 것이다.

## 한 사람의 쓰레기

어떤 사람들에게는 자원의 가치를 늘리는 재능이 있다. 미국 라이스대학교 경영학 교수인 스콧 소넨샤인Scott Sonenshein은 그들을 스트레처stretcher, 즉, '늘리는 사람'이라고 부른다. 보다 적은 것으로 보다 많은 것을 하는 방법을 아는 사람인 것이다. 그렇게 할 수 있는 한 가지 방법은 다른 사람들이 느끼지 못하는 것에서 가치를 찾는 것이다. 속담에도 있듯, 한 사람의 쓰레기가 다른 사람에게는 보물인 것이다. '늘리는 사람'은 다른 누군가의 쓰레기에서 보물을 찾아낸다. 때로는 문자 그대로 그렇다.[17]

필리핀 군도에 고립된 캐나다 예술가 러셀 마이어Russell Maier는 쓰레기로 자신의 삶이 바뀌는 것을 보았다. 2010년에 그와 당시 여자친구는 여자 쪽 가족을 만나기 위해 파리를 떠나 필리핀을 찾았다. 예술가인 마이어는 마닐라에 있는 한 대기업 임원이던 여자친구의 아버지와 공통점이 거의 없었다. 그와의 만남은 최악이었고, 그 여행이 끝날 무렵 여자친구는 그를 버렸다. 그리고는 파리로 돌아가버렸다. 마이어는 계속 필리핀 전역을 돌아다니면

4 '둘 다 모두' 추정으로 전환하기

서 실연의 아픔을 잊고 원주민의 지혜에서 예술적 영감을 얻으려 했다. 그 여행 중에 그는 우연히 이고로트족(필리핀 루손 섬 북부 산악 지대에 사는 소수민족— 옮긴이)이 사는 외딴 마을을 찾게 됐다. 그러나 그곳에서 고통과 우울증은 더 커졌다. 그는 그저 괴로웠고 돈도 다 떨어졌으며 의욕도 없었고 목적도 없었다. 그런데 그곳 마을 사람들이 그런 그를 받아들였다. 시간이 좀(몇 년) 걸렸지만, 결국 그는 예술가로서의 재능을 되찾기 시작했다.

마이어가 흥미로워한 한 가지 사실은 그곳 원주민의 언어에 '쓰레기'를 뜻하는 말이 없다는 것이었다. 이고로트족은 모든 것이 가치를 가졌다고 믿었다. 설사 무언가가 한 가지 목적으로 더는 쓸모없게 된다 해도 다른 목적으로 쓸모가 있을 수 있다고 믿었다. 그들에게는 '아이유ayyew'라는 말이 있었는데, 이는 어떤 물건은 얼마든지 다른 무언가로 재활용될 수 있다는 개념을 지닌 말이었다. 마이어는 그 개념에 매료되었지만, 그 마을 주변이 온통 쓰레기, 특히 플라스틱 쓰레기로 덮인 것을 보았다. 플라스틱병과 플라스틱 물질이 마을을 오염시키면서 강으로 흘러 들어가고 있었다. 그는 그들이 그 플라스틱 쓰레기를 어떻게 재활용할 수 있을까 생각했다. 그러던 어느 날 커다란 플라스틱병에 작은 플라스틱 물질을 쑤셔 넣어보기로 마음먹었다. 그리고 그렇게 플라스틱을 쑤셔 넣은 병을 벽돌처럼 이용하면 자신의 정원을 만들 수 있다는 것을 깨달았다. 아주 단순한 아이디어였다. 현지 공동체들은 가정집과 학교 그리고 정원을 개선하기 위해 건축 자재가 절실히 필요했는데, 도처에 플라스틱병과 플라스틱 쓰레기가 널려 있었기 때문이다.

마이어는 자신의 아이디어를 한 현지 학교에 알려주었고, 학생들로 하여금 플라스틱병을 이용한 에코브릭ecobrick, 즉 '친환경 벽돌'을 수백 개 만들게 했다. 그러자 현지 교육감이 이 혁신적인 방법의 진가를 인정해, 200곳이 넘는 학교에 플라스틱 쓰레기로 친환경 벽돌을 만들라고 지시했다. 이런 조치는 곧 수천 개의 다른 지역 학교로 확대되었다.

이렇게 필리핀의 한 외딴 마을에서 시작된 아이디어는 대규모 운동으로 발전했다. 마이어는 친환경 벽돌 만드는 법을 알려주는 설명서까지 썼다. 2014년에 이 아이디어를 더 널리 알리기 위해 ecobricks.org라는 웹사이트를 만들었다. 그러자 세계 곳곳에서 이미 플라스틱병으로 벽돌을 만들어본 사람들로부터 연락이 왔다. 독일의 발명가인 안드레아스 프로에세Andreas Froese 역시 플라스틱병이 건축 자재 역할을 할 수 있음을 깨달았다. 그리고 흙과 모래를 가득 채운 플라스틱병 벽돌로 가정집, 회의장, 물탱크 같은 대규모 구조물을 만들었다. 마이어는 친환경 벽돌을 만드는 남아프리카공화국, 북미 및 남미 지역 사람들과 네트워크를 형성했다. 그들과 함께 글로벌 에코브릭 연합Global Ecobrick Alliance을 결성했으며, 그 결과로 미국, 영국, 남아프리카공화국, 싱가포르 등지에서 수십만 명이 친환경 벽돌을 만들게 됐다.

나(웬디)는 2016년에 이웃으로부터 친환경 벽돌에 대한 이야기를 처음 들었다. 이후 지금까지 우리 지역사회와 손잡고 플라스틱 쓰레기를 건축 자재로 재활용하는 일을 해오고 있다. 우리는 그 친환경 벽돌을 학교와 캠프, 지역 자연보존센터에 공급해 정원을 가꾸고 벤치를 만들고 담을 쌓는 일 등에 사용했다. 우리는 이렇게 쓰레기에서 가치를 창출하는 방법을 찾아냈고, 그로 인해 자원을 더 풍부하게 늘리고 '둘 다 모두' 사고를 더 잘 활용할 수 있게 되었다.[18]

## 나무 꼭대기까지 도달하는 사다리

풍부한 자원을 확보하는 한 가지 방법은 접근할 수 없었던 자원에 접근할 수 있는 새로운 기술을 찾는 것이다. 피터 디아만디스Peter Diamandis와 스티븐 코틀러Steven Kotler는《어번던스》에서 이런 기술을 여럿 분석했다. 그들의 논지는 단순하면서도 도발적이다. 제대로 활용할 방법만 찾는다면, 이 세상에는 모두의 의식주를 해결하고도 남을 만큼 자원이 많다는 것이다. 그들은 오렌지나무를 예로 든다. 우리는 먹기 위해 오렌지나무에서 오렌지를 딸 수 있다. 그런데 나무 맨 아래쪽에 있는 오렌지들을 다 따버린다면 어찌 될까? 나무에 아직 오렌지들이 잔뜩 매달려 있지만, 사다리를 가져오기 전에는 그 오렌지들을 딸 수 없다. 즉 새로운 기술이 사다리 역할을 하며, 과거에 이용할 수 없던 자원을 보다 쉽게 이용할 수 있게 된다는 것이다.

디아만디스와 코틀러는 자신들의 책에서 여러 사례를 제시한다. 예를 들어, 심각한 물 문제를 집중 조명하고 있다. 전 세계에서 10억 명 이상의 사람들이 깨끗한 식수를 공급받지 못하고 있으며, 그 결과 매년 200만 명 이상의 아이들이 목숨을 잃고 있다. 문제는 지구에 물이 없는 것이 아니라, 모든 사람이 깨끗한 물을 접할 새로운 방법을 찾아야 한다는 것이다. 마찬가지로 전 세계적 기아 사태는 식량이 부족해서가 아니다. 미국의 경우, 생산되는 식량 중 무려 약 40퍼센트가 음식물 쓰레기로 버려지고 있다. 결국 식량을 효과적으로 분배할 새로운 방법을 찾고 음식물 쓰레기를 없애는 게 중요하다.[19]

또한 우리는 제한된 자원을 제대로 활용하게 해줄 새로운 사다리를 찾아야 한다. 자원에 대한 우리의 관점은 새로운 기술을 통해 '둘 중 하나' 관점에서 '둘 다 모두' 관점으로 바뀔 수 있다. 또한 시간과 돈과 에너지라는 파이를 조각내 나눠 가질 방법을 찾을 것이 아니라, 파이 자체를 늘릴 새로운 방법을 찾을 수도 있다. 예를 들어 화상회의 관련 기술을 생각해보라. 이 기술은 이동 시간과 비용을 최소화하면서 사람들과 연결되는 방식을 획기적으로 변화시켰다. 지금 우리는 거실에 앉아 회의에 참석하거나 연설을 할 수 있고 동료와 연락을 주고받거나 파티에 참석할 수도 있다. 기술을 통해 자원을 늘리고 사고를 확대할 새로운 기회를 가질 수 있다.

## 기브 앤 테이크의 선순환

풍부함에 대한 접근법을 통해 필요한 일에 자원을 할당하기에 앞서 자원을 늘릴 수 있고, 또 그 자원이 어떻게 도움이 되는지 확인할 수도 있다.

조직심리학자 애덤 그랜트는 《기브 앤 테이크》에서 필요한 것을 갖는 행위와 다른 사람에게 주는 행위가 서로 선순환이 되어야 한다고 주장한다. 우리는 이를 자원 분배와 관련된 이분법적 현상으로 보기도 한다. 즉 주는 행위가 시간과 에너지를 뺏기는 것이라고 추정한다. 그러나 그랜트는 주는 사람, 즉 남을 돕는 것에 진심인 사람이 어떻게 개인적으로 여러 이익을 얻는지 보여줌으로써 그런 추정이 잘못된 것임을 입증해 보인다.

그랜트는 주기를 좋아하는 대표적인 인물을 소개한다. 괴짜 컴퓨터 프로그래머에서 실리콘밸리의 성공적인 연쇄 창업가serial entrepreneur(새로운 기업을 계속 설립하는 기업가-옮긴이)로 변신한 애덤 리프킨Adam Rifkin이다. 사람들은 리프킨이 늘 "뭘 도와드릴까요?"라고 묻고 실제 끝까지 도움을 주는 사람이라고 말한다. 사람들에게 끝없이 준 리프킨은 〈포춘〉에서 가장 인맥이 넓은 사람으로 선정되기도 했는데, 다른 사람들에게 계속 도움을 줄 수 있었던 것도 그 넓은 인맥 덕이다. 끊임없이 남에게 주는 행위를 통해 그는 벤처기업 세 개를 성공으로 이끌었고 삶의 의미와 목적도 찾았으며 성취감도 느꼈다. 가진 자원을 사람들에게 준 것이 훨씬 더 큰 이익이 되어 돌아온 것이다.[20]

## (통제가 아닌) 대처를 통한 문제 해결

마지막으로 역설 사고방식을 택하면 문제 해결에 대한 우리의 추정이 통제에서 대처로 바뀐다. 일반적으로 사람들은 뭔가를 통제하고 싶어 한다. 변화의 소용돌이에 휘말리기보다는 안전한 바닥에 발을 디딘 채 서 있고 싶어 한다. 또한 모호성과 불확실성보다는 명료성과 확실성을 선택하려는 경향이 있다. 그래서 모호성과 변화와 불확실성에 직면하면, 대개 문제를 해결함으로써 확실성과 안전성을 되찾으려 한다.

역설에 정면으로 맞서는 것은 스스로 모호성과 변화라는 폭풍우에 뛰어드는 것과 다름없다. 계속 변화하는 다양하고도 상반된 옵션들은 종종 뒤얽혀 소용돌이친다. 그리고 상반된 요구들은 창조적 마찰을 일으키고 에너지를 만들기도 한다. 그러나 갈등은 불안감이나 두려움, 불만족으로 이어지는데, 우리는 상황을 통제함으로써 불확실성을 최소화하고 안정감을 찾으려 한다. 역설에 직면했을 때 가장 쉽게, 적어도 일시적으로나마 상황을 통제하고 있다는 느낌을 가질 수 있는 가장 쉬운 방법은 여러 옵션 중에서 분명한 선택을 하는 것이다. 아니면 주변 사람을 통제하려 할 수도 있다. 가족과 직장 동료 그리고 조직이 따라주길 바라는 것이다. 이분법적 사고방식은 문제 해결을 통제의 수단으로 보는 것이다.

그러나 역설 문제를 헤쳐나가려면 다른 접근법을 택해야 한다. 잊지 말라. 역설은 역동적이며 끈질기다. 서로 반대되는 힘이 남아 있기 때문에 완전히 해결할 수 없다. 예를 들어, 우리는 일과 삶 간의 딜레마를 해결하려 애쓰지만, 그런다고 자신을 위해 하는 것과 남을 위해 하는 것, 계획적인 것과 우발적인 것 간의 근본적인 역설을 완전히 해결할 수는 없다. 역설은 끊임없이 도전해오고 서로를 변화시키며 절대 사라지지 않는다. 그러나 역설 사고방식을 택하면 우리의 접근법이 문제 해결에서 대처로 바뀐다. 대처는 불확실성을 받아들이고 모호성을 높이 평가하면서 앞으로 나아갈 길을 찾는다는 의미다. 결정을 재논의할 필요가 있다는 사실을 염두에 두는 것이다. 로테 뤼서와 나(메리앤)는 이 같은 대처 방법을 '실행 가능한 확실성을 찾는 접근법'이라고 한다. 우리는 상황 전체를 제대로 파악하지 못할지라도 각종 결정을 내리며 계속 배우고 적응해나갈 기반은 갖추어, 앞으로 나아가는 데 필요한 확실성은 갖고 있다.[21]

대처는 실행 가능한 확실성을 찾는 것과도 관련 있다. 이런저런 갈등에 저항하지 말고 있는 그대로 받아들이자. 그리고 끈질긴 역설을 해결하려 하지 말고 더 작고 유동적인 문제를 해결하도록 하자. 앞으로도 계속 통제보다는 이 같은 대처의 개념을 강조할 것이다. 역설을 해결하는 이야기가 아니라, 역설을 다루거나 활용하는 이야기를 할 것이다. 언어는 모든 역설의 토대인 추정을 바꾸기 위한 첫걸음이다. 그러나 그에 앞서 통제권을 내려놓는다는 것이 얼마나 힘든 일인지 깨달아야 한다.

## 오, 크랩스!

통제권을 내려놓는 것은 우리의 본능에, 아니면 적어도 우리의 편견에 역행하는 일일 수 있다. 그런 현상을 하버드대학교 심리학자 엘런 랭어Ellen Langer가 실시한 실험에서 볼 수 있다. 랭어는 실험을 통해 결과가 제멋대로인 상황까지 통제할 수 있다고 우리가 추정한다는 사실을 보여주었다. 랭어는 그런 성향을 '통제의 환상illusion of control'이라고 한다.

크랩스craps 게임을 생각해보라. 이 게임은 주사위 두 개를 굴리며 하는 도박이다. 사람들이 테이블 주변에 모여 서서 주사위 두 개를 굴려 나오는 결과를 예측하고 베팅한다. 그런 다음 누군가가 주사위 두 개를 굴린다. 그리고 베팅에 따라 돈을 따기도 잃기도 한다. 베팅하는 사람들은 돌아가며 주사위를 굴린다. 이 도박이 합법적이고(또한 주사위가 누구한테도 편중되지 않으며) 주사위를 굴리는 것이 결과를 전혀 예측할 수 없는 행위임을 감안하면, 사람들은 이 게임을 전혀 통제할 수가 없다. 그러나 랭어가 조사한 바에 따르면, 이 도박을 하는 사람들은 자신이 결과를 통제할 수 있다고 믿는다. 그래서 다른 사람이 주사위를 굴릴 때보다 자신이 직접 굴릴 때 베팅을 더 세게 한다.[22]

주사위 굴리기와 마찬가지로, 통제하고 싶지만, 아니 적어도 통제할 수 있다고 믿고 싶지만 그럴 수 없는 상황이 많다. 당신의 이웃은(아니 어쩌면 당신은) 자신이 행운을 가져다주는 셔츠를 입을 때만 응원하는 스포츠팀이 승리한다고 믿는다. 그래서 행여나 그 행운이 사라질세라 그 셔츠를 절대 세탁하지 않는다. 지금도 기억하지만 나(웬디)는 예일대학교 재학 시절에 다른 학생들과 함께 구 캠퍼스를 가로질러 시어도어 드와이트 울시Theodore Dwight Woolsey 동상의 발을 만지고는 했다. 곧 있을 시험에서 좋은 성적을 받을 수 있다는 믿음 때문이었다. 그 동상의 발을 살짝 만지면 공부를 많이 못 했어도 좋은 결과를 얻을 수 있다고 믿든 믿지 않든, 그 작은 행동 하나로 나는 약간의 통제력 비슷한 것이 생긴 느낌이 들었다. 연구 결과에 따르면, 우리는 자신이 어떤 상황을 통제할 수 있다고 믿기 때문에 그런 미신에 의존하는 경우가 많다고 한다. 또한 개인의 결정이든 조직의 결정이든, 상황을 통제할 수 있다고 생각할수록 그 의사결정은 더 위험해진다.[23]

## 사람들을 이끌고 적응 문제를 헤쳐나가기

우리가 일반적으로 결과를 예측할 수 없는 상황에서 뭔가를 통제하려 한다면, 책임감을 느껴야 하는 리더의 입장에서 얼마나 그런 통제 욕구를 느낄지 상상해보라. 우리의 결정이 아주 중요한 결과를 초래할 수 있는 상황에서 또는 부모, 팀 코치, 조직의 리더로서 결정권을 가진 상황에서 문제를 해결해야 하는 경우를 생각해보라.

리더에게는 한 집단의 사람들을 이끌고 일련의 결과를 만들 책임이 있다. 그리고 사람은 자신에 대한 기대가 클 때 적극적인 자세로 임해 결과가 자기 뜻대로 나오게 할 방법을 찾는 등, 상황을 통제하려 하는 경우가 많다. 그러나 여러 연구 결과에 따르면, 효과적으로 원하는 결과를 낼 수 있느냐 없느냐는 리더가 통제권을 손에서 놓을 수 있는 능력이 있느냐 없느냐에 달렸다.[24]

리더가 하는 일은 애매모호하고 힘들며, 시간이 지날수록 혼란스럽고 불확실해지는 경우가 많다. 하버드케네디스쿨 교수 로널드 하이페츠Ronald

4 '둘 다 모두' 추정으로 전환하기

Heifetz와 알렉산더 그래쇼Alexander Grashow, 마티 린스키Marty Linsky는《적응 리더십》에서 문제들을 기술 문제technical problem와 적응 도전adaptive challenge으로 나누었다. 그들의 말을 들어보자. "기술 문제는 아주 복잡할 수 있고 결정적으로 중요할 수도 있지만(심장 수술 중 이루어지는 심장 판막 교체처럼), 현재의 지식을 가지고 대처할 수 있는 잘 알려진 해결책이 있다. 믿을 만한 전문지식을 적용하거나 조직의 현재 구조, 일을 처리하는 절차와 방식을 통해 해결할 수 있다."[25] 기술 문제를 해결하기 위해서는 상황을 정확히 파악한 뒤 해결책을 찾아야 하며, 그 방법을 알아야 한다. 이런 단계들은 어려울 수 있지만 정해진 로드맵이 있다. 반면에 적응 도전에는 로드맵이 없다. 게다가 제멋대로이고 불확실하며 긴급을 요하고 상반된 요구들이 많다. 적응 도전은 역설적이다.

하버드경영대학원 교수이자 정신분석 전문의인 아브라함 제일즈닉Abraham Zaleznik이 1977년에 주장한 바와 같이, 리더가 적응 문제를 효과적으로 해결하려면 불확실성 속에서 혁신과 영감을 보여야 한다. 그의 주장에 따르면, 위대한 리더는 예술가와 같아서 혼란을 인정하고, 그 혼란 속에 살면서 늘 변화하는 다양한 가능성에 마음을 열어야 한다. 제일즈닉은 관리자의 경우 구조와 안정을 찾아 문제를 신속하게 해결해야 할 때가 많지만, 리더의 경우는 다르다고 했다. 관리자는 불확실성에 직면하면 통제하려 하지만, 리더는 불확실성에 대처하는 법을 배우려 한다. 역설을 제대로 헤쳐나갈 수 있느냐 없느냐는 리더와 예술가가 어떤 추정을 하는가에 달렸다. 불확실성 속에서 리더와 예술가는 확실성과 문제 해결에서 피난처를 찾으려 하지 않고 기꺼이 혼란 속에서 살아가려 하며 여러 가능성을 생각해내는 통찰을 발휘한다.

## 발코니에서 내려다보기

통제권을 손에서 놓고 불확실성을 받아들여 대처하고 배우고 적응하는 일은 쉬운 일이 아니다. 하이페츠, 그래쇼, 린스키는 그렇게 할 수 있는 한 가지 방법이 '발코니로 올라가는 것'이라고 말한다. 복잡한 상황에 대처하는 것은 아주 골치 아프고 힘든 일일 수 있다. 그런 일에 휘말리면 그만두거나 도망치고 싶어진다. 우리는 시야가 좁아 주어진 옵션을 제대로 보지 못한다. 그들은 그런 상황을 댄스 플로어에 있는 것에 비유한다. 댄스 플로어에서 춤을 출 때 시야는 좁아진다. 신경이 온통 자신의 춤 동작과 다른 사람의 발을 밟지 않을까 하는 데 가 있기 때문이다. 그래서 춤을 추는 동안에 다른 사람들의 움직임은 잘 보지 못한다. 또한 음악 템포가 변할 때 사람들의 반응과 패턴도 잘 보지 못한다. 춤추는 사람들이 어떻게 서로 맞물려 돌아가는지도 잘 보지 못한다. 그 모든 것을 제대로 보려면 발코니로 올라가야 한다. 그렇게 넓은 시야를 확보해야 큰 그림을 볼 수 있고, 시간에 따른 변화도 알 수 있다.

'둘 다 모두' 사고로 추정하면 시야가 넓어져, 적응이 필요한 복잡한 문제에 대처하기가 수월해진다. 하이페츠, 그래쇼, 린스키의 주장에 따르면, 이는 리더에게 특히 더 필요하다. 맡은 일을 감안할 때, 리더의 역할은 점점 더 기술적인 문제를 해결하는 쪽에서 새로운 도전, 즉 로드맵도 없고 역설적인 요구가 눈에 띄는 도전에 대처하는 쪽으로 옮겨 가고 있다. 리더는 댄스 플로어에서 발코니로 옮겨 갈 수 있어야 한다. 그래야 계속 변화하는 복잡한 상황을 더 잘 이해하고 필요한 것을 배울 수 있다.

이 댄스 플로어와 발코니의 비유는 역설을 헤쳐 나가는 법을 배우는 데 도움이 된다. 댄스 플로어에서 발코니로 옮겨 가는 것은 우리의 관심을 코끼리의 코나 꼬리에서 몸 전체로 옮기는 것과 비슷하다. 우리는 우리를 토끼굴 안에 가둬두거나 참호전에서 빠져나오지 못하게 만드는 자신의 관점에서 한 걸음 뒤로 물러설 수 있으며, 그 결과 상반된 요구들의 다양한 측면을 이해하고 그 요구들이 서로 어떤 영향을 주는지 제대로 알 수 있다. 또한 고정된 관계의 틀 안에서 상반된 요구들을 보는 것에서 벗어나, 그 요구들이 시간이 지나면서 어떻게 변하는지 볼 수 있다. 즉, 손에서 놓을 수 있는 것이다. 그러니까 대처해야 할 필요성을 인정함으로써, 시간이 지나면서 상황이 전개되도록 하고, 그 과정에서 배우고 적응하고 성장한다.

정확히 말해 하이페츠, 그래쇼, 린스키는 발코니에 올라서면 시야가 넓어지지만, 그래도 리더는 댄스 플로어에 있을 때 비로소 제 역할을 다할 수 있다고 했다. 따라서 복잡한 상황들을 헤쳐나가기 위해, 리더는 발코니에도 있어 보고 댄스 플로어에도 있어 봐야 한다. 관련해 그들은 이런 말을 했다. "어려운 일이지만, 리더는 댄스 플로어와 발코니 사이를 왔다 갔다 해야 하며, 그러면서 여러 상황에 직접 개입해 자신의 영향력을 파악하고 다시 돌아와 행동에 나서야 합니다. 최대한 댄스 플로어와 발코니 양쪽에 다 있는 것이 목표입니다. 한 눈은 댄스 플로어에서 보게 하고 다른 눈으로는 발코니에서 내려다보게 해, 자신의 움직임은 물론이고 모든 사람의 움직임을 보는 것입니다."[26]

이 비유를 얘기하다 보니 최근에 내(웬디)가 참석했던 한 미팅이 생각난다. 조직적인 인종차별에 대한 경각심이 높아지는 상황에서, 리더들과 나는 보다 평등한 조직을 만들기 위한 노력과 관련한 토론을 벌였다. 방 안에 있던 모든 사람이 그런 노력이 필요하다는 데 동의했다. 그런데 어떤 노력이란 말일까? 어떤 사람은 리더가 직접 나서서 소규모 그룹과 함께 그들의 관점과 편견을 고치는 노력을 해보고, 그 노력을 모델 삼아 더 많은 노력을 해나가는 것이 좋겠다고 제안했다. 다른 사람은 그런 노력의 영향은 미미하고 비용이 많이 들며 경솔하다면서 반대했다. 그러면서 보다 효과적이고 조직적인 변화를 끌어내기 위해 그 문제를 더 연구해보는 것이 좋겠다고 했다. 작은 단계를 먼저 밟아 올라가야 할까 아니면 조직적인 대규모 변화를 꾀해야 할까? 대처해야 할까 아니면 계획해야 할까? 모두의 전반적인 목표는 같았으나 도달하는 방법에 대해서는 의견이 분분했다.

그건 그들의 첫 회의가 아니었고, 나는 뒤늦게 합류하게 되었다. '일단 시작하자'는 사람들 측에서는 엄선된 소수의 리더가 편견에 대한 대화를 활발히 나눌 수 있는 실험적 프로젝트의 준비 작업을 이미 마친 상태였다. 또한 여러 컨설턴트에게 연락했고 일을 시작하자는 제안을 받은 상태였다. 그러니까 일단 시작하자는 사람들은 준비를 마쳤고 착수하고 싶어 몸이 근질거리는 상태였다. 그러나 '보다 큰 영향력을 갖기 위해 속도를 늦추자'는 사람들 측에서는 여전히 유보적인 입장이었다. 결국 편견 없는 새로운 의견을 구하기 위해 모든 사람이 나를 쳐다봤다.

모두의 주장을 들으면서 내 머릿속에서는 편견이 모습을 드러내기 시작했다. 나는 일단 행동하고 생각은 나중에 하는 타입이어서 충동적으로 움직이는 경우가 많다. 나는 입을 열어 일단 시작하자는 사람들을 지지하는 말을 시작했다. 그러나 곧 입을 다물었다. 여러 해 전 회의에서 논쟁이 격해지면 일단 물러앉아 사람들 주장을 다 듣고 말하는 편이 좋다고 배우기 때문이다. 그런 접근법을 익히려면 훈련이 필요하다. 나는 논쟁에 일단 뛰어드는(참을성이 없어 먼저 행동하는) 타입이어서 자제하고 깊이 생각하려면 큰 노력이 필요했다. 그래서 회의 참석 전에 말을 하기보다는 듣는 데 더 시간을 쓰라는 의미에서 손등에 검은색으로 X를 써놓고는 했다. 검은색 X는 발코니로 올라가라는 뜻이었다. 사람들 말에 귀를 기울이라고. 양쪽 말을 다 들어보라고. 더 큰 그림을 보라고. 결론을 내리기 전에 모든 걸 다 하라고.

그렇다. 나는 그렇게 했다. 발코니로 올라갔다. 그리고 댄스 플로어에 서 있는 나를 보았고, 내가 숙고하기보다는 서둘러 행동한다는 것을 깨달았다. 그런 다음 나와 의견이 다른 사람의 말을 들어보았다. 그들의 목표는 뭔가? 그들의 관심사는 뭔가? 마지막으로 자신에게 물었다. 천천히 가면서 동시에 빨리 가는 방법은 없는지, 차근차근 실험하면서 동시에 시스템 차원의 변화를 꾀할 방법은 없는지. 그런 다음 입을 열어 말했다. 해결책을 제시하기보다는 다른 의문을 제기했다. "양쪽 관점을 다 존중한다면 어떨까요?" 그러자 대화는 자기방어적 갈등 국면에서 시너지 효과를 내는 사고 국면으로 바뀌었고 새로운 아이디어가 쏟아졌다. 그 덕에 나는 상황을 통제하려는 접근법, 그러니까 내가 옳다고 믿는 것을 지키려고 싸우는 접근법에서 벗어날 수 있었다. 상황에 대처하고 열린 마음으로 변화를 받아들이며, 사람들이 넓은 사고를 하게 돕는 접근법을 취하게 됐다.

· · ·

표 4-1에는 이분법적 사고방식과 역설 사고방식의 차이가 잘 요약되어 있

다. 이 장에서 지금껏 살펴봤듯, 서로 다른 사고방식을 가진 사람들이 각종 지식과 자원 그리고 문제 해결에 접근하는 방식은 도전에 얼마나 창의적으로 대처할 수 있는가에 지대한 영향을 준다.

표 4-1

**이분법적 사고방식 추정과 역설 사고방식 추정**

| 추정 대상 | 이분법적 사고방식<br>(둘 중 하나) | 역설 사고방식<br>(둘 다 모두) |
|---|---|---|
| **지식** | 모순됨<br>한 가지 진실<br>한 가지 옳은 답<br>윈/루즈 | 끈질김<br>다양한 진실<br>여러 가지 상반된 아이디어<br>윈/윈 |
| **자원** | 부족함<br>제로섬 접근법<br>경쟁을 초래 | 풍부함<br>포지티브섬 접근법<br>협력을 유도 |
| **문제 해결** | 통제<br>해결<br>불확실성과 위험을 최소화 | 대처<br>적응<br>불확실성과 위험을 수용 |

## 캄보디아에서 적용한 역설 사고방식

이 장 도입부에서 소개했지만, 막 MBA를 마친 제러미 호켄스타인은 2000년에 '영리단체 아니면 비영리단체' 딜레마에 빠져 갈피를 못 잡고 있었다.

그는 자신이 홍콩에 머물고 있는 사실에 감사했다. 매사추세츠주 케임브리지에 있는 집으로부터 멀리 떨어진 데서 시간을 좀 가질 필요가 있었기 때문이다. 홍콩에 있으면서 시간을 갖고 그 지역을 둘러보면서 향후 진로를 모색해보기로 했다. 그러면서 이런저런 새로운 아이디어를 생각해볼 수 있었고 자신에게 던지는 질문을 바꿀 수 있었다. 영리단체와 비영리단체 중에서 고르는 '둘 중 하나' 질문 대신, 어떻게 하면 사회 경력을 쌓으면서 선한 영향력을 미치고 기업과 학교에서 배운 기술과 재능을 활용할 수 있을까 하는 질문을 한 것이다.

호켄스타인은 캄보디아에서 그 질문에 대한 새로운 답을 찾았다. 그가 홍콩에 있을 때 누군가가 캄보디아 시엠레아프를 찾아가 12세기에 지어진 사원과 고대 세계의 7대 불가사의 중 하나인 앙코르와트를 방문해보라고 조언했다. 호켄스타인은 그 조언을 받아들였다. 그러나 그를 놀라게 만든 것은 그 사원이 아니라 그곳 사람들이었다.

앙코르와트를 찾는 많은 사람이 돈을 구걸하는 현지인들 때문에 관광에 집중할 수 없다고 생각한다. 그러나 호켄스타인은 그 반대였다. 오히려 현지인들에게 더 관심이 갔다. 그의 눈에는 구걸보다 그들의 동기와 창의성이 더 눈에 들어왔다. 캄보디아는 세계에서 가장 가난한 국가 중 하나로, 1975년부터 1979년까지 폴 포트Pol Pot와 그가 이끄는 크메르루주(그 기간에 캄보디아를 통치한 급진적 좌익 세력-옮긴이) 정권하에서 경제난을 겪었다. 그때 거의 200만 명에 달하는 시민이 처형, 굶주림, 질병, 과로 등 잔혹 행위로 목숨을 잃었는데, 그중 상당수는 지식인과 중산층이었다. 그 대량 학살로 다음 세대는 20년이 지나서도 찢어지게 가난한 삶을 살아야 했다. 그러나 호켄스타인은 그런 절대 빈곤 속에서도 희망의 정신을 보았다. 한번은 삼륜 택시인 툭툭을 탔는데 운전기사가 쉬지 않고 말을 걸어왔다. 호켄스타인을 상대로 자신의 서툰 영어를 써보고 싶었던 것이다. 그리고 집에 이메일을 보내려고 가끔 인터넷 카페를 찾았는데, 갈 때마다 길게 줄을 서서 기다려야 했다. 넓은 세계와 통하고 싶어 하는 현지 젊은이들이 인터넷 카페에서 많은 시간을 보내고 있었던 것이다.

그런 캄보디아인과 마찬가지로 호켄스타인 역시 대량 학살로 피폐해진 세대 밑에서 자랐다. 그러나 그들과 달리 그의 가족은 유럽을 탈출해 캐나다에서 제2의 삶을 시작했다. 자신이 누린 행운을 이 차세대 캄보디아인도 누리게 해줄 방법이 없을까?

그는 여행을 끝내고 귀국하고도 캄보디아인을 도울 방법을 계속 고민했다. 6개월 후 그는 친구 네 명과 함께 캄보디아로 돌아갔다. 두 명은 함께 컨설팅 업무를 했던 친구였고, 두 명은 비영리단체에서 사회사업을 함께한 친구였다. 그들은 힘을 합쳐 캄보디아에 무엇이 가장 시급한지, 또 그런 일에 이미 취해지고 있는 조치는 무엇인지, 추가로 할 수 있는 일은 무엇인지 알아봤다. 그들은 캄보디아의 수도이자 유일한 대도시인 프놈펜에서 아파트를 임대했고, 각종 단체를 찾아다니며 현지인을 만났다. 그런 중에 대부분의 캄보디아인이 수입을 예측하기 어려운 쌀농사를 짓는 농부이거나, 주로 서방 국가로 수출하는 의류를 제조하는 공장에서 일하는 노동자라는 사실을 알게 됐다. 가난에 찌든 시골 사람들은 어린 자식들을 일자리가 많은 대도시로 보내는 경우가 많았다. 그러나 안타깝게도 시골에서 대도시로 간 아이들은 심한 차별에 시달려야 했다. 그 밖에도 크메르루주 정권 시절의 대량 학

4 '둘 다 모두' 추정으로 전환하기

살로 부모를 잃고 승려들 손에 자란 수많은 고아는 물론, 어릴 때 소아마비에 걸려 불구가 되거나 크메르루주 정권이 시골 들판 여기저기 파묻어둔 지뢰를 밟아 불구가 된 시민들 역시 심한 차별을 받았다. 게다가 가난에 찌든 가정에서 딸을 성매매 집단에 팔아넘기는 일도 너무 많았다. 그래서 많은 비정부기구들이 캄보디아인을 상대로 영어, 컴퓨터, 기타 취업 대비용 기술을 배울 수 있는 강좌를 개설했다. 그러나 많은 사람이 시간이나 돈이 없어 그런 프로그램을 이용할 수 없었다. 또한 그런 강좌를 들은 사람들이 배운 기술을 활용할 만한 일자리도 거의 없었다.

호켄스타인과 친구들은 가장 소외된 캄보디아인을 위한 좋은 일자리를 만듦으로써 캄보디아 사회에 큰 영향을 줄 수 있음을 깨달았다. 그들은 고아, 시골에서 이주한 사람, 불구자, 인신매매에서 구출된 여성 등 취업 시장에서 냉대받는 사람들을 돕는 데 초점을 맞췄다. 호켄스타인은 캄보디아에서 가장 취업이 힘들고 소외된 사람들을 채용해 데이터 입력 일을 시키는 초보자용 IT 기업을 설립했는데, 훗날 DDD, 즉 디지털 디바이드 데이터Digital Divide Data사가 된다. 그는 직원들에게 새로운 기술을 익혀 나중에 더 나은 직장으로 이직하라고 격려했다. 현재 설립 20주년을 맞은 DDD는 4개 국가에서 운영 중이며 직원 수가 2500명이 넘는다. 그간 1만 명이 넘는 사람들이 이 기업을 '졸업'해 임금 수준이 캄보디아 평균 임금의 열 배도 넘는 기업으로 이직했다. DDD는 상금액이 100만 달러인 스콜 사회적 기업가 상과 역시 상금액이 100만 달러인 록펠러 상을 수상했다. 퓰리처 상 수상자인 칼럼니스트 토머스 프리드먼Thomas Friedman은 《세계는 평평하다》에서 호켄스타인을 두고 "내가 가장 좋아하는 기업가 중 한 명"이라고 말했다.[27]

호켄스타인이 DDD를 설립한 직후에 나(웬디)는 한 동료와 그의 비즈니스 모델에 대해 논쟁했는데, 그때 동료가 이렇게 물었다. "그래서 그 기업은 비영리 기업이야 아니면 영리 기업이야?" 비영리 기업과 영리 기업에 대한 법적 제약은 기업이 운영되는 방식은 물론 경영진이 내릴 수 있는 결정의 종류에도 영향을 준다. 결국 당시에 DDD가 비영리 기업인지 영리 기업인지 호켄스타인에게 직접 물어봤다. 그러자 그가 답했다. "어느 쪽도 아닙니다. 둘다죠. 근데 그게 그리 중요한가요?" 사실 그는 캄보디아에서 그 기업을 영리 기업으로 설립했는데, 비정부기구에 대한 캄보디아인의 뿌리 깊은 문화적 저항감 때문이었다. 캄보디아인은 오만한 비정부기구들로부터 심한 착취를 당한 기억을 가지고 있었다. 그런데 호켄스타인은 미국에서 DDD를 지원할 목적으로 비영리 벤처기업도 설립했다. 그 편이 보조금과 기부금을 받기 더 쉬웠으며, 그렇게 마련한 돈을 DDD 직원 채용과 훈련에 활용할 수 있었기 때문이다. 그렇다고 호켄스타인이 교묘하게 법망을 피해 사익을 취하려 한 것은 아니다. 그보다는 수익이 발생하는 사회적 기업이 합법적으로 사회적 임무를 수행할 방법을 찾은 것이다. 결국 그는 사회적 기업이 점점 보편화되던 시기에 앞장서서 사회적 기업을 이끈 선구자적 인물이었던 셈이다.

DDD 설립을 위해 호켄스타인은 역설 사고방식을 채택했다. 그는 비영리 기업의 사회적 임무와 영리 기업의 집중력 및 효율성을 두루 갖춘 기업을 통해 세상에 더 큰 영향을 주고 싶었다. 그리고 두 옵션 중 하나를 선택하기보다 세 번째 옵션을 추가했는데, 바로 두 가지 목표를 동시에 달성할 수 있는 사회적 기업이었다.

. . .

'둘 다 모두' 사고는 우리가 맞닥뜨리는 일상적인 갈등과 가장 괴로운 딜레마에 숨어 있는 역설을 인식하는 데서 시작된다. 가장 중요한 추정을 '둘 중 하나'에서 '둘 다 모두'로 바꾸면, 지식과 자원 그리고 경영에 대한 관점도 바뀔 것이며, 결국 더 복잡하고 창의적이며 역설적 접근법을 향한 여정에 오를 수 있다. 철학자 쇠렌 키르케고르는 그 결과로 새롭고 강력한 가능성이 열린다고 말했다.

역설적 접근법을 절대 과소평가해선 안 된다. …… 역설적 사고방식이야말로 사상가들이 가진 열정의 원천으로, 이것이 없는 사상가는 감정 없는 연인과 같다. 보잘것없이 평범한 사람 말이다.[28]

## 【 주요 내용 】

- 각종 추정을 통해 사고방식과 인식이 형성되고, 그것이 우리 행동에 영향을 준다. 역설적 사고방식을 갖게 되면 갈등을 경험하면서 '둘 중 하나'(이분법)가 아닌 '둘 다 모두'(역설) 접근법으로 대처하게 된다.

- '둘 다 모두' 사고는 다음 세 가지 영역에서 우리의 기본 추정을 바꾼다.

  - **지식**: 옳은가 그른가 하는 한 가지 문제로만 생각하던 것에서 다양한 진실이 공존할 수 있음을 인정하는 쪽으로.

  - **자원**: 부족하다고 생각하던 것에서 풍부하다고 생각하는 쪽으로, 파이를 어떻게 나눌 것인가에서 파이의 가치와 영향력을 늘리는 창의적인 접근법을 만드는 쪽으로.

  - **문제 해결**: 역설의 불확실성을 헤쳐나가는 능력에는 적응하는 능력과 배우는 능력도 포함된다는 것을 깨닫고, 상황을 통제하려는 쪽에서 대처하려는 쪽으로.

# 갈등을 포함하는
# 경계 만들기
## 불확실성을 안정화하는 구조

삶은 우리 인간만큼이나 복잡하다. 때로는 취약점이 장점이 되고,
두려움이 용기로 발전하며, 상처는 통합으로 가는 길이 된다.
세상은 '둘 중 하나'가 아니다.

**- 레이첼 나오미 레멘**Rachel Naomi Remen

재닛 페르나Janet Perna는 심한 압박을 느꼈다. 1996년 IBM
의 데이터 관리 부문 총괄 관리자였던 페르나는 수십억 달
러에 달하는 기존 매출을 유지하면서 자신의 사업 부문을 완전히 개편해야
하는 임무를 맡고 있었다. 정말 힘든 일이었고, 쉽게 실패로 끝날 수도 있었
다. 페르나는 실패에 대한 불안감을 잘 알고 있었다. 겨우 몇 해 전 페르나와
IBM은 거의 죽음의 문턱까지 갔었다. 당시 IBM은 3년도 안 되는 기간에 무
려 10만 명이 넘는 인원을 해고했다. 페르나는 그때 살아남은 운 좋은 사람
중 하나였다. 그게 정말로 운이 좋았던 일일까? 자신이 살아남을 만한 직원
임을 경영진에게 입증해야 한다는 압박감이 너무 컸다.

1990년대 초 IBM은 큰 위기를 맞았다. 새로운 기술이 시장에 들어오

면 많은 기업이 몰락하는 법이지만, 당시 그런 운명을 겪은 최대 기업은 역시 IBM일 것이다. 이 다국적기업은 수십 년간 메인프레임 컴퓨터mainframe computer(기억 용량이 크고 많은 입출력 장치를 신속히 제어할 수 있는 대형 컴퓨터—옮긴이) 시장의 선두 주자였다. IBM은 그 전문지식을 활용해 차세대 개인용 컴퓨터를 도입할 수 있었고, 그 때문에 위기에 처했다. 1980년대에는 더 성능 좋고 빠르며 값싼 반도체 칩이 나왔고, 그 바람에 대형 메인프레임 컴퓨터가 작고 빠른 마이크로컴퓨터microcomputer(중앙처리장치를 한 개의 칩에 집적한 마이크로프로세서로 만든 소형 컴퓨터—옮긴이)로 대체되었다. 그리고 여러 기업이 그런 마이크로컴퓨터 개발에 뛰어들었다. 그러자 그 잠재력을 알게 된 IBM 연구개발팀 역시 마이크로컴퓨터를 만들었는데, 이것이 훗날 IBM 퍼스널 컴퓨터가 된다. IBM은 하루라도 빨리 시장에 뛰어들 욕심에 다른 기업으로부터 컴퓨터 부품 공급 계약을 맺고 들여왔다. 즉, 마이크로프로세서는 인텔Intel에서, 운영체제는 마이크로소프트Microsoft에서 들여오는 식이었다.

IBM은 보다 작은 그 마이크로컴퓨터를 가장 중요한 기업 고객에게 팔기 시작했다. 기업 고객은 그 컴퓨터를 대형 서버에 연결해 사용함으로써 서버의 가치를 늘렸다. 그 결과 나타난 것이 '클라이언트-서버 환경 client-server environment'(클라이언트와 서버를 네트워킹해 소스를 공유하는 분산처리 환경—옮긴이)이다. 그 환경 덕에 기업은 보다 적은 비용으로 컴퓨팅 능력을 활용할 수 있게 되었다. 이처럼 전반적인 컴퓨팅 능력이 확대되면서 소수의 컴퓨터 애호가만 이용하던 작은 컴퓨터의 시장이 확대됐다. 그 덕에 IBM의 매출은 크게 늘었으나, 컴퓨팅에 대한 새로운 접근법으로 인해 다른 기업이 시장에 뛰어들 기회두 열어주었다. 결국 IBM은 새 시장을 만들어냈지만, 이이러니하게도 미잖아 엄청난 타격을 입게 되었다.

처음에 IBM의 경영진은 새로운 경쟁업체들을 신경 쓰지 않았다. 그들의 주력 상품은 메인프레임 컴퓨터였고, 그 시장에서는 여전히 IBM이 톱이었기 때문이다. 그러나 그것이 화근이 되었다. IBM 경영진은 토끼굴 안으로 너무 깊이 들어가 메인프레임 컴퓨터에만 매달렸다. 그동안 마이크로컴퓨터 시장이 급속도로 성장했다. 1980년대 말 경기 침체로 기업들이 비용을 줄였는데 그 바람에 클라이언트-서버는 저비용의 전산 구축 수단이 되었다. 가정용 컴퓨터 시장이 확대되고 수요가 느는 상황에서, IBM은 계속 메인프레임 컴퓨터에 매달렸고 그 결과 하드웨어 컴퓨팅 분야에서 설 자리를 잃었다. 경영진은 전통 고수를 외치며 기존 전략에 집착했고 나쁜 소식은 합리화했고 중대한 도전은 피했다. 그리고 참호를 파고 그 속에 숨었다. 그렇게 IBM은 참호전을 시작하며 악순환에 빠졌다.

혼란의 역사가 계속해서 증명해온 일이지만, 오만한 자세로 현실에 안주하는 사람은 열정적으로 열심히 일하고 강력한 혁신을 꾀하는 사람을 당할 재간이 없다. 마이크로컴퓨터 시장은 당시만 해도 별 볼일 없는 기업이던 델Dell, 마이크로소프트, 오라클Oracle, 컴팩Compaq, 디지털 이큅먼트 코퍼레이션Digital Equipment Corporation, 썬 마이크로시스템즈Sun Microsystems, 휴렛팩커드Hewlett-Packard 그리고 궁극적으로는 애플에게 넘어가고 있었다. IBM은 참혹한 결과를 맞게 된다. 메인프레임 컴퓨터 사업 분야는 1992년에 수십억 달러의 손실을 봤다. 그리고 1993년까지 IBM은 10만 명이 넘는 직원을 해고했다. 많은 이가 평생직장이 될 거라는 기대로 IBM에 들어왔다는 점을 감안하면 실로 고통스러운 충격이었다. 신문사와 업계 분석가들은 IBM의 부고를 알릴 준비를 하고 있었다. 〈이코노미스트〉는 시리즈 기사로 그 파급효과를 알리며 "IBM의 위상은 완전히 땅에 떨어졌다"[1]라고 단언했다.

놀랍게도 IBM 경영진은 회사를 살렸다. 1993년 IBM은 새로운 최고경영자로 루 거스너Lou Gerstner를 영입했다. 기업 회생을 위해 과감한 조치를 취한 경험이 있던 거스너는 곧 IBM을 폐허에서 건져 올리기 시작했다. 그는 하드웨어 중심 사업 구조에 변화를 주었으며, 소프트웨어 및 컴퓨터 서비스 분야에 대한 투자를 대폭 늘렸다.[2] 그러나 그가 새로운 전략을 정착시키기도 전에 또 다른 기술의 파도가 밀려들었다. 1990년대 초 월드와이드웹World Wide Web이 인기를 얻었고 곧 놀랄 만큼 새로운 가능성의 세계가 열렸다. 오늘날에 볼 수 있는 클라우드 컴퓨팅, 확장 애플리케이션, 상시적 접속이 가능해진 것이다. 이제 IBM의 리더들은 같은 실수를 반복하지 않으려 했다. 이번에는 새로운 기술에 제대로 대비하려 했다.

IBM의 이전 실패를 교훈삼아, 거스너는 기존 사업을 잘 관리하면서 동시에 과감한 혁신을 꾀해 새로 생겨나는 인터넷 및 전자상거래의 기회를 잡으려 했다. 그러기 위해 IBM 경영진은 세 가지 영역에서 제품을 제작하는 데 전념했다. 1영역은 이미 시장에 출시된 제품들이었다. 2영역은 6개월 내 시장에 출시할 혁신적인 제품들이었다. 3영역은 보다 먼 미래에 내놓을 혁신적인 제품들이었다.[3] 회사 전 부문에서 혁신을 일으키기 위해, 거스너는 모든 사업 부문이 이 1, 2, 3영역에 투자하기를 원했다. 이는 곧 각 사업 부문이 단기 매출을 올리기 위해 기존 제품을 잘 관리하는 동시에 장기적으로는 계속 혁신 제품을 개발해야 했고, 결국 기존 제품은 매출 감소를 가져온다는 의미였다.

재닛 페르나는 오늘의 시장 주도권 확보와 내일의 혁신 사이에서 줄을 타는 기분이었다. 페르나의 사업부는 대기업에서 사무 데이터를 저장하는 전통적 데이터베이스를 구축해 판매하고 연결해주는 일을 하고 있었다. 그러나 페르나는 데이터베이스의 미래에 몇 가지 중대한 변화가 오고 있는 것을 보았다. 첫째, 데이터베이스는 더는 한 컴퓨터에 집중되지 않고 여러 공급 업체가 제공하는 플랫폼에 분산되게 되었다. 이 같은 변화로 IBM의 엔지니어들은 소프트웨어가 서로 다른 여러 플랫폼에서도 작동될 수 있게 코드를 새로운 프로그래밍 언어로 작성해야 했다. 둘째, 데이터베이스는 이제까지와 달리 숫자와 문자뿐 아니라 사진, 비디오, 사운드클립 같은 시청각 데이터를 비롯한 모든 종류의 콘텐츠를 저장해야 했다. 이 새로운 콘텐츠는 기존 콘텐츠보다 복잡하므로 데이터 저장에 대한 생각 자체를 바꿔야 했다. 마지막으로, 엔지니어들은 기하급수적으로 늘어나는 온갖 종류의 데이터를 다룰 수 있고 또 모든 정보를 인터넷상에 저장하고 불러올 새로운 제품을 개발할 필요가 있었다. 데이터베이스 관리 분야의 절대 강자로 군림해온 IBM으로서는 그런 새로운 제품을 개발하고 마케팅하고 판매하는 쪽으로 방향을 트는 것이 가장 이상적이었다. 그래서 페르나가 이끄는 사업부는 여러 종류의 데이터를 새로운 방법으로 저장할 수 있게 해주는 2, 3영역의 제품을 개발하고 있었다. 이는 내근직 업무뿐 아니라 규모가 큰 컴퓨팅 작업에도 쓰일 예정이었다.

엔지니어들은 새로운 데이터베이스를 구축하려 애썼지만, 오늘을 위한 기존 제품을 관리하면서 미래를 위한 혁신 제품을 개발한다는 것은 결코 쉬운 일이 아니었다. 연구개발 부문 리더들은 마음 같아서는 엔지니어들을 혁신적인 실험에 투입하고 싶었지만, 기존 데이터베이스를 업데이트해달라는 고객 요구에 응해야 한다는 압박감도 느꼈다. 또한 엔지니어들의 시간을 어떻게 할당해야 하는가 하는 문제를 놓고 줄다리기를 하는 기분이기도 했다. 사업 부문의 경우 고객에게 다가가기 위해 완전히 새로운 판매팀과 새로운 판매 채널을 구축해야 했다. 그러나 판매팀 직원들은 여전히 자신들에게 할당된 판매액을 맞춤으로써 보상을 받고 있었고, 할당된 판매액을 맞추는 데는 새로운 고객을 만들기보다 기존 고객을 잘 관리하는 편이 쉬웠다. 또한 데이터 관리 부문 직원들 가운데 상당수는 자신의 기술이 더는 가치를 인정받지 못해 결국 직장을 잃게 될 거라는 두려움을 갖고 있었다. 페르나는 이처럼 여러 측면에서 압박감을 느끼고 있었다.

페르나를 괴롭힌 딜레마에는 전형적인 '배움 역설', 즉 우리가 어떻게 과거의 틀에서 벗어나 미래로 발전해나갈지와 관련된 상반된 요구들이 깔려 있다. 배움 역설에는 단기적 요구와 장기적 요구, 위험 회피와 위험 감수, 안정과 변화, 전통 고수와 현대화 같은 서로 반대되면서도 상호의존적인 특성이 존재한다. 1991년 스탠퍼드대학교 교수 제임스 마치James March는 이런 역설을 새로운 기회 '탐구'와 오랜 확실성 '활용' 간의 갈등으로 표현했다. 그는 조직이 살아남기 위한 적응을 해야 할 때면 으레 이런 역설이 생겨난다면서 다음과 같이 말했다.

조사, 변화, 위험 감수, 실험, 놀이, 유연성, 발견, 혁신을 통해 취할 수 있는 것은 '탐구'에 포함된다. 그리고 개선, 선택, 생산, 효율성, 선별, 시행, 집행은 '활용'에 포함된다. 활용을 배제하고 탐구에만 매달리는 적응 시스템의 경우, 누릴 수 있는 이점은 제대로 누리지 못한 채 실험 비용만 낭비할 가능성이 높다. 이런 시스템에서는 아주 많은 새로운 아이디어가 발굴되지 못한 채 사장되고 뚜렷한 능력도 발휘하지 못하게 된다. 반면에 탐구를 배제하고 활용에만 매달리는 시스템의 경우, 그리 바람직하지 못한 안정적 균형 상태에 빠질 가능성이 높다. 결국 탐구와 활용 간에 적절한 균형을 유지하는 것이야말로 생존과 번영에 더없이 중요한 요소다. [4]

조직이 시대에 뒤처질 수도 있듯 사람들 역시 그럴 수 있다. 우리 역시 자신을 업데이트하거나 변화시키거나 새로운 기술을 익히려 애쓸 때 개인 차원에서 배움 역설이 일어난다. 배움 역설은 우리가 워낙 많은 책임을 지고 있는 상황에서 시간을 내 뭔가 새로운 것을 배우려 할 때 일어난다. 우리는 미래에 대비해야 한다는 것을 잘 알지만, 주어진 시간은 현재의 삶을 제대로 살기에도 충분치 않다. 런던비즈니스스쿨 교수인 헤르미니아 이바라Herminia Ibarra는 그가 말하는 이른바 '진정성 역설authenticity paradox'에서 그런 갈등이 일어난다는 사실을 깨달았다. 우리는 진정성을 지키려 애쓴다. 그러나 시간이 지나면서 배우고 성장하려면, 안전지대에서 한 발 나가 스스로 진정성이 없는 것처럼 느껴지는 행동도 해야 한다. 때로는 더 확장된 새로운 진정성을 찾을 때까지 일부러 진정성이 없는 것처럼 행동해야 할 수도 있는 것이다. [5]

## 경계 구축하기

나(웬디)는 박사 논문 작업의 일환으로, 2000년대 초에 회사 재건에 전념한 IBM 리더들에 대해 연구했다. IBM은 과거와 현재 간의 딜레마, 자신들의 1, 2, 3영역 제품들 간의 딜레마를 극복할 방법을 알고 싶어 했다. 경영진은 하버드경영대학원 교수 마이클 투시먼Michael Tushman과 스탠퍼드경영대학원 교수 찰스 오릴리Charles O'Reilly에게 도움을 청했다.

투시먼과 오릴리는 조직이 그런 종류의 도전을 헤쳐나가려면 '양손잡이'가 되어야 한다고 말한다. 성공의 비극을 극복하는 한 가지 방법은 탐구와 활용을 동시에 하는 것이다. 그러기 위해 리더들은 한편으로는 회사 운영을 잘하고 다른 한편으로는 새로운 것을 만들기 위해 위험을 감수해야 한다. [6]

결국 IBM은 투시먼과 오릴리를 영입해 모든 사업 부문 리더들에게 양손잡이가 되는 법을 가르치게 했다. 박사 학위 과정을 밟던 나는 두 사람과 함께 사업 부문 리더들이 '탐구 및 활용 역설'을 헤쳐나가기 위해서는 어떻게 해야 하는지를 알아보았다. 나는 또 페르나와 동료들이 역설에서 생기는 갈등에 어떻게 대처하는지도 살펴보았다. 페르나를 비롯한 일부 리더는 배움 역설을 효과적으로 풀어나갈 수 있는 접근법을 택했다. 그러나 일부 리더는 그러지 않았다. 그들은 토끼굴 안으로 더 깊이 들어가 과거의 틀에 매몰됐다. 또한 일부 리더는 미래의 잠재력을 잘 보았지만, 그들의 기업가 정신(외부 환경 변화에 민감하게 대응하며 혁신적인 사고와 행동을 하여 새로운 가치를 창조하고자 하는 생각—옮긴이)이 건물 해체용 쇳덩이가 되어버렸다. 혁신에 전념하는 것까지는 좋은데, 기존 제품으로 올리는 수백만 달러의 수익을 경시하거나 신한

　　　　　　　　　5 갈등을 포함하는 경계 만들기

경우 망쳐버렸다.

이처럼 각 사업 부문의 성과에 큰 영향을 미치는 한 가지 요소는 역설에 대처하기 위해 어떻게 경계를 구축하느냐 하는 것이다. 앞에서 이미 언급했듯, 경계란 우리의 사고방식, 감정, 행동을 유지하는 구조물이다(그림 5-1 참고). 조직의 각종 목표, 틀에 박힌 일상, 공식적인 조직 구조와 역할 같은 광범위한 특성이 그 구조물에 해당한다. 시간 할당과 물리적 환경 조성 역시

그림 5-1

**역설 시스템: 경계**

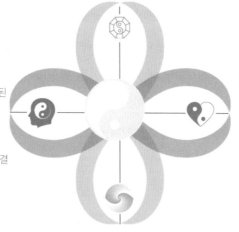

**갈등을 포함하는 경계 만들기**
- 보다 높은 목적으로 연결하기
- 분리하고 연결하기
- 너무 멀리 가지 않게 가드레일 설치하기

**'둘 다 모두'**
**추정으로 바꾸기**
- 다양한 진실이 포함된 것으로서 지식을 받아들이기
- 자원이 풍부할 수 있다고 생각하기
- 대처를 통한 문제 해결

**불편함 속에서**
**편함 찾기**
- 잠시 멈추기
- 불편함 받아들이기
- 관점 넓히기

**갈등을 일으키는 역동성 만들기**
- 단계마다 신중하게 실험하기
- 예상치 못한 행운에 대비하기
- 배운 것들을 잊는 법 배우기

그 구조물에 해당한다. 이 장에서 우리는 역설로 생기는 갈등을 이런 경계 안에 가두는 툴에 대해 알아볼 것이다. 삶과 조직에서 이런 경계를 분명히 하면 할수록, 역설을 극복해나가는 일에 더 대담해지고 보다 큰 역동성과 실험 정신을 발휘할 수 있다.

## 보다 높은 목적으로 연결하기

역설 주변에 비계를 구축하는 일은 보다 높은 목적을 알아내는 것으로 시작된다. 즉 우리가 왜 어떤 일을 하는지를 설명해주는 가장 중요한 이유와 의미 그리고 방향을 알아내야 한다. 심리치료사 빅터 프랭클Viktor Frankl은 목적이 삶을 규정하고 동기부여도 한다고 주장했다. 20세기 중반에 빈에 살았던 유대인 프랭클은 독일 나치에 체포되어 강제수용소로 보내졌다. 프랭클은 강제수용소에 있는 사람들이 아무 의미도 없어 보이는 고통과 죽음에 둘러싸여 살면서도 삶의 실존적 의미를 놓지 않으려 하는 광경을 목격했다. 알고 보니 그들은 의미를 찾으면서 삶에 대한 의지를 다졌던 것이다.[7]

더 높은 목적은 삶에서 그런 의미를 찾게 해준다. 또한 우리의 행동들을 조직화하고 성공을 가능하게 해준다. 그래서 뛰어난 성과를 낸 많은 사람이 목적과 가치에 대한 이야기를 한다. 거물급 방송인이자 토크쇼 진행자인 오프라 윈프리Oprah Winfrey는 미국의 비즈니스 잡지 〈패스트 컴퍼니〉와의 인터뷰에서 이런 말을 했다. "제 임무는 스승이 되는 것입니다. 제자들에게 영감을 주어 자신들이 생각하는 것보다 더 나은 사람이 되게 해주는 스승 말입니다." 같은 주제에 대한 〈패스트 컴퍼니〉와의 인터뷰에서, 여성의 부 축적에 도움을 주는 인터넷 플랫폼 데일리워스닷컴DailyWorth.com의 설립자인 아만다 스타인버그Amanda Steinberg는 이런 말을 했다. "제 개인적인 모토는 전 세계 여성의 자존감과 순자산을 높이는 것입니다." 그러면서 스타인버그는 금전적 부와 감정적 힘을 동시에 키우는 일이 중요하다고 강조했다.[8] 마찬가지로 조직의 성공 역시 전략이나 구조보다는 목적에 달려 있다. "내일을 건설하는 사람에게 영감을 주고 또 그런 사람을 육성하라"라는 레고의 만트라나 "인간의 잠재력을 십분 발휘할 수 있게 가능한 모든 일을 다하라"라는 나이키의 모토를 생각해보라. 이같이 조직의 목적을 발표하면 사람들에게 영감과 에너지를 주게 된다.

또한 이같이 조직의 목적을 발표하는 것은 역설을 헤쳐나가는 데 꼭 필요한 원동력이 된다. 특히 갈등과 불확실성에 직면해 더 높은 목적을 세울 경우, 우리는 (1) 에너지를 얻어 상반된 요구들 속에서도 계속 앞으로 나아갈 수 있고, (2) 서로 반대되는 힘들을 통합할 수 있으며, (3) 장기적 집중이 가능해져 단기적 결정을 조정하는 데 도움이 된다.

### 도전 속에서의 끈기

역설을 헤쳐나가는 것은 아주 힘든 일이 될 수 있다. 불확실성과 지속적인 갈등으로 무기력해질 수도 있다. 그럴 때 목적이 우리에게 에너지를 준다. 목적은 지금 하고 있는 일을 왜 하고 있는지 상기시키고, 매일매일의 도전을 헤치고 나갈 힘을 주며, 일에 더 헌신적으로 임할 수 있게 해준다. 이런 사실을 잘 알았던 미국의 목사 해리 에머슨 포스딕Harry Emerson Fosdick은 다음과 같이 말했다. "사람들은 돈을 위해 열심히 일합니다. 다른 사람을 위해서도 열심히 일합니다. 그러나 어떤 대의명분이 있을 때 가장 열심히 일합니다."[9] 그 좋은 예로, 당신은 어쩌면 세 벽돌공 우화를 들어본 적이 있을 것이다.

세 벽돌공이 나란히 서서 벽돌 쌓는 일을 하고 있었다. 건축가가 그중 가장 일이 더딘 첫 번째 벽돌공에게 다가갔다. "지금 뭘 하고 있는 건가요?" 건축가가 묻자 벽돌공이 답했다. "저는 벽돌공입니다. 식구를 먹여 살리기 위해 벽돌을 쌓고 있습니다." 건축가는 일이 두 번째로 빠른 벽돌공에게 같은 질문을 했고, 그 벽돌공이 답했다. "저는 건축업자입니다. 벽을 쌓는 중입니다." 마지막으로 건축가는 일이 가장 빠른 세 번째 벽돌공에게 물었다. 그 벽돌공은 이렇게 답했다. "저는 성당 건축업자이고, 지금 성당을 짓고 있습니다. 사람들을 서로 이어주고 신께도 이어줄 성당을요."

많은 사랑을 받는 책《어린 왕자》의 저자 앙투안 드 생텍쥐페리 또한 자신의 저서《성채》에서 비슷한 이야기를 했다. "배를 만든다는 건 돛을 짜거나 못을 만들거나 하늘을 보며 날씨를 예상하는 일이 아니다. 그건 서로 공유 중인 바다에 대한 느낌을 주는 일로, 그걸 통해 당신은 모순을 보는 게 아니라 사랑으로 하나가 된 공동체를 보게 된다."[10] 우리는 목적을 발표함으로써 스스로 동기를 부여할 뿐 아니라 다른 사람에게도 동기를 부여한다. 작가이자 기업가인 사이먼 시넥Simon Sinek은 워싱턴주 퓨젓 사운드에서 열린 소규모 TEDx(TED는 미국의 비영리 재단으로 기술, 엔터테인먼트, 디자인 관련 강연회를 개최하고 있다. 미국뿐만 아니라 유럽, 아시아 등에서도 개최하고 있으며 TEDx는 각 지역의 독자적 강연회다ㅡ옮긴이) 강연에서 더 높은 목적의 가치에 대해 설파했다. 그는 사람들에게 우리가 왜 무언가를 하는지 설명하면서 이야기를 시작했다. "사람들은 당신이 무얼 하는지를 중시하는 게 아니라 왜 하는지를 중시합니다."
그러면서 그는 애플의 예를 들었다. 그 다국적 기술기업은 자신들이 뛰어난
컴퓨터를 만든다고 말하지 않는다. 그보다는 현재 상태에 도전하고 싶고 전
혀 다른 방식으로 생각하고 싶다고 말한다. 뛰어난 컴퓨터를 만드는 것은
이런 비전을 달성하기 위한 한 가지 수단에 지나지 않는다.[11] 우리가 야심
찬 가치와 우리의 행동이 미치는 영향을 중시하다 보면 다른 사람들로 하여
금 일을 제대로 완수하고 싶게 만들 수 있다. 시넥은 위대한 리더라면 먼저
어떤 일이 왜 중요한지, 그 목적을 설명함으로써 사람들에게 영감을 주며,
그런 다음 그게 무슨 일이며 또 어떻게 실행에 옮겨야 하는지를 설명한다.
그러면 그 간단한 메시지는 사람들 사이에서 공감을 일으키며 빠른 속도로
전파된다.

클레이튼 크리스텐슨Clayton Christensen은 2010년 하버드경영대학원 졸업
식 연설에서 더 높은 목적의 가치를 강조했다. 성공한 하버드대학교 교수이
자 컨설턴트이고 경영의 대가인 크리스텐슨은 목적을 잘 활용해 전략을 짜
고 사업 성과를 높이는 조언을 해줄 수도 있었을 것이다. 그러나 그는 그러
지 않고 통렬한 어조로 경력 경쟁, 직업적 성공, 부의 축적이 어떻게 개인의
행복, 가족과의 유대, 공동체에 대한 헌신과 상반되는지를 설명했다. 일과
삶 간의 역설을 헤쳐나가는 과정에서, 우리는 돈과 지위와 명성의 추구에 더
마음이 끌려 악순환에 빠지는 경우가 많다. 크리스텐슨은 졸업생들 앞에서
단도직입적으로, 엔론 사태로 유죄 판결을 받은 제프리 스킬링Jeffrey Skilling이
하버드경영대학원 졸업생이라는 사실을 언급했다. 크리스텐슨과 함께 로
즈 장학금을 받은 32명 중 두 명도 죄를 저질러 감옥에 갔다. 크리스텐슨은

학생들에게 시간을 들여 더 높은 목적을 찾으라고 호소했다. 그 목적을 통해 늘 일과 삶 양쪽을 소중히 여기고, 개인의 행복에도 불구하고가 아니라 개인의 행복과 함께 직업적인 성공도 이루라고 호소했다.

목적은 특히 우리가 많은 시간과 에너지와 인내심이 요구되는 도전적 갈등을 경험할 때 힘을 준다. 또한 '둘 다 모두' 사고는 감정적 몰입과 인지적 노력이 필요하며, 목적은 우리에게 인지적 이유와 동기를 부여해 역설을 받아들이는 데 도움을 준다.

## 반대되는 힘들을 통합하기

상반된 요구들이 반대 방향으로 끌어당기기 때문에 역설은 분열을 일으킬 수 있다. 그렇게 생겨난 분열에서 더 높은 목적을 발표하면 통합에 도움이 될 수 있다. 협상 전문가들은 종종 더 높은 목적의 가치를 강조하는데, 서로 반대되는 두 집단에 공통된 목적을 상기시키는 접점의 역할을 하기 때문이다. 비영리단체인 '평화의 씨앗 Seeds of Peace'이 좋은 예다. 이 단체는 갈등에 시달리는 지역의 젊은이들을 단합하여 서로 배우고 소통하게 해, 해당 지역의 용기 있는 리더로 육성한다. 또한 젊은이들에게 모두가 동의하는 공동의 목적, 즉 '갈등으로 분열된 공동체의 평화로운 변화 추구'라는 목적을 제시한다. 평화는 갈등에 시달리는 모든 집단의 젊은이가 동의할 수 있는 일이다. 다름을 초월하며, 특히 분열을 초래하는 문제에서 젊은이들을 잇는다.[12]

1950년대에 사회심리학자 무자퍼 셰리프 Muzafer Sherif가 실시한 연구에 따르면, 더 높은 목적의 힘은 대립하는 집단들을 통합시킨다. 그와 그의 연구

팀은 열두 살 소년 22명을 오클라호마주 로버스 케이브 캠프로 데려간 뒤,
아이들을 두 팀으로 나누어 여러 활동을 통해 경쟁하게 했다. 5일간의 일정
이 끝나갈 무렵 소년들은 경쟁으로 인해 편견과 적개심을 가지게 되었다.
연구진은 소년들 사이에 생긴 분열을 원상태로 되돌릴 수 있었을까? 그들은
자신들이 말하는 '상위 목표', 즉 양 팀 모두 공감해 합심하여 달성할 만한 목
표를 세웠다. 그것으로 동기부여가 되자 서로 싸우던 양 팀은 갈등이 줄고
협력하게 되었다.[13]

## 단기적 결정을 위한 장기적 집중

마지막으로, 더 높은 목적을 세울 경우 더 먼 수평선 쪽으로 시야를 넓히
게 되며, 그러면서 단기적인 갈등이 어느 정도 해소될 수 있다. 서로 반대되
는 힘들 사이에서 계속 갈등하다 보면 정신이 멍해지며 불안해질 수 있다.
마치 폭풍우가 몰아치는 바다에서 이리저리 흔들리는 배에 올라탄 것처럼
말이다. 그러나 그런 혼란 속에서도 먼 수평선 쪽을 쳐다보면 내적 평온을
느낄 수 있다. 현재 배가 어떤 식으로 움직이고 있든 수평선은 변함없이 그
자리를 지키고 있으니, 그것을 보며 잠시나마 안정감을 느낄 수 있다. 마찬
가지로 더 높은 목적을 내다보면 역설의 혼란이 줄어들 수 있다. 여러 상반
된 요구에 직면해 느끼는 불안감과 불확실성이 중요한 비전에 집중함으로
써 최소화될 수 있는 것이다.

이처럼 멀리 내다보면 '둘 중 하나' 함정에서 벗어나는 데 도움이 된다. 단
기적 의사 결정은 대개 더 근시안적인 결정이 된다. 우리는 대개 추상적이
며 질적이고 불확실한 것보다는 구체적이며 양적이고 확실한 것에 집중하

기 때문이다. 그러다 보면 역설의 양극단 중 한쪽만 지나치게 중시될 수 있다. 그런데 단기간에 이익을 올려야 한다는 압박감 때문에 장기적 영향력을 갖고 싶다는 욕구가 뒤로 밀리는 경우가 많다. 즉 단기간에 해야 할 일들을 완수해야 한다는 압박감이 미래를 위해 배우고 변화해야 한다는 욕구보다 우선하는 것이다. 만일 늘 단기적 사고를 통해 의사 결정을 한다면, 우리는 결국 계속 '둘 중 하나' 선택을 하게 되면서 토끼굴 속으로 점점 깊이 빠져들게 된다. 페르나의 경우 단기적 압박으로 인해 기존 제품을 발전시키려는 노력을 강화해야 했다. 그러면서도 페르나와 다른 리더들은 스스로 위험이 따르는 혁신에 투자해야 한다는 점을 상기하기 위해 장기적 목적에도 계속 집중해야 했다.

캐나다 브리티시컬럼비아주에 있는 빅토리아대학교 교수 나탈리 슬라빈스키Natalie Slawinski와 온타리오주에 있는 웨스턴대학교 교수 프라티마 반살Pratima Bansal은 알버타 오일 샌드oil sand(원유가 함유된 모래 또는 사암—옮긴이) 지역 내 석유 관련 기업들에 대한 연구에서 장기적 목적의 중요성을 재확인했다. 캐나다 알버타주의 석유 매장량은 사우디아라비아와 베네수엘라에 이어 세계 3위다. 2000년대 초 알버타 오일 샌드는 환경단체로부터 엄청난 압박을 받았다. 환경운동가와 유명 인사 들은 오일 샌드에서 나는 석유를 전통적인 원유와 비교해 '더러운 오일dirty oil'이라고 했다. 알버타 오일 샌드에서 오일을 추출하는 과정이 기존 원유에 비해 훨씬 많은 온실가스를 방출하고, 더 많은 물이 사용되며, 대기 중에 더 많은 유해 오염물질을 배출하고, 더 심한 삼림 벌채가 이루어져야 했기 때문이다. 게다가 수천 마리의 오리가 오일 샌드 추출 후 폐기물을 저장할 목적으로 만들어진 지류 연못에 내려앉았다가 죽었다.

알버트 오일 샌드에서 석유를 추출하는 사업은 그리 호락호락하지 않다. 특히 환경보호에 필요한 비용으로 인해 단기적으로 경쟁력 약화가 초래될 수 있다. 그러나 슬라빈스키와 반살은 이 업계를 깊이 분석하면서 한 가지 중요한 사실을 알게 됐다. 치열한 경쟁에도 불구하고 일부 오일 샌드 기업은 환경보호를 위해 많은 일을 하고 있었다. 그런 기업은 대개 조직 발전을 위해 장기적 비전을 택했다. 단기적 관점에서 리더는 환경보호에 많은 비용이 들어 회사 이익이 줄어든다고 생각한다. 그러나 장기적 관점에서 보면, 리더는 환경보호 정책 덕에 혁신을 밀어붙일 수 있을 뿐 아니라, 이해당사자와의 관계를 개선하고 환경운동 단체로부터 고발당해 치러야 하는 비용을 줄일 수 있으며, 또한 자신의 가치관에 부합한다고 믿는 직원들로부터 더 큰 열정과 헌신을 이끌어낼 수 있다.[14]

IBM에서 나(웬디)와 회사 리더들은 단기적 관점과 장기적 관점 간의 갈등이 되풀이해서 일어나는 과정을 지켜보았다. 그들의 회의에서는 효율성을 높이기 위해 조직 혁신을 꾀할 것인지 아니면 많은 실험을 하기 위해 조직 혁신을 꾀할 것인지와 같은 큰 딜레마가 자주 발생했다. 마찬가지로 엔지니어의 시간을 기존 고객의 요구를 충족하는 데 할당해야 하느냐 아니면 새로운 시장을 위한 제품을 개발하는 데 할당해야 하느냐와 관련해서도 거의 매일 결정을 내려야 했다. IBM 경영진은 기존 제품 지원과 혁신 도모 사이를 수시로 오갔다. 일관된 비일관성을 유지할 수 있었던 것이다. 그들은 줄타기 곡예사들 같았다.

그러나 이 같은 줄타기 곡예를 뒷받침해준 것은 경영진이 세운 더 높은 목적이었다. 페르나의 경우 비전은 단순명료했다. 데이터베이스 관리 분야에서 최고가 되는 것이었다. 그 비전에 마법 같은 것은 없었다. 그리고 중요한 사실은 페르나가 그 비전을 어떻게 활용해야 하는지 잘 알았다는 것이다. 페르나는 팀 리더들과 회의할 때마다 그 비전을 상기하며 시작했다. 그런 다음 그 비전을 실현하기 위해 각자 어떤 일을 해야 하는지도 상기시켰다. 무자퍼 셰리프의 로버스 케이브 캠프 실험에 참여했던 소년들의 경우와 마찬가지로, 데이터 관리 부문의 비전을 실현하기 위해서는 팀 내 모든 사람의 헌신적인 노력이 필요했다. 페르나의 사업부는 기존 데이터베이스 고객의 요구에 제대로 부응하면서, 새로운 데이터베이스 옵션을 만들고 있는 신흥 인터넷 기업과 어떻게 경쟁할지 알아내야 했다. 페르나는 회의 때마다 서두에 더 높은 목적을 상기시킴으로써, 각종 갈등을 받아들이고 창의적인 옵션을 찾기 위해 팀의 협력이 중요하다고 강조했다. 페르나 팀의 한 리더는 우리에게 이런 말을 했다. "우리 팀에서는 자랑이나 과시 같은 건 없습니다." 자신의 성공을 자랑하는 데 그쳐서는 안 된다. 조직 전체를 위한 종합적인 해결책을 찾는 데 일조해야 한다.

## 상반된 요구들의 분리와 연결

우리는 역설을 헤쳐나가기 위해 일을 어떻게 조직해야 효과적이냐는 질문을 종종 받는다. 사람들을 양극단으로 분리해 양측이 각기 필요한 일을 성취하는 데 집중하게 해야 하는가 아니면 시너지 효과를 높이기 위해 양극단

5 갈등을 포함하는 경계 만들기

의 사람들이 서로 손잡고 일하게 해야 하는가? 차별화해야 하는가 아니면 통합해야 하는가? 분리해야 하는가 아니면 연결해야 하는가? 놀랄 일도 아니겠지만, 그 답은 '둘 다 모두 해야 한다'이다. 역설을 효과적으로 헤쳐나가기 위해서는 양극단을 분리하면서 동시에 연결하는 방법을 찾아야 한다. 앞서 말했듯이 역설을 헤쳐나가는 자체가 역설이다.

개인적인 삶에서도 조직 생활에서도, 분리하고 연결하는 일은 역설 주변에 경계를 구축하는 것과 관련이 있다. 역설의 양극단을 분리하거나 연결하는 과정에서, 조직은 그런 경계를 만들기 위해 공식적인 조직, 명시된 리더의 역할, 목표, 성과 측정과 보상, 시간, 이해당사자 관계 등 다양한 요소를 활용한다. 양극단을 뚜렷한 하부 조직으로 나누거나 책임을 여러 리더에게 할당하는 것이 분리에 해당한다. 또한 따로 시간을 내 양극단의 다른 쪽 생각을 알아보거나, 서로 다른 목표와 보상 시스템에 대해 알아보는 것 역시 분리에 해당한다. 반면 리더로 하여금 하부 조직 간 소통에 책임감을 느끼게 하고, 시간을 내 서로 반대되는 힘들을 하나로 규합하며, 시너지 효과와 통합을 추구하는 조직 문화를 조성하는 것이 연결에 해당한다.

우리는 개인의 삶에서도 경계를 만듦으로써 역설의 양극단을 분리하고 연결할 수 있다. 조직의 경우와 마찬가지로, 개인적 목표와 역할, 시간, 인맥 형성, 물리적 위치가 개인적 삶의 경계에 해당한다. 예를 들어 어떤 사람은 이런저런 경계를 만들어 일과 삶을 명확히 구분하려 한다. 그들은 다른 장소에서 또는 하루 중 다른 시간에 일과 삶에 집중하는 등, 물리적 공간이나 시간을 적절히 활용하려 한다. 퇴근해서 집에 오면 바로 컴퓨터와 전화기를 멀리하기도 한다. 어떤 사람들은 일과 삶의 구분이 덜하다. 집에서 직장 일을 하고 직장에서 집안일을 보는 등 시간 활용에 융통성이 있다. 퇴근할 때 노트북을 들고 와 집에서 일을 마치기도 한다. 아니면 하루 종일 이메일에 답장을 보내기도 한다. 때로는 이런저런 경계가 효과가 있지만, 때로는 문제를 야기한다. 코로나19 팬데믹이 전 세계를 휩쓸자, 한때 일과 삶 간에 명확했던 경계가 모호해지거나 아예 사라지는 듯한 느낌을 받았다. 우리가 이 책을 쓰고 있는 지금, 조직 리더와 직원 들은 일과 삶 간의 경계를 새로운 관점에서 보는 법을 배우고 있다. 전적으로 재택근무를 하거나 내근과 재택을 혼용하는 등 여러 가능성을 모색하고 있는 것이다.

심지어 우리가 평소에 입는 옷 역시 분리하고 연결하는 특성에 해당할 수 있다. 〈로저스 아저씨네 동네 Mister Rogers' Neighborhood〉(1971년부터 2001년까지 방영된 미국 교육방송 PBS의 TV 프로그램−옮긴이)를 기억하는가? 진행자 프레드 로저스 Fred Rogers는 집으로 들어가 재킷과 가죽신을 편한 카디건과 운동화로 갈아입는 모습으로 유명했다. 그렇게 함으로써 격식을 차린 모습에서 친근한 이웃으로 전환한다는 신호를 보내는 것이다. 조직이론 교수인 마이클 스메츠 Michael Smets, 파울라 라르자브코프스키 Paula Jarzabkowski, 개리 버크 Gary Burke, 폴 스피 Paul Spee는 최근 런던 로이즈 사에 근무하는 재보험 손해사정사들에 대해 연구했으며, 그 결과 손해사정사들이 일하는 과정에서 '미스터 로저스 전략'을 구사하는 경우가 많다는 사실을 알게 됐다. 재보험 손해사정사는 홍수나 허리케인 같은 대형 재난 후 막대한 타격을 줄 수 있는 대규모 보상금 청구로부터 보험회사를 지키는 거래를 한다. 거기에는 여러 보험회사의 손해사정사가 참여하지만, 일단 거래가 마무리되면 보험회사들은 서로 협력해 위험을 분담한다. 손해사정사 간 이 같은 교류는 공동체적 성격을 띠며

서 거래 성격도 띠며, 서로 협력적인 성격을 띠면서 경쟁적인 성격도 띤다. 스메츠와 동료들은 옷이 이런 경계를 헤치고 나가는 한 가지 방법이라는 사실을 깨달았다. 그들은 프로나운 재킷과 신발을 착용함으로써 거래 현장에서 자신이 보다 공신력 있고 경쟁력 있는 손해사정사임을 보여주었다. 그러나 일단 사무실로 돌아오면 재킷을 벗고 신발을 바꿔 신은 뒤 소매를 걷어붙여, 격의 없고 협력적인 관계를 맺을 준비가 됐음을 보여주었다.

그 손해사정사들은 두 세계를 적절히 연결해 시너지 효과를 내는 전략을 찾아냈다. 지식과 정보가 그 연결을 촉진하는데, 편한 공동체적 교류를 통해 정보를 주고받으면 거래에 적잖은 영향을 줄 뿐 아니라, 그들이 성공시킨 거래로 회사가 얻는 가치는 공동체 구축에도 영향을 미친다.[15]

## IBM에서의 분리와 연결

마이클 투시먼과 찰스 오릴리는 혁신을 꾀할 때 분리와 연결을 중시하는 사업 구조를 취하라고 권한다. 특히 신제품을 개발하는 팀을 별도로 만들라고 충고한다. 그리고 리더에게는 여러 팀을 서로 연결하고, 통합하며, 기술과 매출 그리고 다른 자원을 잘 활용해 전략적 시너지 효과를 내라고 촉구한다.

신제품에는 기존의 세계를 위협할 만한 잠재력이 있기 때문에, 별도의 신제품 개발팀은 보다 안전하고 집중력을 잘 발휘할 수 있는 환경에서 이런저런 실험을 해볼 수 있어야 한다. 1970년대 말에 마이크로컴퓨터를 만든 데이터 제너럴Data General 사를 예로 들어보자. 데이터 제너럴은 컴퓨터 하드웨어 분야를 제패하던 IBM에 도전장을 내민 초창기 컴퓨터 제조업체 중 하나였다. 그 회사 경영진은 마이크로컴퓨터 시장을 선도할 수 있다고 믿었지만, 역시 새로운 분야의 레이스에서 다른 기업들, 특히 디지털 이큅먼트 코퍼레이션Digital Equipment Corporation, DEC(미니 컴퓨터를 제작하는 등 컴퓨터 업계에 중요한 족적을 남긴 미국 기업-옮긴이)에 밀렸다. 데이터 제너럴의 경영진은 새로운 제품을 개발한다는 흥분 속에서 익숙한 문제에 직면했음을 깨달았다. 그들의 시간과 자원이 기존 사업에 선점된 것이다. 결국 좌절감을 느꼈고 새로운 비전과 목적을 통해 힘을 얻은 데이터 제너럴의 혁신적인 리더인 톰 웨스트Tom West는 스컹크 웍스 팀Skunk Works team(미국 록히드 마틴 사의 비밀 개발팀-옮긴이)과 비슷한 팀을 만들었다. 그리고 소규모 엔지니어 팀을 본사와는 전혀 다른 장소로 데려가, 새로운 제품을 만드는 데 1년이란 기한을 주었다. 작가 트레이시 키더Tracy Kidder는 퓰리처상을 수상한《새로운 기계의 혼Soul of a New Machine》에서 이 혁신 팀의 집중력과 열기를 그렸다.

투시먼과 오릴리가 중요시한 일이기도 하지만, 이런 혁신 팀은 조직 전체와 긴밀하게 연결되어야 한다. 사업 부문은 자신들의 혁신을 중시하고 혁신에는 기존 제품을 통한 지원이 필요하므로, 리더는 각 사업부와 지속적인 연결을 도모해 통합과 시너지 효과를 끌어내야 한다.

페르나는 사업부에서 분산 컴퓨팅distributed computing(여러 대의 컴퓨터를 연결해 상호 협력하게 함으로써 컴퓨팅 성능과 효율을 높이는 것-옮긴이)에 필요한 새로운 데이터베이스를 개발할 때 분리와 연결에 대한 필요성을 잘 알고 있었다. 당시 IBM은 자체 메인프레임 컴퓨터에서 작동하는 독점적인 데이터베이스를 갖고 있었다. 새로운 클라이언트-서버 컴퓨팅 환경에서 IBM은 광범위한 플랫폼에서 돌아가는 데이터베이스가 필요했다. 그들은 기존 데이터베이스에서 얻은 통찰을 가지고 시작할 수 있었지만, 새로운 소프트웨어를 완전히 다른 프로그래밍 언어인 자바Java(객체지향 프로그래밍 언어 중 하나로, 프로그램을 짤 때 각각의 역할을 하는 객체로 프로그램을 구성한다─옮긴이)로 만들어야 했다. 기존 메인프레임 데이터베이스로 일하는 캘리포니아의 엔지니어 전문가 팀에는 그 분야 최고의 엔지니어들이 합류해 있었다. 그러나 그들은 새로운 프로그램을 만드는 데 거부감을 보였다. 관련해 페르나는 우리에게 이런 말을 했다. "이 엔지니어들은 기존 고객을 지원하고 메인프레임 컴퓨터 분야에서 경쟁력을 유지하는 일만으로도 너무 바쁘다 보니, 따로 시간을 내 새로운 데이터베이스를 구축할 여유가 없었습니다."[16]

그런 엔지니어들을 상대로 관심사를 바꾸려 했다가는 역효과만 날 상황이었다. 그런데 페르나는 캐나다 토론토의 엔지니어 팀이 이미 유닉스 운영체제Unix operating system에 맞는 새로운 데이터베이스 소프트웨어 개발에 착수했고, 그들의 기술을 활용할 수 있다는 사실을 알게 됐다. 그래서 페르나는 그 팀을 활용했고, 두 팀이 각자의 연구에만 전념할 수 있도록 했다. 그런데 그 같은 분리로 두 팀은 더 큰 융통성을 갖게 되어, 마음만 먹으면 서로 연결될 수도 있었다. 게다가 캘리포니아 엔지니어들은 새로운 데이터베이스를 위협으로 보지 않았으며, 토론토 팀의 데이터베이스를 자신들의 메인프레임 데이터베이스의 확장으로 보아, 새로운 데이터베이스 개발 과정 내내 기꺼이 컨설턴트 역할을 해주었다. 결국 새로운 데이터베이스 개발을 위해 연구 개발 작업을 분리함으로써, 두 팀은 서로 간 연결을 강화할 새로운 방법을 찾을 수 있었다.[17]

## 별도의 팀을 만들기가 불가능할 때

한 조직의 중요한 업무가 밀접하게 얽혀 있을 때, 전략적인 목표를 별도의 하위 팀들로 분리한다는 것이 늘 가능하지는 않다. 상급 팀에는 한 가지 이상의 목표를 달성해야 하는 이들이 존재하므로, 리더들은 서로 긴밀히 협조해야 한다. 그런 경우 리더들은 단순히 다른 팀을 만드는 것을 넘어 분리를 촉진할 다른 방법을 찾을 수도 있다. 그들은 서로 분리된 업무 관행을 만들어내고, 각각의 목표를 달성할 별도의 시간을 찾아내며, 서로 다른 의사 결정 과정을 이용해야 할 수도 있다. 때로는 전략들을 분리할 커뮤니케이션 방법을 찾아야 할 수도 있다. 앞의 4장에서 여러 상을 수상한 사회적 기업 디지털 디바이드 데이터DDD를 소개했다. 가난을 완화한다는 DDD의 사회적 임무를 수행하려면 직원을 채용해야 하며, 또한 사업을 지속하기 위한 금전적 지원이 꼭 필요하다. 그러나 누구를 채용하고 어떻게 사업을 발전시킬 것인가 하는 중요한 문제와 관련해 사회적 임무와 금전적 지원 간에는 종종 갈등이 생긴다. 그리고 많은 전문가가 DDD의 리더들에게 두 팀을 만드는 것을 생각해보라고 조언했다. 한 팀에는 대학 졸업생을 채용해 그들의 일을 통해 더 많은 이윤을 창출하고, 다른 팀에는 소외된 사람을 더 많이 채용해 사회적 임무를 완수하라는 것이다. 즉 첫 번째 팀이 두 번째 팀에게 금전적 지원을 하는 것이다.

그러나 DDD의 리더들은 조직을 그런 식으로 만들면 큰 불협화음이 일어날 수 있음을 깨달았다. 또한 그들은 직원을 최대한 지원하는 쪽으로 사업을 운영하는 데서 큰 가치를 얻기도 했다. 두 팀으로 분리해 운영하면 그런 장점들이 약화될 것이 뻔했다. 그래서 DDD 경영진은 자신들의 사회적 임무를

5 갈등을 포함하는 경계 만들기

금전적 지원과 분리해 양쪽 모두에 관심을 쏟는 방식을 찾았다. 그 결과 두 세트의 독립된 사업 운영 방식을 개발했다. 예를 들어, 서로 다른 기준을 적용해 두 세트의 재무제표(한 세트는 사회적 임무 활동, 다른 세트는 주요 사업 활동)를 만들었고, 그 덕에 양편의 성공 요인을 더 잘 이해할 수 있었다. 그리고 양쪽 목표를 달성하기 위한 업무 회의에 별도의 시간을 할당했다.

DDD의 최고경영자 제러미 호켄스타인은 커뮤니케이션을 중시했다. 그는 이사회에서 "이 결정이 우리의 사회적 임무에 어떤 영향을 줄까요?"라고 물은 뒤 다시 "이 결정이 우리 사업에 어떤 영향을 줄까요?"라고 물어, 경영진이 양쪽의 전략을 분리해 생각하게 만들었다.

페르나와 호켄스타인 모두 분리와 연결을 위해 조직 내에 경계를 구축했다. 하지만 각자 사용한 접근법은 서로 달랐다. 투시먼과 오릴리는 페르나의 접근법을 '구조적 양손잡이' 접근법이라고 한다. 이는 별도의 혁신 팀을 구성해 새로운 아이디어를 개발하되, 리더들이 전략적인 통합 조치를 취하면서 핵심 제품으로 시너지 효과를 내는 방식이다. 그에 반해, 줄리언 버킨쇼Julian Birkinshaw와 크리스티나 깁슨Christina Gibson은 DDD 모델을 '상황에 따른 양손잡이' 접근법이라고 한다. 분리와 연결을 위한 각종 노력이 조직의 공식적인 구조로 이어지지 않고 조직의 일상적 환경과 관행과 문화로 이어지는 접근법이다.[18]

## 그릇된 이분법적 사고와 그릇된 시너지 효과 피하기

앞서 언급한 사례들은 서로 분리되면서 연결되는 경계들을 구축하는 여러 접근법을 제시한다. 그 어떤 접근법도 전적으로 옳거나 그르지는 않다.

조직 환경에 따라 옳을 수도 그를 수도 있다. 그러나 이 모든 접근법은 필히 분리와 연결 사이에서 균형을 잡아야 한다. 분리나 연결 어느 한쪽에만 매달리면 문제가 발생한다. 역설을 헤쳐나가기 위해서는 둘 다 필요하다.

IBM의 일부 팀은 연결 없이 분리만 하려 했다. 혁신을 위해 조직의 나머지 팀과 차별되는 별도의 하위 팀을 만든 것이다. 그럼으로써 각종 갈등을 단기적으로 피할 수는 있었다. 그러나 그 팀은 다른 팀으로부터 도움을 받는 데 실패했다. 혁신 팀은 기존 제품과 관련된 지식, 기술, 시장, 기타 자원을 제대로 활용하지 못했다. 기존 제품의 경우 혁신 팀이 만든 새로운 통찰과 에너지가 제대로 활용되지 못했다. 서로 공유하는 가치도 없고 목적도 없다 보니 시간이 지나면서 하위 팀들 간에 경쟁만 심해졌다. 또한 각 팀의 양극화된 목표로 인해 악순환이 시작됐다. 그리고 IBM의 사례에서 보듯, 정치적인 갈등이 심화하면 리더들은 지난한 참호전에 들어가 감정적으로 위축되고 지치게 된다. 결국 조직은 내리막길을 걷게 된다. 이런 접근법에서는 '그릇된 이분법적 사고'가 부각된다. 통합을 무시한 채 서로 양극단으로 멀어져가게 된다.

그러나 분리 없이 연결만 하는 것 역시 문제가 된다. 우리는 그런 상황을 '그릇된 시너지 효과'라고 한다. 통합을 위한 은밀한 시도로는 양극단이 필요로 하는 것들을 충족하지 못하는 것이다. 그런 상황에서는 양극단 중 더 강한 쪽이 주도권을 잡게 된다. IBM 소프트웨어 사업팀 중 하나가 '양손잡이 조직'을 만드는 아이디어에 큰 관심을 보였다. 그래서 그 팀은 사람들의 마음에 닿을 만한 더 높은 목적을 발표했다. 팀 리더들은 사무실 곳곳에 미션 선언문을 내걸었고, 포스터와 지갑 카드를 제작해 통합적이며 야심 찬 미션 선언을 널리 알리려 애썼다. 또한 조직 구조를 서로 연결하려고 노력했다. 기존 조직에 혁신에 대한 책임감을 불어넣으려 한 것이다. 연구개발 부문 부사장은 기존 제품의 개발과 혁신을 진두지휘했다. 판매 부문의 부사장은 기존 시장에 계속 제품을 판매하면서 새로운 시장을 개척할 방법을 찾으려 애썼다. 고위 리더들의 회의는 주로 각 기능별 리더의 보고를 듣는 데 집중됐다. 이 같은 사업 단위 구조에서는 혁신이 주요 관심사가 아니었다. 놀랄 일도 아니지만, 그간의 관성을 통해 기존의 세계가 모든 것을 지배했다. 바쁜 임원들에게 혁신은 '책상 한구석으로 밀려난' 일이 되어버렸다. 기존 제품에 대한 엄청난 수요 때문에, 불확실하고 단기적이며 위험이 따르는 혁신은 찬밥 신세가 된 경우가 많았다. 그러나 역설을 효과적으로 헤쳐나가려면, 리더들이 동시에 분리도 하고 연결도 하는 전략을 내야 한다.[19]

## 너무 멀리 가지 않게 가드레일 설치하기

역설의 양극단을 분리하려다 너무 심하게 떨어뜨리는 경우가 많다. 그러면 '둘 중 하나' 사고가 모든 것을 지배해 양극단 중 한쪽은 외면하고 다른 한쪽만 집중하게 된다. 그렇게 한쪽에만 지나친 관심을 쏟으며 더 깊이 토끼굴로 들어가게 되고 인지, 감정, 행동 면에서 헤어나올 수 없는 함정에 빠진다. 한쪽은 아예 보지도 못하게 되고, 결국 잠재적인 시너지 효과도 얻지 못하고 상호 간 연결도 힘들어진다.

그러나 우리는 너무 멀리 가지 않게 구조물을 세울 수 있다. 나(웬디)와 옥스퍼드대학교 동료 마리아 베샤로프Marya Besharov가 연구를 통해 알게 된 사실인데, 호켄스타인은 사람들과 관행 그리고 공식적인 조직을 통해 양극단의 가치와 상호 간 연결을 강화하려 했다. 우리는 양극단의 보호자 역할을 하는 그런 경계를 '가드레일guardrail'이라고 표현했다. 이 가드레일은 두 가지 기능을 한다. 첫째, 도로 옆 가드레일처럼 우리가 어느 한쪽으로 넘어가지 않게 막아준다. 양극단 중 어느 한쪽으로 지나치게 쏠릴 위험 없이 상반된 요구들 사이를 유연하게 오갈 수 있어, 악순환에 빠지지 않고 균형 잡힌 줄타기 곡예를 하는 데 도움이 된다. 둘째, 가드레일은 이런저런 제한을 만든다. 그래서 역설을 헤쳐나갈 때 전방을 잘 살필 수 있다. 또한 제한은 새로운 아이디어를 촉진한다. 양극단을 모음으로써 창의적 통합을 이루면 새로운 '노새'를 발견할 수 있다.

## 정상 궤도에 머물기

사회적 임무와 사업 목적을 동시에 추구하는 DDD 같은 사회적 기업은 역설의 양극단 중 한쪽으로 치우칠 가능성이 아주 높다. 그런 기업은 사업 목적을 포기하면서까지 사회적 임무를 중시하거나, 그 반대인 경우가 많다. 어떤 사회적 기업가는 뜨거운 열정과 이상만 가지고 사업상 모험을 감행해, 본래의 사회적 임무를 제대로 완수하지 못하기도 한다. 너무 극단에 치우친 이상주의는 기업가 정신을 망가뜨릴 수 있으며, 그 결과 사회적 임무를 완수할 기회를 날리게 된다. 또한 어떤 사회적 기업가는 사회적 임무 중심의 목표를 세웠다가 곧 잠재된 수익을 보게 되면서 본연의 임무를 등한시한다. 그러나 사회적 기업가가 사회적 임무를 등한시한다는 것은, 곧 자신의 유일한 경쟁력이었던 특성을 상실할 수 있다는 의미다.

DDD 설립 당시 호켄스타인은 캄보디아에 만연한 빈곤의 악순환을 끊겠다는 결의에 차 있었고, 그 점이 감동을 주고 확산이 되었다. 그러나 그 때문에 사업이 중단될 뻔했다. DDD는 캄보디아에서 가장 불우한 시민들을 채용해 실무 교육을 했고, 그 덕에 노동 시장에 진입할 수 있었고 더 좋은 직장으로 옮길 수도 있었다. DDD는 폴 포트 정권의 대량 학살로 고아가 된 사람도 채용했다. 어렸을 때 소아마비에 걸렸거나 전쟁에서 남은 지뢰를 밟아 장애가 생겨 어디에도 취업할 수 없던 사람도 채용했다. 어느 시점에 DDD 경영진은 인신매매에서 구조한 여성을 채용하는 프로그램도 시작했다. 새로운 일자리를 갖지 못하면 다시 인신매매범의 수중에 들어갈 위험을 염두에 두고 만든 프로그램이었다.

그런데 DDD가 채용한 사람 중 상당수가 그곳에서 일할 만한 기술을 갖고 있지 않다는 점이 문제였다. 직원들은 데이터 입력 작업을 해야 했는데, 상당수는 타이핑도 할 줄 몰랐다. 초기에 채용된 직원들은 분당 여덟 단어밖에 치지 못했다. 그리고 작업은 대개 영어로 해야 했는데, 많은 직원이 영어는 고사하고 크메르어(캄보디아의 공용어-옮긴이)도 읽고 쓸 줄 몰랐다. 그런 직원들을 훈련하면서 동시에 고객이 필요로 하는 것들도 충족해야 하니 아주 힘든 도전이었다. 이따금 경영진 중 한 사람이 고객이 필요로 하는 것을 보다 잘 충족시킬 사람을(예를 들면 캄보디아의 대학 졸업생) 채용해야 하지 않느냐는 의문을 제기했다. 그러나 그런 제안은 늘 거부되었다. 물론 DDD의 사회적 임무에 맞지 않았기 때문이다.

사업을 시작하고 몇 년 만에 호켄스타인은 자문위원회를 구성했다. 초기 자문위원회 회의에서 한때 수십억 달러 규모 사업을 했던 한 자문위원이 DDD 리더들에게 당시 상황을 간단히 정리해주었다. "여기 계신 분들은 아주 훌륭한 아이디어를 갖고 있습니다. 그러나 현재 상태로 계속 간다면 3개월 내에 파산할 겁니다." 호켄스타인과 나머지 리더들도 자신들이 수익성 문제로 고군분투 중이라는 것을 알았지만, 그의 냉정하고 솔직한 말에 다시 정신이 번쩍 들었다. 그들은 수익성 개선에 더 많은 관심을 기울여야 했다.

DDD 경영진은 그 자문위원의 조언을 심각하게 받아들였다. 그래서 효율적인 업무 프로세스를 개발했고, 재무 면에서 추가적인 통제 조치를 취했으며, 인사 관리와 혜택도 엄격하게 관리하기 시작했다. 그러나 곧 그들의 비전에서 벗어나기 시작했다. 한때 임무 지향적으로 느껴지던 사업이 관료주의적인 사업처럼 다가온 것이다. 게다가 목표와 일이 늘면서 직원들은 좌절감마저 느끼게 되었다. 직원들에게 도움을 주는 일과 삶이 통합된 사회적 기업이라는 DDD의 임무에도 불구하고, 직원들은 조직에 착취당하고 있는 기분이라고 말했다. DDD는 수익성을 개선하려다 너무 벗어난 것이 분명해 보였다. 결국 리더들은 접근법을 재고해야 했다.

자문위원들은 DDD의 가드레일 역할을 해주었다. 직원들 역시 마찬가지였다. 그들은 DDD가 사회적 임무와 사업 목적 중 어느 한쪽을 지나치게 중시함으로써 토끼굴 깊숙한 곳으로 빠져드는 것을 막았다. 호켄스타인은 다른 많은 사회적 기업이 걸어간 비운의 길을 뒤따르지 않으려고 더 많은 가드레일을 세웠다. 그 결과로 사업과 국제개발협력 경험자들이 경영진에 합류했다. 자문위원회에 대해서도 같은 조치가 취해졌다. 또한 각 임무를 잘 와

수하기 위해 다른 이해당사자들과 원만한 관계를 유지하려 애썼다. 예를 들어 초창기 때 DDD는 인도에 있는 다른 데이터 입력 기업들과 밀접한 관계를 맺었다. 그 기업들은 DDD가 건실한 사업을 펼쳐나가는 데 도움이 되었다. 마찬가지로 비영리단체와 비정부기구와의 밀접한 관계 역시 DDD 리더들이 사회적 임무에 집중하는 데 도움이 되었다. 이처럼 다양한 역할과 관계를 중시함으로써, DDD는 사회적 임무를 뒷받침하는 결정과 사업 목적을 뒷받침하는 결정 사이에서 보다 유연하게 대처할 수 있었다. 또한 DDD 리더들은 가드레일이 있어 양극단의 한쪽으로 너무 치우치지 않으리라는 것을 알게 되면서 줄타기 곡예를 더 편하게 할 수 있었다. 그리고 시간이 지나면서, 리더들은 전략적 목표에 매진해도 좋다는 것을 확인하기 위해 서로가 이런 질문을 했다. "내 가드레일은 어떤 것인가요?"

재닛 페르나 역시 팀을 위해 가드레일을 세웠고, 팀원들로 하여금 기존 제품을 관리하면서 동시에 혁신에도 매진할 수 있게 했다. 그 가드레일은 팀원의 역할은 물론 팀의 목표에 대한 가이드 역할도 겸했다. 한 업무 회의에서 페르나의 재무 담당 부사장이 한동안 자신을 괴롭힌 우려 사항을 불쑥 입 밖에 냈다. 페르나의 팀원들이 혁신을 위한 다음 단계로 직원 채용을 이야기하던 중이었다. 그들은 혁신적 제품을 만들기 위해 채용 범위를 새로운 엔지니어, 즉 전문 기술을 갖고 있어 높은 연봉을 요구할 것으로 예상되는 엔지니어로 확대해야 할 상황이었다. 그런데 그 회의에서 재무 담당 부사장은 혁신에 따른 투자 수익률이 우려된다고 토로했다. 그러면서 자신들은 지금 엄청난 모험을 하고 있으며, 투자금을 언제 회수할 수 있을지 알 수 없는 상황에서 모든 비용이 적절한지 파악하려 애쓰고 있다고 말했다.

대부분 조직에서 재무 위기관리는 재무 전문가의 몫이다. 그리고 페르나의 재무 담당 부사장은 자신에 대한 인사 평가를 재무 위기관리 능력과 연계하고 있었다. 그러나 우려를 표한 사람은 재무 담당 부사장만이 아니었다. 다른 팀원들 역시 그랬다. 혁신에 너무 많은 시간을 쏟고 있어 기존 고객들이 소프트웨어 버그 수정이나 중요 소프트웨어 업데이트를 목 빠지게 기다리고 있다며 우려를 표했다. 그들로서는 혁신보다 당면한 문제가 더 시급해 보였다.

물론 눈앞의 문제도 중요했으나, 페르나는 항상 장기적인 계획을 세우는 데 방해가 되는 시급한 일이 있기 마련임을 잘 알았다. 그런 문제를 가볍게 여기면 안 되지만, 그렇다고 단기적인 압력에 굴복한 사람들로 인해 혁신이 무산되는 일 또한 막아야 한다는 것도 잘 알았다. 그래서 페르나는 의견이 다른 IBM 내 많은 사람에게 혁신과 기존 제품 관리를 동시에 추구하게 했으며, IBM이 양극단 중 한쪽으로 너무 치우치지 않게 막아줄 가드레일 설치에도 박차를 가했다. 또한 리더들과 함께 기존 제품 기준과는 다른 새로운 혁신 제품 기준을 만들었으며, 개발 과정에서 혁신을 밀어붙일 결정에 필요한 또 다른 과정도 만들었다.

## 발명의 어머니가 되어주는 가드레일

가드레일은 이런저런 제한을 만들고, 그 제한들은 사실상 혁신을 촉진하고 창의성을 높일 수 있다. 옛말에도 있지만, 필요는 발명의 어머니다. 이는 역설을 헤쳐나가는 일에서도 그렇다. 사방을 잘 살펴봄으로써 상반된 요구들을 통합할 수 있는 것이다. 그 결과 우리는 더 많은 노새를 찾아낼 수 있게 된다. 다시 말해 더 창의적인 통합이 가능해진다.

스콧 소넨샤인은 《스트레치》에서 앞으로 뻗어나가려는 사람은 창의성을 높일 긱종 제약을 찾아낸다고 주장했다. 그러면서 그는 '닥터 수스Dr. Seuss'로 잘 알려진 시어도어 가이젤Theodor Geisel을 좋은 예로 꼽았다. 가이젤은 편집자가 제시한 간단명료한 도전에 대한 답으로, 자신의 가장 유명한 책인 《초록색 달걀들과 햄Green Eggs and Ham》을 썼다. 그 도전은 '가이젤이 단 50개의 단어만 사용해 베스트셀러를 쓸 수 있는가?'였다. 가이젤은 단 50개 단어를 가지고 귀에 쏙쏙 들어올 만한 말들이 담긴 책을 한 권 썼다. 아이들이 책을 읽는 동안 손에서 놓고 싶지 않게 만드는 매력적인 문구와, 다 읽은 뒤에도 한동안 곁에 두고 싶어 할 책이었다. 그 책은 무려 800만 부 넘게 팔려, 베스트셀러 아동서가 되었다.[20]

또한 가드레일은 상반된 요구에 대응해 창의적인 가능성을 창출하게 한다. IBM의 새로운 최고경영자 루 거스너가 IBM의 전 부문 리더들을 향해 다양한 사업에서 앞서 나가라며 제시한 도전을 생각해보라. 그렇게 함으로써 리더는 사업을 어떻게 관리할 것인가 하는 문제를 놓고 보다 창의적인 사고를 하게 되었다. 마찬가지로, 사회적 기업은 사회적 임무와 사업 목적을 동시에 충족하려 노력하는 과정에서 새로운 조직 규범을 찾아낸다. 사회적 기업은 더 표준적인 비영리단체나 영리단체의 규범을 뛰어넘어 앞으로 가야 하며, 법적 지위는 물론 전략에 대해서도 재고해야 한다.

또는 맞벌이 부부에게 가해지는 압박감을 생각해보라. 맞벌이 부부의 경우 두 성인 남녀가 모두 집 밖에서 일하기 때문에, 가정에 필요한 일을 해결하는 것과 관련해 더 많은 딜레마에 직면한다. 그 딜레마에는 자신과 다른 사람들, 일과 삶, 계획적인 것과 우발적인 것 간의 역설 등, 이 책에서 살펴본 많은 역설이 도사리고 있다. 인시아드 경영대학원 교수 제니퍼 페트리글리에리Jennifer Petriglieri는 맞벌이 부부에 대한 연구에서, 그들이 문제없이 잘 사는 중요한 요인 중 하나가 각종 제한을 만들기 때문이라고 했다. 그 덕에 갈등보다 창의적인 해결책을 찾게 된다는 것이다. 페트리글리에리는 그런 제한을 '커플 계약couple contract'이라고 한다. 부부가 함께 공동의 가치를 설정하면서, 양쪽 모두 침해당하고 싶지 않은 경계를 분명히 정하는 것이다. 그 경계는 부부마다 다를 수 있다. 각자 어디에 있는지 명확히 밝히기, 출장 시간이나 가족과 떨어져 지내는 시간 정하기, 각자 금전적으로 필요로 하는 것을 분명히 하기, 각자의 일에 몰두하는 정도를 정하기, 아이를 갖는 문제에 대해 함께 결정하기 등이 그런 경계에 해당한다. 이런 가드레일은 경계를 만들며, 맞벌이 부부가 그 안에서 타협하고 혁신을 꾀할 수 있다. 그리고 모든 경계가 그렇듯, 모든 맞벌이 부부에게 적용되는 해결책이란 없다. 예를 들어 출장과 관련된 가드레일을 통해 자신의 요구에 맞는 새 직장을 찾을 수도 있다. 또한 각자의 일에 몰두하는 정도와 관련된 가드레일은 집안일 중 어떤 것을 외부 서비스에 맡길지 알아보게 만들 수도 있다. 맞벌이 부부마다 해결책은 다르겠지만, 그 과정은 유사하다. 경계를 정하고, 이를 이용해 상반된 요구들에 대처하는 새로운 방식을 찾는 것이다. [21]

# 개인적 차원에서의 경계

우리가 이 장에서 함께 살펴본 사례들은 주로 리더들이 조직 내에서 어떻게 역설을 헤쳐나가는지에 집중되었다. 그러나 앞의 4장에서 언급했듯이 경계는 우리가 개인적 삶에서 역설을 헤쳐나가는 데도 도움을 준다.

우리는 해결하기 힘든 딜레마와 그 밑의 숨은 역설로 낭패에 빠진 한 친구의 사례를 살펴보려 한다. 그 친구를 마야Maya라고 하겠다. 마야는 의대를 졸업한 뒤 이제 막 유명한 레지던트 과정을 밟기 시작한 상태였다. 마야는 재학 시절에 아주 뛰어난 학생이었다. 마야는 그 특별한 레지던트 과정에 참여하게 된 걸 영광스럽게 생각했지만, 제대로 해낼 수 있을지 불안하기도 했다. 그리고 레지던트 생활을 시작하자마자 곧 자신감을 잃었다.

레지던트 프로그램은 의대 졸업생들이 학교에서 배운 지식을 실제 환자 치료에 적용하도록 돕는다. 모든 이가 레지던트들에게 그 과정을 무언가 배울 기회로 잘 활용하라는 말을 해주었다. 수석 레지던트와 전문의들 역시 레지던트들에게 뭐든 물어보라며 격려했다. 레지던트들은 수시로 수석 레지던트를 만나 자신들이 본 환자의 진단과 치료에 대해 설명했다. 또한 레지던트들은 의사들이 특정 환자의 의학적 문제를 놓고 동료 의사들과 함께 논의하는 병례 검토회grand round에도 참여했다.

레지던트들을 자유롭게 참여시키려는 그 같은 노력에도 불구하고, 마야는 사회적 규범들이 또 다른 메시지를 보내고 있다는 사실을 깨달았다. 유명한 레지던트 과정인 만큼 경쟁이 아주 치열했던 것이다. 레지던트들은 그 프로그램에서 보여준 각자의 성과로 이후 일자리가 판가름 난다는 사실을 알았다. 마야의 동료들은 제대로 된 질문을 거의 하지 않았다. 그러니까 다들 약점은 드러내지 않은 채 지식과 재능을 과시하기 바빴다. 게다가 수석 레지던트는 불확실한 것을 싫어했다. 말로는 레지던트들에게 뭐든 물어보라고 했지만, 실제로는 일일이 답해줄 만큼 인내심이 있어 보이지 않았다. 그는 레지던트들이 스스로 답을 찾길 바라는 듯했다.

마야는 마음이 불편했다. 그리고 질문을 멈췄다. 병원에서는 불확실하거나 불편한 일들에 대해 그 누구에게도 말하지 않았다. 뭐든 말하기에 앞서 다시 생각해보았다. 또한 어떤 환자에 대해 자신이 내린 진단이 옳은지 확인하고 싶을 때는 간호사와 얘기해보는 경우가 많았다. 간호사가 확인해줄 수 있다고 기대한 것이다. 스트레스는 커져갔고 결국 폭발했다.

우리와 함께 앉아 있을 때 마야는 많이 지쳐 있었고, 과연 의사가 될 수 있을지 모르겠다고 말했다. 의예과 시절 4년은 말할 것도 없고, 의대에서 보낸 지난 4년이 순전히 시간 낭비였을까? 마야는 정말 의사라는 일을 할 수 있을까? 마야는 네 살 때 미용사가 되고 싶었다. 어쩌면 그 직업으로 돌아가야 하지 않을까? 누군가의 머리 색깔을 망칠까 봐 두려울 수도 있겠지만, 그걸 바로잡는 편이 잘못된 의학적 진단을 바로잡는 것보다는 훨씬 쉬우리라.

마야가 부딪힌 딜레마에 숨은 역설은 사실 재닛 페르나의 경우와 아주 비슷했다. 그 문제의 중심에는 배움과 성과 간의 역설, 성장과 성취 간의 역설, 내일을 위한 계획과 오늘을 위한 삶 간의 역설이 도사리고 있었다. 레지던트 프로그램은 새로 의사가 되려는 사람이 그 분야의 기술을 배우는 데 도움을 주기 위한 것이다. 그런데 사람들은 새로운 의사들에게 자신 있게 행동하고 불확실한 것을 피하며 좋은 성과를 내주길 요구한다. 물론 더 많이 배울수록 더 좋은 성과를 내게 된다. 또한 성과를 내다 보면 불확실한 것을 표현하고 배우는 일도 편해진다.

우리 중 상당수는 이 같은 배움과 성과 간의 역설을 경험한다. 새로운 자리에 앉게 되어 많은 것을 배워야 할 때, 우리 역시 마야가 경험한 것과 같은 갈등을 경험할 수 있다. 예를 들어 세상이 예전처럼 우리의 기술과 경험을 높이 평가해주지 않는다는 사실을 알게 될 때, 또는 해결할 수 없는 새로운 도전에 맞닥뜨릴 때 그런 갈등을 경험한다. 결국 새로운 것을 배우는 것과 좋은 성과를 올리는 것 사이에서 균형을 잡아야 한다.

마야의 말에 조용히 귀 기울이며 감정을 쏟아내게 한 뒤, 우리는 마야의 문제에 대해 차근차근 이야기했다. 문제는 마야가 새로운 것을 배워야 한다는 점이 아니었다. 문제는 새로운 것을 배우면서 자신감을 유지하는 방법이었다. 좋은 성과를 거두면 자신감은 절로 생긴다. 대체 어떻게 하면 마야가 배우는 동시에 자신감을 유지할 수 있을까?

먼저 우리는 더 높은 목적에 대해 이야기를 나누었다. 대체 왜 의사가 되려고 공부를 한 것인가? 무엇보다 왜 의사가 되려고 하는가? 마야는 늘 다른 사람을 돕고 싶어 했다. 어린 시절에 가족과 차를 타고 가다 충돌 사고를 당했다. 결국 회복했지만 당시 엄마와 오빠는 수술을 받아야 했다. 그런 심각한 상황에서 마야는 의료인의 중요성을 보았고, 영감을 받았으며, 그들에게 고마움도 느꼈다. 마야는 사고 직후 가족들이 초조히 구급차를 기다리던 순간을 지금도 기억한다. 그렇게 기다리며 큰 무력감을 느꼈고, 마침내 구급차가 도착했을 땐 큰 고마움을 느꼈다. 자신도 그렇게 남을 도울 수 있는 능력을 갖고 싶었다. 그리고 위기의 순간에 사람들을 편안하게 해주고 보살피는 일에서 더 높은 목적을 발견했다. 이런 이야기를 나누면서 마야는 왜 자신이 항상 의학과 환자 그리고 자기 자신에 대해 더 많이 배워야 하는지를 새삼 깨달았다.

그런 다음 우리는 마야가 어떤 경험에서 자신감을 느꼈고 무력감을 느꼈는지 이야기를 나누었다. 마야가 성과를 배움과 분리해서 생각하면 안 되는 것일까? 스스로 좋은 성과를 거두고 있다고 느꼈을 때처럼 자신감 또한 커졌던 시기가 있었을까? 의대 시절에 마야는 일주일에 몇 시간씩 치료소에 자원봉사를 하러 갔고, 환자들에게 건강과 예방 조치에 대해 조언해주었다. 그 일을 좋아했고 잘한다고 느꼈지만, 레지던트 프로그램을 시작하면 시간을 내기 어렵다는 것을 알고 자원봉사를 그만두었다. 짧게라도 그 자원봉사 일을 다시 해본다면 어떨까? 편히 쉴 자유 시간은 좀 뺏기겠지만 자신감을 되찾을 수 있지 않을까? 그러면 레지던트 생활을 하면서 자신감이 없다고 느껴지는 때에 도움이 되지 않을까?

우리는 또 마야가 어떻게 하면 뭔가를 배우면서 동시에 좋은 성과를 올려 자신감도 가질 수 있을까 하는 얘기도 나누었다. 작가이자 교수인 브레네 브라운은 연구에서 취약성의 가치를 강조한다. 취약성은 약점이 아니다. 취약성을 드러내는 것은 배울 수 있는 기회를 제공한다.[22] 그렇다면 마야가 취약성을 드러내 큰 힘을 보여주고, 더 많이 배울 방법은 없을까?

마지막으로, 마야는 삶에서 대체 어떤 가드레일이 필요했을까? 어떤 사람은 성공에 자만하다가 통제 불능 상태에 빠지고, 초심으로 돌아가 배워야 한다는 것을 상기할 가드레일이 필요해진다. 그런데 마야는 반대 상황이었다. 배워야 한다는 부담 때문에 성과를 내지 못했고 그로 인해 자신감마저 잃으면서 통제 불능 상태에 빠져버렸다. 결국 좋은 성과를 내지 못한 채 배움에만 몰두하다가 잠재력마저 줄어든 것이다. 그렇다면 마야는 다시 통제 불능 상태에 빠지지 않기 위해 어떤 가드레일을 세울 수 있을까? 우리는 많은 옵션에 대해 이야기했다. 우선 의대 친구들과 연락해 경험을 나누고 응원하고 상대의 재능을 상기시킬 수도 있다. 의대에 진학하라고 격려해준 학부 때의 멘토와 다시 연락을 취할 수도 있었다. 마음을 넉넉히 하고 동료 레지던트들에게 더 많은 칭찬을 해줄 수도 있다. 마야가 자신감이 없고 불안하다면 레지던트 과정에 참여한 다른 레지던트들 역시 그럴 가능성이 높았다. 그런 그들에게 다가가 그들의 역량에 진심 어린 칭찬을 해준다면 자신감이 오를 것이고, 그 과정에서 자신의 자신감도 되찾을 수 있으리라.

삶에 이런 가드레일을 세우면서, 마야는 배움과 성과 간의 역설을 극복하고 의료 기술에 대한 자신감을 회복했으며 딜레마에서 빠져나올 수 있었다. 3년 후, 마야는 레지던트 과정에서 가장 뛰어난 레지던트 중 한 명이 되었다. 그리고 그 병원으로부터 정규직으로 근무해달라는 요청을 받았다.

## 【 주요 내용 】

- 경계란 역설을 헤쳐나가는 데 도움을 주는 각종 장치와 관행 그리고 사람을 뜻한다. '둘 다 모두' 사고를 갖는 데 도움이 되는 세 가지 핵심 경계를 소개한다.

  - **더 높은 목적:** 중요한 비전을 발표하는 것은 좋은 동기부여책으로, 그 결과 우리는 갈등을 있는 그대로 받아들이고 서로 반대되는 양극단을 하나로 통합할 수 있게 되며 보다 장기적인 목적에 집중하면서 단기적인 혼란을 최소화할 수 있게 된다.

  - **분리하고 연결하기:** 각종 구조와 역할 그리고 목표는 양극단을 분리해 독립적으로 대처할 수 있게 해주며, 그런 다음 다시 그 양극단을 연결해 상호의존성과 시너지 효과를 살리게 한다.

  - **가드레일:** 가드레일을 설치하면 양극단의 한쪽으로 치우쳐 악순환에 빠지는 것을 막아준다.

# 6

# 불편함 속에서
# 편함 찾기

## 갈등을 일으키는 감정

> 내가 분명히 알고 있는 사실은, 당신의 숨결은 당신의 닻,
> 즉 당신에게 주어진 선물이자 우리 모두에게 주어진 선물로,
> 그 덕에 우리는 닻을 내리고 바로 이 순간에 전념할 수 있다.
> 더없이 미미한 갈등의 순간에 맞닥뜨릴 때도
> 나는 늘 잠시 멈춰 숨을 깊이 들이마신 뒤 갈등을 푼다.
> **- 오프라 윈프리**

나(웬디)는 지금도 대학에서 처음 맞은 밤을 기억한다. 로런스 홀의 적갈색 벽돌벽을 등지고 내 새로운 침대에 누워 안도감과 불안감의 소용돌이에 빠졌다. 대학까지 오는 길은 늘 멀고 험난하다. 내 길은 좀 더 멀었다. 예일대학교 입학을 미루고 1년간 국제 청소년 단체에서 리더로 일하다, 마침내 대학에 온 것이었다.

그 과정에서 부모님은 늘 곁을 지켜주셨다. 두 분은 나를 내버려두지도 너무 싸고돌지도 않았다. 여러 대학의 입학 설명회도 가셨고 지원 서류도 챙겨주셨으며 새로운 기숙사를 얻도록 도와주셨다. 두 분과 작별 인사할 때 나는 마침내 출발대에 도착했다는 안도감 같은 걸 느꼈다. 그러나 앞으로의 일들에 대한 불안감도 있었다. 당장 극복해야 할 도전이 이미 내 앞에 그 모

습을 드러내고 있었다. '그간 지내온 곳과는 전혀 다른 이 낯선 곳에서 대체 어떻게 적응해야 할까?' 나는 난생처음 와본 기숙사 방 안에서, 과거와 현재 사이의 어중간한 경계에 선 기분이었다.

내 마음속에서 예일대학교는 아주 부유하고 말쑥한 젊은이들이나 다니는 곳이었다. 사립학교에 들어가 교복을 입고, 타호 호수로 휴가를 가며, 캠퍼스 내에 가족의 성을 딴 건물이 있는 그런 젊은이들이 다니는 대학 말이다. 그리고 예일대학교를 나온 이들이 국가 지도자나 노벨상 수상자가 된다고 믿었다. 나는 플로리다주 포트 로더데일 근처의 공립 고등학교에서 정말 열심히 공부해 우수한 성적을 받은 학생이었다. 그리고 학교에서는 교복 대신 티셔츠에 샌들 차림이었다. 방학 때면 우리 집 뒤뜰에서 사촌들과 수박씨 뱉기 시합 같은 걸 하면서 주로 시간을 보냈다. 예일대학교 캠퍼스에 스미스Smith라는 이름이 붙은 건물이 있다는 것은 기분 좋은 우연이었다. 나는 기숙사, 아카펠라 합창단, 정치 서클로 대변되는 이 새로운 세계와 어떻게 타협해야 좋을지 알 수가 없었다. 전혀 낯선 나라에 발을 디딘 기분이었다.

1848년에 미국 정치인이자 사회운동가였던 호러스 맨Horace Mann은 이렇게 썼다. "교육은 인류가 만들어낸 그 어떤 장치보다 인간을 평등하게 만들고, 인간 사회라는 거대한 기계의 균형을 잡아주는 위대한 장치다."[1] 맨은 미국의 공교육에 긍정적인 영감을 주었으며 대학 진학의 기회를 확장했다. 그리고 다른 많은 사람의 경우와 마찬가지로, 나에게도 대학은 기회와 희망의 불빛이었다.

그러나 인생사가 그렇듯 그런 대학에도 허점은 있다. 모두가 평등해지는 경험, 즉 사회적·경제적 지위 상승의 기회에는 상당한 도전이 따른다. 영국 케임브리지대학교 동료 교수 폴 트레이시Paul Tracey와 카말 무니르Kamal Munir 그리고 캐나다 온타리오주 킹스턴에 있는 퀸스대학교 티나 다신Tina Dacin의 연구 결과 역시 이런 현실을 간과한 대가를 지적하고 있다. 그들은 영국 내 상류층의 입지를 강화하는 데 큰 역할을 한다고 알려진 교육 기관인 케임브리지대학교를 대상으로 사회 역학을 연구했다. 그 결과 그들은 학생들이 대학 내 공식 만찬, 사교 모임, 대학 경비와의 상호작용 같은 각종 의식과 규범을 통해 영국 사회 엘리트의 불문율을 배우게 된다는 점을 알았다. 그 의식과 규범이 워낙 뿌리 깊어 비상류층 출신 학생도 곧 배우게 되는 것이다. 그러나 학생 중 상당수는 그런 의식과 규범을 따르면서도 전혀 소속감을 느끼지 못한다고 토로했다. 더 중요한 건 저녁 만찬 때 와인을 마시면서 대화하거나 보트 경주에 참여하는 등 아주 새로운 경험을 하지만, 정작 집에 돌아오면 스스로 아웃사이더처럼 느꼈다는 점이다. 이도 저도 아닌 어중간한 느낌이었다. 소속감을 느끼려 애쓰면서 그들은 자문한다. '나는 누구인가?'[2]

'나는 누구인가?'라는 의문은 우리 삶의 다양한 순간에서 느끼는 딜레마다. 이 근본적이며 인간적인 의문은 수천 년 동안 많은 철학자, 시인, 심리치료사 사이에서 논의돼왔다. 그리고 이 딜레마에 우리가 말하는 이른바 '소속 역설'이 숨어 있다. 임무, 목표, 소속감, 가치, 개성 그리고 기타 삶의 측면 속에 서로 모순되면서도 상호의존적인 요소들이 숨어 있는 것이다. 부모와 자식, 직장인과 가족 구성원, 부하와 상사 간의 갈등처럼 여러 역할에 숨은 갈등이 소속 역설에 해당한다. 대학에서의 첫날 밤 내가 느꼈던 그 심한 갈등처럼, 과거의 자신과 미래의 자신 간의 갈등도 소속 역설에 해당한다.

# 감정을 움직이기

이 장에서 우리는 역설을 헤쳐나가는 데 도움이 되는 또 다른 툴인 감정에 대해 살펴볼 것이다. 역설이 생기면 복잡하면서도 상반된 감정 반응이 일어난다. 갈등을 있는 그대로 받아들이려면, 단순히 마음가짐과 사고에 집중하는 것뿐만 아니라 감정에도 충실할 수 있어야 한다. 감정을 장애물로 여기는 것이 아니라 도움을 주는 자원으로 활용해야 하는 것이다.

아인슈타인의 일기를 통해 복잡한 감정에 대한 통찰을 얻을 수 있다.[3] 물리학의 기본 원칙을 세워나가는 과정에서, 그는 '물체가 어떻게 움직이면서 동시에 움직이지 않을 수 있는가?' 하는 역설에 봉착했다. 성가시지만 의욕이 생기는 문제였다. 그는 그 역설이 세상을 이해하는 핵심적인 추정들을 뿌리째 바꿔놓을 수 있다고 생각해 불안했다. 하지만 새로운 통찰을 발견할 수 있다는 생각에 의욕이 생겼다. 아인슈타인은 일기에서, 발을 딛고 있는 물리학의 토대가 뿌리째 흔들려 더는 안정적인 땅 위에 서 있지 않은 기분이라고 묘사했다.

러스 빈스Russ Vince 교수와 마이클 브루신Michael Broussine 교수는 영국 국민보건서비스NHS의 대대적 개편에 대한 상반되고도 강력한 감정적 반응을 연구했다. 의사와 간호사, 보건 관계자 들과 함께 각종 워크숍을 실시한 결과, 연구에 참여한 사람들은 각자가 느끼는 갈등을 되돌아봤으며, 그 과정에서 과거와 미래, 안정과 변화, 이상주의와 실용주의 밑에 숨은 역설이 모습을 드러냈다. 연구진은 참여자들에게 각자가 느끼는 감정을 그림으로 표현해보라고 요청했다. 3명의 참여자는 백조로 변신하려는 미운 오리 새끼 그림처럼 새로운 가능성에 대한 기대가 담긴 그림을 그렸다. 나머지 83명의 참여자들은 불확실한 변화로 부정적인 반응이 생겨나는 것을 드러내는 그림(먹구름, 묘비, 병상의 환자, 조직이란 이름의 배의 침몰 등)을 그렸다. 빈스와 브루신은 정신분석을 통해 참여자들이 느끼는 감정을 방어적인 5가지 반응, 즉 억압, 회귀, 투영, 반동 형성reaction formation(사회적·도덕적으로 좋지 않은 욕구나 원망을 억제하기 위해 그와 반대되는 행동을 취하는 무의식적 행위-옮긴이), 거부로 분류했다.[4]

불확실성이 방어적인 반응만 촉발하는 것은 아니다. 불확실성은 이롭기도 하고 해롭기도 하다. 불확실성으로 인해 호기심과 열린 마음을 갖게 되기도 하지만, 방어적으로 더 닫힌 마음을 갖게 되기도 한다. 네브래스카대학교 링컨 캠퍼스 교수 잉그리드 하스Ingrid Haas와 토론토대학교 교수 윌리엄 커닝엄William Cunningham은 우리가 느끼는 위협의 정도에 따라 불확실성에 대한 반응이 달라진다는 사실을 알아냈다.[5] 위협이 클수록 불확실성에 대한 반응은 더 폐쇄적으로 나타나고 관심도 줄어든다는 것이다. 그러니까 우리는 불확실성을 최소화하고 그 결과 위협도 최소화하기 위해 '둘 중 하나' 사고를 갖게 된다는 것이다.

더 큰 문제는 방어적 반응이 일단 생기면 악순환으로 이어질 수 있다는 점이다. 또한 불확실성과 위협이 생기면 불안감과 좌절감이 심해지고 심하면 분노까지 치솟는다. 그러면 우리 뇌는 그런 감정을 가지면 안 된다고 말한다. 또한 감정을 평가하게 되면서 다른 감정 반응까지 생긴다. 죄책감은 물론 수치심까지 느낄 수 있다. 브레네 브라운은 이 두 감정 사이에 중요한 차이가 있다고 말한다. 죄책감은 우리가 뭔가 나쁜 짓을 했다는 것을 시사한다. 수치심은 보다 개인적이고 전반적인 감정으로, 자신이 나쁜 사람이라는 것을 시사한다. 또한 죄책감과 수치심을 느낄 경우, 자신이 나쁜 사람이라는 것을 감추기 위해 사람들로부터 단절된 채 숨으려 한다. 사람과의 연결이 가장 필요한 순간에 말이다.6 게다가 부정적인 감정은 계속 사람을 밑으로 끌어내린다.

기원전 5세기에 석가모니는 이러한 감정적 추락을 두 번째 화살을 맞는 것에 비유했다. 살아가면서 겪는 어떤 경험은 불편하기도 하고 고통스럽기도 하다. 피할 수 없는 일이다. 석가모니는 그런 경험을 화살을 맞는 것에 비유했다. 우리는 종종 그 첫 번째 화살에 공포, 충격, 분노, 슬픔, 원망, 수치심 같은 여러 부정적인 감정으로 반응하고 그로 인해 다시 고통을 느낀다. 이는 자신을 향해 두 번째 화살을 날리는 것과 같다. 첫 번째 화살은 우리가 어떻게 해볼 여지가 없다. 그러나 두 번째 화살, 즉 우리의 반응은 스스로 통제할 수 있다. 이러한 석가모니의 지혜는 이런 말로 요약되어 전해진다. "고통을 피할 수는 없다. 그러나 느끼는 것은 선택이다."7

이를 우리 식으로 설명하면 이렇다. 역설로 인한 불확실성은 피할 수 없다. 그러나 그 불확실성에서 생겨나는 해로운 결과들은 선택할 수 있다. 역설로 인한 딜레마에 직면하면 깊은 두려움과 불안감 때문에 방어적인 자세를 취하게 된다. 이 모든 것은 있는 그대로 우리가 받아들여야 할 현실적이며 중요한 감정이다. 그러나 그런 감정으로 시야가 좁아져 '둘 중 하나' 사고로 돌아갈 수도 있다. 또한 너무 오래 두려움을 되새기면 결국 자신을 토끼굴 속으로 더 깊이 몰아넣게 된다. 우리는 두려움을 존중해야 하지만, 여러 상반된 요구에 대처할 다른 접근법도 찾아야 한다. 감정적 불편함을 인지한 뒤 각종 툴을 활용해 불편함 속에서 편함을 찾아야 하는 것이다. 그에 유용한 세 가지 방법을 소개한다(그림 6-1 참고).

## 잠시 멈추기

역설을 헤쳐나가는 과정에서 겪는 불편함을 줄이기 위해 잠시 멈추기를 해볼 수 있다. 최초의 자극부터 궁극적인 반응 사이에 잠시 간격을 두는 것이다. 잠시 심호흡을 한다거나 격한 감정에서 한 걸음 물러서는 것 등이 잠시 멈추기의 방법이다. 정신적 또는 육체적 휴식이 될 수 있다. 잠시 멈추기는 반사적 반응 대신 신중한 반응을 하자는 데 목적이 있다.

또한 모든 것을 잠시 멈추면서 뇌의 다른 부분에 의존하게 된다. 뭔가 두렵고 불안한 일을 경험할 때는 '포유동물 뇌'라고도 하는 대뇌변연계가 반응하게 된다. 대뇌변연계는 선사시대의 우리 조상들이 야생에서 위협에 신속하게 대처하는 데 일조했다. 예를 들어 곰과 마주치면 대뇌변연계가 "위험해!"라고 소리를 지른다. 그러면 즉각 얼어붙은 듯 가만히 있다가 바로 맞서 싸우거나 도망가는 반응을 취한다. 물론 우리 인류는 이제 더는 생존을 위해 곰, 사자, 호랑이를 경계하지는 않는다. 그러나 대뇌변연계는 여전히 늘 각종 위협을 경계한다.

역설은 많은 이에게 곰처럼 느껴진다. 역설은 불분명하고 불합리하고 비이성적이고 복잡하다. 그래서 직접 마주치면 어떤 일이 일어날지 알 수 없다. 역설은 우리가 사실이라고 또는 옳다고 믿는 이 세상 모든 것을 뒤엎을까? 우리의 더 깊은 두려움을 이용할까? 역설은 우리의 대뇌변연계를 작동

**그림 6-1**

**역설 시스템: 편함**

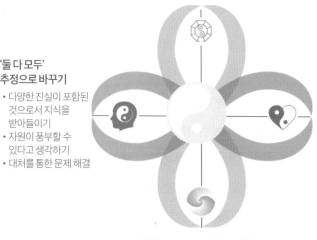

갈등을 포함하는 경계 만들기
- 보다 높은 목적으로 연결하기
- 분리하고 연결하기
- 너무 멀리 가지 않게 가드레일 설치하기

'둘 다 모두'
추정으로 바꾸기
- 다양한 진실이 포함된 것으로서 지식을 받아들이기
- 자원이 풍부할 수 있다고 생각하기
- 대처를 통한 문제 해결

불편함 속에서 편함 찾기
- 잠시 멈추기
- 불편함 받아들이기
- 관점 넓히기

갈등을 일으키는 역동성 만들기
- 단계마다 신중하게 실험하기
- 예상치 못한 행운에 대비하기
- 배운 것들을 잊는 법 배우기

시킨다. 그러면 뇌는 "곰이다!"라고 소리치게 된다. 결국 우리는 도망가거나 맞서 싸우게 된다. 그러니까 역설의 불편함에서 벗어나 '둘 중 하나' 이분법적 사고로 도망가 즉각적인 불편함을 덜면서 토끼굴로 더 깊이 숨어들거나, 선호하는 양극단 중 한쪽을 방어함으로써 참호전에 돌입하는 것이다. 결국 어떤 반응을 택하든 악순환에 빠지게 된다.

잠시 멈추면 다른 반응을 할 기회를 얻게 된다. 즉각 도망가거나 맞서 싸

**233**

6 불편함 속에서 편함 찾기

우는 반응 대신 다른 반응을 생각해볼 수 있게 된다. 최초의 자극에서 불편함을 느낄 수도 있지만, 보다 발달된 뇌를 활용해 더 유연하고 열린 반응을 택할 수도 있는 것이다.

## 평정심을 잃지 말고 계속하라

불편한 상황에 직면해 잠시 멈춘다는 개념은 새로운 것이 아니다. 그러나 어쨌든 그렇게 하려면 지속적으로 상기해야 한다. 위협에 평정심을 잃지 말라고 상기시키는 많은 밈들이 유행했던 것을 생각해보라. "Keep Calm and Carry On(평정심을 잃지 말고 계속하라)"이라는 구호는 워낙 보편적이어서, 지난 20여 년간 수백만 번은 그대로 채택되거나 각색되거나 복제됐다. 그러나 처음 사용됐을 때는 파급력이 별로 없었다.

영국 정부는 제2차 세계대전 직전에 이 문구가 들어간 포스터를 만들었다. 당시 영국인들은 영국 내 주요 도시에 대한 독일군의 대규모 공습을 예상하고 불안해했다. 영국 정부는 국민들 사이에서 대혼란이 일면 상황만 더 악화되리라는 것을 잘 알고 있었다. 그래서 불안감을 잠재우기 위해 일련의 포스터를 제작해 사람들의 감정을 통제하려고 했다. 영국 전역에 수백만 장의 포스터를 배포할 생각이었다. 그러나 독일군의 공습이 예상보다 일찍 시작되는 바람에 아주 적은 수의 포스터만 배포되었다. 그래서 사실 파급력이 거의 없었다.

그러나 2000년에 영국 노섬벌랜드 안윅에 있는 바터 서점Barter Books의 공동 소유주인 스튜어트 맨리Stuart Manley가 제2차 세계대전과 관련된 헌책들을 훑어보다가 'Keep Calm' 포스터의 이미지를 보게 됐다. "포스터 이미지를 보고 있노라니 정말 기분이 괜찮아졌어요." 맨리의 말이다. 그는 그 포스터를 자기 아내 메리Mary에게 보여주었고, 두 사람은 그 포스터를 재인쇄해 서점에서 팔기로 했다. 고객들은 그 포스터를 아주 좋아했고, 재인쇄된 포스터들은 순식간에 매진됐다. [8]

평정심을 잃지 않는다는 말은 워낙 가슴에 와닿아, 사람들은 그 구절을 수만 가지 방법으로 재현했다. 그래서 평정심을 잃지 말고 집중력을 발휘하라거나, 당신 자신이 되라거나, 열심히 공부하라거나, 빵을 구우라거나, 컵케이크를 먹으라거나 유니콘을 사랑하라고 적힌 간판도 많다. 우리가 이 장의 초고를 쓸 때 한 대학교에서 온라인 교수법에 대한 교육 과정에 동참해달라는 초대장을 보냈는데, 그 과정명이 'Keep Calm and Carry ONline'이었다.

이 구호가 사람들의 마음에 와닿는 이유 중 하나는 깊은 지혜가 담겨 있기 때문이다. 주변 세상에서 맞닥뜨리는 불확실성과 혼란으로 불안과 혼돈이 생길 때 평정심을 잃지 않는 것이 얼마나 중요한지 보여준다. 주변 환경을 늘 통제할 수 없다. 그러나 우리의 내적 세계는 통제할 수 있다. 따라서 제2차 세계대전을 앞두고 내건 구호에서 영국 정부는 경험에 의해 자동으로 방어적인 반응을 보일 것이 아니라, 평정심을 잃지 말고 계속 나아가길 권했던 것이다. 그런데 그러려면 대체 어떻게 해야 할까?

## 가슴이 말을 하게 하라

최초의 자극과 반응 사이에서 잠시 모든 걸 멈추기 위해 그리고 또 평정심을 잃지 않기 위해 택할 수 있는 가장 쉽고 효과적인 전략은 호흡 조절이다.

분노를 관리하는 방법을 찾고 있다면, 호흡 조절이야말로 가장 인기 있는 첫 번째 방법이다. 실제로 호흡 조절은 대부분의 감정 통제를 위해 권하는 방법(육체적 고통 관리하기, 행복감 유발하기, 불안감 줄이기 등) 중에서도 아주 중요한 방법이다. 한동안 숨을 들이마시고 내뱉다 보면, 잠시 모든 것을 중단하게 되고 관심사가 바뀌게 되며 심장박동수도 줄어든다. 그리고 그런 생리학적 변화로 충분한 공간과 시간을 갖게 되고, 그 결과 자극에 자동으로 반응하지 않고 보다 신중해져 다른 반응을 하게 된다. 또한 역설을 헤쳐나갈 때 잠시 모든 것을 멈추면, 자신을 편협한 '둘 중 하나' 사고에 가두는 자동적이고 방어적인 감정에서 벗어나 보다 폭넓은 선택이 가능한 '둘 다 모두' 사고를 갖게 된다.

이는 라우프 가르보Raouf Gharbo가 임상 환자들을 위해 개발한 접근법이다. 가르보는 물리요법과 재활 치료 그리고 신경 및 근육 전기생리학(전기가 생체에 끼치는 작용과 생체에서 발생하는 전기현상을 연구 대상으로 하는 생리학─옮긴이)을 전공한 내과 의사로, 버지니아커먼웰스대학교 심장 및 건강 통합센터 책임자이기도 하다. 그는 주로 만성 질환과 장애를 가진 환자들을 돌보고 있다. 그는 일을 하면서 통증 및 치유 경험에 도사리고 있는 역설을 목격했다. 장기적인 치유를 위해서는 육체적·감정적 고통 모두에, 그러니까 머리와 가슴에 관심을 기울여야 한다. 또한 치유를 위해서는 우리를 좁은 공간 안에 가둬놓는 두려움의 깊이를 알아내야 하며, 동시에 우리의 잠재력을 발휘해 새로운 가능성을 향해 나아갈 수 있어야 한다.

가르보는 이런 반응을 생리학적 시스템과 연결한다. 그가 연구에서 밝히고 있듯, 우리는 교감신경계에서 촉발되는 통증에 대한 '싸움 또는 도망' 반응에 대처해야 할 뿐 아니라, 동시에 회복 반응을 관장하는 부교감신경계의 움직임에도 주목해야 한다. 이 양극단은 단순히 서로 반대 방향으로 끌어당기는 전혀 다른 별개의 지렛대가 아니라, 감정적 반응과 육체적 반응 모두를 충족하는 상호의존적이며 유용한 해결책이다. 육체적·감정적 고통은 서로를 심화하면서 악순환을 일으켜 유연한 사고를 방해한다. 그런 악순환은 코르티솔을 비롯한 여러 호르몬이 분출되게 하며 건강상 많은 문제를 야기한다.

우리는 그 같은 호르몬 분출을 최소화해야 하며, 그래야 유연한 사고로 돌아갈 수 있고 보다 건강한 반응을 할 수 있게 된다. 그렇게 하면 부교감신경계에 고통 대신 신뢰의 감정이 흐르게 된다고 가르보는 주장했다. 결국 건강을 제대로 관리하려면 늘 신뢰와 두려움, 교감신경계와 부교감신경계, 고통 관리와 고통 회피 사이에서 균형을 잘 잡아야 한다. 가르보 역시 통증 관리에는 균형 잡힌 행동이 필요하다고 말했다. 서로 반대되는 몸의 여러 지렛대 사이에서 줄타기 곡예를 잘해야 한다는 것이다. 이처럼 역설적인 생리학적 접근법은 우리가 역설에 보다 효과적으로 대처하며 살아갈 수 있는 전략을 제공한다.

그러나 무엇보다 중요한 첫걸음은 잠시 모든 것을 멈추고, 두려움에 기반한 교감신경 반응을 일으키는 호르몬이 과도하게 분출되고 있지 않은지 알아내는 것이다. 잠시 멈춤으로써 우리는 보다 목적 중심적이고 보다 신뢰에 기초한 부교감신경계 반응을 일으킬 수 있다. 그리고 가르보가 말했듯이 심장박동수가 오르락내리락한다는 것은 반응의 재조정이 필요하다는 신호다. 따라서 심장박동수 변화를 잘 모니터링한다면, 언제 모든 것을 잠시 멈추고 다른 행동 방침을 찾아야 할지 알게 된다. 가르보는 그런 과정을 '자동적 재활autonomic rehabilitation'이라고 했다. 예를 들어 만성 요통 때문에 걷거나 앉거나 잠잘 때 시속적인 고통을 느끼는 환자가 있다. 그에 대한 한 가지 대처 방법이 진통제 복용인데, 이는 잘못될 경우 지금 전 세계적 문제가 된 오피오이드opioid(아편과 유사한 마약성 진통제—옮긴이) 위기로 발전될 수 있는 방법이다. 그래서 가르보는 다른 방법들을 권하면서 육체적 고통 밑에 도사린 감정적 고통을 알게 됐을 때의 효과를 강조했으며, 감정적 고통이 어떻게 육체적 고통을 심화하는지, 또 감정적 고통을 어떻게 관리하는지를 알아야 한다고 했다. 이는 호흡 조절로 시작된다.

가르보는 호흡 조절을 통해 부교감신경계를 움직이는 지속적인 전략을 권했다. 호흡 조절로 즉각적인 생리학적 반응에 집중할 수 있다. 이런 기술을 제대로 익히면 목적 중심의 대화를 하고, 신뢰를 중시하는 인간관계를 구축하며, 두려움을 키우는 갈등에 에너지를 최소한으로 쓰게 되고, 부교감신경 반응을 개선할 수 있다.[9]


## 불편함 받아들이기

우리는 모든 것을 잠시 멈춘 채 다른 반응을 생각할 수 있는데, 그 후에 반응에 변화를 주려면 어떻게 해야 할까? 잠시 멈춘 뒤에 보다 생산적인 반응을 하려면 어떻게 해야 할까? 잠시 멈추는 것이 효과가 있으려면, 무엇보다 불편함 밑에 깔린 감정, 특히 우리를 힘들게 하는 부정적 감정을 받아들여야 한다. 이에 대한 우리 반응은 종종 거부하고 부인하는 것이며, 그러면서 사라지길 바란다. 그래 봐야 그런 감정은 더 강해져서 돌아온다. 그러나 부정적 감정을 받아들이고 존중하면 오히려 그 감정이 서서히 사라진다.[10]

## 철저한 받아들임

타라 브랙Tara Brach은 임상심리학 박사로 캘리포니아주 우드에이커의 스피릿 록 인사이트 명상 센터the Spirit Rock Insight Meditation Center에서 불교 수련을 했다. 브랙은 많은 청중을 위해 온라인상에서 법문과 명상을 들려준다. 주로 불교와 다르마(불교의 중심 관념-옮긴이)에 의존하며 상당한 유머 감각이 담겨 있다. 그 핵심은 받아들임 또는 브랙이 말하는 이른바 '철저한 받아들임'이다. 브랙은 무엇보다 먼저 우리 감정을 철저히 받아들일 때 비로소 감정으로 인한 고통을 최소화할 수 있다고 한다. 자신의 책《철저한 받아들임》에서, 동굴 안에 살면서 끝없이 악귀들과 대면한 티베트의 요가 수행자 밀라레파Milarepa의 이야기를 좋은 예로 들고 있다.

티베트의 위대한 요가 수행자 밀라레파는 여러 해 동안 산속의 동굴에서 홀로 지낸다. 그는 영적 수행의 일환으로 마음속 생각을 일종의 영상처럼 보기 시작한다. 내면에 숨어 있는 욕정과 격정, 혐오의 악귀들이 때론 더없이 아름답고 매혹적인 여성의 모습으로, 때론 분노에 찬 무시무시한 괴물의 모습으로 그의 앞에 나타나곤 한다. 밀라레파는 그 유혹과 공포에 굴복하지 않고 소리친다. "오늘 이렇게 와주니 정말 좋군. 내일도 꼭 와줘야 해……. 가끔 대화도 좀 하자고."

여러 해에 걸친 집중 수련 끝에 밀라레파는 악귀의 유혹에 넘어가거나 악에 맞서 싸우려 할 때만 고통이 생겨난다는 걸 깨달았다. 악귀에게서 자유로워지려면 있는 그대로 그리고 두 눈을 똑바로 뜨고 대해야 한다.

한 이야기에서 밀라레파의 동굴은 악귀들로 차고 넘치게 된다. 가장 끈질긴 우두머리 악귀를 앞에 두고 밀라레파는 놀라운 움직임을 보인다. 그 악귀의 입속으로 자기 머리를 집어넣은 것이다. 그런데 그렇게 철저히 자신을 내어준 순간 모든 악귀가 사라진다. 남은 것은 단 하나, 진정한 깨달음의 찬연한 불빛뿐이다.

미국 작가 페마 초드론Pema Chodron은 이를 이렇게 표현했다. "저항이 사라지면, 악귀도 사라진다."[11]


브랙은 받아들임이 치유를 향한 첫걸음이라고 주장한다. 석가모니의 말을 빌리자면, 받아들임은 고통을 늘리지 않고 인정하는 것이며, 두 번째 화살을 날리지 않고 첫 번째 화살을 알아채는 것이다.


### 반동 효과

부정적 감정도 철저히 받아들이면 약해진다. 뇌는 우리가 멀리하려 하는 것에 오히려 더 열중하게 되어 있다. 그래서 부정적 감정을 거부하거나 밀어내려 하면 더 심하게 느끼게 된다. 하버드대학교 심리학자인 대니얼 웨그너Daniel Wegner는 이런 반동 효과rebound effect를 '사고 억제의 역설적 효과ironic processing theory'라고 했다. 그는 흰곰 실험으로 그 효과를 입증해 유명해졌다.

웨그너의 연구는 러시아 소설가 표도르 도스토옙스키에게서 영감을 얻었다. 그의 책《여름 인상에 대한 겨울 노트》에서 도스토옙스키는 독자에게 의문을 제기한다. "다음과 같은 일을 해보라. 북극에 사는 흰곰을 생각하지 말아보라. 그러면 오히려 매 순간 흰곰이 생각날 것이다."[12] 흥미를 느낀 웨그너는 연구에 참여한 사람들에게 흰곰을 생각하지 말라고 했다. 이런 시도를 해본 적이 없다면 지금 해봐도 좋다. 그러려면 이 책을 옆으로 치워놓고, 타이머를 1분 맞추고 두 눈을 감아보라. 그 1분 동안 자신에게 흰곰을 생각하지 말라고 말해보라. 무슨 일이 일어나는지 보라.

웨그너의 연구 결과에 따르면, 짐작이 가겠지만 대부분이 흰곰을 생각하게 된다. 아예 흰곰 대신 갈색곰을 생각함으로써 흰곰을 생각하지 않으려 했다고 말하는 사람도 있다. 그러나 아이러니하게도 그런 사람 역시 결국 흰곰과 갈색곰 모두 생각하게 되는 경우가 많았다.[13]

마찬가지로 감정을 거부하거나 부정하려 할 경우에도 반동 효과가 나타난다. 슬프거나 우울하거나 걱정스러운 감정에 빠져 있을 때 누군가가 힘내라고 말하는 것은 별 소용이 없다. 감정을 묻어버리려 하면 방어 메커니즘이 작동한다. 그래서 그 감정을 피하려는 시도를 거부한 채 오히려 그 감정에 매달리게 된다. 결국 그 감정이 반동 효과로 인해 더 큰 타격을 준다. 브랙의 주장에 따르면, 부정적 감정을 더 철저히 받아들일수록 그 감정이 사고와 행동에 미치는 영향을 더 줄일 수 있다.

역설이 우리를 당혹스럽게 하거나 압도하거나 실망시킬 때, 가장 먼저 해야 할 일은 그 순간을 소중히 여기는 것이다. 브랙은 우리 속에서 생겨나는 모든 감정을 향해 "그래"라고 말하라고 권한다. 예를 들어, 예일대학교 기숙사 방에 처음 누웠을 때 나는 자신에게 이렇게 말할 수도 있었다. "그래, 난 이 새로운 환경에 제대로 적응할 수 있을지 너무 부담스러워. 그래, 오래된 내가 새로운 나에게 제대로 적응하지 못할까 봐 두려워. 그래, 이 모든 게 어디로 흘러가게 될지 불안해. 그래, 내가 집으로 돌아갈 때 어떤 기분일지 걱정이야." 브랙도 말했듯, 첫발을 내디뎌 모든 것을 받아들이면 불편함 속에서 편함을 느낄 뿐 아니라, 우리가 빠진 딜레마에서 벗어날 새로운 방법도 찾을 수 있게 된다.

## 고군분투 중이라는 것을 인정하기

때로는 자신의 감정을 받아들이기는 어려워도 다른 사람의 감정을 받아들이기는 쉽다. 일전에 우리 두 공저자가 대화를 나눈 적이 있다.

나(웬디)는 한 가지 의문을 놓고 고심 중이었다. 당시 오랫동안 임원 교육 프로그램에 참여해 대면 교육을 진행 중이었다. 그러다 코로나19 팬데믹 기간 중에 일시 중단됐다. 당시 팬데믹 상황은 불확실했고 교육을 재개할지 말지를 놓고 고민 중이었다.

팬데믹이 장기화되는 상황에서 교육 프로그램이 건강상 안전하면서도 유연하게 운영된다는 점을 알리려면 어떻게 해야 할지, 그리고 프로그램에서 제기된 중요하고도 힘든 과제인 인종 형평성 문제도 고민거리였다. 나는 프로그램이 가진 각종 기회와 가능성을 살리려 애쓰는 대신 '둘 중 하나' 접근법을 택했다. '이 대면 교육 프로그램을 계속할 것인가 아니면 전면 중단할 것인가?'

그때 메리앤이 내게 묘한 표정을 보였다. 우리 중 한 사람이 '둘 중 하나'

사고를 취하려 할 때 보이는 표정이었다. 그러더니 바로 질문을 던졌다. "웬디, 대체 뭘 두려워하는 거예요?" 메리앤은 내 걱정 밑에 깔린 두려움을 잘 알고 있었다. 메리앤 덕에 내 마음속 감정을 분명히 볼 수 있게 되자, 있는 그대로 받아들일 여유를 갖게 되었다. 그리고 그 감정이 내 반응을 지배하도록 방치하는 일은 사라졌다.

## 관점 넓히기

일단 모든 것을 잠시 멈추고 부정적 감정을 받아들였다면, 이제 어떻게 해야 그 감정 속에서 위안을 찾고 선제적으로 대처해 역설을 제대로 헤쳐나갈 수 있을까? 긍정심리학은 역설을 헤쳐나가면서 어떻게 관점을 넓히고, 어떻게 긍정적인 감정을 활용할 수 있는지에 대한 통찰력을 제공한다. 또한 좁고 편협한 '둘 중 하나' 접근법에서 벗어나, 더 넓고 개방된 '둘 다 모두' 접근법을 취할 수 있게 한다.

### 확장하고 구축하기

노스캐롤라이나대학교 교수 바버라 프레드릭슨Barbara Fredrickson은 긍정적 감정을 잘 활용하면 마음을 넓힐 수 있고, 그 결과로 새로운 아이디어와 대안을 찾는 데 도움이 된다고 주장한다. 그리고 새로운 가능성을 찾게 되면 더 긍정적 감정을 갖게 된다. 그러니까 시간이 지나면서 긍정적인 감정으로 선순환이 일어나는 것이다. 프레드릭슨은 이처럼 긍정적 선순환 현상을 '확

장-구축 이론broaden-and-build theory'이라고 했다.[14]

기쁨, 긍지, 만족, 감사처럼 긍정적 감정은 관점을 넓힌다. 감정 상태가 좋을수록 더 다양한 정보를 받아들여 보다 통합적인 아이디어를 낼 수 있다. 또한 그렇게 함으로써 창의적인 사고를 하고, 행동도 여유로워진다. 프레드릭슨은 사고와 행동의 변화가 지속적으로 영향을 끼친다는 점에서 중요하다고 말한다. 그리고 보다 생산적이고 창의적인 사람이 되면 새로운 지식을 쌓게 되고 대인관계와 인맥이 확대되며, 적응력도 커지고 다른 여러 측면에서도 성장한다. 시간이 지나면서 의존할 수 있는 다양한 자원도 개발하게 된다. 그리고 그 자원 덕에 건강해지고 큰 성취감을 느낄 수 있게 되며, 결국 긍정적 감정을 갖게 되고 그 모든 것이 지속적인 선순환으로 이어진다.

광범위한 과학적 연구가 긍정적 감정을 가지면 부정적 감정으로 인한 악영향이 사라진다는 프레드릭슨의 주장을 뒷받침한다. 이는 우리의 생리 현상에 그대로 드러난다. 부정적 감정을 가지면 코르티솔이 대량 분비되고 혈류도 빨라지지만, 긍정적 감정을 가지면 빠른 속도로 평온한 상태로 돌아갈 수 있다. 또한 부정적 감정은 혈압을 올리지만 긍정적 감정은 혈압을 내린다.

## 부정적 감정에서 긍정적 감정으로

그간 많은 전문가가 부정적 감정의 틀에 갇혔을 때 긍정적 감정을 갖기 위해 취할 수 있는 여러 행동을 제시해왔다. 그런 행동들을 일일이 열거하자면 끝도 없다. 이 책의 목적에 맞춰 권장할 만한 행동을 두 단계로 요약하면 다음과 같다. (1) 부정적 감정에 통제당하고 있음을 깨닫기. (2) 그 밑에 숨은 긍정적 감정을 활용하는 법 알기. 이 두 단계의 행동을 취하다 보면, 우리 감정이 부정에서 긍정으로 바뀌게 된다.

첫째, 부정적 감정에 지배당하고 있음을 깨달아야 한다. 변화할 필요가 있음을 깨닫지 못하면 변화할 수가 없다. 라우프 가르보는 환자들에게 온종일 자신이 하는 행동을 깊이 생각해 적절한 균형을 유지하라고 권한다. 자신에게 물어보라. 혹 부정적 감정의 악순환에 빠질 만한 갈등을 겪고 있지 않은가? 혹 성과가 제한된 일에 너무 많은 에너지를 쏟고 있지 않은가? 혹 걱정이 두려움으로 바뀌어 '…… 하면 어쩌지?'라는 비생산적인 시나리오를 그려대는 토끼굴로 깊숙이 빠져들고 있지는 않은가? 그런 다음 가르보는 환자들에게 그런 무의미한 노력을 넓은 의미와 목적에 비교해보라고 권한다. 넓은 의미와 목적에 집중할 때 우리는 건강한 반응을 할 수 있게 된다. 그러면서 가르보는 육체적인 관점에서 심장박동수를 체크해보라고 권한다. 심장박동수가 변한다는 것은, 특히 급격하게 변한다는 것은 부정적 감정으로 비생산적 사고와 행동을 하려 한다는 뜻이다. [15]

둘째, 건강에 안 좋은 감정에서 건강에 좋은 감정으로 바꾸는 데 도움이 될 행동을 찾아라. 긍정심리학의 선구적 이론가이자 펜실베이니아대학교 교수인 마틴 셀리그만Martin Seligman은 《플로리시》에서, 긍정적 감정을 가져보라고 권한다. [16] 예를 들어 매사에 감사하거나 사회적 인맥을 넓히거나 운동을 하거나 또는 그런 일들을 적당히 섞어서 해보기를 권하는 것이다.

감사 일기를 쓰는 것은 아주 인기 있는 행위로, 과학적으로도 그 가치를 인정받고 있다. 예부터 철학자들은 감사를 도덕적 표현의 핵심으로 여겨왔다. 로마 시대의 정치인 키케로는 감사를 모든 미덕의 어머니로 여겼다. 최근 들어 심리학자들은, 감사한 마음을 가지면 보다 폭넓은 관점을 갖게 되고 더 생산적이며 통합적인 사고를 할 수 있음을 밝혀내고 있다. 현재 마틴 셀리그만 교수는 감사할 일을 찾고 감사한 마음을 갖는 것을 장점으로 삼자는 운동을 펼치고 있다. 또한 누군가에게 감사 편지를 쓰거나, 누군가의 사무실이나 친구의 집에 불쑥 찾아가 감사한 마음을 전하자는 운동도 펼치고 있다.

이런 노력은 사회적 인맥을 넓히는 노력과도 일치한다. 어쨌든 다른 사람들과 관계를 맺으면 스트레스는 줄고 사고는 확대된다. 그러나 코로나19 팬데믹 시기에는 그리고 개인적으로 부정적인 감정에 빠져 있는 시기에는 비생산적인 방식으로 스스로 고립되기 쉽다. 다른 사람들과의 인간관계를 넓혀야 할 핑계 같은 게 필요한 걸까? 셀리그만이 말하는 이른바 '친절 운동' 같은 것을 해보라. "그 누구도 예상할 수 없는 친절한 일을 한 가지 생각해내 그걸 내일 직접 해보십시오."

마찬가지로 운동의 가치에 대해서도 생각해보라. 그러면 뇌 안에서 엔도르핀이 분비되고, 그 결과 고통스러운 경험이 완화된다. 좋아하는 운동을 찾아보라. 힘차게 걷는 것도 좋고 철인 3종 경기를 하는 것도 좋다. 운동을 하면 긍정적인 감정이 솟구치며, 뇌로 향하는 혈류가 늘어 뇌 기능이 향상된다.

## 감정적 양면성의 이점들

얼핏 보면 역설에 대한 방어적이고 감정적인 반응에 대처할 방법은 긍정적 감정을 갖는 것이라고 느낄 수도 있다. 그러나 예리한 독자라면 그저 긍정적 감정에만 집중하는 것은 지나치게 단순한 대처 방법이라는 것을 알아챘을 것이다. 제대로 된 해결책은 더 복잡하며 역설적이다. 건강한 대처 방법은 부정적 감정과 긍정적 감정 모두에 관심을 갖는 것이다. 이 책에서 얘기해왔듯 역설을 헤쳐나가는 것 자체가 역설이다. 앞에서도 언급했지만, 역설을 제대로 헤쳐나가려면 서로 모순되는 감정들을 있는 그대로 받아들일 수 있어야 한다. 불편함을 받아들이려면 부정적인 감정을 활용하고 수용할 수 있어야 하며, 보다 넓은 관점을 가지려면 긍정적인 감정을 잘 이해하고 확대해야 한다.

미국 펜실베이니아주 리하이대학교 교수 나오미 로스만Naomi Rothman은 감정에 대한 역설적 접근법을 받아들이고 있다. 로스만은 연구를 통해 긍정적 감정과 부정적 감정을 모두 받아들이면 아주 큰 도움이 될 수 있음을 알게 됐다. 로스만은 이를 '감정적 양가성emotional ambivalence'이라고 한다. 양가성은 우리 감정이 불확실하다는 의미가 아니라 상반된 여러 감정을 있는 그대로 받아들여야 한다는 의미다. 그리고 양손잡이와 마찬가지로 감정적 양가성은 부정적 감정과 긍정적 감정을 동시에 느낀다는 의미다. 미처 깨닫지 못할 수 있지만 우리는 사실 그런 식으로 느낄 때가 많다.

예를 들어 집안 식구 결혼식에 참석할 때 우리는 새 부부를 향해 축하와 기쁨의 감정을 느끼지만, 동시에 두 남녀가 미혼 시절을 끝내고 우리 곁을 떠난다는 사실에 상실감 같은 것을 느끼기도 한다. 마찬가지로 장례식장에서는 사랑하는 사람을 잃었다는 사실에 큰 슬픔을 느끼지만, 동시에 고인과 함께했던 아름답고 행복한 순간들을 떠올리며 기쁨을 느끼기도 한다. 그래서 이처럼 감정적 양가성을 느끼는 순간에 'bittersweet(쓸쓸하면서도 달콤한 또는 괴로우면서도 즐거운)'라는 말을 쓴다.

로스만은 우리가 자신이나 리더들에게 양가성이 있다는 말을 하고 싶어 하지 않는다고 말한다. 자신이나 리더가 사고 면에서뿐 아니라 감정 면에서도 명확하고 구체적이며 일관성이 있기를 원하는 것이다. 그러나 로스만의 연구에 따르면, 감정적 양가성은 사실 더 나은 상호작용과 더 생산적인 리더십의 열쇠일 수 있다. 긍정적 감정과 부정적 감정 모두에 충실하면 더 건강하고 현실적일 수도 있다. 한 연구에서 나오미 로스만과 일리노이대학교 어바나-샴페인 캠퍼스의 교수인 그레고리 노스크래프트Gregory Northcraft는 감정적 양가성이 협상 결과에 미치는 영향을 연구했다. 협상할 때는 필요한 것이 상반된 상황에서 서로 협조적으로 합의를 끌어내야 한다. 양측 모두 주어진 상황에서 최대한 많은 것을 얻어내고 싶어 하지만(서로 경쟁적인 입장), 동시에 합의에 도달하고 싶어 한다(서로 협조적인 입장).

학자들은 협상에서 상대가 원하는 것을 알아내기 위해 양측 모두 통합적인 접근법을 채택하는 것이 중요하다고 말한다. 결국 양측이 주어진 자원을 적절히 나눠 갖는 분배적인 접근법을 택해야 한다. 직감적으로도 우리는 긍정적인 감정을 보여주는 사람에게 기꺼이 더 통합적인 사고를 하게 된다. 그러니까 상대가 유쾌하고 행복해 보이고 호감이 가면 협조하고 싶어진다는 것이다. 그런데 로스만과 노스크래프트가 발견한 바에 따르면, 감정적 양가성을 보이면 더 통합적인 협상이 가능해진다. 한쪽에서 감정적 양가성을 보이면 상대 쪽에서는 협상에서 더 많은 영향력을 발휘할 수 있다고 느끼게 되며, 그 결과 문제 해결에 적극적으로 나서게 되고 타결 가능성이 높아진다는 것이다. 이런 연구 결과는, 긍정적 감정과 부정적 감정을 모두 받아

들이면 생각보다 더 강력한 힘을 발휘할 수 있음을 시사한다.[17]

## 학창 시절

양가감정. 내(웬디)가 예일대학교에서 첫날 밤에 느낀 감정이었다. 기숙사 방에 앉아 있으면서 나는 이런저런 두려움에 지배당하기 시작했다. 너무 지쳤고 또 외로웠다. 이곳에서 어떻게 헤쳐나가야 하는가? 내가 여기에 어울리지 않는다는 사실을 누가 언제쯤 알게 될까? 내 과거와 내 미래를 어떻게 대해야 할지, 대체 어떻게 현재의 나를 존중하면서 동시에 내가 가진 잠재력을 발휘해야 할지, 모든 게 불확실했다. 나는 깊은 생각에 잠겼고 갈수록 두려워졌다.

그러다가 노크 소리가 들렸다. 같은 기숙사 친구 다섯 명이 저녁을 먹으러 요크사이드 피자 가게로 가려던 참이었다. 가족이 운영하는 전형적인 그리스 식당으로, 1969년 이래 예일대학교 학생들이 허기를 때우던 곳이었다. 나는 갈등 반 기대 반으로 벌떡 일어나 친구들에게 합류했다. 식사 자리에서 서로에 대해 알아가며 나 자신과 기숙사 친구들을 제대로 알게 되었다. 우리 여섯 명은 배경이 전혀 달랐다. 한 명은 시카고에서 자란 한국계 미국인이었고, 한 명은 멕시코계 미국인으로 로스앤젤레스에서 자랐다. 그리고 한 명은 보스턴에서 자란 아일랜드계 미국인이었고, 한 명은 뉴저지 출신의 인도계 미국인, 한 명은 텍사스에서 온 유대인이었다. 모두 내가 상상한 엄청난 부자들만 다니는 뉴잉글랜드 사립 고등학교 출신의 전형적인 예일

6 불편함 속에서 편함 찾기

대학교 학생과는 거리가 멀었다. 나는 혼자가 아니었다. 사실 우리 모두 어떻게 예일대학교에 적응해야 하나 노심초사하고 있었다.

기숙사 친구들과 둘러앉아 피사를 먹는 것이야말로 내게 필요했던 일이었다. 그 덕에 나는 잠시 모든 것을 멈추고 부정적인 생각을 떨칠 수 있었다. 다른 사람들과 연결되어 있다는 느낌도 갖게 되었다. 또한 사람들과 어울려 웃고 떠드는 가운데 긍정적인 기분도 들었다.

물론 그렇다고 예일대학교에서 모든 일이 순조롭게 풀려 불편함 속에 편함을 느낄 수 있었다는 얘기는 아니다. 하지만 우리가 신입생 시절에 피자는 실컷 먹었다는 것은 확실히 말할 수 있다.

## 【 주요 내용 】

· **숨은 역설로 두려움, 불안, 방어적인 마음 등 불편함이 생긴다.** 그 감정대로 행동한다면 편협하고 제한적인 '둘 중 하나' 사고에 이르게 된다. '둘 다 모두' 사고를 가지려면, 그런 부정적인 감정에 대처하면서 동시에 다음 세 가지 툴을 이용해 긍정적인 감정을 가지려고 노력해야 한다.

- **잠시 멈추기:** 부정적 감정과 반응 사이에 잠시 멈추면 역설에 대한 즉각적이고 비생산적인 반응을 보이지 않고 감정을 그대로 받아들일 수 있다.

- **불편함 받아들이기:** 부정적 감정을 거부하려 하면 반동 효과로 더 강해진다. 따라서 부정적 감정을 거부하거나 감추려 하지 말고, 있는 그대로 받아들이고 따름으로써 그 파급력을 최소화할 수 있다.

- **관점 넓히기:** 불확실성에 숨은 에너지와 경이감, 흥분 같은 긍정적 감정을 자기 것으로 만들면 확장된 사고가 가능해진다. 그러면 더 많은 긍정적 감정을 가질 수 있다. 그런 선순환을 통해 역설적 갈등에 직면했을 때, 더 열린 '둘 다 모두' 접근법을 취할 수 있다.

· **역설을 헤쳐나가는 일 자체가 역설적이다.** 그래서 우리는 상반된 여러 요구에 효과적으로 대처하기 위해 부정적 감정과 긍정적 감정(감정적 양가성) 모두에 잘 대처해야 한다.

# 7

## 갈등을 일으키는 역동성 만들기

### 틀에 박힌 삶을 피하게 해주는 변화들

오늘날 성공한 기업의 리더는
가장 유연한 마음을 가진 사람들일 것이다.
새로운 아이디어를 받아들이고 낡은 아이디어에 의문을 제기하면서
역설과 함께 살아갈 수 있는 능력은 효율성이 높은 리더의
가장 중요한 특징일지도 모른다. 게다가 그런 도전은 평생 계속된다.
새로운 진실은 쉽게 나타나지 않는 법이다.
리더는 배를 잘 이끌면서 동시에 원하는 모든 것을 손에 넣어야 하는데,
근본적으로 그것 자체가 역설이다.

**- 톰 피터스**Tom Peters

테리 켈리Terri Kelly는 2005년 W. L. 고어 앤 어소시에이츠(고어Gore)의 네 번째 최고경영자가 됐을 때 여러 상반된 요구에 직면했다. 고어 사는 기업 역사 47년 중 42년을 고어 가문이 이끌고 있었다. 고어의 리더들은 혁신과 독립이라는 기업 문화를 토대로 아주 인상적인 기업 유산을 만들어냈으며, 그 결과 놀라운 성장과 확장을 이루었다. 그러나 켈리가 최고경영자로 왔을 당시 고어는 그 놀라운 성공 탓에, 토대가 된

기업 문화가 흔들리고 있었다. 켈리는 기업 문화를 잘 유지하면서 동시에 고어를 보다 세계적인 기업으로 이끌 수 있을까?

빌 고어Bill Gore는 자신이 일하고 싶은 직장을 만들기 위해 1958년 화학제품 개발 기업 고어 앤 어소시에이츠를 설립했다. 뛰어난 혁신가였던 고어는 자립정신과 실험정신 그리고 인맥의 힘을 믿었다. 가족들은 지금도 종종 그의 오지 캠핑 여행을 얘기하고는 한다. 여행을 떠나기 전에, 그는 혼자 몇 주간 툰드라 지역에서 살아남는 데 꼭 필요한 물품들을 철저하게 챙겼다. 그가 소중히 여기는 가치를 단적으로 보여주는 또 다른 상징은 미국 델라웨어주 윌밍턴의 고어 가문 목장에 있던 수영장이다. 고어는 그 수영장을 직접 디자인했다. 그리고 소수의 가족 및 친구들과 함께 그 수영장을 만들었는데, 첫 시도 중에 그 비밀이 새어나가자 다시 만들었고 그 아름다운 수영장을 공동체 모임의 아지트로 활용했다. 그 수영장은 그의 엔지니어링 기술과 사람들과 어울리기 좋아하는 품성을 잘 드러냈다. 이 같은 그의 자립정신과 진취적인 성격은 몸담고 있던 기업의 관료주의와 상명하복 문화에 맞지 않았다. 결국 고어는 기업을 그만둔 뒤 아내 비브Vieve와 함께 회사를 설립했다.

사회과학 서적 독서광이던 빌 고어는 두 학자의 책에서 영향을 받아 자신의 조직에 맞는 매력적인 기업 문화를 만들어냈다. 아브라함 메슬로Abraham Maslow의 책《존재의 심리학》은 고어가 사람들의 자아실현을 가능하게 할 기업 문화를 만드는 데 영향을 주었다. 더글러스 맥그리거Douglas McGregor의 책《기업의 인간적 측면》은 고어가 직원들이 할 수 있는 관리 관행을 알아내는 데 도움을 주었다.[1] 고어는 언젠가 이런 말을 했다. "나는 합류하는 모든 사람에게 아주 좋은 기회를 주는 기업, 자아실현을 가능하게 하는 열정적인 기업, 각 개인의 역량을 다 합치면 단순한 역량의 합 이상으로 커지는 기업을 꿈꿨습니다."[2]

그런 꿈을 실현하기 위해 고어는 직원들이 스스로 프로젝트를 선택하게 했고, 그 프로젝트가 회사 전략에 어떻게 도움이 될지 의견을 피력하게 했으며, 그런 다음 다른 직원들을 그 프로젝트에 참여하게 했다. 그러면서 형식적인 역할과 직책을 없앤 뒤 모든 직원을 '어소시에이트associate'('동료' 정도의 뜻―옮긴이)라 부르게 했고, 직원에게 명령하고 통제하는 상사가 아닌 성장에 도움을 주는 '스폰서sponsor'('후원자' 정도의 뜻―옮긴이)를 붙여주는 등 관료주의적 색채를 최소화하려고 애썼다. 또한 '소규모 팀의 힘'을 토대로 조직을 구축해, 다섯 명 이하 소그룹 내에서 혁신을 꾀하게 독려했다. 또한 각 시설의 직원 수용 규모를 200명 이내로 제한해 한 장소에 근무하는 직원들이 전부 서로 알고 지낼 수 있게 했다. 이런 구조적 혁신은 1963년에 결실을 맺었다. 화학공학 박사 학위를 받은 고어의 아들 로버트Robert가 회사에 합류했고 마침내 자신들의 주요 화학섬유 소재인 고어텍스Gore-Tex(오늘날 방수 기능의 대명사가 된 소재로, 방수와 방풍 기능은 물론 투습성을 겸한 소재―옮긴이)를 개발해 특허를 받은 것이다. 그런 다음 다시 소규모 팀들이 움직여 튼튼한 아웃도어 재킷과 치실, 대동맥 이식물, 군복, 심지어 기타줄 등 고어텍스를 활용할 수 있는 모든 분야와 시장을 찾아냈다.

2005년에 테리 켈리가 새로운 최고경영자가 되기 전까지 고어는 매출 30억 달러(약 4조 원)가 넘고, 전 세계 45개 지역에서 일하는 직원 수가 10만 명에 달할 정도로 성장했다. 그리고 수년간 '세계에서 가장 일하기 좋은 직장'

목록에 올랐다.[3]

　고어에서 22년이라는 세월을 보낸 켈리는 고어의 기업 문화를 높이 평가했고 소규모 팀들의 힘도 잘 알았다. 그러나 켈리는 자랑스러운 기업 문화에 생긴 균열도 보았다. 소규모 팀은 집중력이 높고 새로운 아이디어도 잘 내지만, 회사가 세계 시장에서 경쟁하기 위해 산업 전반에 걸친 전략을 수립하는 과정에서 여러 문제도 발생했다. 고어 사의 직원들은 같은 시장을 놓고 여러 접근법으로 공략하고 회사 목표를 여러 방향으로 분산하는 혁신을 내놓아, 스스로 혼란을 일으키는 경우가 많았다. 게다가 각 지역의 팀이 커뮤니케이션과 정보통신 기술, 인사 부문에서 각기 다른 시스템을 구축해 엄청난 중복이 일어났고 효율적인 통합이 이루어지지 못했다.

　2008년에 이르러, 고어 사는 전 세계적인 경기 침체를 헤치고 나가기 위해 기업 차원에서 훨씬 강력한 규율과 효율성을 갖춰야 했다. 켈리는 우리에게 이런 말을 했다. "한때는 그냥 소그룹이 모여 혁신을 이루었고, 그걸 밀고 나가면 그만이었죠. …… 매출 수십억 달러 규모의 사업을 끌고 가려다 보니 이제 훨씬 강력한 규율과 투자, 전 세계적 조정에 대한 일관된 결정이 필요해졌습니다."[4]

　켈리는 마음이 아팠다. 회사가 성장하니 새로운 도전들이 생겨났고, 그 결과 세계 시장에서 살아남으려면 보다 강력하고 통합적인 기업 차원의 전략이 필요했다. 그러나 중앙통제식을 도입한다는 것은 회사의 주춧돌 역할을 해온 자율적이고 유연한 기업 문화를 허무는 일처럼 느껴졌다. 고어 가문 밖에서 들어온 두 번째 최고경영자였던 켈리는, 어떻게 하면 빌 고어의 유산을 존중하면서 동시에 세계적 기업으로 성장할 수 있는가 하는 문제를 놓고 고심을 거듭했다.

켈리는 자신의 딜레마 밑에 숨은 역설을 보았다. 중앙집권화와 분권화, 통제와 유연성, 소규모 팀과 대규모 조직 간에 상반되면서도 밀접하게 얽힌 힘도 보았다. 이는 '조직 역설'의 범주에 들어가는 갈등으로, 삶과 조직을 구성하는 방법을 놓고 생겨난다. 우리가 함께 일해온 여러 기업에서도 조직 역설의 예를 볼 수 있다. 자주성과 독립성, 우발적인 것과 계획적인 것, 통제와 유연성 간에 생기는 갈등이다. 뛰어난 인공지능과 머신러닝machine learning(인간의 학습 능력과 같은 기능을 컴퓨터에서 실현하고자 하는 기술—옮긴이)의 시대로 접어들고 있는 상황에서, 이제 인간과 기계 또는 인간 중심의 문화와 기술 중심의 문화 간 역설을 헤쳐나갈 상황이 점점 더 늘고 있다. 그리고 삶에서도 신중한 것과 우발적인 것 또는 보다 많은 구조와 보다 많은 적응 간의 조직 역설에 직면하고 있다.

이런 역설을 알아차리는 것이 바람직한 출발점이다. 켈리는 우리에게 이런 말을 했다. "시간이 지나면서 배운 거지만, 나는 조직에서 나타나는 모든 갈등을 숨기지 않습니다. 우리는 다 함께 늘 그런 갈등을 관리해야 하니까요."[5] 그러나 켈리는 그런 역설들 사이에서 갈등을 느꼈다. 찬성하는 사람들도 있고 반대하는 사람들도 있었기 때문이다.


## 역동성 만들기

켈리는 고어가 잘못하면 토끼굴로 깊이 빠져들어 갈 수도 있다는 점을 알았다. 고어는 창의적인 기업 문화 덕에 엄청난 성공을 거두었지만, 그로 인해 기업 문화에 너무 집착했다. 그리고 시대가 변화하자 도움은커녕 장애가 되었다. 고어는 그렇게 악순환에 빠져들고 있었다.

무엇보다 먼저 토끼굴에 깊이 빠져드는 것을 피하려면, 또는 하루빨리 토끼굴에서 빠져나오려면 조직에 역동성을 불어넣을 툴이 필요하다(그림 7-1 참고). 상반된 요구들 사이에서 배움을 촉진하고 적응을 가능하게 하며, 지속적인 변화를 독려하는 것이 조직에 역동성을 불어넣는 행동에 해당한다. 이를 통해 토끼굴에 깊이 빠져드는 것을 막을 수 있고 창의적인 갈등을 제대로 활용할 수 있게 된다. 양극단의 특성과 두 극단 간의 관계를 계속 재고함으로써, 역설에 직면해서도 창의성을 발휘할 수 있고 새로운 노새를 찾게 된다. 즉 효과적인 줄타기 곡예를 할 수 있는 것이다.

역동성을 가진다는 것은 결정을 못 내리고 우유부단해진다는 의미가 아니다. 사람들은 역설을 헤쳐나가는 상황에서도 분명한 결정을 내릴 수 있다. 그러나 역동성을 갖게 되면, 새로운 정보에 마음을 열게 되고 애매모호한 것을 감내할 수 있고 새로운 정보를 통해 기꺼이 결정을 재고해볼 수 있다. 특히 우리는 역동성을 갖게 해줄 세 가지 중요한 툴을 찾았다. 바로 단계마다 신중하게 실험하고, 예상치 못한 행운에 대비하고, 배운 것들을 잊는 법을 배우는 것이다.

역동성과 관련해 도요타의 사례를 보자.[6] 에미 오소노, 노리히코 시미즈, 히로타카 다케우치는 역설을 잘 대처한 것이야말로 도요타가 창의력을 유지하고 성공에 이른 열쇠라는 사실을 발견했다. 세 사람은 공저《익스트림 도요타Extreme Toyota》에서 도요타의 전략에 영향을 주고 도요타를 성공으로

그림 7-1

## 역설 시스템: 역동성

**갈등을 포함하는 경계 만들기**
- 보다 높은 목적으로 연결하기
- 분리하고 연결하기
- 너무 멀리 가지 않게 가드레일 설치하기

**'둘 다 모두'
추정으로 바꾸기**
- 다양한 진실이 포함된
  것으로서 지식을
  받아들이기
- 자원이 풍부할 수
  있다고 생각하기
- 대처를 통한 문제 해결

**불편함 속에서
편함 찾기**
- 잠시 멈추기
- 불편함
  받아들이기
- 관점 넓히기

**갈등을 일으키는 역동성 만들기**
- 단계마다 신중하게 실험하기
- 예상치 못한 행운에 대비하기
- 배운 것들을 잊는 법 배우기

이끈 6가지 역설을 찾아냈다.

- 점진적으로 발전하면서 동시에 큰 도약을 꾀하기
- 절약하면서 동시에 막대한 자금을 쓰기
- 효율적이면서 동시에 중복되게 기업 운영하기

- 안정을 꾀하면서 동시에 편집증적인 마음 자세 갖기
- 관료주의적 위계질서를 존중하면서 동시에 반대 목소리도 권장하기
- 단순한 동시에 복잡한 커뮤니케이션 유지하기[7]

이 6가지 역설들은 도요타라는 조직 여기저기에 숨어 있다. 도요타를 이끄는 이 중요한 원칙들은 직원들이 상반된 요구들을 해결해나가면서도 역동성을 유지하는 데 도움이 되고 있다. 예를 들어 그 회사의 중요한 원칙 두 가지를 생각해보자. 첫 번째는 '지도카自動化'로, 인간의 개입이 포함된 자동화다. 도요타 웹사이트에는 지도카를 이렇게 설명한다. "장인정신은 수작업을 통한 기본적인 제조 원칙들을 익힌 뒤 작업 현장에 적용하고 꾸준히 개선함으로써 획득할 수 있다. 인간 기술과 과학 기술의 개선으로 이어지는 이 같은 선순환은, 우리가 제조 경쟁력을 높이면서 동시에 인적 자원을 개발하는 데 도움이 된다."[8] 두 번째로 중요한 원칙은 '적시 생산just-in-time manufacturing'이다. 낭비를 줄이기 위해, 각 제조 공장이 자동차 생산에 필요한 재고를 미리 준비해놓고 모든 자동차를 고객의 수요에 맞춰 생산하되, 추가 재고를 쌓아두거나 추가 생산은 하지 않는다는 의미다. 이 같은 지도카와 적시 생산 원칙 덕에 도요타 직원들은 각종 실험과 변화에 적극적으로 임할 수 있으며, 그 결과 모든 사람이 자신의 가장 시급한 역설을 해결할 수 있게 된다. 그리고 이 같은 원칙들은 일명 '도요타 생산 방식Toyota Production System'이라고 하는 지속적인 배움과 향상으로 한층 강화된다. 도요타 직원들은 자율로 관리되는 소규모 팀 단위로 일하며, 그 덕에 리더로부터의 통제가 최소화되고 현장에서의 의사 결정권이 주어지며 모두가 작업 과정 및 결과 향상에

도움이 되는 실험을 해볼 수 있다. 또한 이런 원칙들과 생산 방식을 통해 역설을 역동적으로 헤쳐나갈 수 있으며, 회사의 선순환에 크게 기여한다.

## 단계마다 신중하게 실험하기

무언가에 투자를 많이 하면 할수록 우리는 그 일에 더 몰입하게 된다. 앞서 2장에서도 잠시 언급했지만, 심리학자들은 이를 두고 '몰입을 가속화하는' 거의 병적인 행위라고 한다.[9] 어떤 행동, 습관, 문화가 더는 목적에 부합되지 않고 스스로 변화해야 한다는 것을 잘 알더라도, 여전히 낯설고 불확실한 가능성으로 향하는 것이 두려워 기존의 행동, 습관, 문화를 고수하는 것이다. 그럴 때 신중한 실험 정신을 통해 그 몰입 상태에서 벗어날 수 있다.

딜레마에 직면해 실험 정신을 발휘할 경우, 과감히 이런저런 시도를 하고 새로운 아이디어를 실현에 옮기며 그 결과를 평가해볼 수 있다. 단순히 마음속으로 여러 옵션을 생각만 해보는 것이 아니라, 실제로 그 생각을 실행에 옮기고 자료를 모아 그 결과를 검토해본 뒤 특정한 길로 계속 갈지, 새로운 길로 갈지 고려해보는 것이다. 그렇게 함으로써 우리는 계속 긴장의 끈을 놓지 않게 된다.

### 신속한 시제품 제작

수시로 전술을 바꿀 수 있으려면, 실험은 비용이 적게 들면서 자주 그리고 신속히 행해져야 한다. 각종 상을 수상한 캘리포니아주 팔로 알토 디자인 기업 아이디오IDEO의 최고경영자인 데이비드 켈리David Kelley는 이런 종류의 실험을 용이하게 하는 과정을 만들었다. 디자이너들은 보통 프로토타입prototype, 즉 '시제품'을 만드는데, 어떤 것이 제대로 작동하는지 알고 개선하는 데 활용하기 위한 샘플 모델이다. 그러나 켈리는 대부분 디자이너가 시제품을 실제 그런 식으로 활용하지 않는다는 사실을 알게 됐다. 디자이너들은 대개 문제점을 미리 분석하고 해결책을 찾는 데 많은 시간을 보냈다. 그래서 시제품을 만들 즈음에는 그간 너무 많은 시간을 투자했기 때문에 웬만해선 디자인을 바꾸려 하지 않았다. 결국 시제품은 더는 역동성 넘치는 배움과 변화의 도구가 되지 못한다.

그런 상황을 타파하기 위해 켈리는 아이디오 디자이너들에게 '신속한 시제품 제작'을 독려했다. 디자이너들이 소형 모델을 자주 만들기를 바란 것이다. 각 모델을 완벽하게 디자인하자는 것이 아니라 각종 아이디어를 시도해보고, 그 결과로 뭔가를 배우고 개선한 다음 다시 실험을 하자는 데 그 목적이 있었다. 중요한 점은 이렇게 비용이 적게 드는 실험들 덕에 디자이너들이 각종 아이디어에 너무 일찍 매몰되지 않을 수 있다는 것이다.[10]

작가인 우리는 신속한 시제품 제작의 가치를 잘 안다. 이 책을 쓰면서 우리는 단독 연구를 하던 초창기 시절을 되돌아봤다. 그야말로 단어 하나하나를 쓸 때마다 오랜 시간 동안 고민하고 또 고민했다. 그리고 초고를 다 쓰는 데 너무 오랜 시간이 걸려 다시 퇴고하는 것은 죽기보다 싫었다. 아이러니하게도 고품질의 초고를 쓰겠다고 너무 노심초사한 바람에 원고 작업만 한참 지연되었다. 그러나 다른 작가들과 얘기를 나눠보면서 그런 불안감과 무력감을 느끼는 작가가 흔하다는 것을 알았다. 그리고 곧 알게 된 사실이지만 글쓰기의 진가는 퇴고에 있었다. 집필 작업이 사고에 도움이 됐다면, 퇴고는 그 사고를 다듬는 데 도움이 된다.

위대한 작가라고 해서 꼭 뛰어난 초고를 써야 하는 것은 아니며, 좀 허술하더라도 빠른 시간 안에 초고를 쓴 뒤 퇴고하면서 생각을 발전시켜나가면 된다. 작가들의 경우 글이 잘 안 써질 땐 자유연상법을 활용해 일단 종이 위에 생각나는 대로 글을 적고 이후 퇴고를 해 다듬어나가길 권한다. 공동 저자인 우리는 '신속한 시제품 제작'을 한 뒤 서로 초고를 주고받으면서 각자의 생각을 보다 분명히 다듬어나가는 방식을 택했다. 그러니까 둘 중 한 사람은 서둘러 초고를 쓰고, 다른 한 사람은 그 초고를 가지고 퇴고하는 식이었다. 그렇게 여러 차례 원고를 주고받으면서 계속 다듬어나간 것이다.

도요타는 신속한 시제품 제작을 권장하는 기업 문화를 갖고 있다. 1957년 자동차의 미국 수출 가능성을 타진했을 때, 그 회사의 리더들은 미국 시장에 대해 배울 수 있는 길은 단 하나, 일단 자동차를 수출하고 거기에서 배우는 것뿐이라는 점을 잘 알았다. 관련해 전 도요타 사장은 이렇게 말했다. "설사 우리 자동차가 당장은 기대에 부합되지 않는다 해도, 언제까지 팔짱만 낀 채 보고만 있을 순 없습니다. 우리에겐 교두보가 필요합니다. 미국 시장 진입 과정에서 처음엔 좌절을 맛볼 수 있겠지만, 그러면서 귀중한 경험을 쌓으며 서서히 사업 성과를 내겠죠."[11] 도요타가 프리우스Prius를 개발해 하이브리드 자동차 시장에 내놓은 것은 지속적인 실험으로 성공한 대표적인 사례다. 도요타의 리더들은 '대기를 더 깨끗하게 만드는 자동차'라는 대담한 목표를 세웠다. 그들은 첫 실험에서 출발도 할 수 없는 엔진을 만들었다. 그 다음 엔진을 탑재한 자동차는 겨우 몇 백 미터를 움직였다. 그러나 지속적으로 소규모 실험을 하며 도요타는 계속 나아갔고, 결국 불가능해 보였던 목표를 달성했다.

## 시너지 효과 내기

실험을 하다 보면 숨어 있던 시너지 효과를 찾아낼 수 있으며, 그 결과는 역설을 헤쳐나가는 데 도움이 된다. 당면한 딜레마에 대해 알아보다 보면 서로 반대되는 옵션 사이에 존재하는 모순이 보다 쉽게 보인다. 우리는 서로 다른 결정이 그 양극단에 어떤 영향을 주는지 알게 된다. 그러나 어떤 시너지 효과가 있는지는 아직 불분명하다. 한 가지 옵션이 어떻게 반대되는 다른 옵션에 힘을 보탤 수 있을까? 그러나 실험을 하다 보면 그 시너지 효과가 보다 분명해진다.

작가이자 연사인 케리 앤 록퀴모어Kerry Ann Rockquemore는 성장 과정에서 역설을 중시하게 됐으며, 실험을 하며 어떻게 시너지 효과에 도움이 되는지도 이해하게 됐다. 백인과 흑인 부모 사이에서 태어난 록퀴모어는 어린 시절부터 혼재된 문화와 현실에서 줄타기 곡예를 해야 했다. 그리고 한 문화와 다른 문화 사이를 쉽게 오갈 수 있는 자신의 능력이 힘의 원천이라는 것을 잘 알았다.

이처럼 두 가지 정체성 사이를 쉽게 오갈 수 있는 능력 덕에 록퀴모어는 사회 경력을 성공적으로 쌓을 수 있었다. 록퀴모어는 혼혈인이 어떻게 남들과 다른 배경을 헤쳐나가는지를 연구하는 교수로서 사회 경력을 시작했다. 하지만 록퀴모어는 자신을 도와줄 멘토를 구할 공식적인 기회가 드물다는 것을 깨달았다. 성공한 교수들은 비공식적인 멘토링을 통해 도움을 받는 경우가 많다. 가장 미묘하고 개인적인 그리고 종종 가장 중요한 조언은 하루를 끝내고 술 한잔하는 자리나 골프 코스, 스쿼시 코트, 누군가의 집에서 갖는 저녁 식사 자리에서 얻게 된다. 문제는 이 같은 비공식 멘토링으로 인해 시스템 내에 편견이 발생하는 경우가 많다는 것이다. 사람들은 흔히 자신과 비슷한 사람과 더 쉽게 인간관계를 맺기 때문이다. 그런데 원로 교수 중에는 소수자가 드물다 보니, 소수자 출신의 젊은 교수가 비공식적인 멘토링을 받을 기회가 드물었다.

그래서 경계를 넘나들며 새로운 일에 도전하는 데 익숙했던 록퀴모어는 자신만의 실험에 더 몰입했다. 부업으로 벤처 사업도 시작했다. 온라인 커뮤니티를 만들어 교수들에게 멘토링과 조언은 물론 이런저런 지원을 했다. 시장이 필요로 하는 것을 정확히 꿰뚫어 본 록퀴모어의 부업은 곧 NCFDD, 즉 '교수 개발 및 다양성을 위한 전국 센터the National Center for Faculty Development and Diversity'라는 이름의 본격적인 사업으로 발전했다.

록퀴모어는 역설을 NCFDD의 핵심 전략으로 삼았다. NCFDD 같은 교육기술 기업들은 대개 '교육'보다는 '기술'에 중점을 두며, 교수보다는 엔지니어와 기업가를 더 많이 채용했다. 관련해 록퀴모어는 우리에게 이런 말을 했다. "대부분의 다른 기업은 교수를 사업에 있어 중요한 파트너로 보기보다는 …… 걸리적거리는 장애물로 봅니다."[12] 록퀴모어는 교수들을 위한 제품을 만들려 한다면, 처음부터 그들에게 그 과정을 알려줘야 한다는 것을 알고 있었다. 또한 자신의 벤처 사업이 성공하려면 교육자와 기업가 모두의 조언과 아이디어에 의존해야 한다는 것도 잘 알았다.

그러나 교육자와 기업가라는 전혀 다른 두 집단의 접근 방식을 통합하기란 쉽지 않았다. 록퀴모어는 말했다. "교수들은 결정을 내릴 때 신중에 신중을 기하므로 어떤 문제를 연구하고 실험하는 데 1년은 걸립니다. 그러나 기업가들은 가능한 한 빨리 실패하고 방향을 바꾸죠."[13] 교수와 기업가는 우선순위도 서로 달랐다. 교수들은 유용하면서도 접근 가능한 제품을 원했다. 다양한 교수들이 접근할 수 있는 가장 좋은 콘텐츠를 원한 것이다. 그러나 기업가들은 보다 상업적인 배경을 갖고 있었고 보다 실용적이고 시장 중심적인 관점을 갖고 있었다. 그래서 기업가들은 어떻게 하면 가장 낮은 비용으로 가장 높은 수익을 낼 수 있는지를 물었다. 그런 차이들 때문에 교수와 기업가 간에는 늘 갈등이 일어났다.

한 가지 딜레마에 특히 예민했는데 대학원생과 관련된 것이었다. 'NCFDD의 목표가 교수들을 지원하고 학계 불평등 문제를 해결하는 것이라면 일찌감치 대학원생들과 손잡고 일하는 편이 더 효과적이지 않을까?' 그렇게 하면 '임무 수익return on mission'(return on investment, 즉 '투자 수익'에서 investment 대신 mission을 넣은 것−옮긴이)이 높으리라. 그러나 기업가들은 이런 옵션을 택하면 돌아올 투자 수익이 없을 것이라고 봤다. 대학원생들의 경우 워낙 자원이 제한되어 있는 데다, 대학은 교수들에게 투자하듯 대학원생들에게 투자하지는 않기 때문이다.

록키모어와 그의 팀은 실험을 해보기로 했다. 대학원생을 위한 중요한 프로그램을 만들었는데, 캠프에 입소해 시간 관리와 생산성 향상 기술을 익히는 강도 높은 12주 훈련 프로그램이었다. 훈련생들은 네 명 단위의 소집단으로 프로그램에 참여했고, 각 집단에는 코치가 한 명씩 붙어 도움을 주었다. 대학은 대개 교수들에게 훈련 참가비를 지원했다. 예상했던 대로 대학원생을 보낸 대학은 거의 없었다. 훈련 참가비가 대학원생이 감당하기에는 너무 비쌌기 때문에, NCFDD는 대학원생의 참가비는 대폭 낮추기로 했다. 그러나 그것은 결국 NCFDD가 자체적으로 비용을 줄여야 한다는 뜻이었다. 가장 비중이 큰 부분은 각 소집단을 이끄는 코치들에게 지불하는 비용이었다. 코치들은 당시 그 훈련 프로그램의 가치를 크게 높이는 역할을 했지만, NCFDD는 예산 문제 때문에 결국 코치들을 포기하고 각 소집단이 자율적으로 훈련하게 하는 실험을 했다.

그런데 실험은 엄청난 성공을 거두었다. 훈련 참가자들은 도와주는 코치가 없어도 알찬 내용과 지원에 대만족했다. 게다가 그 실험 덕에 NCFDD는 사업을 더 확대할 수 있었다. NCFDD 리더들은 훈련 프로그램을 전부 다 이수할 여유가 없는 다른 교수들에게도 더 저렴한 비용으로 계속 제공해도 된다는 사실을 알게 됐다. 결국 그 실험 덕에 NCFDD는 임무를 더 잘 수행할 수 있었고 수익을 늘릴 새로운 기회도 잡았다.

## 둥지 떠나기

이 장을 쓰고 있을 때, 한 오랜 친구가 연락을 해와 자신의 딜레마를 말했다. 그 친구는 역설을 헤쳐나가기 위한 실험에 통찰이 있어, 자신의 삶에 많은 도움을 얻었다. 친구와 그의 남편은 여러 해 동안 국외 거주자 신분으로 중국에 머물면서 세 아이를 키우고 있었다. 전 세계적인 코로나19 팬데믹이 시작된 2020년에 미국으로 돌아와, 아이들의 조부모와 좀 더 가깝게 지냈다. 당시 그들의 큰딸은 8학년(우리의 중학교 3학년에 해당―옮긴이)으로 곧 고등학교에 들어갈 참이었다. 그들은 거주지 근처에서 큰딸이 다닐 고등학교를 찾아보았는데, 미국과 중국 문화 양쪽에 뿌리내리고 산 이른바 '제3문화권 아동'에게 적합한 고등학교를 찾는 것이 보통 힘든 일이 아니었다. 그래서 그들은 충동적으로 여러 기숙학교에 원서를 넣고 있었다. 그리고 나와 얘기를 나눴을 때 마침 희소식을 들은 상태였다. 여러 기숙학교에서 딸을 받아준다는 것이다. 이제 그들은 과연 딸아이를 기숙학교로 보내야 할지 말지 결정해야 했다.

그리고 그 딜레마 속에서 이런저런 갈등과 감정이 발생했다. 부모와 큰딸 모두 기숙학교가 제공하는 각종 기회에 큰 관심을 갖고 있었다. 동시에 떨어져 지내야 하는 아픔이 두려웠다. 미처 마음의 준비를 하기도 전에, 늘 붙어 지내던 가족과 떨어져 지내게 됐으니까 말이다. 사실 큰딸은 집안의 리더나 다름없었다. 그런 큰딸이 떠나면 남은 두 아이가 어떤 반응을 보일까? 그 대가족 중에서 기숙학교에 다닌 사람은 아무도 없었다. 기숙학교는 그 집안의 스타일이 아니었다. 그래서 그런 결정 자체가 거북하게 인식되었다. 나는 그들의 이야기를 들으면서 그 딜레마 밑에 숨은 역설을 볼 수 있었다. 꼭 붙잡고 있는 것과 보내주는 것 간의 역설 그리고 가족 한 사람에게 최선이라고 생각되는 일을 하는 것과 가족 전체에게 최선이라고 생각되는 일을 하는 것 간의 역설이다.

친구와 친구의 남편을 만나 이야기를 나눴을 때 나는 한창 이 장을 쓰던 중이었다. 나는 이렇게 물었다. "딸아이를 기숙학교에 보내는 결정을 일종의 실험으로 생각해보면 어떨까?" 사실 그들은 기숙학교에 보내는 결정이 딸과 그들에게 그리고 나머지 식구에게 어떤 영향을 줄지 추측할 수는 있었지만, 실제로 시도해보지 않고는 정확히 알 수 없었다. 그러니 일단 딸아이를 6개월간 기숙학교에 보내보고 그때 다시 생각해본다면 어떨까? 만일 가족 모두가 느끼는 손실이 너무 크다면, 딸아이가 집에 돌아오는 것으로 결정하는 것이다. 아니면 손실은 있더라도 가족 모두에게 새로운 가능성을, 그러니까 전혀 예상하지 못한 기회를 줄 수도 있다. 그런 식으로 자신들의 결정을 일종의 실험으로 생각하자, 친구와 그의 남편은 '둘 중 하나' 접근법에 빠지지 않고 보다 역동적인 접근법을 택할 수 있었다. 그 결과로 딸에게 더 좋은 교육 기회를 주면서 동시에 가족의 친밀도도 높일 수 있었다.

## 예상치 못한 행운에 대비하기

새로운 가능성은 종종 우리가 전혀 예상하지 못한 상황에서 나타난다. 문제는 이런 생각을 해내고 그 생각에 마음을 여는 것이다. 그러니까 '세렌디피티serendipity', 즉 '예상치 못한 행운'에 마음을 여는 것이다. 우리는 그런 행운을 '계획된 행운'이라고 정의한다. 예상치 못한 가치 있는 것을 찾는 행운 말이다. 그러나 우리는 새로운 가능성을 적극적으로 찾지는 않더라도, 새로운 가능성이 나타나게 하고 실제 그렇게 됐을 때 알아챌 수 있는 위치에 우리 자신을 놓을 수는 있다. 그러니까 개인으로서 또 리더로서, 예상치 못한 행운이 나타날 여건을 조성할 수 있다. 그런 접근법을 통해 틀에 박힌 삶에 빠지지 않고 새로운 가능성을 향해 나아갈 수 있다.

3M의 포스트잇, 벨크로, 페니실린 그리고 콜럼버스의 아메리카 대륙 발견이 다 예상치 못한 행운의 대표적인 사례다. 이 사례들에서 발명가나 과

학자 또는 탐험가는 한 가지 문제를 해결하는 데 집중하다가 다른 문제의 해결책을 우연히 찾아냈다. 콜럼버스는 중국으로 가는 새로운 통상 항로를 찾는 임무를 수행 중이었다. 그런데 아메리카 대륙에 도착했다. 알렉산더 플레밍 Alexander Fleming은 유행성 감기에 대한 연구를 하다가 감염병을 치료할 수 있는 페니실린을 발견했다.

로버트 고어가 훗날 고어텍스가 된 폴리머polymer를 발견하게 된 것도 예상치 못한 행운이었다. 그는 수개월간 섬유 화합물을 가지고 실험 중이었다. 섬유 소재의 내구성을 높일 방법을 찾고 있었던 것이다. 그러나 열을 가해보고 냉각도 시켜보는 등 모든 것을 다 해봤지만 내구성만 떨어졌다. 그런데 어느 날 실험 결과에 너무 실망한 그가 섬유 소재를 홱 잡아당겼는데, 800퍼센트 이상 늘어났는데도 끊어지지 않았다. 그 일을 계기로 그는 고어텍스를 개발했다. 이는 이후 고어 사가 개발한 그 많은 제품의 토대가 된 화합물이었다. 고어의 최고경영자 자리에 오르면서 켈리가 가졌던 의문은, 어떻게 하면 회사가 예상치 못한 행운을 만들어 기업 문화에 이와 비슷한 혁신을 일으킬 수 있느냐 하는 것이었다.

나(메리앤)는 살아오면서 여러 차례 예상치 못한 행운의 힘을 경험했다. 그중 가장 기억에 남는 것은 런던에서 풀브라이트 장학생 생활을 할 때 겪은 경험이다. 당시 나는 스스로 신시내티대학교라는 안전지대 밖으로 나와 부학장의 책임을 벗어던지고 연구와 영향력을 확대하려 했다. 당시의 그런 상황을 최대한 잘 활용하기 위해 런던 시내 안과 그 주변의 여러 경영대학원에서 내 연구 결과를 프레젠테이션했으며, 런던 카스경영대학원(지금의 베이즈경영대학원)에서 너무도 긍정적인 경험을 했다.

그러나 물론 모든 날이 그렇게 긍정적이었던 것은 아니다. 나는 이런저런 이유로 런던경영대학원에서 가장 큰 시련을 맞았다. 평정심을 잃지 않으려고 내 감정, 특히 내 방어적인 마음 자세와 맞서 싸웠고, 딕분에 교수들의 비판을 받아들이면서 많은 것을 배웠다. 실제로 당시 나는 집에 갈 때 지하철을 타는 대신 한 시간 동안 걸으며 상처를 달램으로써 통찰력을 키웠다.

그리고 단 1년 후 카스경영대학원의 새로운 학장으로 일하면서 내 '계획된 행운'에 대해 깨달았다. 어느 날 나는 학장 일을 돕는 조사위원회에서 일해온 한 원로 교수와 함께 차를 한잔했다(어쨌든 우리는 홍차의 도시 런던에 있었으니까). 나는 그에게 풀브라이트 장학금을 받게 해주서서 얼마나 고마운지 모른다고 말했다. 덕분에 카스경영대학원에서 생활할 수 있었고, 이런저런 우여곡절 끝에 학장 자리에까지 오르게 됐다고 했다. 그랬더니 원로 교수는 싱긋 웃으며 내가 학장 면접자가 된 것은 카스경영대학원 생활 때문이 아니라고 말했다. 알고 보니 그는 런던경영대학원에서 청중석에 앉아 있었으며 대학 총장에게 이렇게 말했다는 것이다. 그렇게 긴장되는 자리에서 침착하게 행동하고 또 협조적이면서도 배우려는 자세를 취할 수 있는 사람이라면 분명 학장 일을 잘 해낼 것이라고.

나는 이 이야기를 가끔 학생들에게 들려준다. 당신은 기회가 어디에서 올지 절대 알지 못한다. 그러나 의도적으로 스스로를 기회가 생길 수 있는 위치에 놓고, 실제 기회가 생겼을 때 알아챌 수 있는 마음 자세를 가질 수 있다. 그러니 의도적으로 탐험가의 마음 자세를 갖도록 노력해보라.

역설을 효과적으로 헤쳐나갈 수 있느냐 없느냐의 여부는, 예상치 못한 행운을 맞을 수 있는 여건을 조성할 수 있느냐 없느냐에 달려 있다. 즉 우리 스스로 그런 행운을 맞을 준비를 해야 한다. 프랑스 화학자 루이 파스퇴르Louis Pasteur는 "행운은 준비된 마음을 좋아한다"라는 말로 예상치 못한 행운의 개념을 토로했다.

중요한 사실은, 예상치 못한 행운에 대비하는 일 자체가 역설이라는 것이다. 대체 어떻게 행운이 나타날 것에 대비한다는 말인가? 포르투갈 리스본에 있는 노바경영경제대학원의 경영학 교수 미구엘 피나 에 쿤하Miguel Pina e Cunha와 호주 시드니에 있는 시드니공과대학교 경영학 교수 마르코 베르티Marco Berti는 우리의 동료 교수들이다. 두 사람은 너무 기계적일 정도로 행운에 대비하면 위험하다고 경고한다. 조직 내에서 예상치 못한 행운에 기대거나 개인적 삶에서 그런 행운을 좇는다면, 새로운 발견의 본질과 기쁨을 놓칠 수 있기 때문이다. 두 사람은 그보다는 우발적인 접근법을 권한다. 다시말해 불확실성을 받아들이고 의심을 조장하며 즉흥성도 용인하는 접근법이다.[14] 뉴욕대학교 국제업무센터에서 국제경제 프로그램을 이끄는 크리시티안 부시Christian Busch는 그런 종류의 대비를 지지한다. 그는 예상치 못한행운은 우리 마음에 달려 있다고 주장한다. 행운은 오게 되어 있으므로, 늘마음을 열고 맞을 준비를 해야 한다는 것이다.[15]

## 우리의 아이들을 잘 가르치자

아동 도서 작가 스티븐 코스그로브Stephen Cosgrove는 새로운 기회들을 가져다준 역설을 헤쳐나가는 과정에서 예상치 못한 행운에 의존했다. 그는 우리에게 말했다. "내 삶 전체가 예기치 못한 행운의 이야기입니다."[16] 그가 처음 쓴 책의 제목이 《세렌디피티Serendipity》여서 특히 더 와닿는다. 그가 글을 쓰게 된 과정 또한 정말 '계획된 행운' 그 자체였다. 나(웬디)는 코스그로브의 책들을 아주 좋아했다. 그의 책을 초등학교 1학년 때인 여섯 살에 처음 읽었다. 그때 내 머릿속에서는 늘 세렌디피티라는 단어가 왔다 갔다 했다. 그리고 코스그로브가 살아온 이야기를 알고 난 뒤 그에 대한 내 애정은 존경으로 발전했다.

1974년, 당시 중견 기업 임원이던 코스그로브는 세 살 난 딸에게 읽어줄 책을 찾기 위해 서점으로 들어갔다. 내용은 짧지만, 선한 사람들이 나오고 선한 가치로 긍정적인 메시지를 전하는 이야기가 담긴 책을 원했다. 또한 내용의 수준이 높으면서도 비싸지 않아 여러 권 살 수 있는 그런 책을 원했다. 그러나 그가 본 책들은 거의 다 너무 긴 이야기가 담겼거나, 아무 교훈도 못 주는 단순하고 짧은 이야기들이 담긴 두툼한 표지의 값비싼 책들이었다. 딜레마에 빠진 그는 자기 앞에 있는 옵션들을 받아들이지 않기로 했다. 대신 아이들을 위한 책을 직접 써보는 실험을 해보기로 했다.

그는 어려서부터 위대한 이야기들을 읽었고 대학 시절에는 배우도 해봤고 글도 좀 써봤다. 그러나 글에 대한 그런 관심이 자신을 본격적인 작가의 길로 이끌게 되리라고는 상상도 하지 못했다. 그는 사업 분야에서 일하게 될 것이라고 생각했다. 처음에는 아버지 밑에서 일했고 그런 다음 한 리스 회사의 부사장으로 일했다. 그러다 서점에서 딜레마에 빠진 경험을 다시 글을 써볼 기회로 보았다. 그는 리스 회사에서 일하면서, 새벽 4시에는 타자기를 꺼내 글을 쓰기 시작했다. 그리고 《세렌디피티》를 비롯해 네 권의 책을 썼다. 책마다 열정적이며 재미있고 존경할 만한 인물들이 등장했으며 긍정적인 가치가 담겨 있었다. 그는 삽화가 로빈 제임스Robin James에게 부탁해 다

채로운 색상의 삽화도 책에 그려 넣었다.

그런데 그 책들을 출간하려고 애쓰면서 새로운 딜레마에 봉착했다. 그는 자신의 책을 값싼 페이퍼백 형태로 출간해 많은 사람이 부담 없이 사볼 수 있게 하고 싶었다. 그러나 그런 출판사를 찾기는 쉽지 않았다. 책을 출간하려고 1년 가까이 동분서주하던 그에게 마침내 한 출판사가 제안을 해왔다. 너무 다채로운 삽화들을 빼고 가치 판단적인 교훈도 빼고 값비싼 하드커버로 출간하는 조건이라면 후한 돈을 지불하겠다는 제안이었다. 그러나 코스그로브가 전혀 원치 않는 조건이었다. 좌절감을 느낀 그는 다시 깊은 고민에 빠졌다. 그리고 사업 경험을 살려 자비 출판을 하기로 마음먹었다. 그는 세렌디피티 프레스라는 1인 출판사를 직접 차렸다. 그리고 '세렌디피티' 시리즈는 대박을 터뜨렸다. 3, 4년간 코스그로브는 첫 시리즈인 12권의 책을 300만 부 넘게 팔았다. 그 시리즈는 현재 70권 이상의 책으로 이루어져 있는데, 이 시리즈에서 영감을 얻어 일본에서는 애니메이션과 만화로 나오기도 했다. '세렌디피티' 시리즈가 처음 출간된 지 거의 50년이 지난 지금, 코스그로브는 영어 텔레비전 시리즈를 쓰고 있으며 자신의 책들을 중국어로 번역하는 작업도 하고 있다.[17]

코스그로브는 새로운 기회가 나타나면 언제든 잡을 수 있는 준비가 되어 있었다. 그는 적절한 책을 찾을 수 없자 경험을 살려 직접 그런 책을 만들어 냈다. 또한 적절한 출판사를 찾을 수 없자 사업 수완을 살려 직접 출판사를 차렸다. 경험을 통해 준비를 했고, 그 덕에 다가오는 새로운 기회를 잡아 실험할 수 있었다. 그렇게 함으로써 직면한 딜레마 밑에 숨은 역설을 헤쳐나갈 수 있었다.

## 대중을 위한 오토바이

사업 분야에서 잘 알려진 '예상치 못한 행운'의 예는 자동차 제조사 혼다에서도 있다. 혼다는 1960년대 미국 오토바이 시장에 진출해 엄청난 성공을 거두었는데, 그간 혼다가 철저한 준비를 했다는 주장과 순전히 행운이라는 주장이 팽팽히 맞서왔다.

1975년 보스턴 컨설팅 그룹은 영국 자동차 업계의 의뢰를 받아 미국 오토바이 시장에서 영국의 점유율이 어떻게 49퍼센트에서 9퍼센트로 급락했는지에 대한 보고서를 작성했다.[18] 그 보고서는 1950년대에 미국에서 오토바이 이용자가 어떻게 줄어들었는지를 잘 보여주고 있다. 오토바이를 타는 주요 인구가 가죽 재킷을 걸친 폭주족과 기타 요란한 집단들로 쪼그라든 것이다. 그런 상황에서 1960년에 혼다가 보다 가볍고 작은 경량급 오토바이로 미국 시장에 진출한 것이다. 그 오토바이는 일본에서 쉽게 시내를 돌아다니며 간단한 용무를 보고 싶어 하는 도시 거주자들 사이에서 잘 팔렸다. 아울러 혼다는 "혼다 오토바이를 타는 더없이 멋진 사람들을 만나십시오"라는 마케팅 캠페인을 펼쳤다. 보스턴 컨설팅 그룹의 보고서에 따르면, 1960년에 50만 달러에 불과했던 혼다의 매출이 1965년에 7700만 달러로 늘어 미국 시장 점유율이 무려 63퍼센트에 이르게 된 것은, 혼다의 뛰어난 저가 차별화 전략과 창의적인 마케팅 덕분이라고 보았다. 이후 혼다의 성공은 전 세계의 경영대학원에서 다루는 뛰어난 시장 분석 및 전략 모델이 되었다.

스탠퍼드경영대학원 교수 리처드 파스칼Richard Pascale은 이것이 혼다 성공 스토리의 전부인지 궁금했다. 보스턴 컨설팅 그룹의 이야기는 너무 건전하고 합리화된 것 같았다. 그는 '재미 삼아' 더 깊이 알아보고 싶었다. 그래서

1982년에 1950년대의 미국 오토바이 시장 진출을 주도했던 혼다 임원 여섯 명을 초대해 뒷이야기를 들어보기로 했다. 그렇게 듣게 된 혼다 임원들의 이야기는 보스턴 컨설팅 그룹의 이야기와 너무 달랐다. 그 임원들이 볼 때 혼다의 성공은 치밀하게 준비했다기보다는 예상치 못한 행운 덕이었다. 즉 지나치게 자신만만했던 한 리더와 처음에는 내키지 않았지만 뜻밖의 기회를 활용해보기로 한 결정으로 성공할 수 있었다. 다시 말해, 그 임원들은 예상치 못한 행운에 대비했고 실제 그런 행운이 왔을 때 잘 이용했다.

혼다의 창업주 혼다 소이치로는 꽤 창의적인 천재이자 개성 또한 강한 인물로, 그의 기풍은 조직 곳곳에 스며들었다. 파트너 후지사와 다케오가 혼다 오토바이를 어떻게 미국 시장에 팔아야 하는지 알아보기 위해 임원 세 명을 미국에 파견하는 100만 달러짜리 프로젝트를 승인하게 된 것도 혼다 소이치로의 기풍에 힘입은 바가 크다. 세 임원은 미국 시장에 대해 전혀 아는 바가 없었다. 미국의 주요 오토바이 이용자인 가죽 재킷을 입은 폭주족에게 어떻게 오토바이를 팔아야 할지 감도 잡지 못했다. 게다가 그들은 영어도 제대로 하지 못했다. 로스앤젤레스에 원룸을 빌려서 세 명이 함께 머물며 오토바이를 팔기 위해 동분서주했다.

미국 시장에 대해 워낙 아는 것이 없다 보니, 초기 전략은 보다 무겁고 큰 오토바이(350cc)를 파는 데 집중됐다. 그런데 안타깝게도 그 오토바이의 엔진은 당시 미국 시장이 필요로 하던 장거리 여행과 험한 용도에는 맞지 않았다. 게다가 툭하면 기름이 샜고 클러치에 고장도 잘 났다.

첫 한 달이 다 가기 전에 혼다의 미국 시장 공략은 실패로 끝나는 듯했다. 세 임원은 혼다 연구개발팀이 문제점을 고칠 수 있도록 오토바이들을 일본

7 갈등을 일으키는 역동성 만들기

으로 반송하느라, 갖고 있던 현금도 거의 다 쓴 상태였다. 현금은 바닥나고 앞으로 뭘 해야 할지도 모른 채 보완된 오토바이들을 기다리던 그들에게 행운이 찾아왔다. 대기 상태에서 그들은 일본에서 가져온 경량급 오토바이(50cc)를 몰고 로스앤젤레스 주변을 돌아다니며 간단한 용무를 봤다. 그때 그 경량급 오토바이를 본 미국 유통업체 시어스의 한 임원이 그 오토바이를 도시 거주자들에게 판매할 수 있겠다고 생각했다. 그러나 세 임원은 처음에 그 오토바이를 팔자는 시어스의 제안을 거절했다. 경량급 오토바이를 판매함으로써 중량급 오토바이 시장에 도전장을 내민 혼다의 체면이 구겨지는 것을 원치 않았던 것이다. 새로운 아이디어는 그 자체가 위험해 보이기도 했지만, 그들은 시어스나 다른 스포츠용품 매장 같은 데서 오토바이를 판다면 오토바이 대리점들 사이에서 혼다의 영향력이 줄어들 수 있다고 우려했다. 중량급 오토바이들의 리모델링을 기다려야 하는 불안정한 상황에서 세 임원은 결국 시어스의 제안을 받아들였다. 이는 혼다가 이후 미국 오토바이 시장에서 큰 성공을 거두는 과정에서 생긴 예상치 못한 여러 행운 중 첫 번째였다.

리처드 파스칼 교수는 이 모든 것을 '혼다 효과Honda effect'라고 하면서, 이런 뒷이야기야말로 일부 전문가들이 혼다의 성공 요인을 설명하면서 철저한 준비와 선견지명만 지나치게 강조하고 예상치 못한 행운은 무시하는 이유를 설명해준다고 했다. 보스턴 컨설팅 그룹의 보고서 내용을 대체하는 이 혼다 효과의 등장으로 혼다 오토바이의 성공에 대한 관점은 비로소 균형이 잡히게 된다. 관련해 파스칼은 이런 말을 했다. "혼다 오토바이 성공의 뒷이야기라는 이 소소한 토대로 인해 전략의 계획적인 면을 중시하는 사람들과 예상치 못한 행운을 중시하는 사람들 간에 열띤 논쟁이 벌어지리라고는 생각하지 못했습니다." 그러나 어쨌든 열띤 논쟁이 벌어졌고 경영학 교수들도 동참해 대체 가능한 다른 접근법을 택할 것을 강력히 주장했다.[19]

파스칼은 예상치 못한 행운을 지속 가능하게 만드는 툴에 대해서도 자세하게 이야기했다. 서로 다른 옵션들을 소중히 생각하는 것, 논쟁의 여지가 있는 기회를 존중하고 그런 기회를 만드는 것, 기업 내 위계질서를 약화해 모든 사람이 의견을 내놓게 하는 것이 이에 해당한다. 파스칼과 동료들은 그런 툴을 '기민성 키우기 cultivating agility'라고 한다. 우리는 장기적인 성공을 위해서는 그런 활력, 즉 예상치 못한 행운을 가능하게 해주는 준비나 계획이 필요하다는 데 동의한다.

우리 동료인 미구엘 피나 에 쿤하, 아르메니오 레고Armenio Rego, 스튜어트 클레그Stewart Clegg, 그레그 린제이Greg Lindsay도 혼다 스토리를 연구했다. 그들은 파스칼의 접근법에 내재된 역설적 특성을 강조한다. 예상치 못한 행운은 역설을 관리하는 데만 도움이 되는 것이 아니다. 그들의 주장에 따르면, 예상치 못한 행운 속에는 철저한 준비와 운, 계획적인 것과 우발적인 것, 안정성과 기꺼이 변화하려는 의지가 혼재하므로 그 자체로도 역설적이다. 혼다의 임원들은 쿤하 등이 말하는 이른바 '생성적 의심의 가능성potential for generative doubt'을 만들어냈다. 과감하게 불확실성 속에서 기회를 잡을 수 있는지 알아보려 한 것이다. 혼다 스토리 분석은 '역설을 헤쳐나가는 일은 그 자체로 역설적이다'라는, 이 책의 가장 중요한 메시지도 뒷받침해준다.

# 배운 것들을 잊는 법 배우기

이 장 앞부분에서 우리는 디자인 기업 아이디오에 대해 잠시 이야기했다. 신속한 시제품 제작 같은 디자인 관행 덕에 그 기업은 끝없이 배우고 언제든 변화에 대처하는 등 뛰어난 역동성을 가질 수 있게 되었다. 그러나 그 과정에서 제기된 문제 하나는 그 기업이 필요할 때 기본적인 업무 과정을 변화시킬 수 있느냐 하는 것이었다. 우리는 그런 노력을 '배운 것들을 잊는 법 배우기'라고 한다. 그러니까 낡은 멘탈 모델mental model(사람들이 자기 자신, 다른 사람, 환경 등에 대해 갖고 있는 모형—옮긴이)에서 벗어나 새로운 멘탈 모델을 택하는 법을 배워, 보다 큰 융통성을 안고 역설을 헤쳐나간다는 것이다.

1998년 아이디오의 디자이너 데니스 보일Dennis Boyle은 새로운 기회를 맞아 어쩔 줄 몰라 했다. 당시 아이디오의 한 팀에 속해 있던 보일은 디지털 전자 제조업체 쓰리콤3Com을 도와 팜파일럿 5PalmPilot V 프로젝트를 성공리에 진행하도록 하고 있었다. 초창기 휴대용 컴퓨터 버전인 팜파일럿 5는 이전 팜파일럿 버전들에 비해 내구성이 좋고 가벼우며 디자인도 세련됐다. 팜파일럿 5 프로젝트는 2년 넘게 진행됐으며, 그 기간 중에 사람들이 팜파일럿을 어떻게 사용하고 있는지, 개선할 점은 무엇인지 광범위한 조사도 이루어졌다. 또한 보일의 팀은 제조업체들과 협력해 새로운 리튬 이온 배터리를 개발해야 했고 종래의 플라스틱 케이스를 양극 산화 알루미늄 케이스로 대체할 새로운 방법도 찾아내야 했다. 이제 제품은 생산에 돌입해 1999년 2월에 출하될 예정이었다.

그런데 1998년에 팜파일럿 5 프로젝트를 진행하던 리더 여러 명이 더 높은 자율성과, 금전적인 이득을 찾아 쓰리콤을 떠났다. 그들은 핸드스프링Handspring이라는 새로운 회사를 설립했으며, 새로운 기능이 추가되고 가격도 팜파일럿 5 버전의 반밖에 안 되는 제품을 만들려고 했다. 운영체제는 라이선스 계약하에 쓰리콤의 운영체제를 쓰기로 합의됐다. 그들은 새로운 제품을 1999년 12월 연휴 시즌에 판매하기 위해 팜파일럿 5 출시까지 걸린 시간의 절반 안에 제작하려 했다. 그 목표를 달성하려면 제품 디자인을 최대한 서둘러 1999년 4월까지는 끝내야 했다. 핸드스프링 팀은 보일과 팜파일럿 5 버전 작업을 성공적으로 협업한 경험이 있어, 그에게 아이디오에서 그 프로젝트를 맡아달라고 요청했다.

보일은 딜레마에 빠졌다. 그 프로젝트를 맡으려면 아이디오에서 그간 잘 개발해온 디자인을 양보해야 했다. 첫째, 디자인을 하는 과정에서 아이디어를 짜내기 위해 직원들이 머리를 맞대고 많은 대화를 나누어야 했고, 또 예상치 못한 행운의 기회를 잡고 보다 많은 것을 배우기 위해 비공식적인 인맥들을 활용해야 했다. 예를 들어 아이디오가 팜파일럿 5 프로젝트와 관련해 배운 것들은 대개 보일이 200명이 넘는 아이디오 본사 직원에게 팜파일럿 제품을 구입해준 뒤 어떤 면을 개선하면 좋을지 비공식적인 의견을 달라고 요청해 이루어진 것이었다. 아이디오가 팜파일럿 5 출시를 지원해온 입장이었음을 감안할 때 핸드스프링 프로젝트는 비밀리에 진행되어야 했다. 그래서 그 프로젝트와 무관한 다른 아이디오 동료 직원들로부터 뭔가를 배울 가능성은 줄어들 수밖에 없었다. 둘째, 제품 디자인 기간을 줄이려면 아이디오 팀은 디자인 과정에서 실험 단계를 크게 줄여야 했고, 신속하게 시제품을 제작하고 피드백을 받아 개선할 기회 역시 최소화해야 했다.

보일은 핸드스프링 프로젝트를 맡아야 했을까? 그 프로젝트 때문에 핵심 디자인 과정에 변화가 올 것을 뻔히 알면서도 말이다. 그렇게 되면 새로운 제품에 대해 새로운 아이디어를 내야 했고, 또 제품 개발 과정에서도 새로운 아이디어를 내야 했다. 결국 보일은 그 프로젝트를 맡기로 했다. 아이디오가 진정 배움과 디자인을 중시하는 디자인 기업이라면, 그 작업 과정 역시 재디자인해야 한다는 점을 잘 알고 있었던 것이다.

## 이원 순환 학습

조직 개발의 선구자 중 한 사람으로 여겨지는 하버드대학교 교수 크리스 아지리스Chris Argyris는 보일이 직면했던 도전을 '이원 순환 학습double-loop learning'이라고 한다. 우리는 '단일 순환 학습single-loop learning'을 수시로 그리고 거의 자동으로 한다. 결정을 내리고 실행에 옮기고 피드백을 받고 새로운 지식을 활용해 이후 더 나은 결정을 내리는 일 말이다. 그런데 이원 순환 학습을 하게 되면, 몸에 밴 우리의 추정과 멘탈 모델은 물론 결정을 내릴 때 적용하는 원칙에도 변화가 생긴다. 아지리스는 이를 자동 온도조절 장치에 비유한다. 자동 온도조절 장치를 섭씨 20도에 맞춰놓았다고 가정해보자. 자동 온도조절 장치는 방 안의 온도를 감지해 데이터를 모은 뒤 그에 맞춰 반응한다. 온도가 높으면 열을 낮추고 온도가 낮으면 열을 높인다. 그런 과정이 단일 순환 학습에 해당한다. 반면에 자동 온도조절 장치를 왜 섭씨 20도에 맞춰야 하는지와 관련된 추정에 의문을 제기하는 것이 이원 순환 학습에 해당한다.[20]

우리의 추정은 끊임없이 사고와 의사 결정에 영향을 미치며, 특히 역설에 직면할 때의 반응에 영향을 미친다. 이 책에서 계속 다뤄온 역설로 인한 갈등에 대해 생각해보고, 또 그런 갈등에 영향을 미치는 각 추정에 어떻게 문제를 제기해왔는지도 생각해보자. 4장에서 우리는 조직이 임무에 집중하는 것과 시장에 집중하는 것 사이에서 직면하는 갈등에 대해 이야기했다. 그러면서 사회적 기업 DDD를 설립한 제러미 호켄스타인에 대해서도 이야기했다. DDD라는 사회적 기업에 대한 아이디어를 떠올렸을 때, 그는 조직이 이익 지향적인 일에 집중하거나 임무 지향적인 일에 집중하거나 둘 중 하나이지 양쪽 모두에 집중할 수는 없다는 추정에 맞닥뜨렸다. 이 책에서 계속 일과 삶 간의 갈등에 대해 이야기해왔는데, 자신의 정체성(경력 지향적이거나 가족 지향적인 사람들)과 책임에 대해 어떤 추정을 하는지에 따라 그런 갈등을 헤쳐 나가는 방식 또한 크게 달라진다.

작가이자 교수인 애덤 그랜트Adam Grant는 《싱크 어게인》에서, 배운 것들을 잊는 법을 배우고 우리의 사고에 영향을 주는 핵심 추정을 재고해보라고 말한다.[21] 즉 우리가 갖고 있는 추정을 정확히 알고 겸허한 마음으로 그 추정에 계속 이의를 제기하라고 자신의 연구를 통해 권하는 것이다. 그는 또 정치인이나 전도사나 검사처럼 생각해 자신의 입장이나 이념 또는 상황을 방어하려 하지 말고, 과학자처럼 생각해 우리의 증거는 물론 의문에도 의문을 표하고 상반된 데이터와 관점을 찾으라고 요구한다. 상반된 요구들을 헤쳐나가기 위한 역동성 넘치는 접근법을 택한다는 것은 기꺼이 배운 것들을 잊는 법을 배운다는 의미이며, 그렇게 함으로써 우리는 보다 유연한 줄타기 곡예를 할 수 있게 된다. 그렇게 되면 기꺼이 자신에게 줄타기 곡예를 제대로 하고 있는지 묻게 될 것이다.

고어에서 테리 켈리 역시 아이디오가 한 것처럼 해야 했다. 조직이 그 핵심 과정을 혁신할 수 있게 새로운 관행을 도입해야 했다. 고어는 제품 개발 면에서는 역동적이고 혁신적이었지만, 기업 문화와 구조 면에서는 너무 경직되어 있었다. 아이러니하게도 조직 리더들은 더글러스 맥그리거Douglas McGregor(미국의 경영학자—옮긴이) 스스로 지양했던 그의 관리 이론을 적용해, 과학자처럼 생각하지 않고 전도사처럼 생각해왔던 것이다.

켈리가 직면한 도전은 어떻게 회사가 줄타기 곡예를 더 잘할 수 있게 하느냐는 것이었다. 켈리는 통합된 전 세계적 조직 구조 안에서 소규모 팀 문화를 유지할 수 있는, 보다 역동적인 접근법을 취할 필요가 있음을 깨달았다. 그래서 기업 전반의 일을 생각하는 접근법을 서서히 도입하기 시작했다. 그리고 기업 통합 과정을 마련했으며, 각 하위 팀 안에서 무엇이 효과 있고 무엇이 효과가 없는지에 대한 데이터를 수집했다.

그렇게 하려면 투명한 정책과 원활한 커뮤니케이션을 통해 기업 전체를 위한 글로벌 전략이 각 지역의 권한과 창의성을 위축시키는 것이 아니라 오히려 확대한다는 것을 알게 해주어야 했다. 그래서 켈리는 전 직원이 참여하는 공개 토론회를 여러 차례 열었다. 그러고는 사람들 의견에 열심히 귀 기울였다. 그런 자리들을 통해 켈리의 팀은 이른바 '숨쉬기breathing'를 했다. 사람이 생존하려면 계속 숨을 들이마시고 내쉬어야 한다. 마찬가지로 고어가 생존하려면 생각은 국제적으로 하면서 행동은 지역적으로 해야 했다. 즉 상반된 양극단의 요구들 사이에서 계속 역동적인 춤을 추어야 했다.

## 【 주요 내용 】

- '둘 중 하나' 사고를 하다 보면 토끼굴로 빠져들 수 있다. 그래서 우리는 '둘 다 모두' 사고를 통해 배우고 개발하고 변할 수 있어야 한다. 다음의 세 가지 툴을 잘 활용하면 활기차고 지속적인 역동성을 가질 수 있다.

  - **단계마다 신중하게 실험하기:** 비용이 적게 드는 작은 규모의 단계를 여럿 거치면서 새로운 아이디어를 테스트하고 피드백을 통해 배우며 나아간다면, 불확실성 속에서도 계속 앞으로 나아갈 수 있다.

  - **예상치 못한 행운에 대비하기:** 우리는 계획된 행운을 통해 혁신과 변화의 가능성에 한 발 더 다가갈 수 있다. 또한 목적이 있는 노력을 통해 스스로 새로운 기회를 만들거나 경험할 수 있으며 새로운 기회에 집중할 수 있는 마음 자세를 갖게 된다.

  - **배운 것들을 잊는 법 배우기:** 역설은 역동성을 갖고 있어, 늘 우리에게 이미 알고 있는 사실을 재고하고 변화할 것을 요구한다. 그러려면 현재의 확실성에서 벗어나 불확실성으로 들어갈 준비를 해야 한다.

7 갈등을 일으키는 역동성 만들기

# 적용

## : '둘 다 모두' 사고 연습

*Paradox*
*Mindset*

삶에서 이런저런 딜레마에 직면하면 어떻게 반응하는가? 사람들을 극단적으로 분열시키는 골치 아픈 갈등을 어떻게 해결하는가? 상반된 요구들을 통합하고 존중하고 충족하는 방향으로 조직을 이끌 수 있겠는가? 이 모두가 '둘 다 모두' 사고를 필요로 하는 상황이다. 그리고 이같이 골치 아픈 문제들을 해결해줄 뼈대를 제공하는 것이 바로 역설 시스템이다. 그런데 힘든 문제에 빠져 허우적거리는데 대체 어떻게 그 역설 시스템을 활용할 수 있는가?

3부에서는 그 방법으로서 '둘 다 모두' 사고를 채택하는 과정을 자세히 다룰 것이다. 각 장에서는 개인 차원, 대인관계 차원, 제도적 차원에서 각 과정을 집중적으로 살펴본다. 또한 역설 시스템을 제대로 이해할 수 있는 구체적인 사례들도 소개할 것이다.

# 8

# 개인적인 결정
## 머물러야 하는가, 떠나야 하는가?

역설적인 상황에 놓인다는 건 얼마나 멋진 일인가!
이제 앞으로 나아갈 수 있는 희망이 생긴 것이다.
**- 닐스 보어**

삶에서 직면한 문제를 하나 떠올려보라. 그 문제는 해결해
보려고 고심 중인 직장 문제일 수 있다. 아니면 집안 문제
일 수도 있다. 그런 문제를 죽 적어보라.

'둘 다 모두' 사고에 대한 워크숍을 진행할 때 우리는 종종 그렇게 시작한
다. 워크숍에 참여한 사람들에게 먼저 현재 직면한 일반적인 문제를 적어보
라고 한다. 그런 다음 특정한 딜레마를 적어보라고 하고, 마지막으로 정말
중요한 그 딜레마 밑에 숨은 역설을 찾아보라고 한다. "이제 앞으로 나아갈
수 있는 희망이 생겼다"라는 양자물리학자 닐스 보어의 말이 적용되는 것이
바로 이 시점이다.

이 장에서 우리는 사람들이 직면하는 가장 도전적인 문제들을 해결하기

위해 딜레마 밑에 숨은 역설들을 찾고 앞으로 나아가는 과정을 볼 것이다. 그리고 그 과정을 이해하기 쉽게 엘라 프랑케Ella Franke가 직면했던 경력 관련 사례를 소개할 것이다. 프랑케는 가명이다. 이야기의 세세한 부분은 우리가 같이 일해온 여러 사람의 경험과 비슷하다. 이런 종류의 경력 관련 문제를 흔히 접할 수 있다는 점에서, 프랑케의 이야기가 개인적인 의사 결정에 어떻게 적용되는지 보여주는 좋은 예라고 생각한다.

## 딜레마를 명확히 하라

엘라 프랑케는 마침내 직장 경력에 자신감을 갖게 되고 활력도 느끼게 됐지만, 그렇게 되기까지 험난한 길을 걸어와야 했다. 프랑케는 재무, 전략, 운영 부서 등 병원의 여러 부서에서 일했다. 숨 막힐 듯한 관료주의, 스트레스를 주는 동료 그리고 지독한 상사 때문에, 각 역할에는 좋은 점도 있었지만 대개는 안 좋은 점이 더 많았다.

10년의 세월이 지났고 프랑케는 이제 좋아하는 개발 부서 임무를 수행하면서 직장 생활에 활력을 주는 사람들과 함께 일하고 있었다. 프랑케는 병원의 새로운 사업을 위한 기금을 유치하는 일에서 가치를 느꼈다. 기부자들과의 교류도, 기부의 효과에 만족해하는 모습을 보는 것도 좋았다. 게다가 지금은 동료도 상사도 다 좋았다. 그런 상황에서 프랑케는 그야말로 최선을 다할 수 있었고, 팀에 기여를 많이 해 좋은 평가를 받고 있었다. 얼마 전에는 승진까지 했으며, 병원에 더없이 중요한 모금 캠페인을 이끌게 되었다. 그리고 동료들과 돈독한 인간관계를 쌓아온 덕에, 그 캠페인을 함께 펼쳐갈 드림팀을 만들 수 있었다. 그렇게 힘을 합쳐 그들은 이후 6개월간 달성할 공격적인 목표들도 세웠다.

일을 잘하는 사람은 눈에 띄게 마련이다. 모금 캠페인을 펼친 지 2개월 만에 프랑케의 드림팀은 예정보다 빨리 목표를 달성했다. 그러자 한 헤드헌터가 프랑케에게 제안을 해왔다. 그 지역에서 가장 규모가 큰 다른 병원의 개발 부서 책임자로 갈 생각이 있느냐는 제안이었다.

프랑케로서는 기분 좋은 제안이었지만 확신이 서질 않았다. 프랑케는 마침내 본궤도에 올랐다. 직장을 사랑했고, 절대 떠나지 않겠다고 생각했다. 그러나 현재 맡은 역할에서 정점에 올랐을 때가 새로운 직장을 구할 가장 좋은 때라는 점도 잘 알고 있었다. 2장에서 자세히 살펴봤듯 한쪽 S곡선에 너무 오래 머물면 안 좋은 점들이 있는데, 프랑케는 그것도 잘 알고 있었다. 한 멘토는 프랑케에게 새로운 기회를 추구하는 것은 늘 가치 있는 일임을 상기시키기도 했다. 그러지 않고서는 그 과정에서 무얼 배울 수 있는지 절대 알수 없을 테니 말이다. 그래서 프랑케는 새로운 직장에 지원했다. 손해 볼 일은 없지 않은가. 프랑케는 규모가 큰 병원에서 자신처럼 제한된 경험을 가진 사람에게 그런 중책을 맡길 리 없을 거라고 확신했다. 그런데 예상치 못한 일이 일어났다. 실제 그런 중책을 맡기고 싶다는 제안을 받은 것이다. 프랑케는 이제 힘든 결정을 내려야 했다.

표 8-1은 프랑케가 도전 과제, 그러니까 딜레마를 명확히 하기 위해 '둘 다 모두' 사고를 활용하는 첫 단계를 보여준다. 프랑케는 자신이 직면한 문제를 잘 알고 있었으며, 여러 옵션 중 하나를 선택해야 해서 줄다리기를 하는 기

표 8-1

| 프랑케의 딜레마를 해결할 '둘 다 모두' 사고: 딜레마를 명확히 하라 | |
|---|---|
| **1. 딜레마를 명확히 하라.** | 여러 해 동안 직장 생활에서 적절한 위치를 찾기 위해 애써온 끝에 나는 이제 내 일과 역할은 물론 함께 일하는 사람들도 정말 좋아하게 됐다. 그런데 더 나은 일을 해볼 가능성이 높은 다른 직장으로 옮길 기회를 맞아 어떻게 할지 결정해야 한다. |

분이라고 말했다. 만일 당신이 이 과정대로 하려 한다면, 먼저 잠시 시간을 내 자신이 직면한 문제에 대해 생각해보고 이 장 끝의 표 8-6에서처럼 그 문제와 관련된 딜레마를 적어볼 필요가 있다.

## 딜레마 밑에 숨은 역설을 찾아라

프랑케의 딜레마는 괜찮은 딜레마, 즉 너무 괜찮은 옵션이 많은 딜레마다. 그러나 물론 결정이 필요한 딜레마다. 프랑케의 문제는 다음과 같은 옵션들로 요약된다. '머물러야 하는가, 떠나야 하는가?' 누구나 이런 종류의 문제에 직면한다. 경력 관련 결정이나 물리적 이동 또는 인간관계와 관련된 문제다. 펑크록 밴드 더 클래시The Clash는 1981년에 내놓은 노래(《Should I Stay or Should I go》를 가리킴—옮긴이)에서 이러한 보편적인 딜레마를 노래했다.

현재 겪고 있는 딜레마에 대해 생각하다 보면, 당신 역시 이직과 관련된 문제를 찾게 될 수도 있다. 또는 일과 삶 간의 갈등 또는 상반된 우선순위들과 관련된 문제로 고민하고 있을 수도 있다. 또는 어떻게 다양한 인재를 채용할지, 예산을 어떻게 할당할지, 어떻게 부하 직원들에게 피드백을 줄 것인지 하는 문제로 고심 중일 수도 있다.

이런 딜레마에는 상반된 요구들로 인한 다양한 역설이 숨어 있다. 주로 시간이나 공간 또는 돈 같은 자원이 부족한 데서 생긴다. 그런 자원을 할당하기 위한 여러 옵션 사이에서 줄다리기하는 과정에서 역설이 발생한다. 예를 들어 일과 삶 간의 딜레마는 시간을 어떻게 할당할 것인가 하는 점과 관련된 상반된 요구들로 인해 발생한다. 또한 채용과 관련된 딜레마는 돈을 어떻게 할당할 것인가 하는 점과 관련된 여러 옵션으로 인해 발생하는 경우가 많다. 일부 딜레마의 경우 우리의 정체성이나 가치, 목표, 행동의 상반된 측면들 간의 갈등이 문제가 된다. 예를 들어 부하 직원에게 어떻게 피드백을 줄 것인가 하는 의문과 관련해서는 상반된 정체성들이 부각된다. 우리는 자신이 따뜻하고 친절하며 배려심 많고 호감 가는 사람이라고 생각할 수도 있는데, 부하 직원에게 부정적인 피드백을 주면 좋아하지 않을 수도 있기 때문이다. 때로는 우리 정체성의 일관성과 관련된 딜레마가 일과 삶 간의 딜레마에 포함되기도 하는데, 뛰어난 전문가라는 정체성을 갖고 싶어 하면서도 동시에 좋은 부모, 좋은 자식 또는 좋은 공동체의 일원 같은 다른 정체성도 지키고 싶어 하기 때문이다. 이렇게 상반된 요구들 속에서 역설이 발생하기 시작한다. '둘 중 하나' 사고에서 '둘 다 모두' 사고로 옮겨가려면 무엇보다 먼저 상반된 옵션들을 파악해야 한다. 일단 상반된 옵션들에 대해 파악이 되면, 이런저런 추정과 마음 자세를 바꾸고 그 역설적인 특성을 존중할 수 있게 된다. 또한 상반된 그 옵션들이 어떤 식으로 서로 모순되면서 동시에 서로를 보완하는지도 알게 된다.

표 8-2에서는 프랑케의 딜레마 밑에 숨은 역설들을 볼 수 있다. 현재 직장에 그대로 있을 것인가, 아니면 새 직장으로 옮길 것인가에 대한 결정에는 안정과 변화, 기존 팀에 대한 충성과 뭔가 새로운 것을 시도할 기회, 주어진 일을 잘하는 것과 새로운 것들을 배우는 것 간의 상호의존적인 갈등이 숨어 있다. 만일 자신이 겪고 있는 딜레마를 확인하는 중이고 표 8-6에서처럼 당신의 도전을 죽 적어보았다면, 이제 되돌아가 그 딜레마에 영향을 주는 서로 모순되면서도 상호의존적인 갈등을 생각해보라. 대개 역설 안에는 자신과 다른 사람들, 오늘과 내일, 안정과 변화 같은 두 가지 옵션이 포함되어 있다. 당신의 딜레마에도 아마 몇 가지 옵션이 포함되어 있을 텐데, 그렇다면 칸을 하나 추가한 뒤 다른 옵션들을 더 적어보라.

표 8-2

**프랑케의 딜레마를 해결할 '둘 다 모두' 사고: 딜레마 밑에 숨은 역설을 찾아라**

| 2. 딜레마 밑에 숨은 역설을 찾아라. | 옵션 A:<br>현재의 직장에 남기<br>머물기<br>안정<br>충성<br>주어진 일 잘하기 | 옵션 B:<br>새로운 직장으로 옮기기<br>가기<br>변화<br>기회<br>새로운 것들을 배우기 |
| --- | --- | --- |

# '둘 다 모두' 질문으로 바꿔라

자신의 딜레마를 냉확히 하고 서로 반대되는 옵션들을 확인하고 난 뒤 사람들이 흔히 보이는 반응은, 그 옵션들을 상호 배타적인 옵션처럼 대하는 것이다. 그러니까 흔히 여러 옵션 중 단 하나만 선택할 수 있다고 생각하는 것이다. 자신의 딜레마에 자원 할당과 관련된 갈등이 포함되어 있을 경우, 그 자원이 제한적이라고 보고 제로섬게임을 생각하는 것이다. 만일 자원을 한 가지 일에만 쓴다면, 다른 일에 쓸 수 있는 자원은 더는 사라진다. 우리는 정체성이나 목표 또는 가치 측면에서 일관성이 있어야 한다고 생각해, 우리의 행동도 그에 부합해야 한다고 생각한다. 이런 식의 추론은 '둘 중 하나' 사고로 이어진다.

그렇다면 어떻게 추정들을 바꿔 보다 복잡한 '둘 다 모두' 사고로 전환할 수 있을까? 무엇보다 먼저 우리 앞에 놓인 상반된 요구들을 서로 모순되면서도 상호의존적인 역설로 볼 필요가 있다. 또한 그 상반된 요구들이 어떻게 서로를 규정하고 서로 어떤 영향을 주는지 확인해야 한다. 이 책에서 계속 강조해온 것인데, 우리 자신의 추정을 바꾸고 역설 해결에 집중하게 해줄 가장 기본적이고 강력한 방법은 자신에게 던지는 질문을 바꾸는 것이다. 그렇게 함으로써 상반된 옵션들의 특성에 대해 다시 생각하게 되며, 그 옵션들의 차이는 물론 상호의존성도 보게 된다.

자신에게 던지는 질문을 바꿀 때 우리가 갖게 되는 이 힘은 우리의 추정을 바꾸고 '둘 다 모두' 사고를 할 수 있게 해주는 수단 정도로 과소평가되면 안 된다. 사실 각종 워크숍을 주최할 때마다 우리는 대개 이쯤에서 잠시 모든 것을 멈추고 참가자들에게 더없이 중요한 이 이야기에 귀 기울여달라며 주의를 환기한다. 그들의 마음이 잠시 느슨해져 해야 할 일 목록에 대해 생각한다거나 스마트폰이나 컴퓨터로 문자나 이메일을 확인하려 할 때, 우리는 그들에게 워크숍에 집중하라면서 다음을 재차 강조한다. 다양한 역설을 헤쳐나갈 수 있게 해주는 가장 기본적이고 강력한 방법은 자신에게 던지는 질문을 바꾸는 것에서 시작된다는 점을 말이다. 명상을 통한 행복감과 해탈에 이르는 길은 호흡법 한 가지에서 시작된다. 마찬가지로 '둘 다 모두' 사고에 이르는 길도 한 가지 질문을 바꾸는 것에서 시작된다.

상반된 요구들에 맞닥뜨릴 때 우리는 자신에게 'A와 B 둘 중 어느 걸 선택해야 하나?'라는 질문 대신 '어떻게 하면 A와 B 둘 다 선택할 수 있나?'라는 질문을 던질 수 있다.

우리의 경우 질문을 바꾸는 것은 이제 일종의 직업적 반사작용 내지 직업병처럼 되어버렸다. 이제 우리 동료들은 사람들이 대체 가능한 옵션을 놓고 갑론을박을 벌일 때면, 우리가 끼어들어 '둘 다 모두' 질문을 던지리라는 것을 잘 안다. 우리 아이들 역시 그렇다. 나(웬디)의 쌍둥이 아이들이 어렸을 때 내가 아이들의 말다툼에 끼어들면 꼭 양쪽 모두 원하는 것을 가질 수 있게 '둘 다 모두' 질문을 던지리라는 것을 알았다. 물론 아이들이 말다툼을 끝낼 만큼 통합적인 해결책을 찾는 경우는 아주 드물었지만, 적어도 내가 던진 '둘 다 모두' 질문으로 함께 고민하다 보면 쌍둥이가 유대감을 되찾고는 했다.

프랑케의 경우로 돌아가보자. 프랑케는 자신이 빠진 딜레마에서 질문을 바꿔볼 수 있다. '현재 직장에 그대로 머물러야 하나, 새 직장으로 옮겨야 하나?'라는 질문에서 '어떻게 하면 동시에 머물면서 옮길 수 있을까?'라는 질문으로 말이다. 다음 표 8-3에 잘 드러난다. 물론 새로운 질문은 실현 불가능한 것으로 보일 수 있다. 동시에 두 장소에 있다거나 동시에 두 직장에 다니는 것은 불가능하니까. 가능한가?

실현 불가능해 보이는 이런 질문을 통해 딜레마 속으로 좀 더 깊이 들어가 그 밑에 숨은 역설을 들여다볼 수 있다. 프랑케는 이런 질문을 통해 현재 직장의 여러 측면이 새로운 직장에서 자신의 잠재력을 발휘하는 데 어떤 도움이 되는지, 또는 새로운 직장으로 옮기는 것이 현재 직장에 어떻게 도움이 되는지 깊이 생각해볼 수 있다. 곧 설명하겠지만, 상반된 요구의 여러 요소를 깊이 들여다보면 미묘한 질문에 도달할 수 있다. 그러나 현재로서는 '둘 다 모두' 질문만으로도 새로운 사고가 가능하다.

만일 이대로 따라 하고 싶다면, 표 8-6에 당신의 '둘 다 모두' 질문을 추가해보라. 질문 자체는 실현 불가능해 보이겠지만, 새로운 사고의 지평을 열어줄 것이다.

---

표 8-3

**프랑케의 딜레마를 해결할 '둘 다 모두' 사고: '둘 다 모두' 질문으로 바꿔라**

| **3. '둘 다 모두' 질문으로 바꿔라.**<br>나는 어떻게 상반된 요구들을 모두 충족시킬 수 있을까? | 나는 어떻게 현재 직장에 머물면서 동시에 새로운 직장으로 옮길 수 있을까? |
| --- | --- |

## 데이터를 분석하라: 분리하고 연결하기

만일 전통적인 '둘 중 하나' 접근법을 취한다면, 현재 상황을 분리해서 분석하게 될 것이다. 다시 말해 대체 가능한 옵션들을 따로 떼어내 각 옵션의 장단점을 분석하는 것이다. 반면에 역설 시스템에서는 분리하고 연결하는 데 필요한 구조를 만드는 것이 중요하다. 이 단계에서는 상반된 여러 옵션을 분리하고 연결하는 데 도움이 되는, 목적에 따른 분석으로 그런 구조를 제공한다.

사람들은 자신의 상반된 옵션들을 분석하기 위해 각기 다른 접근법을 사용한다. 누군가는 각 옵션에 대한 세세한 데이터를 수집해 광범위한 장단점 목록을 작성하는 합리적인 접근법을 취한다. 반면에 누군가는 조언을 구하기 위해 멘토나 조언자 또는 친구(또는 인터넷)에게 연락하는 인간관계 중심적인 접근법을 취한다. 또 누군가는 직감을 믿고 결정을 내리는 직감 중심적인 접근법을 취한다. 우리는 스스로 의식하든 의식하지 못하든 대개 이 세 가지 접근법을 어느 정도 섞어 쓰는 경향이 있다. 예를 들면 일단 직감에 따라 결정한 뒤 그 직감(또는 확증 편향)이 옳다는 것을 입증할 데이터를 찾아보는 식이다.

프랑케는 각 옵션을 쉽게 분리해 분석할 수 있었다. 새로운 직장은 프랑케의 가슴을 뛰게 했다. 새로 옮길 병원은 그 규모를 더 키우려 하고 있었으며, 그 병원의 경영진은 프랑케가 모금 전략을 잘 짜서 새로운 기부자를 더 많이 찾아주기를 바랐다. 게다가 그들은 현재보다 훨씬 더 높은 연봉을 줄 뿐 아니라 업무 수행에 필요한 추가 지원도 아끼지 않겠다고 했다.

그러나 프랑케에게는 주저할 만한 몇 가지 중대한 이유도 있었다. 무엇보다 먼저 사람들 문제에 확신이 없었다. 면접 과정에서 사람들은 다 괜찮아 보였지만, 더 큰 병원에는 더 심한 경쟁이 있었다. 거기서 일하는 지인으로부터 들은 말에 따르면 그 병원 고위직 사이에는 치열한 암투가 벌어지고 있었다. 그런 환경에서 일해본 경험이 있다 보니 소문에 신경이 많이 쓰였다.

적절한 이직 타이밍에 대해서도 확신이 없었다. 프랑케는 현재 직장에 애정이 많았다. 팀원들과 그들의 야심 찬 목표들을 저버린다는 것은 생각만 해도 고통스러웠다. 그러나 새로 옮길 직장의 리더들은 프랑케가 하루라도 빨리 와서 대규모 모금 캠페인을 진행하기를 원했다. 이직 제안을 받고 나서 여러 날 동안 프랑케는 안개 속에서 헤맸다. 가야 한다고 생각했다가 그대로 머물러야 한다고 생각했다. '둘 중 하나' 사고에 빠져 계속 그 두 옵션 사이를 오가는 느낌이었다.

그런 상황에서 살짝 방향을 바꿔보는 것도 '둘 다 모두' 사고에 해당한다. '둘 다 모두' 사고에서는 상반된 옵션들을 분리해 분석하기보다 그 옵션들을 분리하고 동시에 연결한다. 분리하면 각 옵션의 장단점을 제대로 파악할 수 있다. 그러나 전통적인 접근법과 달리, 계속 데이터를 수집하면서 뭔가 연결점을 찾게 된다.

하버드대학교 심리학자 엘런 랭어는 그 연결점을 찾는 한 가지 방법을 '한 단계 올라가기'와 '한 단계 내려가기'라고 한다.[1] 한 단계 올라가기란 상반된 옵션들을 보다 크고 중요한 비전과 연결한다는 의미다. 프랑케가 빠진 '머물러야 하는가, 떠나야 하는가?' 딜레마의 경우, 보다 보편적인 가치와 보다 높은 목적을 정하는 것이 한 단계 올라가기에 해당한다. 프랑케의 삶에서 가장 중요한 목표는 무엇인가? 이번 결정이 그 목표를 이루는 데 어떤 도움이 될 수 있는가? 장기적인 포부를 가지면 시야가 넓어질 뿐 아니라 상반된 옵션들 사이에서 연결점을 찾는 데도 큰 도움이 된다. 예를 들어 프랑케의 장기적인 목표가 영향력 있는 경력을 쌓아 긍정적이며 의미 있는 변화를 일으키는 것이라면, 자신의 현재 역할과 새로운 기회가 그 목표에 어떤 영향을 주는지 알게 될 것이다.

상반된 두 옵션의 정말 큰 위험이 무엇인지 알아내는 것은 한 단계 내려가기에 해당한다. 예를 들어, 프랑케는 자신에게 이런 질문을 던질 수 있다. '현재의 모금 캠페인을 무사히 마치는 것은 새로운 모금 캠페인에 어떤 영향을 주는가?' 잠재적 기부자들과 좋은 인간관계를 맺는다는 것은 쉬운 일이 아니다. 보통 동일한 기부자가 한 곳 이상의 조직에 기부한다. 그러나 의리상 그리고 프로 정신에도 맞지 않아, 프랑케는 현재의 모금 캠페인 건으로 접촉한 기부자들에게 다시 접근한다는 것은 생각도 할 수 없었다. 그러나 일단 기부를 끝낸 기부자의 경우에는 새로운 병원에도 기부해달라고 부탁할 수 있고, 기부할 가능성이 있는 다른 사람을 소개해달라고 부탁할 수도 있다. 따라서 결국 현재 진행 중인 모금 캠페인을 끝내면 새로운 직장에도 도움이 될 수 있다.

프랑케는 자신에게 이런 질문을 던질 수도 있다. '새 직장으로 옮김으로써 어떻게 현재 내 팀원들에게 새로운 기회를 만들어줄 수 있을까?' 신의와 약속 때문에라도 팀원들을 저버리는 것이 마음에 걸렸다. 그러나 리더가 팀을 떠나면, 보통 다른 팀원에게 리더 자리에 오를 기회가 열린다. 사실 뛰어난 리더는 팀원에게 리더십을 길러주어 언제든 리더 자리에 오를 수 있게 해준다. 따라서 이직을 함으로써 프랑케는 자기 팀원이 새로운 리더로 떠오르는 것을 볼 수도 있다. 또는 이런 질문을 할 수도 있다. "내가 새로운 팀에서 일하면 현재 팀에게 어떤 영향을 줄 수 있을까?" 프랑케는 현재의 자기 팀을 사랑했다. 새로운 직장으로 갈 때 팀원 중 일부를 데리고 가 새로운 경력을 쌓을 기회를 주는 것 또한 한 가지 옵션이 될 수 있다. 다음 표 8-4는 프랑케가 자신의 딜레마에서 어떻게 옵션들을 분리하고 연결할 수 있는지를 보여준다.

만일 협상에 대해 공부한 적 있다면, 이런 전략들은 윈/윈 게임을 하거나 통합적 결정을 내리는 데 도움이 된다는 점을 알 것이다. 로저 피셔Roger Fisher와 윌리엄 유리William Ury는 협상에 대한 저서 《Yes를 이끌어내는 협상법》에서 사람들이 특정한 것을 서로 자기 것이라 주장할 때 흔히 직접적인 갈등이 생긴다고 했다.[2] 우리가 딜레마에 직면해 먼저 우리에게 주어진 상반된 옵션들을 구체적으로 적을 때 흔히 그런 식의 직접적인 갈등이 발생한다. 이 시점에서부터 양측이(또는 우리 딜레마의 각 옵션이) 본격적인 협상에 들어가 각자 원하는 것을 나누어 가지려 한다면 합의점을 찾을 수도 있다. 다시 말해, 양측이 서로에 대해 더 많이 알기 위해 옵션들을 분리한다면 서로 연결될 가능성 또한 더 높아질 수 있다.

집을 사려 한다고 가정해보라. 그 집이 25만 달러에 나와 있다고 하자. 당신은 그 집이 20만 달러 이상의 가치는 없다고 생각한다. 당신과 집주인은 5만 달러의 간극을 좁히지 못할 수 있다. 그래서 그 집을 포기하고 다른 집을 봐야겠다고 생각할 수 있다. 아니면 집주인과 협상해 22만 5000달러에 합의를 볼 수도 있다. 피셔와 유리는 당신의 가장 큰 관심사가 뭔지를 알아내

표 8-4

**프랑케의 딜레마를 해결할 '둘 다 모두' 사고: 데이터를 분석하라**

| 4. 데이터를 분석하라. | 옵션 A: 남는 경우의 장단점 | 옵션 B: 떠나는 것의 장단점 |
|---|---|---|
| 분리하기:<br>상반된 요구들이 목표와 비용과 이점이라는 측면에서 어떻게 다른가? | • 충성심 또는 의리: 프로젝트를 끝낼 수 있음<br>• 사람들을 중시: 드림팀을 그대로 유지할 수 있음<br>• 다른 사람들을 우선시할 수 있음 | • 기회: 새로운 가능성을 모색할 수 있음<br>• 역할을 중시: 꿈의 직장으로 옮길 수 있음<br>• 나 자신을 우선시할 수 있음 |
| 연결하기:<br>상반된 요구들을 모두 충족시키는 중요한 비전이나 목표는 무엇인가? 상반된 요구들은 어떻게 서로를 보완하고 시너지 효과를 내는가? | 중요한 비전 또는 목표: 영향력 있는 경력을 쌓음<br>시너지 효과 높이기:<br>• 현재의 모금 캠페인을 끝내면 새로운 모금 캠페인에 어떤 영향을 줄 수 있을까?<br>• 나의 이직이 어떻게 현재의 내 팀과 팀원들에게 새로운 기회를 줄 수 있을까?<br>• 새로운 팀에서 일하면 현재의 팀에게 어떤 영향을 줄 수 있을까? | |

는 것으로 시작하는 다른 옵션도 있다고 말한다. 당신이 집수리를 쉽게 할수 있는 도급업자(어떤 일을 하청받아 진행하는 사람—옮긴이)를 알고 있다면(또는 당신이 바로 그런 도급업자라면) 어떨까? 당신이 만일 필요한 집수리는 직접 하겠다는 데 동의한다면(그리고 그 비용이 그리 많이 들지 않는다는 점을 알고 있다면), 집주인은 흔쾌히 집값을 상당히 깎아줄 수도 있다. 또는 당신의 가장 큰 관심사가 하루라도 빨리 새집으로 이사 가는 것이라고 상상해보라. 집주인이 제시한 이사 날짜보다 더 당길 수만 있다면 기꺼이 돈을 좀 더 낼 수도 있다.

자, 이제 당신의 딜레마로 돌아가 각 옵션의 특성이 무엇인지 생각해보라. 그리고 또 '한 단계 올라가기'를 통해 보다 큰 목표를 찾아냄으로써 어떻게 하면 상반된 요구들 사이에서 연결점을 찾을 수 있는지를 생각해보라. 그런 다음 '한 단계 내려가기'를 해 시너지 효과를 높일 방법을 찾아보라. 이 모든 것을 표 8-6에 추가할 수 있다.

## 결과를 생각하라: 선택하기

전통적인 '둘 중 하나' 사고를 택할 경우 우리의 목표는 대체 가능한 옵션 중에서 하나를 선택하는 것이다. 반면에 '둘 다 모두' 사고를 택할 경우 선택이 우리의 목표 그 자체가 된다. 그 차이는 보다 넓은 맥락에서 선택을 어떻게 이해하느냐에 있다. 선택을 한다는 것은 실현 가능한 해결책을 찾는 것이며, 그 해결책은 장차 여러 옵션을 재평가하고 재고해보더라도 그대로 밀고 나아갈 것으로 느껴진다. 즉 선택이 최종적인 일처럼 느껴지는 것이다. 그래서 선택을 한다 해도 그 밑에 숨은 역설은 절대 해결하지 못한다는 것을 알지만, 언제든 그 역설에 대처할 마음의 준비는 갖추게 된다. 또한 선택을 하면 역설의 역동성을 알고 이를 중시하는 접근법에 의존하게 된다.

우리는 앞서 역설을 헤쳐나가는 두 가지 패턴의 해결책인 노새와 줄타기 곡예사 이야기를 했다. 사람들이 보다 이해하기 쉬운 해결책은 노새다. 암말과 수탕나귀 사이에서 태어난 노새는 창의적 통합 패턴을 띠며, '둘 다 모두' 사고를 통해 상반된 요구들을 동시에 충족시키는 명쾌한(실용적인) 해결책이기도 하다. 프랑케의 경우에도 몇 가지 노새 패턴의 옵션이 있다. 새로운 직장으로 옮기면서 현재의 팀원 일부를 데려갈 수 있어, 새로운 사람들에게 적응해야 하는 문제를 줄일 수 있게 되는 것이다. 아니면 다른 곳에서 받은 제안을 활용해 현재의 직장을 상대로 협상해볼 수도 있다. 더 중요한 역할을 맡음으로써 현재의 업무 환경을 떠나지 않고도 새로운 도전을 해볼 수 있는 것이다.

프랑케는 줄타기 곡예사처럼 몇 가지 옵션을 가질 수도 있다. 즉 상반된 옵션들 사이를 조금씩 오가며 일관된 비일관성 패턴을 취하는 것이다. 줄타기 곡예사는 왼쪽이나 오른쪽으로 무게 중심을 조금씩 옮기며 균형을 맞추어 앞으로 나아간다. 정지 상태가 아니라 계속 움직이면서 균형을 잡는 것이다. 마찬가지로 역설을 헤쳐나갈 때도 우리는 계속 상반된 옵션들 사이를 오갈 수 있다. 프랑케의 경우에도 줄타기 곡예사 패턴의 옵션이 있는 것이다. 예를 들어, 새로운 직장을 상대로 입사일을 늦추는 협상을 할 수도 있다. 그러면 지금 맡은 일을 매끄럽게 인수인계하면서 현재의 모금 캠페인을 마무리할 시간을 벌게 된다. 또는 현재 몸담은 병원이 새로운 리더를 훈련시킬 때까지 컨설턴트로서 돕는 방법을 찾을 수도 있다. 다음 표 8-5에 이러한 다양한 옵션이 있다.

마침내 프랑케는 더 큰 병원에서 일하기로 마음먹었지만, 새로운 곳의 리더들을 상대로 과도기 동안 자신이 예전 팀을 위해 컨설턴트 역할을 할 수 있게 해달라는 협상을 벌였다. 결국 모든 것이 잘 합의되었다. 새 병원의 병원장은 현재 몸담은 병원에 대한 프랑케의 충성심과 진행 중인 모금 캠페인에 대한 헌신을 높이 평가했다. 그런 자질이 자신의 병원에도 큰 자산이 되리라고 생각했다. 그는 프랑케가 전 직장의 일을 잘 마무리해야 새 일에 더 몰두할 수 있다는 사실도 인정했다. 그래서 첫 4주간은 일주일에 하루를 전

표 8-5

## 프랑케의 딜레마를 해결할 '둘 다 모두' 사고: 결과를 생각하라

| 5. 결과를 생각하라.<br>노새: 창의적 통합. 어떤<br>옵션이 상반된 요구들<br>사이에서 시너지 효과를<br>내게 해주는가? | 노새 패턴의 옵션:<br>• 새로운 직장에 현재 팀원도 몇 명 데려가기.<br>• 다른 곳에서 받은 제안을 활용해 현재 직장과 협상해 더 중요한<br>  역할을 맡음. |
|---|---|
| 줄타기 곡예사: 일관된<br>비일관성. 시간이 지남에<br>따라 미세하게 오갈 수<br>있는 옵션은 무엇인가? | 줄타기 곡예사 패턴의 옵션:<br>• 새 직장을 상대로 입사일을 늦추는 협상을 해 현재 일을<br>  매끄럽게 인수인계할 시간을 확보.<br>• 이직하더라도 현재 직장이 새 리더를 훈련시킬 때까지 컨설턴트<br>  역할을 할 방법을 찾음. |

팀과 일해도 좋다고 제안했다. 결국 프랑케는 전 팀에서 후임자를 찾아 가르칠 수 있었다. 그러나 프랑케는 팀에 다른 유망주가 있다는 것도 잘 알고 있었다. 뛰어난 자질을 가졌지만 아직 리더 역할을 맡을 준비가 덜 된 직원이었다. 그 두 번째 유망주의 재능을 잘 아는 데다 동료가 새로운 상사가 되는 것에 기분이 상하리라는 점도 잘 알았다. 그래서 프랑케는 그를 새 팀으로 데려갔고 분란을 미연에 방지했다.

자, 이제 당신의 딜레마로 돌아가서 잠재적인 노새와 줄타기 곡예사, 즉 창의적 통합과 일관된 비일관성 패턴의 해결책을 생각해보라. 당신은 표 8-6을 채워 옵션을 정리해볼 수 있다. 그런데 주의할 점이 하나 있다. 대개 자신보다는 다른 사람의 '둘 다 모두' 기회가 더 잘 보이는 법이다. 자신의 역설에는 앞서 언급한 방어적인 감정이 생기기 마련이며 그로 인해 이런저런 갈등이 생겨 무력화될 수도 있다. 그러나 우리는 다른 사람의 딜레마에는 감정 소모를 훨씬 덜한다. 자신의 불편한 상황에서 편함을 찾고 감정적인 방어 수준을 뛰어넘을 수 있는 한 가지 방법은, 다른 사람들에게 다가가 그들의 딜레마를

표 8-6

## 프랑케의 딜레마를 해결할 '둘 다 모두' 사고

| | |
|---|---|
| **1. 딜레마를 명확히 하라.** | 내 핵심 딜레마는…… |
| **2. 딜레마 밑에 숨은 역설을 찾아라.** | 옵션 A: 옵션 B: |
| **3. '둘 다 모두' 질문으로 바꿔라.**<br>어떻게 상반된 요구들을 모두 충족할 수 있을까? | |
| **4. 데이터를 분석하라.**<br>분리하기:<br>상반된 요구들이 목표와 비용과 이점이라는<br>측면에서 어떻게 다른가? | 옵션 A: 장점/단점 옵션 B: 장점/단점 |
| 연결하기:<br>상반된 요구들을 모두 충족하는 중요한 비전이나<br>목표는 무엇인가? 상반된 요구들은 어떻게 서로를<br>보완하고 시너지 효과를 내는가? | 중요한 비전 또는 목표:<br>시너지 효과 높이기: |
| **5. 결과를 생각하라.**<br>• 노새: 창의적 통합. 어떤 옵션이 상반된 요구들<br>사이에서 시너지 효과를 내게 해주는가? | 노새 패턴의 옵션: |
| • 줄타기 곡예사: 일관된 비일관성. 시간이 지남에<br>따라 미세하게 오갈 수 있는 옵션은 무엇인가? | 줄타기 곡예사 패턴의 옵션: |

해결하는 데 도움을 주기 위해 함께 고민하는 것이다.

우리는 이렇게 해볼 것을 권한다. 당신이 만일 '둘 중 하나' 사고에 빠져 있다면, 친구에게 당신의 딜레마에 대해 생각해본 뒤 '둘 다 모두' 해결책을 제시해달라고 해보라. 그런 다음 당신의 반응을 살펴보라. 아마 방어적인 두뇌가 슬그머니 끼어들어 온갖 이유를 다 대며 친구의 아이디어가 효과 없을 거라고 떠들 것이다. 그럴 때는 당신의 방어적인 두뇌에게 잠시 쉬라 하고 그냥 친구가 하는 말에 조용히 귀 기울여보라. 아마 예상치 못한 아이디어가 있다는 사실에 놀랄 것이다.

# 9

## 대인관계

### 벌어지는 간극 메우기

차이는 단순히 참고 견뎌야 하는 것이 아니라 꼭 필요한 양극단으로, 우리가 창의성을 발휘해 새로운 접근법을 찾는 데 없어선 안 될 자산으로 봐야 한다. 그때 비로소 상호의존적인 관계의 필요성이 위협으로 다가오지 않게 된다. 서로 다른 강점을 인정하고 동등하게 받아들일 때만 상호의존적인 관계 안에서 비로소 세상을 바꿀 수 있는 새로운 힘이 생기며 …… 차이는 그렇게 날것 그대로의 강력한 연결로, 우리의 힘도 그런 연결에서 생긴다.

- **오드리 로드** Audre Lorde

역설로 인해 대인관계에서 지속적으로 갈등이 발생할 수 있다. 개인과 개인 간 또는 집단과 집단 간의 갈등 말이다. 한 개인 또는 집단이 어떤 관점을 갖고 있는데, 다른 개인 또는 집단은 그와 반대되는 관점을 갖는 것이다. 내(웬디)게는 흔한 일인데, 긴 비행기 여행 중 옆자리 여성과 나눈 대화가 떠오른다. 그는 내게 어떤 연구를 하고 있느냐고 물었고, 나는 상반된 요구들 속에서 조직의 고위 리더들이 겪게 되는 역설에 대해 연구한다고 설명했다. 그러자 그는 자신도 경험해서 잘 안다는 듯 고개를 끄덕였다. 그는 서커스단의 총괄 관리자였다. 비행 시간 동안 서

**307**

커스 관리자들과 이기적인 코끼리 조련사, 불만 많은 곡예사들 등 서커스 공연자들 사이에 있었던 갈등을 들려주었다. 예부터 조직에서 행정 일을 보는 사람과 창의적인 일을 하는 사람 또는 관리자와 직원 간에 늘 갈등이 있었던지라, 그가 들려준 갈등의 유형은 새롭지 않았다. 그러나 그렇게 오랜 세월 갈등이 이어져온 가운데 특히 오늘날에는 사람들이 점점 더 양극단으로 몰려 대인관계상의 갈등 또한 심해지고 있다. 또한 정치 양극화가 심화하면서 정부의 조치가 자꾸 단절될 뿐 아니라 가족과 친구들 그리고 직장 동료들까지 서로 분열되고 있다.[1]

대인관계의 갈등을 관리하기 위한 전략을 깊이 연구해 책으로 쓴 사람도 많다.[2] 우리는 역설이 시야를 넓혀 이 같은 갈등과 분열의 문제를 좀 더 잘 이해할 수 있게 해줄 뿐 아니라, 그 문제를 해결할 새로운 접근법도 제공해준다고 믿는다. 사람들이 양극단으로 갈라지는 양극화 상태에서 생기는 갈등 역시 종종 대인관계상의 갈등에 해당한다. 또한 방어적인 감정은 개인의 경험과 집단 간 역학에 의해 쉽게 심화될 수 있으며, 그로 인해 두려움과 불안감이 커지면서 우리는 보다 빨리 악순환의 수렁에 빠진다. 그러면서 도전 과제가 생기고, 관점이 분열되고 감정이 고조되는 가운데 우리는 힘을 합해 그 밑에 깔린 역설을 헤쳐나가게 된다.

이 장에서 우리는 역설 시스템을 활용해 어떻게 대인관계의 갈등을 해소할 수 있는지 살펴볼 것이다. 그러기 위해 폴래러티 파트너십스Polarity Partnerships('둘 다 모두' 사고를 통해 삶의 질을 향상하는 일을 하는 단체−옮긴이) 사에 몸담고 있는 배리 존슨과 그의 팀이 개발한 툴과 과정의 도움을 받을 것이다. 존슨과 그의 팀은 다양한 환경에서 양극단으로 나뉘어 적대시하는 사람들을 하나로 합해, 자신들의 갈등 속에 숨은 역설을 파악하고 서로 연결해 시너지 효과를 낼 수 있는 길을 찾게 했다. 그들이 한 일은 갈등 속에 숨은 감정을 알아내고 새로운 해결책을 찾으며 문제를 헤쳐나가는 것이었다. 우리는 특히 법집행 기관과 시민들 간에 생겨난 가슴 아프고 해결하기 힘든 분열을 성공적으로 극복한 이야기를 통해 그 접근법을 알려줄 것이며, 동시에 보다 폭넓고 다양한 대인관계의 갈등에 적용하는 법도 제안할 것이다. [3]

## 찰스턴 시의 공동체 안전 지키기

2015년 6월 17일 수요일, 한 젊은 백인 남성이 주간 성경공부 시간에 사우스캐롤라이나주 찰스턴 시에 있는 마더 에마누엘 아프리칸 감리교 교회 안으로 걸어 들어갔다. 그는 담임목사인 클리멘타 핑크니Clementa Pinckney 옆에 앉아 토론에 참여했다. 성경공부는 밤 9시경에 끝났고, 모인 사람들은 기도를 시작했다. 그때 스물한 살 백인 청년 딜런 루프Dylann Roof가 허리에 찬 작은 가방에서 총을 꺼내 인종차별적인 욕설을 내뱉으며 성경공부 참석자들을 향해 난사하기 시작했다. 그는 다섯 번 장전하며 방 안에 있던 열두 명 중 아홉 명을 살해했다. 한 여성과 그 손녀가 테이블 밑에서 죽은 척하고 누워 있어 살아남았다. 루프는 다른 한 여성에게 목숨을 살려준다면서 자신의 이야기를 다른 사람들에게 전하라고 했다. 그런 다음 자기 머리에 총을 쏴 자살하려 했지만 총알이 없었다. 그는 달아났다.

그날 밤 찰스턴 시 경찰청장 그레그 멀린Greg Mullen은 기자회견장에서 그 비극적인 증오범죄가 발생한 밤을 "내 경찰 생활 중 최악의 밤"이라고 말했다.4 찰스턴 시에서 인종차별 문제로 발생한 최초의 범죄는 아니었다. 사실 그 교회는 지역사회 내 흑인과 백인 간의 불신과 인종범죄의 산 증인이나 다름없었다. 1822년 백인 공동체 리더들은 해방된 흑인 노예이자 흑인 교회 공동 설립자 중 한 사람이기도 했던 덴마크 베시Denmark Vesey가 노예 반란을 계획 중이라고 의심했다. 그 반란을 좌절시키기 위해 백인 공동체 리더들은 교회를 불태웠으며 35명의 교회 신도를 교수형에 처했고, 35명의 신도는 다른 주나 국외로 추방했다. 마더 에마누엘 교회 총격 사건이 있기 바로 몇 개월 전에는 또 다른 인종차별 사건이 일어나 지역사회를 뒤흔들었다. 한 흑인 남성이 찰스턴 시 경찰관에 의해 살해된 것이다. 경찰관 마이클 슬래거Michael Slager는 브레이크등이 나간 월터 스콧Walter Scott의 차를 멈춰 세웠다. 그런데 차에서 내린 스콧이 그 경찰관에게서 도망갔고 이후 두 사람 사이에 실랑이가 벌어졌다. 슬래거는 스콧에게 테이저건을 쐈다. 그러나 스콧이 계속 도망가자 슬래거는 총을 뽑아 여덟 발을 쐈고 그중 다섯 발이 스콧에게 치명상을 입혔다. 슬래거는 스콧이 테이저건을 뺏으려 해 총을 뽑았다고 보고했다. 그러나 당시 한 행인이 찍은 사건 현장의 비디오로 거짓임이 드러났다. 그 사건 직후 마더 에마누엘 교회의 담임목사 핑크니는 그 같은 사건의 진상을 정확히 규명할 수 있도록 경찰관 몸에 다는 바디캠body camera(사건 현장을 담기 위해 경찰관 몸에 다는 소형 녹화 장치—옮긴이)을 늘리자는 운동을 적극 지지했다.

멀린은 2006년에 찰스턴 시 경찰청장으로 부임한 후 지역사회의 흑인들과 경찰 사이에 깊이 뿌리내린 불신과 분열 문제를 해결하기 위해 부단히 노

력해왔다. 그리고 마더 에마누엘 교회의 비극으로 그 같은 노력의 중요성은
더 커졌다.


## 법집행 기관과 시민:
## 비슷한 목표를 놓고 벌이는 갈등

지역사회의 안전을 놓고 법집행 기관과 시민들 사이에 발생하는 갈등은, 그 밑에 인종차별 문제가 도사릴 경우 더욱 해결이 쉽지 않다. 이쯤에서 잠시 멈추고 이 문제에 대한 당신의 관점은 어떤지 생각해보기 바란다. 적어도 미국에 살고 있는 독자라면 이 문제와 관련해 이미 양극단 중 어느 한쪽 편을 들고 있을 것이다.

미국에서 흑인 지역사회의 치안 유지 문제는 이미 가장 고질적인 정치적 양극화 문제처럼 되어버렸다. 2020년 여름, 경찰이 흑인 남성 조지 플로이드와 흑인 여성 브레오나 테일러Breonna Taylor를 살해한 사건으로 인해 양극화 문제는 더 심해졌다. 항의가 터져 나왔고 폭력이 뒤따랐다. 이 문제는 2020년 미국 대통령선거의 주요 쟁점이 되었다. 한쪽에서는 경찰 권한을 줄이라는 요구가 나왔고 다른 쪽에서는 법집행을 강화하라는 요구가 나왔다. 한쪽 진영에서는 '흑인의 목숨도 소중하다'라는 'Black Lives Matter' 운동이 벌어졌고, 다른 진영에서는 '경찰의 목숨도 소중하다'라는 'Blue Lives Matter' 운동이 벌어졌다. 이 같은 지속적인 갈등으로 양 진영의 감정은 더욱 격해졌다.

지역사회의 안전을 도모하면서 동시에 사회 정의도 구현하는 것은 우리 사회에 꼭 필요하므로 이런 예를 골랐지만, 어쨌든 이런 문제로 양극화 관련 딜레마가 제기된다. 이 같은 집단 갈등 문제는 지역사회에서 시작되지만, 전국적으로 나아가 국제적인 운동으로 더 큰 반향을 불러일으킨다. 찰스턴 시 경찰청장 멀린은 사우스캐롤라이나주에서 그런 갈등을 절감했다. '둘 다 모두' 사고를 택할 경우, 우리는 상반된 두 진영 중 하나를 택하는 것이 아니라 양 진영 모두의 요구를 충족하면서 보다 창의적이고 효과적이며 지속적인 해결책을 찾아낼 수 있다. 멀린은 폴래러티 파트너십스의 컨설턴트들과 손잡고 일해왔다. 그들은 찰스턴 지역사회에서 자신들이 겪던 역설을 함께 해결하려 애썼다. 폴래러티 파트너십스가 그간 양극단의 사람들을 하나로 합해 노숙자 문제, 인종 및 성 불평등 문제, 의료 접근성 문제 등을 해결하는 데 적용해온 접근법을 사용했다.

이 장을 더 읽기 전에 잠시 멈추고, 당신이 겪고 있는 집단의 갈등에 대해 생각해보기를 권한다. 국가 정책에 대한 서로 반대되는 관점도 그런 집단 갈등에 해당할 수 있다. 조직이나 지역사회 또는 가족 내에서 겪는 국소적인 갈등 역시 집단 갈등에 해당할 수 있다. 다음 과정을 통해 대인관계 갈등을 극복하기를 권한다.

# 복잡한 역설을 분석하는 데 유용한
## 폴래러티 파트너십스의 모델

배리 존슨은 양극화 현상을 (1) 상호의존적인 두 극단이 (2) 지속적인 문제에 직면해 있는 상태[5]라고 정의한다. 그도 지적하듯, 양극화 현상은 역설과 유사하다. 우리 두 사람 역시 그 같은 생각, 즉 우리가 직면한 딜레마에 모순되면서도 상호의존적인 면이 숨어 있다는 생각에 동의한다. 그래서 이 장에서는 이 책에서 소개하는 개념들 간의 연결점을 부각하기 위해 '역설'과 '양극단'이란 말을 같은 의미의 말로 혼용한다.

폴래러티 파트너십스에 몸담은 존슨과 동료들은 복잡한 상황에서의 역설을 분석하기 위해 'SMALL' 모델을 만들었다. SMALL은 다음 다섯 단계의 머리글자를 모은 말이다.

- Seeing the polarities(양극단 보기)
- Mapping the polarities(양극단 지도 그리기)
- Assessing the polarities(양극단 평가하기)
- Learning from the assessment(평가에서 배우기)
- Leveraging the polarities(양극단 활용하기)

이런 과정을 통해 우리는 역설 시스템에 적용되는 접근법을 쓸 수 있는데, 이는 집단 간 갈등에 특히 효과가 있다. 양측 모두 각기 자기 입장에서 양극단의 단점은 물론 장점에 대해 깊이 생각해볼 수 있기 때문이다. 각 단계를

표 9-1

## 폴래러티 파트너십스의 SMALL 모델

| | |
|---|---|
| **1. 양극단 보기** | • 중립적이거나 긍정적인 언어로 상반된 양극단을 알아내라. |
| **2. 양극단 지도 그리기** | • 각 극단과 관련된 가치와 보다 큰 목적(핵심 비전)을 분명히 하라.<br>• 각 극단과 관련된 보다 깊은 두려움과 특정 두려움을 알아내라.<br>• 각 극단의 장단점들을 들여다보라. |
| **3. 양극단 평가하기** | • 각 극단의 장단점들이 현재 시스템 안에서 어떻게 나타나는지를 평가하라. |
| **4. 평가에서 배우기** | • 데이터를 활용해 이런저런 갈등의 역설적인 면을 밝혀내라. |
| **5. 양극단 활용하기** | • 실행 계획을 짜고 다음 질문에 대해 생각해보라.<br>- 각 극단의 장점들을 어떻게 취할 수 있겠는가?<br>- 각 극단의 단점들을 어떻게 줄일 수 있겠는가? |

거치면서 양극단을 확인하고 양측 모두 집단 간 차이점을 존중하고 통합을 이루려 애쓰는 것도 SMALL 모델에 해당한다. 표 9-1은 SMALL 모델의 다섯 단계를 한눈에 보여준다. 앞으로 우리는 역설 시스템 내 툴과 연결하면서 이 다섯 단계를 하나씩 살펴볼 것이다.

### SMALL 모델 적용

폴래러티 파트너십스의 각종 과정을 교육받은 조직 개발 컨설턴트이자 찰스턴 주민인 마거릿 사이들러Margaret Seidler는 찰스턴 시 경찰청장 밀런이 폴래러티 파트너십스 과정을 이수하는 데 도움을 주었다. 마더 에마누엘 교회 총격 사건이 일어나기 5년 전인 2010년, 사이들러는 점점 늘어가는 범죄 문제를 해결하기 위해 찰스턴 시 지역사회 위원회와 함께 일하고 있었다. 위원회 위원 중에는 단독가구 가정이 많은 동네에 사는 사람도 있었다. 그들은 각종 범죄가 주로 인근 다가구 공동주택 단지에 사는 주민에 의해 발생한다면서 경찰을 향해 더 효과적으로 순찰해달라고 요청했다. 사이들러는 주민들이 어떻게 '우리'와 '저들'로 나뉘는지 알게 됐다. 부유한 단독가구 주민들은 범죄 문제를 '저들'(가난한 다가구 공동주택 주민들) 탓으로 돌리면서, 자신들이 책임지고 해결하려 하지 않고 다른 사람들(이 경우에는 경찰)에게 해결해달라고 요청했다. 사이들러는 자신마저 그런 '둘 중 하나' 사고의 덫에 빠져드는 기분이었다.

그 과정에서 사이들러는 역설 렌즈를 착용하는 것이 모든 이해당사자의 관점을 바꾸는 데 도움이 될 수 있음을 알았다. 사이들러는 이런 생각을 했다. '대체 어떻게 하면 상반된 관점을 가진 이 사람들이 서로 머리를 맞대고 자신들이 직면한 딜레마 밑에 숨은 역설을 찾을 수 있을까?' 사이들러는 단독가구 주민들과 다가구 공동주택 주민들의 리더들을 초대해 함께 저녁 식사를 하면서, 자신들이 겪고 있는 갈등에 대해 그리고 지역사회를 보다 안전하게 만들고 싶다는 공통된 바람에 대해 많은 얘기를 나누었다.

경찰청장 멀린도 참석했다. 그는 사이들러가 다루고자 하는 갈등 문제가 자신이 직접 목격한 갈등 문제와 아주 비슷하다는 것을 알게 됐다. 그래서 그 식사 자리가 끝난 뒤 사이들러에게 다음 날 아침에 만날 수 있냐고 물었다. 그렇게 두 사람은 찰스턴 시 경찰과 주민 간 갈등 문제를 해결하기 위한 길을 함께 걷기 시작했다.

## 양극단 보기

역설을 효과적으로 헤쳐나가기 위해서는 우선 역설을 알아내야 한다. 지금까지 말해왔듯이 역설은 우리가 직면한 문제 밑에 숨은 경우가 많다. 그래서 SMALL 모델은 사람들이 그 역설을 더 깊이 파고들 수 있도록 이미 갖고 있는 추정을 바꾸는 것으로 시작된다.

폴래러티 파트너십스는 문제 밑에 숨은 역설을 알아내기 위해 '양극단 지도'를 활용한다. 2장에서도 언급했듯, 양극단 지도는 상반된 관점, 즉 양극단의 장점과 단점을 보여준다. 첫 단계는 직면한 갈등을 잘 들여다봐 양극단을 찾고 적절한 이름을 붙이는 것이다. 이 단계는 우리가 이미 갖고 있는 각종 추정을 바꾸는 데 도움이 될 뿐 아니라, 모든 것을 양극단으로 나누는 '둘 중 하나' 사고에서 벗어나 상반된 관점들과 그 통합을 중시하는 '둘 다 모두' 사고를 갖는 데 도움이 된다.

중요한 것은 양극단 지도를 제대로 그린 사람은 그 양극단의 관점에 자기 상황에 가장 잘 맞는 이름을 붙일 수 있게 된다는 점이다. 그러나 그 이름은 양극단의 관점을 긍정적으로 보는 이름이어야 한다. 언어는 그만큼 중요하다. 한 가지 접근법에만 집착하면, 양극단의 관점 중 우리 쪽에는 긍정적인 이름을 붙이고 상대 쪽에는 부정적인 이름을 붙이는 경우가 많다. 예를 들어 미국에서 낙태를 둘러싸고 벌어지는 논쟁을 생각해보라. 사람들은 자신의 신념에 따라 상반된 관점(낙태 찬성론과 낙태 반대론)에 이름을 붙일 때 전혀 다른 언어를 사용한다. 그리고 자신들만 아는 은밀한 언어를 사용함으로써, 특히 상반된 관점을 가진 사람과 얘기를 나눌 때 바로 방어적인 자세를 취해 대화 자체가 힘들어진다.

딜레마 밑에 숨은 역설이 명확하지 않을 경우, 배리 존슨은 먼저 변화에 대한 생각을 하게 함으로써 역설을 찾는 데 도움을 준다. 그러면서 자신들이 상상하는 미래를 말해보라고 한다. 이상적인 이야기지만, 현재 직면한 문제가 해결된다면 그들의 지역사회(또는 일, 조직, 가족, 삶)는 어찌 될까? 그런 다음 사람들에게 현실을 말해보라고 한다. 그도 지적하듯이 우리는 현실과 정반대되는 미래를 상상하며 그쪽으로 나아가려는 경우가 많다. 그리고 역설은 우리가 처한 현실과 상상하는 미래의 차이 속에 숨어 있다. 예를 들어 조직은 모든 과정을 지체시키는 듯한 과도한 관료주의에서 벗어나 기민한 접근법으로 옮겨 가려 할 수 있다. 그 같은 변화 속에서는 유연성과 통제 간에 지속적인 갈등이 발생한다. 이처럼 우리가 처한 현실과 상상하는 미래에 대해 생각해보는 것은 직면한 딜레마 밑에 숨은 역설을 알아내는 한 가지 방법이다.

사이들러는 지역사회 리더들과 저녁 식사를 한 다음 날 아침에 멀린과 마주 앉았다. 멀린은 꽤 오랜 시간 동안 찰스턴 시에서 이런저런 갈등 속에 살아왔으며, 지역사회의 안전을 도모하는 과정에서 생겨나는 역설에 대해 너무도 잘 알고 있었다. 그래서 사이들러와 함께 찰스턴 시의 주요 갈등의 양극단에 '법집행'과 '지역사회 지원'이라는 이름을 붙였다(그림 9-1 참고).

집단이나 조직 안에서 이런저런 갈등을 해소하려고 애쓰는 중이라면, 잠시 모든 것을 멈추고 시스템 전체에 대해 생각해보라. 아마 각종 문제 밑에 숨은 양극단의 역설을 찾아내, 각 극단에 붙일 긍정적인 이름을 떠올릴 수 있을 것이다. 이 장 끝에 있는 양극단 지도의 빈칸들을 직접 채워보거나(그림 9-4) 폴래러티 파트너십스 웹사이트에서 양극단 지도를 찾아볼 수도 있다.

그림 9-1

## 찰스턴 시 지역사회 안전을 위한 양극단 지도: 양극단 보기

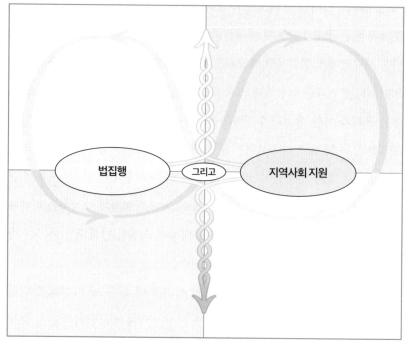

출처: 배리 존슨과 폴래러티 파트너십스 사에서 제공한 양극단 지도 개념 ⓒ2020.

## 양극단 지도 그리기

역설 시스템 안에서 우리는 분리하고 연결해주는 구조(경계)를 만들 필요가 있다. 즉 양극단을 분리해 각 극단의 가치를 확인하고 동시에 두 극단 간에서 연결점을 찾아내 시너지 효과를 낼 방법을 찾아야 한다. SMALL 모델을 활용할 때, 이 양극단 지도 그리기 단계에서 양극단을 분리하고 또 동시에 연결하게 된다. 대인 간 갈등이나 집단 간 갈등에서 이는 가장 실천하기 힘든 단계일 수 있는데, 그렇게 하려면 우리의 관점과 정반대되는 얘기도 주의 깊게 듣고 존중해주어야 하기 때문이다. 주의 깊게 들으려면 감정을 잘 조절해야 한다. 다른 관점에 맞닥뜨릴 경우 본능적으로 방어적인 자세를 취하게 된다는 것을 알고 그에 대처해야 한다. 계속 강조해온 말이지만, 역설을 제대로 헤쳐나가려면 불편함 속에서 편함을 느낄 줄 알아야 한다.

역설 시스템 안에서 우리는 상반된 요구들을 모두 충족할 보다 높은 목적을 발표함으로써 양극단 간의 연결점을 찾아낼 수 있다. 폴래러티 파트너십스에선 이를 '더 큰 목적 표현greater purpose statement'이라고 하는데, 의욕적이면서 동시에 동기부여도 해줄 수 있다면 가장 이상적이다. 더 큰 목적 표현의 가치를 명확히 하기 위해, 폴래러티 파트너십스에서 말하는 '더 깊은 두려움deeper fear'도 잘 알아야 한다. 이는 집단이 함께 헤쳐나갈 방법을 찾지 못할 때의 두려움으로, 악순환에 빠지면서 더 커진다. 그래서 더 큰 목적 표현과 더 깊은 두려움이 합쳐지면, 서로 반대되는 양극단을 하나로 통합해주는 경계가 된다.

멀린의 경우, 더 큰 목적 표현은 '지역사회 안전 강화'라는 자신의 전략적인 목적을 보다 굳건하게 해주었다. 더 깊은 두려움은 그 반대였다. 안전장치 결핍에 대한 두려움은 불신을 키우고 범죄를 양산하며, 최악의 경우 무정부 상태에 이르게 할 수도 있었다.

이런 경계를 감안할 때, 다음 단계는 양극단을 분리해 각 극단을 더 깊이 파고들어 보는 것이다. 역설의 양극단은 각기 장점과 단점을 갖고 있다. 예를 들어 조직 전략을 짜는 두 가지 상반된 접근법인 '계획적 접근법planned approach'과 '우발적 접근법emergent approach'을 생각해보라. 계획적 접근법의 장점은 확실성을 높이고 사람들로 하여금 팔을 걷어붙이고 함께 목표를 향해 나아갈 수 있게 해준다는 것이다. 그러나 사람들이 변화에 유연하게 대처하지 못한다는 단점이 있다. 반면에 우발적 접근법의 장점은 변화에 유연히 대처할 수 있다는 것이며, 단점은 다 함께 전략적인 목표를 향해 나아가는 것을 어렵게 만든다는 점이다. 이처럼 각 극단의 장단점을 깊이 파고들다 보면 양극단을 큰 그림 속에서 볼 수 있다.

대인관계의 갈등에 직면했을 때 상반된 양극단을 자세히 알아보는 과정에서 특히 중요한 점은, 폭넓은 이해당사자들과 대화해봐야 한다는 것이다. 상반된 양극단을 지지하는 사람들이 서로 귀 기울이고 의견을 나눌 때, 우리는 갈등의 실체를 자세히 이해할 수 있게 된다. 마음을 열고 대화하는 것은 상반된 관점을 가진 사람들을 하나로 통합하는 아주 좋은 방법이다. 그러나 요즘같이 심각한 분열의 시대에 서로 마음을 열기란 아주 힘든 도전일 수 있다. 오늘날의 세계에서는 다른 의견과 관점을 가진 사람들이 귀 기울여 상대의 말을 경청하기보다는, 소셜 미디어라는 안전지대에 숨어 자신의 생각을 소리 높여 외친다. 그러나 반대되는 집단들 사이에서 발생하는 역설을 효과적으로 헤쳐나가기 위해서는 서로 다가가 마음을 열고 대화할 수 있어야 한다.

양극단의 각 극단을 제대로 알기 위해, 멀린과 세이들러는 경찰 직원 35명을 초빙해 워크숍을 열었다. 그들 속에는 다양한 연령대의 경찰관과 민간인이 포함되어 있었다. 멀린과 사이들러는 경찰 직원들에게 양극단 사고라는 개념을 먼저 알려줘야 이후 보다 넓은 지역사회 구성원에게 다가갈 수 있다는 점을 잘 알았다.

사이들러는 35명의 참가자들을 이끌고 첫 번째 워크숍을 진행했다. 참가자들은 빠른 속도로 양극단 지도를 그렸다. 그러면서 법집행 및 지역사회 지원과 관련된 장점과 단점(그림 9-2 참고)을 알게 됐다. 그러나 이 책에서 그간 여러 차례 강조해왔듯이 역설들은 긴밀하게 얽혀 있다. 그래서 단 한 가지 역설을 겪는 경우는 드물다. 대개는 서로 영향을 미치는 역설을 동시에 여럿 겪는다. 멀린과 사이들러는 지역사회 안전과 관련된 문제들을 깊이 들여다봄으로써 법집행과 지역사회 지원이라는 양극단을 알게 된 데 반해, 워크숍에 참석한 경찰 직원들은 서로 뒤얽힌 다른 역설들을 알게 되었다. 예를 들어 그들은 경찰의 전통적인 관행을 존중해주길 바라지만, 동시에 새로운 방향으로 나아가야 할 필요성도 인정한다면서 변화의 역설을 확인해주었다. 또한 사이들러의 격려에 힘입어 지역사회 안전과 관련된 다른 5가지 역설들을 알게 됨으로써 관심사를 확대할 수 있었다. 그들은 두 시간도 안 돼 5가지 양극단 지도를 그렸다. 또한 상반된 양극단의 밖에 있는 복잡 미묘한 부분까지 확인함으로써 각 극단의 경계도 느슨하게 만들었다.

대인관계 갈등으로 인한 역설을 해결하려 한다면, 잠시 멈추고 그림 9-4에서와 같이 더 깊은 두려움은 물론 더 큰 목적이나 중요한 비전까지도 써보도록 하라. 그리고 네 군데 박스의 내용들에 대해 하나하나 자세히 생각해보라. 각 극단의 장점은 무엇이며, 한 극단에만 너무 집착할 경우 단점은 무엇인가? 자신에게 이런 질문을 던지다 보면 아마 막 생겨나기 시작한 이 문제와 관련된 다른 갈등에 대해서도 알고 싶어질 것이다.

그림 9-2

## 찰스턴 시 지역사회 안전을 위한 양극단 지도:
## 더 큰 목적, 더 깊은 두려움, 장점, 단점

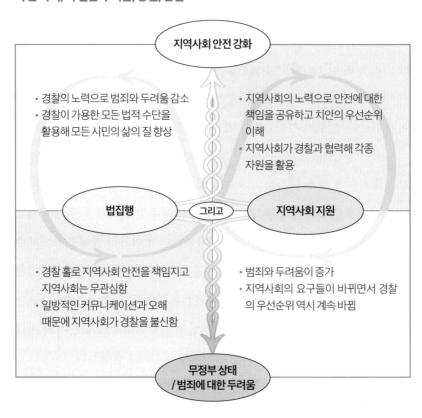

지역사회 안전 강화

• 경찰의 노력으로 범죄와 두려움 감소
• 경찰이 가용한 모든 법적 수단을
  활용해 모든 시민의 삶의 질 향상

• 지역사회의 노력으로 안전에 대한
  책임을 공유하고 치안의 우선순위
  이해
• 지역사회가 경찰과 협력해 각종
  자원을 활용

법집행　　그리고　　지역사회 지원

• 경찰 홀로 지역사회 안전을 책임지고
  지역사회는 무관심함
• 일방적인 커뮤니케이션과 오해
  때문에 지역사회가 경찰을 불신함

• 범죄와 두려움이 증가
• 지역사회의 요구들이 바뀌면서 경찰
  의 우선순위 역시 계속 바뀜

무정부 상태
/ 범죄에 대한 두려움

출처: 배리 존슨과 폴래러티 파트너십스 사에서 제공한 양극단 지도 개념 ©2020.

## 양극단 평가하기

각 극단의 잠재적인 장점과 단점을 두루 파악한 후 SMALL 모델 다음 단계는, 당신의 현재 상황을 감안해 양극단을 평가하는 것이다. 현실에서는 각 극단의 장점들이 어느 정도 존중되고 있으며, 각 극단의 단점들이 어느 정도로 드러나고 있는가?

각 집단과 팀은 현실을 평가하기 위해 다양한 접근법을 택할 수 있다. 사람들에게 한데 모여 자신의 관점을 밝히라고 요청하면서 보다 비공식적인 조사를 할 수도 있다. 또는 사람들에게 직접 상황을 평가해보라고 요청하면서 보다 공식적인 조사를 할 수도 있다. 경찰 직원들과의 첫 워크숍에서 사이들러는 현실에 대한 그들의 초기 반응을 보려고 했다. 그래서 그 직원들을 하위 그룹들로 나눈 뒤 각 직원에게 양극단의 장점과 단점을 직접 평가해보라고 했다. 그런 뒤 그들은 자신의 평가를 하위 그룹 내 다른 직원들과 공유했으며 토론을 통해 합의점을 찾으려고 했다.

폴래러티 파트너십스 컨설턴트들은 양극단 지도에 대한 이 평가를 가지고 순환 패턴을 찾아낸다. 그림 9-3에 나오는 양극단 지도는 양극단의 장점들은 살리고 단점들은 피하는 이상적인 순환 패턴을 보여준다. 그러나 현실에서 한 극단의 장점과 다른 극단의 단점만 강조하게 된다면, 당신의 순환 패턴은 그런 현실을 반영하게 된다. 폴래러티 파트너십스 웹사이트에 들어가면 서로 다른 현실을 반영하는 순환 패턴을 가진 양극단 지도의 예를 볼 수 있다.

양극단 지도에서 당신의 조직은 각 극단의 장점들과 단점을 얼마나 잘 보여주고 있는가? 당신이 만일 한 집단 안에서 일하고 있다면, 그 집단에서 어느 정도 데이터를 수집할 수 있을 것이며, 그 결과들을 가지고 토론해 합의점에 이를 수 있다. 그림 9-4는 양극단의 장점들이 부각되는 양극단 순환 패턴을 보여주는데, 현실을 더 정확히 반영하기 위해 다른 순환 패턴을 그려볼 수도 있다.

## 평가에서 배우기

역설을 효과적으로 헤쳐나가기 위해서는, 양극단의 장점들은 높이 평가하면서 동시에 단점들은 최소화해야 한다. 그러나 현실에서는 대부분 조직이나 팀이 한 극단의 장점을 살리고 다른 극단의 단점을 부각하는 '둘 중 하나' 접근법을 택한다. 그러면 결국 양극단 사이를 시계추처럼 오가게 되며 2장에서 말한 악순환에 빠지게 된다. 한 극단의 장점에만 집중하면 시간이 지나면서 결국 그에 속한 단점이 드러난다. 그러면 첫 번째 극단에 실망한 사람들이 반대쪽 극단으로 돌아서게 된다. 이 책 앞부분에서 우리는 레고가 어떤 식으로 현재에 대한 집착과 미래를 위한 계획 사이에 끼어 갈등하면서 양극단 사이를 시계추처럼 오가게 됐는지 살펴보았다. 레고의 리더들은 1990년대 말에 워낙 큰 성공을 거두어서 조직에 변화를 줄 필요성을 느끼지 못했다. 그러나 새로 등장한 기술에 발목을 잡혀 뒤처졌으며, 새로운 S곡선으로 옮겨 갈 자원이 바닥나면서 이전 S곡선이라는 틀 안에 갇히게 됐다. 그러자 레고의 리더들은 그때까지와는 정반대의 극단적인 개혁 쪽으로 급선회했다. 중구난방식 개혁에 레고는 더 위험해졌다. 각종 비용이 급증하고 수익성이 뚝 떨어졌다. 레고의 사례에서 보듯 급격한 변화는 사람이나 조직을 양극단의 단점 사이를 오가게 하며 결국에는 악순환의 늪에 빠지게

그림 9-3

## 찰스턴 시 지역사회 안전을 위한 양극단 지도: 행동 단계와 조기 경고

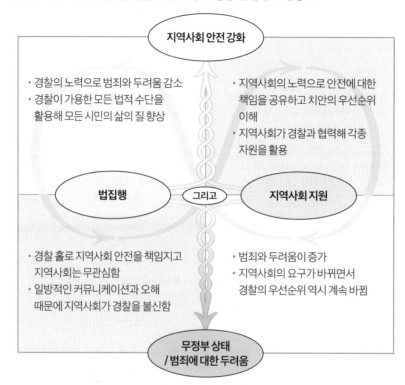

**행동 단계**
- 지리적 임무 모델을 활용해 공정성을 높이고 경찰관의 경각심도 높여라.
- 집중적인 억제 전략을 활용해 가치가 높은 문제와 사람에 집중하라.

**조기 경고**
- 더 많은 지역사회 미팅과 교류가 필요하다.
- 지역사회와 언론의 피드백을 보면 경찰에 대한 신뢰가 부족함을 알 수 있다.

**행동 단계**
- 각 순찰팀 내에 시민 자문 위원회를 활성화하라.
- 우선순위에서 밀리는 신고 전화에 대한 후속 조치를 확대하여 시스템을 강화하라.

**조기 경고**
- 범죄 증가로 안전 관련 불만이 늘고 있다.
- 경찰관들은 끝없이 바뀌는 우선순위로 인해 직업 만족도와 생산성이 떨어지고 있다며 불만을 토로하고 있다.

출처: 배리 존슨과 폴래러티 파트너십스 사에서 제공한 양극단 지도 개념 ⓒ2020.

그림 9-4

## 폴래러티 파트너십스의 양극단 지도

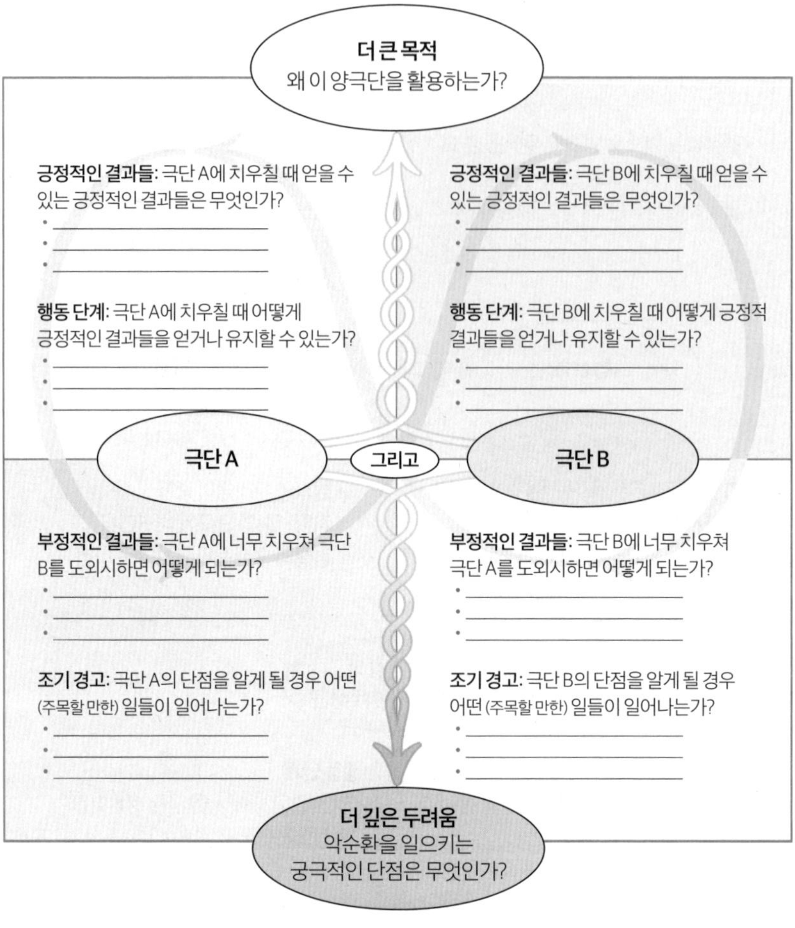

```
                    ┌─────────────────────┐
                    │      더 큰 목적       │
                    │  왜 이 양극단을 활용하는가? │
                    └─────────────────────┘
```

**긍정적인 결과들:** 극단 A에 치우칠 때 얻을 수 있는 긍정적인 결과들은 무엇인가?
- _____
- _____
- _____

**행동 단계:** 극단 A에 치우칠 때 어떻게 긍정적인 결과들을 얻거나 유지할 수 있는가?
- _____
- _____
- _____

**긍정적인 결과들:** 극단 B에 치우칠 때 얻을 수 있는 긍정적인 결과들은 무엇인가?
- _____
- _____
- _____

**행동 단계:** 극단 B에 치우칠 때 어떻게 긍정적 결과들을 얻거나 유지할 수 있는가?
- _____
- _____
- _____

**극단 A**       그리고       **극단 B**

**부정적인 결과들:** 극단 A에 너무 치우쳐 극단 B를 도외시하면 어떻게 되는가?
- _____
- _____
- _____

**조기 경고:** 극단 A의 단점을 알게 될 경우 어떤 (주목할 만한) 일들이 일어나는가?
- _____
- _____
- _____

**부정적인 결과들:** 극단 B에 너무 치우쳐 극단 A를 도외시하면 어떻게 되는가?
- _____
- _____
- _____

**조기 경고:** 극단 B의 단점을 알게 될 경우 어떤 (주목할 만한) 일들이 일어나는가?
- _____
- _____
- _____

```
                    ┌─────────────────────┐
                    │      더 깊은 두려움     │
                    │     악순환을 일으키는    │
                    │  궁극적인 단점은 무엇인가?  │
                    └─────────────────────┘
```

출처: 배리 존슨과 폴래러티 파트너십스 사에서 제공한 양극단 지도 개념. ⓒ2020.

만든다.

자신들이 직면한 상황에 양극단의 면이 있음을 알게 되면서, 찰스턴 시 경찰관들은 시스템 내 갈등과 상반된 양극단 간의 상호의존성, 양극단을 존중해야 하는 필요성을 알게 됐다. 그들은 자신들의 조치로 치안이 강화되었어도, 지역사회 지원의 장점을 살리기 위해서는 아직 할 일이 많다는 점도 깨달았다.

당신은 자신의 양극단 지도를 보면서 무엇을 배우게 될까? 만약 사람들과 함께 일하고 있다면, 그들은 당신이 처한 상황에서 무엇을 배우게 될까? 당신은 한쪽 극단보다 반대쪽 극단의 장점을 더 높이 평가하고 있지 않은가? 아니면 한쪽 극단보다 반대쪽 극단의 단점을 더 경험하고 있지 않은가?

## 양극단 활용하기

SMALL 모델의 마지막 단계는 양극단의 장점들을 살리고 시너지 효과를 낼 수 있는 행동 계획을 짜서 양극단을 잘 활용하는 것이다. 폴래러티 파트너십스에서는 그런 행동 계획을 짜는 데 도움을 주는 다음과 같은 질문을 제시한다. 첫째, 어떤 행동이 각 극단의 장점을 늘려주는가? 둘째, 어떤 조기 경고가 한 극단의 단점 쪽으로 치우치는지 보여주고, 이를 피하기 위해 어떤 조치를 취할 수 있는가? 이런 행동 단계들은 아주 역동적인 접근법을 제공하여, 사람들로 하여금 한 극단의 장점을 늘리는 새로운 전략을 실험할 수 있게 해준다. 또한 한 극단의 단점에 빠지는 것이 얼마나 쉬운지 알게 하며, 그런 일이 일어날 때 즉각 대처할 마음의 준비를 할 수 있게 해준다. 경찰의 경우, 지역사회를 안정시키려면 초기 대화를 통해 경찰관과 지역 주민 간 신뢰를 쌓기 위해 노력해야 한다는 것을 알게 되었다(그림 9-3 참고). 그러면 지역사회 지원이 강화될 뿐 아니라 법집행 또한 강화될 것이 분명했다.

당신은 잠시 시간을 내 자신의 행동 단계(그림 9-4)를 구상해볼 수 있다. 그런 후 대인관계에서 생기는 갈등을 해소하면서, 양극단의 장점들을 살리기 위해 취할 수 있는 단계들을 생각해봐야 한다. 또한 양극단의 단점 쪽을 향해 가고 있음을 알려주는 조기 경고에 유의하고, 이를 피하기 위해 취할 수 있는 단계들을 생각해보아야 한다.

## 찰스턴 시의 양극단 지도 그리기의 영향

사이들러가 찰스턴 시 경찰을 상대로 실시한 워크숍은 사람들의 관점과 접근법을 바꿔놓았다. 경찰관들은 지역사회의 안전을 위해 법집행은 물론 지역사회 지원도 필요하다는 것을 깨달았고, 두 목표를 달성하기 위한 행동 단계에 관심을 쏟게 됐다. 경찰청장 멀린은 지역사회와의 협력을 경찰의 주요 목표로 삼았다. 그 결과, 지역사회 내 각 집단과의 관계를 돈독히 하고 경찰 업무를 보다 투명하게 처리하며 법집행 기관과 시민 간 신뢰를 강화하기 위한 조치들이 뒤따랐다.

멀린은 '둘 다 모두' 사고와 폴래러티 파트너십스의 문제 해결 방식을 지역사회 내 다른 조직에도 소개했다. 그는 창의적인 갈등이 가진 힘을 확신했고, 찰스턴 시의 최고재무관리자CFO에게도 도움을 요청했다. 이후 두 사람은 찰스턴 시의 치안과 복지 개선을 위해 이해당사자 집단 간의 갈등을 해결하려 애쓰는 여타 기관에도 그 모든 것을 전파했다.

찰스턴 시의 리더들은 시내 중심가 상업 지역에서 생긴 갈등을 해결하기 위해 '둘 다 모두' 사고를 적용해보았다. 상업 지역의 유흥 확대 문제도 당면한 딜레마 중 하나였다. 술집과 식당 주인들은 유흥 확대를 통한 상업 지역 활성화에 관심이 많았지만, 그 지역 주민들은 사람이 모여들고 소음과 공공 안전 위협의 문제가 발생하는 것이 싫었다. 시 공무원들은 이처럼 사람들의 관점이 양극단으로 몰린 문제를 해결하고 딜레마 밑에 숨은 역설을 알아내기 위해 폴래러티 파트너십스의 SMALL 모델의 도움을 받고자 했다. 또한 관점이 다른 스물한 명을 모아 위원회를 만들었다. 그들은 힘을 합해 찰스턴 시를 활기차고 미래 지향적인 도시로 만들기 위해, 또한 유흥 산업을 활성화하는 동시에 지역 주민의 고충도 해소하는 도시로 만들기 위해 노력했다. 결국 지속적인 갈등을 일으키며 주민들을 분열시킬 수 있었던 문제가 주민 사이에 강력한 동반자 관계를 조성해, 새로운 기회를 창출할 수 있는 계기가 되었다. 위원회는 일련의 중요한 제안들을 냈고 시의회에서 만장일치의 지지를 얻었다.

2015년 6월 17일 밤에 발생한 마더 에마누엘 교회의 대형 증오 범죄는 찰스턴 시 지역사회를 발칵 뒤집어놨을 뿐 아니라, 세계적으로도 큰 반향을 일으켰다. 그러나 경찰이 여러 해 동안 지역사회를 안정시키기 위해 기울인 노력이 이 끔찍한 사건에 강력하고도 긍정적인 영향을 주었다. 경찰관과 민간인, 백인 주민과 흑인 주민, 시 공무원과 지역사회 구성원 등 많은 사람이 한자리에 모여 애도를 표했다. 그리고 단 이틀 만에 희생자들의 가족이 법정에 서서 범인 딜런 루프를 용서했다. 그로 인해 찰스턴 시는 이해와 통합의 도시로 인식되었고, 모두가 진지하게 애도했다. 그러나 경찰청장 멀린은 여전히 가야 할 길이 멀다는 사실을 잘 알았다.

그 끔찍한 밤은 찰스턴 시의 풍경과 저를 영영 바꿔놓았습니다. 그 사건은 인간 정신의 위대한 힘과 회복력을 너무도 분명히 보여주었습니다. 앞으로도 우리에게 선과 악 중에 선택할 수 있는 능력이 있다는 걸 보여줄 겁니다. 제 경우 그 사건을 단순히 또 다른 끔찍한 사건으로 치부하기보다는 적극적으로 나서 수습하려 애썼고, 놀랍게도 이번엔 갈등이나 대립 또는 더 많은 폭력 없이 평화롭게 매듭지을 수 있었습니다. 일부 예외적인 대립이나 폭력이 있었다고 해서, 이 비극적인 사건에서 시민과 경찰이 보여준 강한 유대 관계와 그 파급 효과를 간과하면 안 될 것입니다.[6]

멀린은 법집행 기관과 시민 간 불신은 여전히 찰스턴 시 지역사회 내 안전 강화를 가로막는 가장 큰 걸림돌임을 알았다. 그리고 그는 분열된 집단들을 한데 모아 '둘 다 모두' 가능성을 모색하는 것이 도시를 발전시키고 사람들을 치유하는 데 어떤 도움이 되는지를 보았다. 또한 마더 에마누엘 교회 총격 사건이라는 비극에서 벗어나 지역사회를 변혁시킬 기회도 보았다. 그와 사이들러는 찰스턴 지역사회의 구성원과 폴래러티 파트너십스의 파트너들과 함께 경찰과 시민 사이에 다시 솟아난 신뢰와 공동체 의식을 더 다져나가기 위해 노력했다. 그 노력의 중심에는, 강력한 지역사회를 만들려면 공공의 안전과 개인의 권리가 보장되어야 하며 법집행 기관과 시민 모두의 노력이 필요하다는 인식이 깔려 있었다.

2017년 8월, 멀린과 사이들러 그리고 몇몇 사람들이 이른바 '일루미네이션 프로젝트Illumination Project'에 착수했다. 그 프로젝트의 핵심은 경찰과 지역사회 주민이 함께하는 경청 시간이었다. '둘 다 모두' 사고와 역설의 힘에 토대를 둔 이 시간에 참석자들은 지역사회 안전과 관련된 다양한 경험을 놓고 토론을 벌였다. 그렇게 함으로써 참석자들은 관점을 정당화하고 서로에 대한 이해를 높였으며, 서로 간의 신뢰와 유대감을 공고히 했다.[7] 찰스턴 시의 한 경찰관은 지역신문인 〈찰스턴 포스트 앤 쿠리어〉와의 인터뷰에서, 경찰로부터 해를 당할까 두렵다는 시민들의 말에 큰 충격을 받았다고 했다. 심지어 많은 시민이 그가 입은 경찰 제복을 보고 옆에 앉는 것조차 불편해했다. "우리가 동일선상에 있다 해도 또 다른 관점과 배경의 차이가 존재할 가능성을 살펴야 합니다. 이 경험을 통해 크게 깨달았습니다."[8] 한 주민은 각자 자기 목소리를 내는 게 중요하다면서, 주민들 역시 무작정 경찰을 비난할 게 아니라 자신들의 안전에 스스로 책임을 져야 한다는 걸 알게 됐다고도 했다.

2018년 1월부터 8월 사이에 찰스턴 시는 일루미네이션 프로젝트를 통해 33차례의 경청 시간을 가졌다. 지역사회의 안전을 강화하면서 개인의 권리를 지키고, 경찰과 시민 간의 신뢰를 높일 2226건의 아이디어가 나왔고, 그중 상당수는 경찰이 실행에 옮겼다. 일루미네이션 프로젝트를 이끄는 사람들은 현재 이 프로젝트를 미국 내 다른 지역사회로 전파하고 있다.

폴래러티 파트너십스의 SMALL 모델은 각 집단이 직면한 갈등과 역설을 깊이 들여다볼 유일한 방법은 아니지만, 상반된 요구들을 존중하고 양극단의 사람들을 한데 모으는 데 도움이 되는 매우 체계적이며 강력한 접근법이다.

# 조직 리더십
## 지속 가능한 영향력 갖기

선견지명이 있는 기업은 단기 목표와 장기 목표 사이에서 균형을 맞추
려 하지 않는다. 또한 단순히 이상과 수익성 사이에서 균형을 맞추려
하지도 않는다. 높은 이상을 추구하는 동시에 높은 수익성을 추구한다.
간단히 말해, 선견지명이 있는 기업은 음과 양을 섞어 불분명한 회색 원
을 만들려 하지 않는다. 늘 동시에 음과 양을 모두 분명히 하고자 한다.

**- 짐 콜린스** Jim Collins, **제리 포라스** Jerry Porras

크든 작든 어떤 조직을 이끌고 있다면, 아마 역설을 헤쳐
나가면서 커져가는 압박감에 시달리고 있을 것이다. 당신
만이 아니다. 2018년 옥스퍼드대학교 교수 마이클 스메츠 Michael Smets와 팀
모리스 Tim Morris는 임원 대상 헤드헌터 기업 헤이드릭 앤 스트러글스 Heidrick
& Struggles와 손잡고 150명이 넘는 세계 각지의 최고경영자들과 그들의 가장
큰 도전을 주제로 인터뷰했다. 연구진은 무엇이 리더들을 잠 못 이루게 하
는지 알고 싶었다. 그래서 나온 답은? 역설이었다! 그 최고경영자들은 지속
적인 변화에 대한 적응과 조직의 핵심 업무 수행 사이에 끼어 힘겹게 줄타기
곡예를 하고 있었다. 리더들은 현지 시장에서 경쟁하는 동시에 해외 시장까
지 신경 써야 하는 점을 어려운 도전으로 느꼈다. 어쨌든 연구진이 알아낸

모든 문제에는 역설이 깔려 있었다. "최고경영자들은 갈수록 치열해지는 경쟁을 벌이는 동시에 이해당사자들의 요구에도 응해야 하는 역설적인 상황에 놓여 있습니다. 양쪽 세계에서 최선의 결과를 얻으려면 먼저 개인적인 역설에서 균형을 잘 잡아야 합니다. 그래야 회사의 다양한 역설 가운데 균형을 잡을 수 있습니다."[1]

최근 두 컨설팅 기업에서 실시한 연구로 인해 '둘 다 모두' 사고가 조직 리더들에게 한층 더 중요해졌다. 컨설팅 기업 프라이스워터하우스쿠퍼스PricewaterhouseCoopers, PwC는 유능한 리더라면 글로벌 마인드를 가진 지역주의자가 되고 겸손한 영웅이 되며 첨단기술에 밝은 휴머니스트가 되는 등 6가지 역설을 잘 헤쳐나가야 한다고 주장했다.[2] 또한 컨설팅 기업 딜로이트Deloitte는 '인적 자본 추세' 설문조사 결과, 리더들이 역설을 앞으로 나아가는 길로 삼아야 한다고 했다.[3]

리더라면 역설을 있는 그대로 받아들이고 이를 통해 앞으로 나아가야 한다는 이 같은 기대에는 한 가지 중요한 질문이 제기된다. "어떻게?" 도전을 역설로 보는 것과 도전이 무엇인지 아는 것은 엄연히 별개다. 이 질문은 우리로 하여금 연구를 처음 시작하던 때로 돌아가게 만든다. 우리 역시 '둘 다 모두' 사고를 뛰어넘어 리더가 조직 내에서 어떻게 역설을 효과적으로 헤쳐나가는지 알고 싶었다.

당신이 이 책을 계속 읽어왔다면, 역설을 어떻게 헤쳐나가야 하느냐는 질문에 대한 답은 최고경영자가 단순히 명석한 두뇌를 가져야 한다든가, '둘 다 모두' 사고를 해야 한다는 것이 아니라는 점을 알 것이다. 그렇다고 단순히 조직 구조를 잘 짜야 한다거나 각종 임무와 목표, 정책을 제대로 수행해야 한다는 것도 답이 아니다. 역설을 헤쳐나가기 위해서는 통합된 시스템을 구축하는 데 필요한 툴을 잘 활용해, 인지적 추정 관련 문제와 감정적으로 불편한 문제를 해결하며 고정된 경계를 구축하고, 역동적인 관행을 만들어내야 한다. 물론 우리는 이제 그 툴 자체가 역설적이라는 것을 잘 안다. 합리적인 것과 감정적인 것에도 집중해야 하고, 정적인 접근법과 역동적인 접근법에도 집중해야 하기 때문이다. 결국 이 책에서 누차 강조해왔듯 역설을 헤쳐나가는 일 자체가 역설이다.

갈등을 있는 그대로 받아들이기는 쉽지 않지만, 우리는 스타트업부터 〈포춘〉 선정 500대 기업의 리더들이 그런 과업을 잘 수행해내는 과정을 봐왔다. 이 장에서는 리더가 조직 내에 역설 시스템을 구축하기 위해 취할 수 있는 조치를 알아보고자 한다. 그 예로 폴 폴먼Paul Polman의 놀라운 리더십을 살펴보겠다. 앤드루 윈스턴Andrew Winston과 공저한 그의 최근 저서 《넷 포지티브》에 자세히 나와 있듯이, 폴먼은 2008년 금융위기 이후 파산 직전까지 간 유니레버Unilever를 지속 가능한 기업의 모델로 전환시켰다.[4] 크든 작든, 영리기업이든 비영리기업이든 아니면 그 중간 어디쯤 되는 기업이든 당신이 조직을 이끌고 있다면, 이번 장은 꼭 읽어봐야 한다.

## 유니레버의 극적인 반전

2009년 유니레버가 폴먼을 새로운 최고경영자로 영입했을 때, 회사는 죽음의 소용돌이에 빠져 있었다. 유니레버는 100년 넘게 성공을 누려왔지만, 이제는 악순환에 빠져 있었다. 연이은 기업 인수와 합병은 득보다 실이 많았고, 그 결과 단기적인 비용 절감이 불가피해지면서 제품 품질이 저하됐다. 또한 고객 충성도가 떨어졌으며 직원들의 동기부여도 사라져갔다. 이런 손실들로 더 심한 근시안적인 결정들이 내려졌고 이로 인해 손실은 더 커졌다. 회사는 모든 것을 포기한 듯했고 직원들은 자사 제품에 대한 신뢰를 잃어갔다. 이와 관련해 폴먼은 이렇게 말했다. "회사 화장실에는 경쟁업체의 비누가 깔렸고, 카페테리아에는 경쟁업체의 차가 비치되어 있었습니다."[5] 이런 상황에서 유니레버의 최고경영자 자리는 폴먼에게 천재일우의 기회였을까 아니면 경력을 망칠 위기였을까?

프록터 앤 갬블Procter & Gamble과 네슬레Nestle에서 폭넓은 경험을 쌓은 폴먼은 일상 생활용품을 다루는 이 회사에서 매일 겪게 될 압박감을 잘 알고 있었다. 그는 장기적인 도전도 잘 알고 있었다. 때는 2009년이었고, 세계는 아직 금융위기의 충격에서 벗어나지 못하고 있었다. 세계화 추세와 새로운 기술 덕에 경제 성장의 희망도 있었지만, 세계 경제는 극도로 취약해졌고, 북반구와 남반구 간 경제 격차는 더 벌어졌으며, 계층 간 불평등이 심화됐고, 물리적 환경에서 다양한 위협이 드러나고 있었다. 폴먼이 회사 리더들에게 반복해서 상기시켰듯이, 우리는 지금 VUCA 세상, 즉 변동성Volatility, 불확실성Uncertainty, 복잡성Complexity, 모호성Ambiguity이 커져가는 세상에 살고 있다. 기업들은 각종 도전을 무시할 수 없다. 기후 위기와 코로나19 팬데믹으로 인해 환경에 대한 기업의 의존성은 물론 그 반대도 강화됐다. 생태계는 망가지기 쉽다. 폴먼은 유니레버가 다음 세기에 성공하려면 위태로운 지구 환경에 어떻게 대처할지 생각해봐야 한다는 점을 잘 알았다.

유니레버의 많은 리더가 어떻게 하면 자신들의 회사가 심하게 요동치는 경제와 환경의 현실을 헤쳐나갈 수 있는지 묻고 있었다. 그러나 폴먼은 유니레버의 리더들이 질문을 바꾼다면 어떻게 될지 궁금했다. 그들이 이러한 세계적인 도전 속에서 회사가 번창하려면 어떻게 해야 하냐고 묻지 않고, 회사가 어떻게 하면 그런 도전에 긍정적인 영향을 줄 수 있느냐고 묻는다면 어떨까? 회사가 이익을 내는 데만 신경 쓰지 않고 동시에 세계적인 문제를 해결해나갈 방법도 찾는다면 어떨까? 회사가 사회에 해를 주지 않고 도움을 줄 수 있다면 어떨까? 지속 가능한 회사가 된다는 것이 지속 가능한 세계를 위해 보다 폭넓은 접근법을 채택하는 회사가 된다는 것을 뜻한다면 어떨까? 유니레버가 ESG 목표, 즉 환경 개선Environmental improvement, 사회 발전Social advancement, 지속 가능한 지배구조Sustainable Governance라는 세 가지 목표에 전념한다면 어떨까? 폴먼은 사회가 회사에 도움을 주기보다 회사가 사회에 도움이 되어야 한다고 했는데, 어떻게 하면 그렇게 할 수 있을까?

이 모든 질문에 답하기 위해 폴먼과 그의 팀은 '유니레버의 지속 가능한 삶 계획Unilever Sustainable Living Plan, USLP'이라는 대담하면서도 통합적이고 장기적인 비전을 발표했다. 유니레버가 병든 지구를 치유하고 그 속에서 삶을 향상할 방법을 찾으면서 동시에 이익도 내는 회사가 되기 위한 계획이었다. 폴먼은 그 계획이 깊은 토끼굴에 빠져 있던 유니레버를 구해내는 것 이상의 일을 해내리라고 생각했다. 그러나 그 목표를 달성하기 위해서는 유니레버의 풍요로운 전통을 살리는 동시에 조직을 변화시켜, 오늘날의 요구에 부응할 수 있게 해야 했다. 그래서 그는 기존 시장에서 잘나가는 자사 제품에는 힘을 싣고, 동시에 새로운 제품을 개발하고 특히 개발도상국에서 새로운 시장을 개척해야 했다. 폴먼이 말했듯이 조직의 리더들은 전략 중심에 지속 가능성이라는 목표를 두어야 한다. 또한 전략을 따르면서 CSR, 즉 기업이 사회적 책임Corporate Social Responsibility을 다해야 하며, 한 발 더 나아가 폴먼이 말한 이른바 RSC, 즉 책임 있는 사회적 기업Responsible Social Corporation을 주요 전략으로 삼아야 한다.

폴먼의 대담한 접근법은 엄청난 성공을 거두었다. 그리고 2019년에 유니레버를 떠나면서 그는 영웅적인 리더로 칭송받았다. 그는 만성적인 적자에 시달리던 회사를 흑자로 돌려놓았고, 그 기간 동안 주주들은 300퍼센트의 수익을 올렸다. 또한 기업의 지속 가능성에 대해 새로운 기준을 세웠다. 그러기 위해 폴먼은 다양한 역설 속에서 조직을 성공의 길로 잘 이끌어야 했다.

## 뒤얽힌 조직의 역설들

이제 역설은 '유니레버의 지속 가능한 삶 계획'을 받치고 있다. 그 중심에는 임무와 시장 간의 갈등이 놓여 있다. 유니레버는 환경 발자국environmental footprint을 반으로 줄이고, 자사 제품과 각종 업무와 관련해 쓰이는 에너지와 천연자원을 줄이며, 전 세계 10억 명 이상의 건강과 복지를 증진하기 위해 애썼다. 이런 목표들은 회사의 물 사용을 줄이고 쓰레기를 최소화하며, 지속 가능한 원자재 확보, 영양 공급 개선, 영세농과 활발한 공급망을 구축하는 등의 결과로 이어졌다.

그런데 유니레버의 리더들이 이런 환경적·사회적 목표들을 달성하고 동시에 회사의 이익을 배가하려 애쓰면서 역설이 발생했다. 《넷 포지티브》에서 폴먼과 윈스턴은 유니레버가 지속 가능성을 높이려다 보니 부담감 또한 커졌다고 말했다. ESG 목표, 즉 환경 개선, 사회 발전, 지속 가능한 지배구조라는 세 가지 목표를 달성하는 과정에서 회사의 수익성이 떨어질 것을 우려한 이해당사자들이 눈에 불을 켜고 회사의 일거수일투족을 주시했기 때문이다. 그러나 유니레버의 리더들은 그런 우려가 잘못됐음을 입증해 보였다. "ESG 목표를 달성하려고 애쓰면서도, 유니레버가 재정적으로 좋은 성과를 내야 한다는 압박감을 더 많이 느꼈습니다."[6] 그 리더들은 실패가 선택사항이 아니라는 점을 잘 알고 있었다.

그러나 유니레버가 직면한 도전은 리더들이 임무와 시장 사이에서 겪고 있는 갈등을 넘어섰다. 앞서 1장에서 성과 역설, 배움 역설, 소속 역설, 조직 역설이라는 4가지 형태의 역설을 다루었다. 그리고 이 4가지 역설이 우리 삶의 여러 문제에서 어떤 모습으로 등장하는지를 이야기했다. 마찬가지로 조직의 리더들은 정도는 다르지만 모두 이런 역설을 경험한다. 우리는 그 같은 조직의 도전을 의무나 혁신, 세계화, 통합조정이라 하며, 이 4가지 형태의 역설에 어떻게 반영되는지를 보여주고 있다.[7] 그런데 그 역설들의 특성이기도 하지만, 한 가지 도전과 연관된 역설들은 다른 도전과 연관된 역설들과 씨실과 날실처럼 서로 얽혀 있다. 그래서 한 가지 역설의 실을 잡아당기면 다른 역설들까지 줄줄이 딸려 나오게 된다.

조직의 리더들이 다양한 이해당사자에 대한 '**의무**'를 다하려 애쓰는 가운데, 임무와 시장 간의 갈등, 재무 성과와 사회적 책임 간의 갈등 등이 더 심화

그림 10-1

**4가지 형태의 역설과 연관된 조직의 도전**

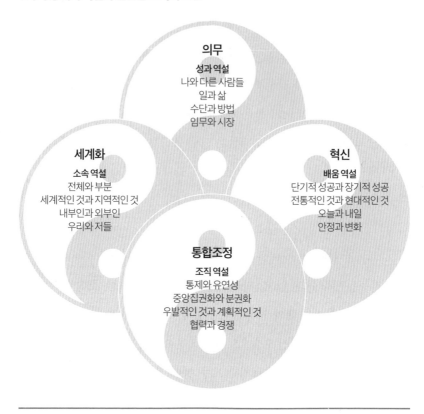

한다. 조직의 성과와 목표 그리고 기대치와 관련해 상반되면서도 긴밀하게 얽힌 요구들이 **'성과 역설'**에 해당한다. 전통적인 전략은 주로 한 부류의 이해당사자, 특히 주주에 그 초점이 맞춰진다. 반면에 폴먼은 더 폭넓은 이해당사자 집단에 초점을 맞춤으로써 '유니레버의 지속 가능한 삶 계획'에서 각종 역설이 발생했다. 그의 전략에서는 시장 성과와 주주에 중점을 둔 이익 목표가 강조됐다. 그러나 '유니레버의 지속 가능한 삶 계획'에서는 임무 중심적인 성과에 초점을 맞춘 사회적·환경적 목표가 중시되었다.

'혁신'과 관련된 도전은 오늘과 내일, 단기적 성공과 장기적 성공 그리고 안정과 변화를 동시에 충족해야 하기 때문에 '배움 역설'에 해당한다. 폴먼의 입장에서 성장과 지속 가능성 계획을 실천한다는 것은 기존 제품을 새로운 시장에 맞는 새로운 방식으로 활용한다는 의미였다. 예를 들어 가난한 남반구에서 하루에 1달러로 살아가는 사람이라면, 부유한 북반구에서 팔리는 샴푸에 10달러나 쓰지는 않을 것이다. 그러나 폴먼은 유니레버의 혁신 전략에 몇 가지 기준을 추가했다. 즉 천연자원 사용을 줄이고 환경에 미치는 조직의 영향을 낮추기 위해 모든 노력을 기울이게 해야 했다. 폴먼이 그런 방향으로 밀어붙이자 창조적인 갈등이 발생했다. 그리고 그 문제를 해결하려는 새로운 과정과 관행이 필요했다. 유니레버의 리더들은 팜유, 플라스틱 포장, 불필요한 종이, 화석연료 같은 자원의 사용을 최소화할 방법을 고안했다. 그런 혁신에는 비용 절감 노력도 포함되어 회사의 수익성을 높이는 데 일조했다.

또한 이처럼 다양한 문제를 해결하다 보면 '통합조정' 문제가 불거지고, 그 결과 중앙집권화와 분권화, 협력과 경쟁, 우발적 접근법과 계획적 접근법 같은 '조직 역설'이 발생한다. 폴먼은 자신의 계획이 이해당사자라는 생태계의 지원 없이는 성공할 수 없음을 알고 있었다. 또한 새로운 성장 동력을 찾고 자신들이 직면한 가장 힘겨운 문제를 해결하기 위해 그린피스Greenpeace, 세계자연기금World Wide Fund for Nature, 유니세프UNICEF, 세계식량계획World Food Program 같은 환경운동가 집단과의 협력이 필요했다. 그런 이유로 폴먼은 정부 기관은 물론 비정부기구와도 손잡고 각종 표준을 제정하며 지원하고 혁신적인 변화를 이끄는 데 일조했다. 유니레버는 특히 삼림 벌채나 해양 플라스틱 오염이라는 인류의 미래를 위협하는 문제들을 해결하기 위해 경쟁 업체들과도 협력해야 했다. 그래서 폴먼은 업계가 지속 가능한 표준을 채택한다면 비용이 절감되고 각종 위험이 줄어들 것이라고 강조하며, 경쟁 업체들을 상대로 깊은 인내와 신뢰를 표했다. 그는 지속 가능성을 위한 협력을 통해 업계 전체의 경쟁력이 더 강해지고 새로운 기회도 맞게 될 것이라고 주장했다.

또한 기술 발달 덕에 세계 각 지역이 보다 빨리 그리고 긴밀하게 연결되면서, 조직의 리더들은 이제 점점 더 많은 **'세계화'** 관련 도전에 직면하고 있다. 그 내부에 **'소속 역설'**이 숨어 있으며, 그 역설은 다시 전 세계적 통합과 지역적 독창성, 우리와 저들, 전체와 부분, 내부인과 외부인 간의 갈등에 영향을 받고 있다. 폴먼은 그런 갈등을 직접 경험했을 뿐 아니라 의도적으로 부추기기도 했다. 그는 전 세계 수십억 인구의 삶을 개선하기 위해, 유니레버가 개발도상국에서 새로운 시장을 개척할 필요가 있다고 강조했다. 그리고 역시 도달치가 높으면서도 역설적인 요구 수준을 정했다. 자사 임직원을 향해 유니레버라는 세계적인 자사 브랜드를 잘 활용하고, 선진화된 시장에서 사용한 각종 해결책과 규모의 경제를 이용하는 동시에 각 지역사회의 다양한 기호와 문화, 요구를 존중함으로써 지역사회의 수요를 충족시킬 것을 요구했다.

'유니레버의 지속 가능한 삶 계획'에 내재된 갈등을 파고들면서 폴먼은 어떤 기업에서든 가장 골치 아픈 문제 밑에는 늘 역설이 숨어 있음을 알게 됐다. 동시에 유니레버와 리더십에 대한 이해에 도움이 되는 중요한 사실을 하나 깨달았다. 그것은 조직 자체가 역설이라는 점이었다. 따라서 그런 역설을 찾고 잘 활용해 이런저런 갈등에 매몰되지 않고 새로운 아이디어를 창출해내야 한다는 것이 중요했다. 결국 그는 '둘 다 모두' 사고를 통해 유니레버 안에서 뒤얽힌 역설들을 찾아냈고, 모든 임직원이 그 역설을 체감하고 소중히 여기도록 했다. 그런 다음 그 역설을 헤쳐나가는 데 도움이 될 조직 문화와 여건을 조성했다. 그는 이 모든 것에 대해 우리에게 말했다.

어떤 조직이든 그 속에는 서로 긴밀하게 뒤얽힌 다양한 범주와 기능이 있어, 조직은 매트릭스 구조matrix structure(기존의 부서 성격을 유지하면서 특정 프로젝트를 위해 서로 다른 부서와 협업하는 현대적인 조직 설계 방식—옮긴이) 같은 복잡성을 띠게 마련입니다. 그래서 어떤 교차점에서든 갈등이 발생하게 되는데, 사람들이 저마다 다른 관점, 다른 요구 그리고 가끔은 당신이 피할 수 없는 다른 성과 관련 동인을 갖고 있기 때문입니다. 어느 조직이든 가장 큰 도전 과제는 갈등을 긍정적인 에너지로 발전시키는 일입니다. 당신이라면 어떤 식으로 그렇게 하겠습니까? 그리고 어떤 일에 시간을 쏟겠습니까? 아주 높은 지능이 필요한 일은 아니지만 힘든 일입니다. 내내 많은 노력을 기울여야 하지만 결코 완벽할 수 없는 일입니다. 우리 유니레버의 경우 그런 갈등에 늘 잘 대처하고 있는 건 아니지만, 적어도 올바른 방향으로 가는 경우가 더 많길 바랍니다.[8]

# 조직 내에 역설 시스템 만들기

지속 가능한 기업을 만드는 것은 로켓 과학처럼 난해한 일이 아니다. 그러나 역설이라는 수렁에 빠질 수도 있어 쉬운 일도 아니다. 유니레버의 경우 리더들이 역설을 잘 헤쳐나가 경쟁 우위를 점할 수 있었다. 이 장에서는 조직 내에 이런 환경을 조성하기 위해 할 수 있는 행동들을 소개하며, 또한 그런 행동들이 미칠 파급 효과에 대해서도 소개한다(표 10-1). 리더들이 취하는 이 같은 행동의 목적은 조직 내에 역설 시스템의 다양한 툴을 도입해 '둘 다 모두' 사고의 역동성과 추정, 경계, 용인 속에서 다 같이 손잡고 일할 수 있는 기회를 만들어내는 데 있다.

# '둘 다 모두' 사고가 가능한 환경을 조성하라

역설을 효과적으로 헤쳐나가려면 '둘 다 모두' 사고를 받아들이고 사람들이 그런 접근법을 택할 수 있는 환경을 조성해야 한다. 그리고 리더들이 그럴 여건을 조성할 수 있는 실용적인 방법들을 찾아내야 한다.

### 조직의 갈등을 더 높은 목적으로 연결하라

폴먼은 우리에게 이런 말을 했다. "제게 아주 중요한 첫 번째 일이자 제가 조직 안에서 늘 많은 시간을 쏟는 일은 조직이 지향해야 할 더 높은 목적을 정하는 것입니다."[9]

표 10-1

## 조직 내에서 역설 시스템을 실현하기 위해 리더가 해야 할 일

| '둘 다 모두' 사고가 가능한 환경을 조성하라 | '둘 다 모두' 사고를 갖게 하라 |
|---|---|

### 리더가 할 일

**조직의 갈등을 더 높은 목적으로 연결하라(경계)**
- 상반된 양극단을 하나로 연결하는 열정적이고 장기적인 비전을 세워라.

**역설적인 양극단 주변에 가드레일을 세워라(경계)**
- 목표와 역할을 정하고, 각 극단을 대변하고 지지하는 이해당사자들과 좋은 관계를 맺어라.

**이해당사자를 다양화하라(경계)**
- 잠재적 경쟁자나 적과 손을 잡아라.
- 리더들을 다양화하라.

**실험을 권장하라(역동성)**
- 저비용 실험을 통해 새로운 가능성을 시도해보라.
- 언어와 문화 그리고 보상을 적절히 활용해 저비용 실험을 장려하라.
- 더 폭넓은 결정을 내리기에 앞서 실험을 해보라.
- 실패는 그만 끝내도록 하라.

**갈등 밑에 숨은 역설을 찾아라(추정)**
- 갈등에 이름을 붙여라.
- 적절한 언어로 갈등의 역설적 특성을 잘 표현하라.

**불편함을 존중하라(편함)**
- 취약성을 환영하는 환경을 조성하라.
- 직원들이 각종 갈등 밑에 숨은 두려움과 불안감, 불확실성, 갈등에 대한 불편함을 알게 하라.

**갈등을 관리하는 기술을 익혀라(편함)**
- 갈등을 조장하는 기술을 선보이고 기꺼이 비판적인 피드백을 주고받도록 하라.
- 리더들에게 발전적인 갈등을 조장하는 기술을 분명히 가르쳐라.

**역설을 각 직원에 맞게 개인화하라(추정)**
- 상반된 요구들을 각 직원의 목표와 연결하라.
- 직원에게 역설 사고방식을 키우는 훈련을 시켜라.

### 파급 효과

- 상반되는 양극단의 요구들을 충족시키는 동시에 양극단 간의 관계에 갈등을 유지함으로써 가치를 높이고, 양극단이 서로 연결되면서 시너지 효과를 내게 된다.
- 더 많은 과정과 관행을 통해 지속적인 배움과 적응이 가능해진다.
- 역설을 소중히 여기게 되며 함께 갈등을 헤쳐나가는 일 또한 더 능숙하고 쉬워진다.

더 높은 목적을 정하면, 그러니까 더없이 중요하고 열정적인 비전을 발표하면, 역설이 숨어 있는 땅에 말뚝을 박아 사람들이 이런 모순된 요구를 있는 그대로 받아들이게 한다.[10] 또한 역설 시스템 안에서 우리는 더 높은 목적이 어떻게 구조적인 접근법, 즉 경계를 제공해 통합과 연결을 가능하게 하는지를 보게 된다. 그리고 이 중요한 비전은 여러 가지 이유로 역설을 생성한다. 먼저 역설은 서로 다른 이해당사자 집단 간에 갈등을 빚는다. 그런데 더 높은 목적을 정하면 사람들은 그 갈등 너머까지 생각하게 될 뿐 아니라 상반된 요구들을 충족시켜 즉각적인 마찰을 완화하는 보다 종합적인 접근법을 택하게 된다.[11] 또한 단기적인 자원을 놓고 대립하던 두 집단이 장기적인 결과를 생각하면서 시너지 효과를 낼 수도 있다.[12] 5장에서 우리는 IBM의 데이터 관리 부문 총괄 책임자인 재닛 페르나의 이야기를 했다. 페르나는 팀 미팅을 시작하면서 늘 더 높은 목적을 상기시키고 통합적인 사고를 주문했다. 그리고 팀원들 사이에 갈등이 생기면(갈등은 늘 생기게 마련이다) 팀 전체의 비전을 상기시키면서 어떻게 하면 상반된 관점들을 하나로 합쳐 그 비전을 향해 나아갈 수 있는지 생각해보라고 했다. 이와 관련해 폴먼은 우리에게 이런 말을 했다. "목적이 높을수록 사람들을 더 빨리 하나로 통합할 수 있습니다."[13]

더 높은 목적을 설정하는 과정에서 폴먼은, 회사가 미래로 향하게 하기 위해 과거로 눈을 돌렸다. 유니레버는 1885년 영국 비누 회사 레버 브러더스Lever Brothers로 시작했다. 그러나 레버 형제는 회사를 단순히 비누나 만드는 곳으로 보지 않았다. '청결함을 일상으로 만들고 여성의 일을 줄이는 회사'로 만들려고 했다.[14] 그 회사는 영국 포트 선라이트 지역공동체를 구축하는 데 없어서는 안 될 부분이 되었다. 그들은 학교와 의료 시설, 예술관을 짓고 주 6일(7일이 아닌) 근무제를 도입했으며, 제1차 세계대전 중에도 일자리와 급여를 보장함으로써 지역 주민의 삶을 향상하기 위해 애썼다.[15] 기업을 이용해 지역사회가 필요로 하는 것들을 개선하는 이런 기업 정신은 1929년 레버 브러더스가 네덜란드계 기업 마르하리너 위니 Margarine Uni를 합병한 뒤에도 이어졌다(Unilever는 Margarine Uni의 'Uni'와 Lever Brothers의 'Lever'가 합쳐 생긴 이름이다—옮긴이).

폴먼은 말 그대로 유니레버를 다시 이런 뿌리까지 끌고 갔다. 첫 번째 임원 회의를 포트 선라이트에서 열어, 회사 리더들로 하여금 지역사회에 대한 유니레버의 광범위한 영향력을 직접 느껴보게 했다. 그는 리더들이 회사의 창업 정신, 그러니까 이익을 넘어 선한 영향력을 추구하는 기업 정신과 다시 연결되기를 바랐다. 레버 형제의 창업 정신에 공감한 폴먼과 리더들은 미래 지향적이고 더 높은 목적을 세웠다. '지속 가능한 삶을 일상으로' 만들기로 한 것이다. 이후 유니레버의 리더들은 이러한 더 높은 목적을 실현하기 위해 애썼으며, 그 과정에서 생기는 역설을 효과적으로 헤쳐나가기 위해 조직 문화와 구조는 물론 각종 관행을 바꿔나가야 했다.

## 역설적인 양극단 주변에 가드레일을 세워라

야심만만한 비전은 동기부여와 통합에 도움이 되지만, 제아무리 대담한 비전 발표를 하더라도 리더들은 여전히 인지와 감정, 행동 면에서 '둘 중 하나' 사고에 빠질 수 있다. 예를 들어 말로만 혁신적인 조직 목표를 지지하는 것과 현실적으로 필요한 일에 직면해 실제 그 목표를 실행에 옮기는 것은 별개다. 마찬가지로 지속 가능한 임무에 전념하는 일은 아주 고무적이지만, 이익 추구에 대한 욕구가 그것을 가로막는다. 따라서 리더의 경우 상반된 요구들을 충족시키는 비전을 발표하는 것도 중요하지만, 직원들이 계속 그 상반된 힘들에 관심을 기울일 수 있는 여건을 조성해주는 것 또한 중요하다.

조직의 리더들이 상반된 요구들을 계속 수용하도록 하는 한 가지 방법은 조직 내에 '가드레일'을 설치하는 것이다. 상반된 요구들을 강화하는 사람과 과정, 관행 들이 모두 가드레일에 해당한다. 이 중 일부는 역설의 한쪽 극단의 요구를 인정하며 또 일부는 다른 극단의 요구를 인정한다. 도로 옆에 설치된 가드레일과 마찬가지로 조직의 가드레일 역시 조직이 양극단 중 어느 한쪽으로 너무 멀리 가는 것을 막는 경계 역할을 한다. 또한 일정한 공간을 만들어 그 속에서 상반된 요구들이 발생해 더 창의적이고 생산적인 해결책을 찾게 하기도 한다.

그런데 조직의 리더들이 단기 지표나 시장과 이해당사자의 기대 등 재무 목표를 달성하기 위해 노력하도록 유니레버 내에는 이미 가드레일이 존재했다. 그러나 폴먼과 리더들은 끊임없는 재무 압박으로 인해 사회적·환경적 목표가 위축되는 것을 막기 위해 가드레일을 추가로 세워야 했다. 또한 각종 환경 관련 운동을 펼치고 '유니레버의 지속 가능한 삶 계획'을 관리해줄 최고 지속가능책임자로, 경험 많은 제프 시브라이트Jeff Seabright를 영입했다. 처음에 그들은 시브라이트의 업무를 완전히 독립시켜 환경 관련 운동에 집중할 수 있도록 해야 했지만, 환경 분야에 대한 관심은 결국 회사 내 모든 사람의 마음속에 깊이 뿌리내리게 되었다. 유니레버의 리더들은 환경 및 사회 활동을 위한 구체적인 목표와 수치도 정했다. '유니레버의 지속 가능한 삶 계획'의 세 가지 큰 활동에는, 그 대상이 명확한 수십 가지의 더 작은 목표가 있었다. 그런데 그 대상을 선정하는 작업이 쉽지 않았다. 이익을 토대로 사업의 성공 여부를 측정하는 것에 비해 지속 가능한 목표를 정하는 것은 광범위하고 추상적이며 장기적인 경우가 많기 때문이다. 그러나 흔히 하는 말이지만, 측정될 수 있어야 관리할 수 있다. 그래서 유니레버의 리더들은 더 장기적인 목표를 향해 나아가게 해줄 사회적·환경적 목표의 단기성과 지표가 포함된 채점 카드를 만들었다.

폴먼은 이 같은 지속 가능성 목표를 달성하는 데 전념하면서 동시에 사업 규모 확장에도 전념했다. 그리고 더 놀랍게도 계획 이행 조치를 통해 사업 규모를 키울 계획을 세웠다. 관련해 그와 윈스턴은 《넷 포지티브》에서 이런 말을 했다. "우리 계획은 단순히 핵심 사업에 '기업의 사화적 책임 스타일(CSR)' 스타일(기업이 자발적으로 사회적, 환경적 책임을 다하기 위해 시행하는 활동과 정책─옮긴이)을 추가하자는 게 아니었다. 그건 과거에도 전략이었고 지금도 전략이며, 성장 목표와 밀접한 관련이 있다. 분리되지 않았기 때문에 '유니레버의 지속 가능한 삶 계획'이 성공적으로 이행되지 않았다면 유니레버는 그렇게 잘해내지 못했을 것이고, 잘해내지 못했다면 '유니레버의 지속 가능한 삶 계획'도 성공적으로 이행되지 못했을 것이다."[16] 사업 목표와 지속 가능성 목표는 모두 유니레버 운동장의 경계가 되었다. 그리고 그 운동장 안에서 리더들은 사업을 종합적으로 운영해갈 새로운 접근법을 찾아야 했다.

그러나 더없이 대담하면서도 많은 논란을 불러일으킨 폴먼의 조치는 지속 가능성 임무와 재무 보고를 일치시키기 위한 가드레일을 세우는 것이었다. 상장 기업들은 분기별 이익에 집착하며, 주주들에게 잦은 재무 보고를 하다 종종 잘못된 의사 결정을 내리기도 한다.[17] 폴먼은 유니레버의 리더들이 3개월마다 이익 보고를 할 경우, 장기 목표들이 뒤로 밀리게 되어 '유니레버의 지속 가능한 삶 계획' 이행에 차질이 빚어지리라는 것을 잘 알았다. 그래서 최고경영자가 된 뒤 1년간 분기별 재무 지침을 제시하는 것을 중단했다. 투자자들은 충격을 받았고, 그중 일부는 유니레버에서 투자금을 뺐다. 용기가 필요한 결정이었지만 폴먼은 회사 임직원들이 장기 목표에 집중하려면 재무 보고 횟수를 줄일 필요가 있다고 확신했다. 물론 그는 '유니레버의 지속 가능한 삶 계획' 때문에라도, 유니레버를 밀어줄 투자자가 필요하다는 것을 잘 알았다.

## 이해당사자를 다양화하라

사람들은 상반된 요구들을 뒷받침하는 또 다른 경계가 되어줌으로써 역설 문제와 관련해 중요한 가드레일이 된다. 그리고 각자의 배경과 경험, 역할에 따라 특정 관점을 갖게 되어, 역설의 양극단 중 한쪽에 치우치기 쉽다. 그래서 다양한 배경을 가진 사람들을 잘 통합해 상반된 양극단을 대변할 수 있게 하는 점이 중요하다. 그러나 다양성은 양날의 검과 같다. 잘 사용하면 다양하고 분명한 목소리들이 통합되면서 갈등이 드러나고 차이가 부각되며, 보다 창의적인 통합이 가능해진다. 그러나 다양한 관점으로 인해 불협화음이 생길 수도 있다.

폴먼은 다양한 관점과 기술, 경험을 활용해 '유니레버의 지속 가능한 삶 계획'의 여러 목표를 성공적으로 이행하고 싶었다. 그는 모든 것을 이사회에서부터 시작했다. 이사회 이사 중 상당수는 폴먼의 역설 전략을 이해하지 못했다. 그들은 대체 어떻게 지속 가능성을 통해 죽어가는 회사를 살리고 경제적인 성공까지 이룰 수 있는지 의아해했다. 오히려 지속 가능성으로 인해 원치 않는 위험만 생기리라고 봤다. 그래서 폴먼은 기후변화와 식량 불안정 그리고 다른 지속 가능성 문제에 해박한 새로운 이사회 이사들을 영입함으로써 사고의 폭을 넓혔다. 즉 '유니레버의 지속 가능한 삶 계획'의 각종 조치를 앞장서 이끌 만한 이사들을 영입한 것이다. 결국 새로운 이사들과 기존 이사들이 갈등하다가 손잡고 일하게 되었다. 또한 폴먼은 기존 이사들과 함께 이사회의 성 다양성을 확보하려고 애썼다. 올바르고 현명한 일이었기 때문이다. 지금도 여전히 그런 기업은 드물지만, 임원진에 성평등이 잘 구현된 기업일수록 재무 성과가 좋다.[18] 폴먼과 이사회 이사들은 물론 관리직 직원들도 인종, 성적 취향, 국적 등 다른 차원에서도 다양성을 높이려 애를 썼다. 그런 다음 유니레버 임직원의 통찰력과 역량을 확대하기 위해, 국제기구, 비정부기구, 환경단체와의 협력 관계 구축에 관심을 돌렸다. 그 단체들은 영리기업이 사회와 환경에 미치는 영향을 감시하는 일을 하므로 〈포춘〉 선정 500대 기업의 입장에서는 그야말로 눈엣가시 같은 존재다. 그러나 '유니레버의 지속 가능한 삶 계획' 목표들은 많은 환경단체가 설정한 기준을 넘어섰으며, 유니레버는 성공을 위해 그 단체들의 감시나 견제보다 협력이 필요했다. 그래서 폴먼은 유니세프, 세이브더칠드런Salve the Children, 세계지속가능발전기업협의회World Business Council of Sustainable Development 같은 비정부기구나 환경단체와 강력한 협력 관계를 구축했다.

## 실험을 권장하라

역설의 경우 상반된 요구가 계속 충돌하면서 새롭고도 다른 딜레마들이 발생하며, 그 결과 계속 불확실한 변화가 일어난다. 예를 들어 IBM의 경우 혁신 속도가 어지러울 정도로 빨랐다. 1990년대에 퍼스널컴퓨터와 클라이언트-서버 분야 진출을 모색하는 상황에서 웹 기반의 기술이 등장하면서 새로운 도전에 직면하게 됐다.

이런 역설을 헤쳐나가려면 역동성이 있어야 한다. 다시 말해 늘 기민성을 유지해 정보가 다 갖추어지지 않은 상태에서도 새로운 가능성을 테스트할 수 있어야 한다. 그리고 역동성을 유지하기 위해 조직은 실험을 해봐야 한다. 폴먼과 윈스턴은 《넷 포지티브》에서 이런 말을 했다. "'유니레버의 지속 가능한 삶 계획'은 원래 길잡이 역할이었지만, 기업과 세계가 계속 변하기 때문에 언제든 변화할 수 있게 유연성도 갖추어야 했다."[19]

투명성과 겸손 그리고 동반자 관계는 유니레버가 계속 변화하는 데 큰 도움이 됐다. '유니레버의 지속 가능한 삶 계획'에 담긴 목표는 깊은 열정과 큰 관심을 불러일으킬 만큼 대담하면서도 공격적이었다. 그러나 그 목표를 달성하기 위한 세부 계획에는 애매한 부분이 많았다. 예를 들어, 유니레버는 환경에 악영향을 주지 않는 지속 가능한 원자재 쪽으로 옮겨가야 했지만 배워야 할 것이 많았다. 폴먼은 처음부터 회사가 모든 답을 가지고 있지 못하므로 다른 조직과 손잡고 이런저런 실험을 해봐야 한다는 것을 알았다. 그는 이렇게 말했다. "오늘날 우리가 직면한 도전 중 상당수는 그 규모가 너무 크고 복잡해서, 그 어떤 조직이나 부문 또는 정부조차 혼자서는 해결할 수 없습니다. 따라서 서로 손잡고 함께 노력할 때 비로소 우리가 필요로 하는 장기적인 해결책을 찾아낼 수 있습니다."[20] 폴먼은 회사의 한계를 털어놓을 만큼 겸손한 데다 그 어떤 단점도 인정할 만큼 투명해서 사람들과 대화하기가 쉬웠다. 그 덕에 모두에게 필요한 것을 가르쳐줄 수 있었고 모든 사람과 돈독한 관계를 맺을 수 있었으며, 실험도 쉽게 해볼 수 있었다.

다른 기업 리더들 역시 기업의 역동성을 가능하게 하는 다양한 관행을 만들어냈다. 예를 들어 2014년 넷플릭스Netflix는 직원 통제를 최소화하는 인사관리 관행을 만들어 직원들의 창의성을 높인 결과, 보다 좋은 성과를 냄으로써 돌연 업계의 선두주자로 떠올랐다. 넷플릭스의 최고경영자 리드 헤이스팅스Reed Hastings는 인사관리 관행에 대한 125페이지짜리 파워포인트 선언문을 온라인에 올렸다. 거기에는 이런 말이 나온다. "대부분의 기업은 성장하면서 자유를 제한하고 관료주의적으로 변해간다." 다른 기업들은 온갖 원칙과 과정을 강요함으로써 직원의 창의성을 위축시키는 데 반해, 넷플릭스는 성장하면서 직원에게 원칙을 강요하기보다 더 좋은 성과를 내도록 해주려 애썼다.[21] 이미지는 얼마 없고 대부분 글자로 이루어진 그 선언문의 조회수는 곧 수백만으로 급증했다(우리가 마지막으로 확인했을 때는 2000만이었다). 그 선언문은 일종의 실험이었다. 넷플릭스의 리더들은 빠른 속도로 군더더기 하나 없이 인사관리의 핵심 아이디어를 담은 선언문 초안을 썼고, 온라인상에서 도움이 될 다양한 의견을 개진할 수 있게 했다.

이는 일종의 역동성을 표현한 것이기도 해서, 넷플릭스 내에 기본적인 경계를 설정하고 그 안에서 유연성을 발휘하도록 하는 인사관리 관행도 담겨있었다. 넷플릭스의 경우, 다음과 같은 몇 가지 원칙이 인적관리 관행의 기본 경계에 해당한다. "정직하라." "사람들을 어른으로 대하라." "넷플릭스의 이익에 가장 부합하는 행동을 하라." 그런 다음 이런 원칙들을 토대로 유연한 업무 관행을 만들어갔다. 예를 들어 휴가 일수를 따로 정하지 않았으며, 휴가 정책이 없는 것이 휴가 정책이라고 했다. 직원들은 각자 필요한 대로 마음껏 휴가를 썼다. 넷플릭스 경영진은 실제로 그 정책을 악용하는 직원보다는 휴가를 가지 않는 직원들 때문에 더 많이 걱정했다. 첨단기술 업계는 휴가도 건너뛰고 열심히 일하는 사람을 선호하는 상황인데도 그랬다. 그러다 오히려 에너지가 소진되는 것을 걱정한 넷플릭스의 리더들은 직원들에게 다 알리고 솔선해서 휴가를 갔다. 회사는 모든 공식 경비와 출장 경비를 추적하지 않았으며 대신 '넷플릭스의 이익에 가장 부합하는 행동'을 해줄 것을 상기시켰다. 그런데 이 같은 조직 문화 규범은 직원이 오히려 경비에 더 신경을 쓰게 만들었으며, 조직의 리더들은 비용과 관련한 모든 관료주의와 관리감독을 제한함으로써 비용을 크게 줄였다. 이런 관행 덕에 넷플릭스는 자유와 책임 간의 끝없는 갈등 문제를 풀어가는 과정에서 아주 유연하면서도 기민하게 움직일 수 있었다.[22]

제러미 호켄스타인은 디지털 디바이드 데이터DDD를 설립할 때부터 조직 내에 실험 문화를 뿌리내리게 했다. 1999년에 캄보디아에서 사회적 기업을 설립했다는 것은 조직의 리더들이 대체 뭘 어찌해야 좋을지 전혀 몰랐다는 의미이기도 하다. 그런데도 그들은 임무 수행에 도움이 된다면 그 어떤 새로운 관행도 기꺼이 실험해보고 싶어 했다. 그래서 가장 소외된 사람들을 채용해 자신들에게 필요한 기술 관련 일을 하도록 했다. 하지만 때로는 그런 실험을 포기해야 했다. 예를 들어 조직의 리더 중 일부는 캄보디아에서 가장 빈곤한 시민들을 채용할 꿈을 꾸었다. 쌀농사를 지으며 움막 안에서 더없이 피폐한 삶을 사는 농부들을 직원으로 채용하려 한 것이다. 한 리더는 그 같은 꿈을 '움막 꿈'이라고 불렀다. 그런 꿈을 실현하기 위해 DDD의 리더들은 시골 지역사회를 위해 봉사하는 한 비정부기구와 손잡고 실험적인 프로그램을 하나 시작했다. 그러나 그들이 곧 깨닫게 된 사실이지만, 허점 많고 예측 불가능한 사회 기반시설, 적응하기 힘든 사회 규범, 극도로 제한된 농부들의 첨단기술 접근성이 워낙 극복하기 힘든 장애물이었다. 그 프로그램을 계속 진행했다가는 사업 자체를 접어야 했다. 그래서 DDD의 리더들은 가드레일을 세웠다. 자신들의 사회적 임무를 성취하기 위해 리더들이 조직을 계속 유지해나갈 방법을 찾아야 한다고 생각한 것이다. 어쨌든 그 실험 덕에 DDD의 리더들은 '움막 꿈'이 사실상 '움막 악몽'이라는 사실을 알게 됐다.

실험을 한다는 것은 실현 불가능해 보이는 특정 아이디어를 버린다는 뜻이기도 하다. 그런데도 DDD는 실험을 통해 시골 지역 사람들에게 취업 기회를 제공할 새로운 정보를 얻게 되었다. 리더들은 주변에 시골 지역사회가 많은 대도시인 바탐방에 사무실을 열기로 했다. 그렇게 DDD는 달리 취업할 방법이 없던 시골 사람들을 채용해 안정되고도 예측 가능한 첨단기술 역량을 확보할 수 있었다. 그 같은 접근법 덕에 좀 더 빨리 첨단기술을 익혀나갈 사람들을 찾아내는 등 선별적인 직원 채용이 가능해졌다.

이 모든 사례에서 역동성과 변화는 조직 내에 가드레일을 설치함으로써 그 안에서 발생한다. 그리고 그런 경계는 역설의 창의적인 갈등을 일으키고 또 그 갈등을 활용하는 데도 도움이 된다. '유니레버의 지속 가능한 삶 계획'은 유니레버의 사회적 임무와 시장 목표를 이행하는 데 도움이 됐고 지속적인 변화에 필요한 관행을 뒷받침하는 동시에 제한하기도 했다. 넷플릭스는 몇 가지 분명한 원칙을 토대로 유연한 인사관리 관행들을 만들었으며 자유와 책임 모두를 충족하는 계획을 수립했다. DDD의 경우 사람들과 외부 이해당사자들이 가드레일에 해당했으며, 자신들의 사회적 임무와 사업 목적을 이행할 수 있게 하고 실험에 필요한 유연성을 갖게 해주는 관행 역시 가드레일에 해당했다.

이런 사례들에서 알 수 있듯이 경계를 통해 조직의 역동성이 뚜렷해지고 가능해진다. 그리고 역동성을 통해 목표 달성에 필요한 관행이 생긴다. 그야말로 역설을 헤쳐나가는 일 자체가 역설이다.

## '둘 다 모두' 사고를 갖게 하라

리더들이 조직 내에 어떻게 '둘 다 모두' 사고를 뿌리내리게 할 것인지 이야기할 때면 으레 다음과 같은 질문이 나온다. "조직 내에서 얼마나 많은 사람이 역설을 이해하고 받아들여야 하는가?" 이런 질문이 나오는 것은 놀랄 일도 아니다. 역설을 헤쳐나가려면 불확실성과 불합리성에 대처해야 하는데, 대부분은 그런 종류의 도전에 직면하고 싶어 하지 않는다. 직원들은 대개 리더들이 간결하면서도 복잡하지 않은 지시를 내려주기를 바라며, 역설같이 복잡한 문제를 이해해야 한다면 좌절감을 느낄 수 있다.

많은 리더가 직원들에게 그런 좌절감을 주지 않으려 한다. 그들은 배 위에서 선원들을 지휘하는 선장처럼 단순하고 명확하게 지시하려고 한다. 어떤 리더는 역설로 인한 갈등을 자신의 선에서 처리해 나머지 직원은 그런 갈등을 겪지 않게 할 수 있다고 생각한다. 우리 두 사람은 여러 유형의 리더에 대해 연구했으며, 갈등을 누가 처리하느냐에 따라 관리팀을 리더 중심의 팀 또는 팀 중심의 팀으로 분류했다.[23] 보다 많은 사람이 '둘 다 모두' 사고를 갖게 하려는 팀은 더 많은 것을 배울 수 있었고, 더 효과적이며 지속적인 해결책을 찾아낼 수 있었다. 그러나 역설을 있는 그대로 받아들이는 문화를 만들기 위해 얼마나 많은 사람이 '둘 다 모두' 사고를 가져야 하는지는 경우에 따라 다르다. 예를 들어 우리와 함께 일했던 한 대기업 최고경영자는 전 직원의 10퍼센트에 가까운 모든 리더가 역설을 헤쳐나갈 수 있어야 한다고 했다. 그러나 폴 폴먼과 지타 콥 같은 사람들은 회사의 전 직원이 역설을 헤쳐나갈 수 있는 여건을 조성하려 했다. 여기에서 우리는 회사의 전 직원이 역설을 있는 그대로 받아들이는 문화를 만들 수 있는 경우에 대해 살펴보고자 한다.

## 갈등 밑에 숨은 역설을 찾아라

폴먼은 '유니레버의 지속 가능한 삶 계획'을 이행하면서 상반된 요구들을 외면하려 하지 않았다. 그런 요구들은 겉으로 드러났고 그와 관련된 갈등을 역설로 받아들였다. 그는 '유니레버의 지속 가능한 삶 계획'에 착수한 직후에 우리에게 이런 말을 했다. "이런저런 갈등이 있다는 사실은 종종 부정적으로 보이며, '타협'이니 '절충'이니 하는 단어가 쓰입니다. 제 생각에 그건 분명 갈등을 잘못 해석한 것입니다. 당신이 만일 회사를 경영하고 있다면, 각종 갈등을 해소하면서 오를 수 없었을 높은 데로 오르고 싶을 것입니다. 이것이 바로 평균 이상인 기업들이 평균 이하인 기업들과 다른 점입니다."[24] 그러나 '유니레버의 지속 가능한 삶 계획'을 이행하기 위해 그는 사람들이 이미 갖고 있는 추정에서 벗어나 역설 사고를 할 수 있게 해주어야 했다.

포고 아일랜드 인의 주인이자 쇼어패스트 창업자인 지타 콥은 사람들이 늘 사회적 기업 안에 숨어 있는 역설에 대해 생각하게 한다. 그것은 쉬운 일이 아니다. 사람들은 명확하고 직접적인 비전을 원하기 때문이다. 그런데 콥은 장기적이며 전체론적인 비전을 제시한다. 쇼어패스트의 한 리더는 우리에게 이런 말을 했다. "우리는 지타의 이름(Zita)이 Z로 시작해 A로 끝난다는 농담을 합니다. 지타는 Z에 살고 있고 나는 A에 살고 있습니다. 내가 할 일은 모든 사람을 A에서 Z까지 데려가는 것입니다. 그건 일종의 갈등이죠. 지타는 워낙 많은 아이디어를 갖고 있는데, 나는 A에서 B로, B에서 C로, C에서 D로 한 단계씩 가야 하니까요."

그러나 콥은 역설을 헤쳐나가는 과정에 계속 전념하면서, 동시에 다른 사람들도 그렇게 할 수 있도록 인내심을 갖고 접근하여 서서히 역설의 개념에 다가갈 수 있도록 도왔다. 그러기 위해 콥은 이야기를 들려주고 비유를 사용하며, 가끔은 시각을 넓히기 위해 시와 이미지를 사용하기도 한다. 이야기와 비유는 양파처럼 여러 층을 가지고 있다. 사람들은 콥의 메시지를 대개 각자에게 맞는 수준에서 해석하고 활용해 자신의 행동에 영향을 주기도 한다. 게다가 이야기와 비유는 기억하기 쉬울 뿐 아니라 만트라로 활용돼 아주 중요한 아이디어를 상기하기도 한다. 예를 들어 쇼어패스트 직원들이 여러 방향으로 끌려간다고 느낄 때, 콥은 종종 뉴질랜드 시인 글렌 콜쿠호

운 Glenn Colquhoun의 시 〈직립보행의 기술The Art of Walking Up〉의 마지막 연을 들려주고는 한다.

> 여기서 직립보행의 기술은
> 양발을 쓰는 기술이다.
> 한 발은 버티는 데 쓰고
> 한 발은 가는 데 쓴다.[25]

이 시를 들려줌으로써 콥은 사람들에게 생각하는 법을 가르쳐주는 것이 아니라, 자신의 상황이 얼마나 복잡한지 있는 그대로 인정하고 받아들이는 법을 가르쳐주는 것이다. 쇼어패스트의 리더들은 이 시를 모두 알고 있으며, 상반된 견해로 갈등이 생길 때마다 속으로 읊조리는 듯하다. 또한 쇼어패스트는 꽃양배추를 회사의 상징으로 삼고 있다. 꽃양배추를 보면서 자신들의 지역공동체가 꽃양배추의 꽃잎처럼 독특하지만, 동시에 세계라는 줄기에 매달려 의존하고 있음을 상기하는 것이다. 이 모든 것을 통해 사람들은 상반된 요구들 사이에서 딜레마에 빠질 때 '둘 중 하나' 사고에서 벗어나, '둘 다 모두' 사고로 옮겨 갈 자신감과 능력을 갖게 된다. 쇼어패스트가 포고 아일랜드 지역사회를 지원하려 애쓰는 것인지 아니면 세계 자본주의에 적응하려 애쓰는 것인지에 대한 의문이 제기될 때, 리더들은 회사의 상징인 꽃양배추를 떠올리며 자신들이 그 두 가지 모두를 위해 애쓰는 중임을 상기하곤 했다.

그런데 사람들이 사고방식을 바꿀 때까지 기다려줄 만큼 리더들에게 늘 시간 여유가 있는 것은 아니다. 폴먼은 시간에 쫓기는 상황이었다. 그래서 신속하면서도 집중적인 접근법을 택했다. 유니레버가 직면했던 도전의 시급성을 감안할 때, 이사회 이사 중 일부가 신속하게 동참해줄 필요가 있었다. 이와 관련해 폴먼과 윈스턴은 《넷 포지티브》에서 말했다. "주변에 생산적인 회의를 하는 사람이 있는 건 괜찮지만 냉소적인 사람이 있으면 문제가 됩니다."[26] 폴먼은 사람들이 자신의 비전을 믿어주고 그들이 복잡한 역설들 속에서 살아갈 수 있어야 한다는 사실을 알고 있었다. 그래서 외부 회사에 위탁해 유니레버의 리더들을 평가했으며, 이를 통해 더 폭넓고 체계적인 접근법과 조직의 목적에 적응하는 스타일 등 여러 면에서 리더들 간에 차이가 있음을 알 수 있었다. 그런 격차 때문에 유니레버는 100여 명의 리더 중 약 70명을 내보냈다.

직원들의 사고방식을 변화시키는 리더들은 참을성 있는 스타일부터 대담한 스타일까지 다양하다. 그리고 어떤 쪽이든 리더들은 '둘 중 하나' 사고에서 '둘 다 모두' 사고로 오가면서 역설과 관련해 나름대로의 추정을 계속 반복하려 한다. 그 어떤 아이디어든 택할 가치가 있다면 계속 언급된다. 고마움이나 자신감 또는 유연성을 강조하는 메시지가 담긴 표지판, 열쇠고리, 팔찌가 늘 인기를 끄는 데는 그만한 이유가 있다. 마찬가지로 리더들 역시 역설과 관련된 커뮤니케이션을 계속 강화해야 한다. 지타 콥이 알게 된 사실처럼 기억을 환기시키는 이미지(비유, 이야기, 시 등)가 효과적이다. 예를 들어 7장에서 우리는 W. L. 고어의 최고경영자 테리 켈리가 팀 리더들을 상대로 이른바 '숨쉬기' 비유를 썼다는 이야기를 했다. 생존하려면 숨을 들이마시고 내쉬어야 한다. 마찬가지로 조직 역시 생존하려면 과거를 보면서 동시에 미래도 봐야 하고, 규모가 크면서 동시에 작아야 하며, 지역 특색을 유지하면서 세계적인 관점도 가져야 한다는 점을 고어의 리더들에게 상기시켰다. 그러니 숨을 들이마시고 내쉬도록 하라.

## 불편함을 존중하라

역설에 직면했을 때 우리 내면 깊은 곳에서는 여러 감정이 오간다. 각종 추정이 합리적인 사고와 관련 있다면, 감정은 직관적인 반응과 관련 있다. 상반된 요구들에 직면해 우리로부터 즉각적인 반응을 이끌어내는 것은 직감인 경우가 많다. 역설은 불확실성을 불러일으키면서 두려움과 불안 같은 감정을 유발하고, 그런 감정은 결국 '둘 중 하나' 사고로 이어진다. 역설 관련 사고를 갖기 위해 우리는 종종 두려운 감정을 소중히 여기고 방어적인 자세는 억제해야 한다. 또한 불편함 속에서 편함을 찾게 해줄 툴을 개발해야 한다. 그렇게 해서 선순환을 이루면 비로소 우리의 숨겨진 에너지와 열정이 제대로 발휘된다.

오랫동안 기업의 리더들은 직장에서 사람들이 감정을 잘 억제하고 인지적 합리성에 집중할 수 있다고 추정했다. 그러나 지금의 우리는 그것이 사실과 다르다는 것을 잘 안다. 뛰어난 리더는 사람들이 감정을 부인하거나 억누를 수 있다고 추정하기보다 그런 반응을 알아채고 변화시킬 수 있는 환경을 조성하려 애쓰며, 또한 사람들의 취약성을 환영한다.

2009년 폴먼이 유니레버의 최고경영자 자리에 올랐을 때, 직원들의 사기는 그야말로 바닥까지 떨어져 있었다. 회사가 비용 절감에 올인하고 몇 만 명에 이르는 직원들을 정리하면서 모두 정신적으로 힘들어하고 있었다. 상황이 그렇다 보니, 폴먼이 '유니레버의 지속 가능한 삶 계획'을 이행하기 위해 도입한 많은 계획이 하나같이 상당한 저항에 부딪혔다. 앞서 언급했듯이 폴먼은 초기에 투자자들에게 분기별 재무 보고를 중단하기로 해 시장에 큰 충격을 주었다. 그에 분노한 여러 투자자가 투자금을 회수했다. 한편 이사회 이사들은 ESG 목표, 즉 환경 개선, 사회 발전, 지속 가능한 지배구조라는 세 가지 목표에 전념하다 보면 조직이 너무나 위험에 노출된다고 주장했다. 광범위한 사례와 중요한 연구 결과를 통해 그런 주장은 잘못되었다고 입증되었는데도 이사회는 계속 폴먼의 조치에 반기를 들었다.

폴먼은 조직이 더 높은 목적에 전념하다 보면 결국 사람들이 세상에 대한 유니레버의 영향력에 대해 알게 되고, 목적의식을 회사의 목표에 맞출 수 있게 되어 조직 전체에 긍정적인 에너지가 생긴다고 믿었다. 그러나 그는 하루속히 가시적인 성과를 내야 했다. 유니레버라는 기울어가는 배를 바로잡기 위해 아무 가치도 창출하지 못하는 비용을 삭감하고 핵심 사업에 과감하게 투자하는 등 많은 노력을 기울였다. 그렇게 함으로써 초기부터 몇 가지 성공을 거두어 조직에 어느 정도 활력을 불어넣을 수 있었다. 또한 그는 하버드경영대학원 측에 유니레버의 리더 100여 명을 위한 일주일간 임원 교육 프로그램 개설을 요청했다. 그 프로그램에는 메드트로닉 Medtronic의 전 최고경영자이자 《진정성 리더십》의 저자인 빌 조지Bill George라는 경영 전문가도 참여했다. 그 교육 프로그램 과정에는 기업의 리더가 자신이 직면한 도전과 두려움은 물론 희망과 열정에 대해서도 깊이 생각해보는 시간이 있었다. 리더들은 살아오면서 어떤 '시련의 순간' 덕에 지금의 자신이 있게 됐는지를 발표해야 했다. 서로 간의 연대와 공동체 의식을 높이기 위해 이러한 순간을 다른 리더들과 공유했다. 폴먼은 취약한 면을 드러내 보임으로써 본보기를 보였다. 자식들에게 더 나은 삶을 안겨주겠다고 투잡을 하던 아버지를 지켜보던 때, 시각장애인 여덟 명과 함께 킬리만자로산을 오르던 때, 인도 뭄바이에서 테러리스트 공격 현장에 있던 때 등 아주 강렬하고 깊은 감정을 느꼈던 순간들을 털어놓았다. 그가 자신이 살아온 이야기를 털어놓자 곧 다른 사람들도 이어갔다.

　다른 리더들 역시 역설에서 생기는 불편함을 해결하기 위해 이런저런 조치를 취하고는 한다. 리더도 감정적인 사람이다. 그리고 역설을 헤쳐나가다 보면 더 감정적이 된다. 우리 두 사람은 그간 자신의 감정을 파악하고 관리하기 위해 명상이나 요가 또는 주별 심리상담치 등에 의존하는 리더들과 함께 일해왔다. 어떤 리더는 직원들에게도 도움을 주기 위해 조직 내에 마음챙김 명상 훈련을 도입했다. 또 어떤 리더는 조직 내에서 감정을 보다 잘 표현하고 존중할 수 있는 기회를 만들었다. 우리 두 사람과 함께 일했던 한 리더는 고위직 팀원들 사이에 계속 갈등이 발생하는 과정을 보았으며, 방어적인 자세와 갈등의 중심에 두려움이 자리 잡고 있음을 알게 됐다. 한 미팅에서 그는 팀원들에게 각자 가진 가장 큰 두려움을 종이에 적어보라고 했다. 불편함과 불안감 그리고 분노를 자아내는 내면 깊은 곳의 두려움을 찾아내려면 시간이 필요하므로 생각할 시간을 주었다. 그런 다음 역설로 생기는 갈등을 해결하지 않으면 어떤 일이 일어날지 생각해보라고 했다. 자신의 취약한 면을 사람들 앞에 털어놓을 용기를 주기 위해 그는 솔선해서 자신의 이야기를 털어놓았다. 그런 경험을 통해 팀원들은 굳건히 연결되었고 더 큰 동질감을 갖게 됐다. 상반된 견해와 갈등이 지속되는데도 팀원들은 서로의 말에 마음을 열고 귀 기울일 수 있게 되었다. 또한 더 건설적인 방식으로 각종 갈등을 헤쳐나갈 수 있게 되었다.

리더가 된다는 것은 감정적인 면에서 쉽지 않은 도전인데, 역설로 인해 더 쉽지 않다. 조직을 이끌고 있다면, 어떻게 하면 사람들이 감정을 잘 다스릴 수 있도록 도울지 생각해볼 수 있다. 어떻게 하면 자신과 사람들의 두려움을 존중하고, 그 두려움에 지배당하지 않고 그 두려움을 지배할 수 있을까? 어떻게 하면 다른 사람들의 열정에 불을 지피고, 그 열정이 당신과 직원들에게 활력을 불어넣게 할 수 있을까? 처음에는 감정을 숨기는 것이 더 쉬운 일처럼 보일지 모르지만, 결국에는 숨겨두었던 감정이 폭발할 것이다. 뛰어난 리더는 더 큰 문제로 발전될 때까지 감정을 숨기기보다는 있는 그대로 감정을 받아들여 긍정적인 결과로 이어지게 한다.

## 갈등을 관리하는 기술을 익혀라

갈등을 관리하는 능력이 없으면 역설을 헤쳐나가기가 어렵다. 역설에 관심이 많은 리더는 갈등을 중시하고 있는 그대로 받아들인다. 관리 분야의 선각자로 불리는 메리 파커 폴릿은 1920년대에 이런 글을 썼다. "나는 여러분이 갈등을 좋은 것이라거나 나쁜 것이라고 생각하지 않고 …… 전쟁이라고 생각하지도 않고 …… 다름, 즉 견해와 이해관계의 다름이라고 생각하면 좋겠습니다. 이 세상에는 갈등, 즉 다름이 있게 마련이고 그걸 피할 방도는 없으니, 우린 그걸 잘 활용해야 한다고 봅니다."[27]

회의에서 역설로 인한 갈등이 생기면 어떤 일이 일어날지 생각해보라. 사람들은 그 갈등을 직시하려 할까 아니면 묻으려 할까? 사람들은 두 패로 갈려 한쪽의 견해를 택해 옹호하려 할까 아니면 다른 쪽 견해를 존중하며 다르면서도 긴밀하게 얽힌 상대방의 견해에 귀 기울이며 배우려 할까?

역설에서 생기는 갈등을 효과적으로 관리하는 것은 기술이다. 즉 누군가를 본받아 배워야 할 기술이다. 폴먼은 우리에게 자신은 갈등을 환영한다면서 이런 말을 했다. "다양한 이해당사자와 '유니레버의 지속 가능한 삶 계획'의 복잡한 특성으로 인해 갈등은 생겨나게 마련입니다. 그래서 나는 회사 리더들이 갈등을 호소하지 않으면 내가 먼저 다가가 그런 갈등을 만들라고 요구합니다." NCFDD, 즉 교수 개발과 다양성을 위한 전국 센터의 최고경영자인 케리 앤 록퀴모어는 자신의 조직에서 한 발 더 나아갔다. 전문가들을 초빙해 회사의 모든 고위직 리더에게 생산적인 갈등 해결 능력, 즉 방어적인 반응을 하지 않고 다양한 관점을 존중하는 능력을 길러준 것이다. 그렇게 해서 생산적인 갈등 해결 능력은 모든 고위직 리더에게 꼭 필요한 능력이 되었다. 마찬가지로 넷플릭스의 최고경영자 리드 헤이스팅스는 건설적인 비판과 열린 토론 관행에 대한 글을 썼다. 그는 《규칙 없음》에서 역설을 환영하는 공격적인 환경을 조성하려면 목적의식이 뚜렷해야 한다고 강조했다.[28] 신입 직원 교육과 사회화부터 연례보고와 리더십 모델링에 이르기까지, 리더는 단순히 갈등의 가치만 배우는 것이 아니라 배움과 협력을 촉진하는 목표와 관행도 배운다는 것이다.

## 역설을 각 직원에 맞게 개인화하라

다른 누군가의 문제를 해결하는 것은 자신의 문제를 해결하는 것보다 훨씬 쉽다. 역설도 그렇다. 다른 사람의 갈등을 해결하는 길은 쉽게 찾지만, 자신이 직접 경기장에 들어가 사방에서 펀치가 날아들 때는 그렇게 하기가 쉽지 않다. 옆에서 구경하는 편이 편하다. 우리는 싸움 중인 사람에게 어느 정도 거리를 두고 서서 괜찮은 조언을 해줄 수 있고, 좋아하는 편에 서서 상대편을 비판하며 지적할 수도 있다. 조직 안에서 직원들은 고위직 리더가 직면한 도전으로부터 멀리 떨어져 앉아 좋은 아이디어를 공유할 수도 있고, 일방적인 회의론만 늘어놓을 수도 있다. 역설은 도처에 있다. 우리가 알아낸 바에 따르면, 역설을 각 직원에 맞게 개인화할 경우 즉 직원이 개인과 조직의 갈등에 대해 잘 알게 해주면 역설에 대한 사고방식과 인식이 나아진다.

폴먼은 '유니레버의 지속 가능한 삶 계획'의 역설과 각 직원 개인의 도전을 연결하려 애썼다. 그럼으로써 그는 래리 보시디Larry Bossidy와 램 차란Ram Charan이 《실행에 집중하라》에서 말한 한 가지 관행을 적용했다.[29] 폴먼은 17만 명에 달하는 직원 모두에게 각자의 개인적인 목표(회사 전략과 관련된 사업 목표 세 가지와 개인 목표 한 가지)를 써내도록 했다. 그렇게 함으로써 직원이 회사의 더 높은 목적을 상기하고, 리더들이 조직 꼭대기에서 직면하는 상반된 요구를 자신의 일에서도 비슷하게 직면하고 있음을 깨닫게 하려 한 것이다. 그후 리더들은 직원들이 써낸 목표를 읽어보고 그중 일부 목표를 선정했으며, 많은 직원에게 직접 다가가 그 목표에 대해 더 많은 대화를 나누었다. 어떤 경우 리더들은 직원의 열정과 참여에 찬사를 보냈다. 또 어떤 경우에는 직원에게 목표를 좀 더 자세히 써보라거나 더 설득력 있는 목표를 써보라고 격려했다. 어쨌든 직원들은 그런 관행을 통해 리더들과 함께 경기장에 들어가볼 수 있었다.

조직의 리더들은 역설을 헤쳐나가는 훈련을 직원들에게 해달라며 우리에게 점점 더 많은 요청을 하고 있다. 그들의 목표는 늘 정해져 있다. 직원들을 도와 역설을 헤쳐나갈 마음 자세를 갖게 하고 동시에 역설에 대한 이해도를 높이는 것이다. 우리는 그간 여러 방식으로 그런 작업에 참여해왔다. 최근에는 새로 최고경영자 자리에 오른 사람과 일했다. 그는 100년 역사를 가진 위험 관리 기업의 회생을 이끌고 있었고, 자신이 곧 회사 리더들과 힘을 합쳐 역설을 헤쳐나가리라는 것을 알고 있었다. 나(웬디)는 동료이자 교수인 조시 켈러Josh Keller와 함께 그와 그 회사 아시아 지부 리더 150명을 지원하는 일을 했다. 그 최고경영자는 열린 사고를 촉구한 기조연설을 통해 사려 깊은 조치를 제안하고 실행에 옮겼다. 그 준비 과정에서 우리는 모든 리더에게 '역설 사고방식 평가표'(부록 참고)를 제공해, 리더들과 지역 팀들의 전반적인 추세를 파악할 수 있게 했다. 그런 다음 개인별 또는 그룹별 시간을 가져 '둘 다 모두' 사고에 필요한 툴에 대한 이해도를 높이는 작업을 했다. 그러나 중요한 것은, 리더들이 단순히 역설 사고방식을 이해하는 것을 넘어 직원들이 직장 내 역설 문제들을 해결할 수 있게 도와줄 조직 문화를 구축해야 한다는 점이었다.

당신의 조직과 관련된 이야기라면, 먼저 당신이 직면한 상반된 요구들과 당신이 정한 경계들을 되돌아보길 권한다. 어떤 요구들이 조직에 더 중요한가? 어떻게 하면 역설에 대한 직원들의 이해도를 높일 수 있을까? 어떻게 하면 그들이 창의적인 갈등을 있는 그대로 받아들일까? 리더가 적절한 환경을 조성하고 직원들을 잘 독려한다면 조직에 역설 시스템이 정착되도록 다 함께 노력할 수 있다.

## 역설: 자신감을 갖되 겸손하라

우리는 조직의 리더이거나 개인인 여러분 모두가 조직과 삶에 역설 시스템을 구축하는 과정에서 대담하고 자신감 있게 행동하면서도 겸손하고 취약한 면도 보이기를 권한다. '둘 다 모두' 사고가 몸에 밴 우리 두 사람은 마지막이 곧 새로운 시작이기도 하다는 것을 잘 안다. 창의적인 갈등을 있는 그대로 받아들여 성공을 거두고 또 계속 배우면서 여정을 잘 이어가기를 바란다. 마지막으로, 우리가 소중히 여기는 인용문을 들려주려 한다. 우리는 종종 메리 C. 모리슨Mary C. Morrison이 한 이 말을 떠올리며 가장 힘겨운 도전을 헤쳐나갈 수 있게 하는 역설의 힘을 상기하고는 한다.

우리는 대체 어찌해야 좋을지 전혀 알지 못한 채 혼란스런 모순들 사이에 서 있다. 법과 자유, 부와 가난, 보수와 진보, 사랑과 미움 등 그 모순은 끝도 없는 듯하다. 역설은 그런 모순 속에 살며 그 양극단을 오간다. 그 양극단이 서로를 무시하지 않고 오히려 서로 불꽃을 피우게 해줄 수 있는 건 양극단 사이에서 균형을 잘 잡는 기술 덕이다. 역설은 우리의 '둘 중 하나' 사고를 보면서 우리에게 필요한 건 그게 아니라 '둘 다 모두' 사고라고 말한다. 또한 삶은 우리의 그 어떤 개념보다 거대하며, 우리가 허락한다면 우리의 취약한 면도 끌어안아 줄 수 있다고 말한다.[30]

부록

# 역설 사고방식 평가표

우리가 일하는 세계는 상반된 여러 요구로 가득 차 있다. 그래서 각종 문제를 창의적이면서도 시기적절하게 해결해야 하며, 계획적으로 움직이면서 유연해야 하고, 새로운 기술을 배우면서 이미 있는 능력도 잘 활용해야 한다. 최선을 다해 성과를 내면서 사람들에게 도움도 주어야 한다. 직장에서 성공할 수 있느냐 없느냐는 상반된 요구들을 얼마나 잘 알고 관리하느냐에 달려 있다. 이 부록에 있는 '역설 사고방식 평가표'를 통해 상반된 요구들에 대한 당신의 이해 및 관리 정도를 알 수 있다.

이 평가표를 살펴보기에 앞서 당신이 직면한 상반된 요구들에 대해 생각해보라. 표 A-1의 왼쪽 16개 항목에 대한 동의 정도를 평가하고 요구들을 살펴보면 된다.

이 평가표를 통해 자신이 상반된 요구들에 얼마나 관심을 쏟고 있는지 평가해볼 수 있다. 평가표는 크게 두 부분으로 구성되어 있다. (1) 당신은 어떻게 갈등을 경험하고 있는가? (2) 당신은 어떤 마음 자세로 그 갈등을 해결하는가?

## 갈등 경험

**점수:** 1부터 7까지 항목에 답한 점수의 평균을 내보라.
**평균 점수:** 사무직 종사자들의 평균 점수는 4.38이다.

갈등에 대한 우리의 경험은 환경이나 개인에 따라 달라질 수 있다. 우리의 연구 결과에 따르면 사람들은 보통 다음 세 가지, 즉 변화와 결핍, 다극화가 심할수록 더 많은 갈등을 겪는다. (1) 변화 — 미래가 예상보다 빠른 속도로 현재가 될 때 (2) 결핍 — 한정된 자원을 분배해야 할 때 (3) 다극화 — 보다 다양한 관점과 맞닥뜨릴 때. 이 평가표에서 높은 점수를 받았다면, 낮은 점수를 받은 사람에 비해 더 충족하기 힘든 상반된 요구들이 생겨나는 환경에서 일하고 있을 것이다. 연구 결과에 따르면, 어떤 사람은 안정된 환경 속에서도 더 쉽게 갈등에 직면한다. 높은 점수를 받았다면, 당신은 주변의 상반된 요구들을 예민하게 알아채거나 심지어 일부러 상반된 요구들을 찾아나서기도 할 것이다. 반면에 낮은 점수를 받았다면, 상반된 요구들을 무시하거나 회피하고 있을 수도 있다.

표 A-1

## 역설 사고방식 평가표

| | 강한 비동의 | 비동의 | 약한 비동의 | 동의도 비동의도 아님 | 약한 동의 | 동의 | 강한 동의 |
|---|---|---|---|---|---|---|---|
| **갈등 경험** | | | | | | | |
| 1. 나는 종종 서로 모순되어 보이는 두 가지 생각을 동시에 한다. | 1 | 2 | 3 | 4 | 5 | 6 | 7 |
| 2. 나는 종종 동시에 해결해야 하는 상반된 요구에 직면한다. | 1 | 2 | 3 | 4 | 5 | 6 | 7 |
| 3. 나는 종종 서로 모순된 목표들을 갖고 있다. | 1 | 2 | 3 | 4 | 5 | 6 | 7 |
| 4. 나는 종종 서로 모순된 요구를 충족시켜야 한다. | 1 | 2 | 3 | 4 | 5 | 6 | 7 |
| 5. 내가 하는 일에는 갈등과 모순이 많다. | 1 | 2 | 3 | 4 | 5 | 6 | 7 |
| 6. 나는 종종 상반된 대안 중에서 선택해야 한다. | 1 | 2 | 3 | 4 | 5 | 6 | 7 |
| 7. 문제를 해결하려고 하면 가능한 해결책들이 대체로 서로 모순되어 보인다. | 1 | 2 | 3 | 4 | 5 | 6 | 7 |
| **역설 사고방식** | | | | | | | |
| 8. 나는 상반된 관점들을 고려할 때 문제에 대해 더 잘 이해하게 된다. | 1 | 2 | 3 | 4 | 5 | 6 | 7 |
| 9. 나는 상반된 요구를 동시에 처리하는 것이 편하다. | 1 | 2 | 3 | 4 | 5 | 6 | 7 |
| 10. 모순을 받아들이는 것은 나의 성공에 필수다. | 1 | 2 | 3 | 4 | 5 | 6 | 7 |
| 11. 나는 상반된 아이디어 사이에서 갈등할 때 의욕이 생긴다. | 1 | 2 | 3 | 4 | 5 | 6 | 7 |
| 12. 나는 서로 모순된 목표를 추구할 때 즐긴다. | 1 | 2 | 3 | 4 | 5 | 6 | 7 |
| 13. 나는 종종 상반된 요구를 동시에 수용하는 자신을 본다. | 1 | 2 | 3 | 4 | 5 | 6 | 7 |
| 14. 나는 서로 모순된 일을 처리하는 것이 편하다. | 1 | 2 | 3 | 4 | 5 | 6 | 7 |
| 15. 나는 상반된 양극단이 모두 옳을 수 있음을 깨달으면 기분이 좋다. | 1 | 2 | 3 | 4 | 5 | 6 | 7 |
| 16. 나는 모순된 문제를 해결하려 할 때 힘이 난다. | 1 | 2 | 3 | 4 | 5 | 6 | 7 |

## 역설 사고방식

**점수:** 8부터 16까지 항목에 답한 점수의 평균을 내보라.
**평균 점수:** 사무직 종사자들의 평균 점수는 4.9다.

사람들은 상반된 요구들에 직면하면 서로 다른 접근법을 택한다. 낮은 점수를 받을수록 이분법적 사고방식을 갖고 있어서 상반된 요구들을 절충과 딜레마로 보며 '둘 중 하나' 사고를 할 가능성이 높다. 반면에 높은 점수를 받을수록 역설 사고방식을 갖고 있어서 '둘 다 모두' 사고를 할 가능성이 높다. 상반된 요구들을 모순되면서도 상호의존적인 것으로 보는 것이다. 동전의 양면을 보듯 말이다. 이 경우 당신은 '어떻게 하면 둘 다 충족할 수 있을까?'라고 자문하며 상반된 요구들을 동시에 수용하려 할 것이다. 또한 창의적인 통합법을 찾아내거나 일관된 비일관성 상태를 유지하면서 관심과 자원을

그림 A-1

**역설 사고방식 평가표: 역설을 헤쳐나갈 때의 위치**

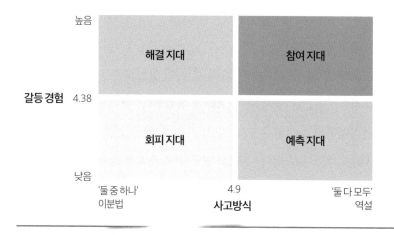

수시로 양극단의 요구들에 전환함으로써, 상반된 요구들을 동시에 충족하는 방법을 찾으려 할 것이다.

## 역설 문제를 헤쳐나가는 지대

우리의 연구 결과에 따르면, 당신이 갈등을 제대로 해결할 수 있느냐는 갈등을 경험하고 있느냐 그리고 어떤 접근법으로 해결하려 하느냐에 달려 있다(그림 A-1 참고). 이 두 가지 요소, 즉 갈등 경험 유무와 갈등에 대한 접근법은 인식과 훈련을 통해 바뀔 수 있고 환경 변화로 바뀔 수도 있다. 그리고 이 두 요소에 따라 역설을 제대로 헤쳐나갈 수 있는지 없는지가 결정된다(그림 A-1 참고). 이제 예상 가능한 네 가지 결과 또는 지대를 살펴보자.

• **참여 지대:** 당신의 점수가 참여 지대에 해당한다면, 당신은 보다 많은 갈등을 겪고 있고, 각종 딜레마 밑에 숨은 역설들을 있는 그대로 받아들이며, 그 역설들을 편하게 느끼고 있을 가능성이 높다. 또한 그 역설들이 모순적이고 상호의존적이며 지속적이라는 것도 안다. 역설이 결코 완전히 해결될 수 없음을 알면서도 그 문제를 생산적인 방식으로 해결하려고 한다. 서로 반대되는 양극단의 힘들이 상호의존적일 수 있고 서로를 보강할 수도 있다는 점을 중요하게 생각한다. 참여 지대는 도전적이고 불확실하며 무서울 수도 있지만, 믿을 수 없을 만큼 큰 힘을 주고 동기부여를 해줄 수도 있다. 우리의 연구 결과에 따르면, 사람들은 역설을 헤쳐나가기 위해 '둘 다 모두' 사고를 택할 때 가장 좋은 성과를 내고 가장 혁신적인 인물이 되며 자신의 일에 가장 큰 만족을 느낀다.

- **해결 지대:** 당신의 점수가 해결 지대에 해당한다면, 당신은 각 옵션의 장단점을 따져본 뒤 상황에 맞는 옵션을 선택함으로써 갈등을 해결하는 데 집중하고 있을 가능성이 높다. 중요한 갈등이 있음을 알지만 대체로 결정을 통해 반응을 하고 싶어 한다. 이런 종류의 '둘 중 하나' 사고를 통해 종종 문제를 어느 정도 해결할 수도 있지만, 여러 옵션 중 하나만 선택하는 일에 집중함으로써 보다 창의적이고 생산적이며 통합적인 접근법을 포기할 수도 있다. 게다가 사람들이 대안 중 하나를 선택하면 다시 중요한 갈등과 문제가 생겨나기 쉽다. 우리의 연구 결과에 따르면, 사람들이 '둘 중 하나' 사고로 갈등을 빨리 해결하려 할 때 혁신성은 물론 일에 대한 만족도도 떨어진다. 결국 갈등을 상반된 옵션들을 동시에 충족할 기회로 보는 접근법을 취할 때 더 창의적이며 지속적인 해결책을 찾을 수 있다.

- **예측 지대:** 당신의 점수가 예측 지대에 해당한다면, 당신은 '둘 다 모두' 사고를 택할 마음의 준비가 되어 있으나 주어진 환경 안에서 갈등을 덜 겪고 있거나 덜 인식하고 있을 가능성이 높다. 그러나 환경과 인식은 변할 수 있다. 시간상의 압박이 더 심해진다거나 재원이 부족해진다거나 견해가 더 다양해지는 등 환경은 변할 수 있으며, 그로 인해 더 심한 갈등을 겪을 수도 있다. 늘 존재했지만 미처 알지 못했던 갈등을 뒤늦게 발견할 수도 있다. 그런 식으로 갈등이 생기면, 당신은 '둘 다 모두' 사고를 택할 가능성이 높다. 또한 적극적으로 갈등을 찾아 나서고 상반된 요구들과 아이디어들을 동시에 충족할 기회를 찾음으로써 창의성

과 혁신성이 더 커질 수 있다.

- **회피 지대:** 당신의 점수가 회피 지대에 해당한다면, 당신은 갈등을 회피하면서 동시에 갈등을 해결하고 싶을 가능성이 높다. 또는 제한된 갈등을 느끼고 있을 가능성도 높다. 연구 결과에 따르면, 이분법적 사고방식을 택해 '둘 중 하나' 사고에 의존하고 있다면 대개 갈등이 덜한 상황에서 더 좋은 성과를 내게 된다. 그러나 환경이 변해 시간상 압박이 심해진다거나 재원이 부족해진다거나 견해가 더 다양해질 경우, 당신은 그런 문제를 기회로 보기보다 풀어야 할 딜레마로 보는 접근법을 취할 가능성이 높다. 그러면 성과가 안 좋아지고 혁신성도 만족도도 떨어진다. 적극적으로 갈등을 찾아 나서고 상반된 요구들을 동시에 충족할 기회를 찾아야 창의성과 혁신성이 더 커질 수 있다.

사람들은 처음에 네 지대 중 한 지대에 속하는 경우가 많지만 배우면서 변화될 수 있다. 먼저 우리는 역설을 점점 더 잘 찾아내고 역설에 점점 더 편해질 수 있다. 적극적으로 그런 갈등을 찾아 나서 더 창의적인 방식으로 해결할 수도 있다. 또한 역설을 헤쳐나가는 과정에서 '둘 다 모두' 사고를 택하는 법을 배울 수도 있다. 그런 접근법을 효과적으로 배우려면 출발점을 제대로 이해하는 것이 먼저다.

그런 점에서 우리는 이 '역설 사고방식 평가표'를 잘 활용하라고 권한다. 이 툴은 종이 위에 직접 써가며 활용할 수도 있고 paradox.lerner.udel.edu에 접속해 온라인상에서 활용할 수도 있다. 우리의 경우 이 평가표를 활용해 다양한 팀과 조직의 역설 사고방식을 평가한다. 우리가 당신의 팀이나 조직의 역설 사고방식을 평가하기 위해 이 평가표를 어떻게 활용하며 그 결과를 어떻게 제공하는지 더 자세히 알고 싶다면, 언제든 연락하기 바란다.

이 책의 집필 과정은 여러 면에서 역설적이었다. 그 과정에서 우리가 경험하고 받아들인 갈등 덕에 마음이 열렸고 기회도 늘어났다. 그 긴 여정에서 힘을 준 모든 분에게 말할 수 없이 큰 감사를 느낀다. 또한 역설적이게도, 지금 이렇게 특별히 언급하지만 우리는 본의 아니게 여러 사람을 빠뜨렸다는 것을 안다. 이 점을 미리 사과드리며 그분들께는 개인적으로 따로 고마움을 전하려고 한다.

창의성은 집단적인 상호작용에서 나온다. 이 책의 표지에는 우리 두 사람의 이름이 있지만 이 모든 생각은 너무도 많은 사람의 영감과 지원에서 나왔다. 우리는 25년 넘게 역설에 깊이 전념해왔고 그 과정에서 학계의 멘토와 동료 들로부터 많은 도움을 받았다. 우리가 그렇게 관대하고 따뜻한 학계에 몸담고 있다는 데 더없이 감사하다. 우리 두 사람 모두 통념에 반하는 듯한 논문들을 쓰면서 많은 분들로부터 조언과 격려를 받았다. 우리의 멘토가 되어주신 마이클 투시먼과 에이미 에드먼슨, 엘런 랭어, 리처드 핵크만, 앤디 그라임스, 키스 프로반에게 감사드린다. 역설에 대한 우리의 생각을 발전시켜나가는 과정에서, 우리보다 한참 앞서 역설에 대한 통찰력을 확장시킨 위대한 분들의 성과와 업적에서 많은 도움을 받았다. 우리는 지금도 진 바투넥, 마이클 비어, 데이비드 베르그, 킴 캐머런, 스튜어트 클레그, 케이시 아이젠하트, 찰스 햄프덴-터너, 찰스 핸디, 배리 존슨, 앤 랭글리, 린다 푸트넘, 밥 퀸, 켄윈 스미스, 톰 피터스, 러스 빈스 등 너무도 많은 위대한 학자들과 귀하고도 활기 넘치는 토론을 벌였던 기억이 생생하다. 우리가 생각을 제대로 발전시키기도 전에 파울라 라르자브코프스키는 이미 전 세계적인 역설 연구의 힘을 알고 있었다. 파울라는 2010년에 우리가 유럽 조직연구그룹에서 첫 세미나를 여는 데 도움을 주었다. 그 세미나 덕에 국제적인 교수 협의회가 발족됐는데, 그 협의회는 점점 규모가 커졌으며 그 협의회 덕에 중요한 인간관계를 맺고 식견도 넓힐 수 있었다. 코스타스 안드리오포울로스, 레베카 베드나렉, 마리아 베샤로프, 켄 보이어, 고든 델러, 만토 고트시, 에이미 인그램, 조시 켈러, 로테 뤼셔, 엘라 미론-스펙터, 미구엘 피나 에 쿤하, 세바스티안 라이시, 조나단 샤드, 매튜 십, 나탈리 슬라윈스키, 차무 순다라무르티, 코니 반 데르 빌, 앤 웰시는 우리와 함께 역설 이론을 발전시켰으며, 연구 과정에 기쁨과 재미를 가져다준 많은 공동 저자들에게 고마움을 전한다. 또한 연구를 통해 이 모든 생각을 해내 지구 공동체가 번성하는 데 큰 도움을 준 분들에게도 고마움을 전한다. 그간 우리는 이나 아우스트, 마르코 베르티, 시몬 카민, 게일 페어허스트, 메드하니 가임, 알젤라 그레코, 토비아스

한, 카트린 호이처, 마이클 제릿, 에릭 나이트, 마크 크라우츠베르거, 제인 리, 발레리 미차우드, 보니 팜필레, 카밀 프라디스, 스테파니 슈라지, 가리마 샤르마, 해럴드 터커만, 로버트 라이트 등 너무도 많은 놀라운 분들과 연락하고 지내면서 많은 것을 배웠다. 그리고 미래 세대들을 위해 그 어린 나이에 역설 이론을 생각해낸 셰이 카르마츠에게 경의를 표한다.

이 책이 세상에 나오기까지 정말 많은 동료가 조언과 통찰력, 피드백 그리고 우정으로 우리를 지지해주었다. 우리는 델라웨어대학교의 러너경영경제대학, 신시내티대학교의 린드너경영대학, 베이즈경영대학원, 하버드경영대학원, 케임브리지대학교, 노바경영대학원 등을 직접 방문하거나 전화를 해 이 많은 동료들과 연락했다. 이 교육 기관에 몸담고 있는 많은 분들에게 고마움을 전하며, 그중 특히 변함없는 지지와 우정을 보내준 앤디 빈스, 돌리 척, 아만다 코웬, 샤사 도브로, 로라 엠프슨, 에리카 아리엘 폭스, 제니퍼 골드먼-웨츨러, 애덤 그랜트, 일레인 홀렌스비, 조한나 일펠드, 애덤 클라인바움, 수전 마스터슨, 제니퍼 페트리글리에리, 토니 실라드, 조 실베스터, 스콧 소넨셰인, 닐 스콧, 폴 트레이시, BJ 지르거에게도 고마움을 전한다.

이 책을 쓰는 작업은 힘든 도전이자 즐거움이었다. 나 메리앤은 귀한 시간과 공간을 제공해 연구를 시작하고 책을 쓸 수 있게 해준 풀브라이트 장학재단에 깊은 감사를 전한다. 그 안식 기간 중에 나는 재계와 학계 그리고 내 경력 사이에서 더 큰 갈등을 겪었고 그 덕에 예상치 못한 멋진 행운을 손에 쥐었다.

이 책을 쓰면서 나 웬디는 아만다 불로, 엘리자베스 칼리오, 린 에번스, 에이미 스텐겔 등 델라웨어대학교의 여성 리더십 계획 팀에 감사할 일이 많았다. 여러분 덕에 이 세상이 얼마나 역설적인지 깨닫게 되었으며 동시에 그 모든 역설을 함께 헤쳐나가는 것이 얼마나 즐거운 일이 될 수 있는지 깨달았다. 이 책을 쓸 때 밤늦게까지 격려해주고 비공식적인 코치 역할을 해준, 여성 리더십 포럼을 함께 진행했던 바버라 로시에게 고마움을 전한다. 모리스 스티븐스, 크리스 드미트리, 조시 존스턴 등 국립 다양성 및 개발 센터의 도움은 물론 뛰어난 코치 레나 셀저의 지혜에 감사하다. 이 동료들 모두 내가 이 책을 쓸 시간과 공간을 갖는 데 도움을 주었다. 마지막으로 보스턴과 마운트 에어리, 이스라엘, 예일대학교의 여러 친구에게도 많은 도움을 받았다. 모두 수시로 안부를 전해오고 따뜻한 우정을 보여주며 도와주고 동기부여도 해주었다.

그렇게 해서 나온 이 책은 학계의 통찰력과 현실 세계의 경험이 합쳐지면서 생긴 시너지 효과를 잘 반영하고 있다. 그렇게 되기까지 끈질긴 역설을 지혜롭게 헤쳐나가고 있으며, 또한 귀한 시간을 내 우리에게 자신의 경험과 접근법을 공유해준 여러 리더에게서 많은 도움을 받았다. 우리에게 많은 가르침을 준 지타 콥, 스티븐 코스그로브, 제러미 호켄스타인, 배리 존슨, 테리 켈리, 재닛 페르나, 폴 폴먼, 케리 앤 록퀴모어에게 감사드린다. 영감을 주는 그들의 이야기를 세상 사람들과 공유하자는 것이 우리가 이 책을 쓴 이유 중 하나다. 이 책을 통해 역설 리더십을 가진 그들의 용기와 지혜가 제대로 전달되기를 바란다. '둘 다 모두' 사고에 대한 우리의 이해도를 높여준 또 다른 리더들 마이클 체르톡, 다이앤 에실레먼, 제이슨 필드, 제이슨 폭스, 태미 갠크, 스텔리오스 하지-조아노우, 버넌 힐스, 다이앤 호진스, 찬드라 어빈, 제이크 제이콥, 무흐타르 켄트, 마빈 코로지크, 수전 킬스비, 니코스 모우코기

감사의글

아니스, 제프 시브라이트, 딕 손버그, 마이크 울만, 맷 우터백, 마티 윅스트롬, 낸시 짐퍼에게도 고마움을 전한다.

아이디어는 보다 많은 사람에게 공유될 때 비로소 그 가치가 커진다. 그런 점에서 우리는 출판계에서 일하면서 이 책이 세상에 나오는 데 도움을 준 분들에게 감사하다. 레일라 캄폴리가 우리의 출판 대리인이 되면서 드디어 꿈이 실현될 것을 알았다. 출판계를 아주 잘 알고 있는 레일라는 즉시 이 책의 비전을 알아챘다. 케빈 에버스가 이 책의 편집자가 되면서 우리의 꿈이 상상한 것보다 더 커질 수 있음을 알았다. 케빈은 지원과 도전을 적절히 섞어주었다. 그는 우리의 통찰력을 높이 평가해주었을 뿐 아니라, 더 분명하고 강하며 간결한 글을 쓰는 저자가 될 수 있도록 격려했다. 레일라와 케빈은 더없이 환상적인 콤비로 드러났다. 두 사람에게 감사하다. 나아가 디자인, 교정, 출간, 마케팅, 홍보 그리고 책 출판과 관련된 다른 분야에서 뛰어난 능력으로 이 책을 더 낫게 만들어준 〈하버드 비즈니스 리뷰〉 관계자들께도 감사를 드린다.

좋은 일이 있을 때나 궂은일이 있을 때나 가족은 늘 우리가 일에 매진할 수 있는 토대가 되어주었다. 우리가 이런저런 것을 성취할 수 있었던 것은 모두 그 같은 개인적인 토대 덕이다.

나 웬디는 몸소 인내와 헌신을 보이며 앞에서 이끌어준 분들에게 고마움을 전한다. 내 부모님 주얼 스미스와 래리 스미스 두 분은 받아들이면서 동시에 발전하는 법을 가르쳐주셨다. 두 분은 매 순간 나를 자랑스러워하셨고 계속 성장하고 배우고 성취할 용기를 북돋우셨다. 시어머니 로다 포스너

프루스는 내가 하는 일에 늘 호기심과 관심을 보여주셨다. '둘 다 모두' 아이디어들에 대한 이메일을 보내주시고 내가 쓴 글의 여러 부분을 검토해주신 것에 감사드린다. 부러울 정도로 뛰어난 유머 감각의 소유자로 더없이 실용적이며 낙관적인 생각을 가진 여동생 헤더 마틴에게도 고마움을 전한다. 대화를 통해 매일(또는 하루에도 여러 차례) 그 모든 유머와 생각을 접할 수 있어서 큰 행운이다. 내 아이들 야엘과 조나, 아리에게서도 놀라운 방식으로 매일 많은 것을 배운다. 세 아이는 세상을 대하는 방식에서 늘 '둘 다 모두' 사고를 보여주며, 자신들의 생각과 행동과 인간관계에서도 창의적인 '둘 다 모두' 사고를 보여주고 있다. 나는 세 아이가 각자의 역설 관련 재능을 공유함으로써 세상이 점점 더 나은 곳이 되리라는 것을 알고 있다. 마지막으로 남편 마이클은 양인 내게 음이 되어주었다. 당신은 내게 늘 세상에 대한 새로운 방식의 사고를 보여준다. 늘 나를 격려해 보다 나은 내가 되게 해주고 있다. 이 책과 나 그리고 모든 가능성에 대한 흔들리지 않는 믿음으로 매일 나를 더 강하게 만들고 있다.

나 메리앤에게는 운 좋게도 높은 기준과 확고한 가치가 만들어내는 시너지 효과의 힘을 가르치고 조건 없는 사랑과 지원을 해주는 분들이 주변에 많다. 남편 킴과 내 아이들 제이슨, 삼손, 프래니, 말로는 내 사랑을 표현할 길이 없다. 여러분은 내 존재의 이유다. 이 책의 출간도, 그 토대가 된 연구도 그리고 내가 쌓아온 리더십도 여러분의 격려와 인내가 없었다면 가능하지 못했다. 또한 나는 내 부모님 스티브 휠라이트와 마거릿 휠라이트 그리고 형제들인 멜린다 브라운, 크리스티 테일러, 맷 휠라이트, 스펜서 휠라이트를 그 누구보다 소중히 여긴다. 나는 매일매일 당신들에게 배우고, 웨슬리,

사이러스와 그 뒤의 다음 세대들을 키우면서 당신들이 주는 영감을 아주 소중히 여기고 있다. 그리고 가장 소중한 내 멘토인 아버지께 특별한 감사를 드린다. 세상 모든 일에 본보기가 되어주셔서 감사드린다. 사고의 리더로서, 학계의 리더로서, 가장 중요한 가정의 리더로서 아버지는 제게 사랑과 규율, 자부심과 겸손, 계획과 혁신, 개인적인 것과 직업적인 것을 받아들이는 법을 가르쳐주셨다.

마지막으로, 우리는 독자 여러분께 감사드린다. 여러분은 현재 역설 속에 살고 있고 또한 역설을 헤쳐나가고 있다. 이 책에 담긴 생각들이 이렇게 빛을 본 것은 여러분 덕이다. 모두가 역설을 잘 헤쳐나가, 이 세상이 보다 지속 가능하고 보다 창의적이며 보다 번성하기를 바란다.

## | 주석 |

### 추천사

**1** 다음 참고. A. C. Edmondson, *Teaming: How Organizations Learn, Innovate, and Compete in the Knowledge Economy* (New York: Jossey-Bass, 2012).

**2** A. Edmondson, "Psychological Safety and Learning Behavior in Work Teams," *Administrative Science Quarterly* 44, no. 4 (1999): 350-383.

**3** Charles Perrow, "The Bureaucratic Paradox: The Efficient Organization Centralizes in Order to Decentralize," *Organizational Dynamics* 5, no. 4 (1977): 3-14; R. E. Quinn and K. S. Cameron, eds., *Paradox and Transformation: Toward a Theory of Change in Organization and Management* (New York: Ballinger/Harper & Row, 1988); M. S. Poole and A. H. Van de Ven, "Using Paradox to Build Management and Organization Theories," *Academy of Management Review* 14, no. 4 (1988).

### 서문

**1** Mary Parker Follett, in Graham (1995), 67-68.

**2** 우리는 변화와 결핍과 다극화라는 세 가지 요소가 더 심해지면 어떻게 이후에 역설들이 나타나고 더 중요해지는지 살펴볼 것이다. Smith and Lewis(2011) 참고.

**3** Brené Brown, "Leadership, Family, and Service, with President Barack Obama," podcast, December 7, 2020, https://brenebrown.com/podcast/brene-with-president-barack-obama-on-leadership-family-and-service.

**4** John McCain, cited in Pascal (2018).

**5** "Starbucks CEO Kevin Johnson Unveils Innovation Strategy to Propel the Company's Next Decade of Growth at Starbucks 2018 Annual Meeting of Shareholders," starbucks.com, March 21, 2018, https://investor.starbucks.com/press-releases/financial-releases/press-release-details/2018/Starbucks-ceo-Kevin-Johnson-Unveils-Innovation-Strategy-to-Propel-the-Companys-Next-Decade-of-Growth-at-Starbucks-2018-Annual-Meeting-of-Shareholders/default.aspx downloaded January 2022.

**6** Abedin (2021).

### 1장

**1** 대구가 뉴펀들랜드에 미치는 영향에 대해 좀 더 자세히 알고 싶다면 다음을 참고. Kurlansky (2011).

**2** Starbuck (1988), 70.

3 역설에 대한 우리의 정의는 Smith and Lewis (2011)의 정의를 발전시킨 것이다. 오늘날의 학자들은 이원성, 이분법, 아이러니, 갈등 같은 개념까지 곁들이며 역설을 비교하면서 역설에 대해 다양한 정의를 내리고 있다. 이와 관련해 좀 더 자세히 알고 싶다면 다음을 참고하라. Smith and Berg (1987); Quinn and Cameron (1988); Putnam, Fairhurst, and Banghart (2016); Johnson (1992, 2020, 2021). 폴래러티 파트너십스의 존슨과 그의 팀은 우리가 쓰는 역설과 비슷한 의미로 polarity(양극성)란 용어를 쓰고 있다. 그는 polarity를 '시간이 지나면서 서로를 필요로 하는 상호의존적 극단'이라고 정의한다. 다음 참고. Johnson (2020), 11.

4 학자들은 수세기 동안 '거짓말쟁이의 역설'에 대해 이런저런 글을 써오고 있다. 이 역설에 대한 보다 현대적인 분석에 대해 알고 싶다면 다음을 참고하라. Greenough (2001). 그리고 '거짓말쟁이의 역설'에 대한 보다 가벼운 논의와 이 역설처럼 사람을 당혹스럽게 만드는 다른 역설에 대해 알고 싶다면 다음을 참고하라. Danesi (2004).

5 Schneider (1990).

6 Brown (2012).

7 Smith and Berg (1987).

8 Edmondson (2012).

9 Hill and Lineback (2011), 17-21.

10 Leonard-Barton (1992).

11 다음도 참고. Miller (1992, 1993, 1994); Handy (2015).

12 Cameron and Quinn (2006).

13 Smith and Lewis (2011); Lewis (2000); Lüscher and Lewis (2008).

14 Friedman (1970).

15 Hahn et al. (2014).

16 Freeman, Martin, and Parmar (2020), 3-4.

17 March (1991), 71.

18 Festinger and Carlsmith (1959).

19 Walt Whitman, "Song of Myself," from Walt Whitman, *Song of Myself* (University of Iowa Press, 2016), 51.

20 Lowens (2018).

21 '긱 경제'의 통제 시스템에 대해 더 알고 싶다면 다음 참고. Cameron (2021), Cameron and Rahman (2021).

22 '뒤얽힌 역설'에 대해 더 알고 싶다면 다음 참고. Sheep, Fairhurst, and Khazanchi (2017).

23 '내포 역설'에 대해 더 알고 싶다면 다음 참고. Jarzabkowski, Lé, and Van de Ven (2013); Johnson (2020).

**24** 인용은 다음 참고. the video *Fogo Island Inn*, https://www.youtube.com/watch?v=Bqr4lHPaYDo.

**25** 인용은 다음 참고. www.shorefast.org (downloaded: March 2020).

## 2장

**1** David Robertson과 Bill Breen은 Robertson and Breen (2013)에서 레고의 성공과 이후 이어진 실패에 대해 자세히 설명하고 있다. 우리가 여기에서 인용한 말들을 보고 싶다면 39-40페이지 참고.

**2** Handy (2015).

**3** Festinger and Carlsmith (1959).

**4** Frost (1979), 105.

**5** Handy (2015).

**6** Handy (2015), 23.

**7** 다음도 참고. Miller (1992, 1993, 1994).

**8** Handy (1994), 53.

**9** Miller (1992).

**10** Grant (2021).

**11** Kolb (2014).

**12** Bartunek (1988).

**13** Bateson (1972).

**14** Simon (1947).

**15** Christensen (1997).

**16** Watzlawick (1993).

**17** '피그말리온 효과'에 대한 초기 연구와 관련해 더 많은 정보를 얻고 싶다면 다음 참고. Rosenthal and Jacobson (1968). 그리고 피그말리온 효과가 성인들에게 또 직장 안에서 어떤 역할을 하는지 알고 싶다면 다음 참고. Bolman and Deal (2017); Eden (1990, 2003).

**18** Smith and Berg (1987).

**19** Tripsas and Gavetti (2000).

**20** Cyert and March (1963).

**21** Dane (2010).

**22** Staw (1976).

**23** 우리는 시계추처럼 왔다 갔다 하는 진자가 건물 해체용 쇳덩이로 변할 수 있음을 알게 해준 Melinda Wheelwright Brown에게 고마움을 전하고 싶다. Wheelwright Brown (2020) 역시 성차별 문제를 해결하려고 노력하는 과정에서 이런 패턴을 이야기했다.

**24** Robertson and Breen (2013), 63.

**25** Johnson (1992); 다음도 참고. Polarity Partnerships, "Polarity Map," accessed January 22, 2022, www.polaritypartnerships.com.

**26** Lewis (2018); Lüscher and Lewis (2008).

**27** Sundaramurthy and Lewis (2003).

**28** 카스경영대학원은 현재 시티런던대학교에 속해 있으며 베이즈경영대학원으로 불리고 있다.

**29** Hampden-Turner (1981), 29.

**30** Robertson and Breen (2013), 284.

**31** LEGO Group, "The LEGO Group Delivered Top and Bottom Line Growth in 2019," LEGO, accessed March 2020, https://www.lego.com/en-us/aboutus/news/2020/march/annual-results/.

## 3장

**1** Rothenberg (1979).

**2** Miron-Spektor, Gino, and Argote (2011).

**3** 다음 참고. Follett's essay "Constructive Conflict" in Graham (1995).

**4** Martin (2007), 6-7.

**5** 일부 학자들은 역설과 변증법은 창의적인 통합 방법을 찾아낸 뒤 어떻게 되는가에 따라 그 차이가 생겨난다고 주장한다. 역설과 마찬가지로, 변증법 역시 서로 모순적이면서도 상호의존적인 요구들에 대한 것이다. 변증법은 18세기의 독일 철학자 헤겔(Georg Wilhelm Friedrich Hegel)의 연구에서 비롯된 것으로, 이 이론에서는 명제와 반명제(서로 상반된 힘들)가 합쳐져 새로운 합명제가 된다. 그리고 새로운 합명제는 다시 그 자체가 명제가 되어 반명제들을 만들어낸다. 그리고 최초의 명제와 반명제 밑에 숨어 있던 갈등은 사라지게 된다. 이것이 헤겔이 애초에 자신의 변증법에서 말하고자 한 구조인지에 대해서는 아직 논란의 여지가 있다. 그런데도 이 같은 변증법의 개념에 숨은 갈등이 또 다른 새로운 갈등으로 변하지만, 우리가 말하는 역설에서는 숨어 있는 갈등이 지속된다. 역설과 변증법의 차이에 대해 더 알고 싶다면 다음 참고. Hargrave and Van de Ven (2017).

**6** Schneider (1990), 140.

**7** Smith (2014).

**8** Quinn and Cameron (1988).

## 4장

**1** Watzlawick, Weakland, and Fisch (1974).

**2** 하버드대학교 교수 Ellen Langer는 몇 가지 실험을 통해 마음챙김(대상에 주의를 집중하되 주관

을 개입하지 않고 있는 그대로 관찰하는 것—옮긴이)을 할 경우 사람들의 행동과 물리적 성과에 어떤 변화가 일어나는지를 알아보았다. 예일대학교에서 박사 학위 과정을 밟고 있던 그는 노인들의 건강과 행복은 물론 기대 수명까지도 스스로를 중요하고 유능한 사람이라고 생각하느냐에 따라 달라진다는 것을 밝혀냈다(Langer, 1989; Langer and Rodin, 1976). 보다 최근에 행한 한 연구에서, 그는 현재 스탠퍼드대학교 교수인 Alia Crum과 함께 호텔 청소 직원들의 마음 자세가 그들의 생리 현상에 영향을 미친다는 것을 밝혀냈다. 그들은 연구에 참여한 호텔 청소 직원들의 절반에게 그들의 일이 이미 활발한 생활방식을 위한 미국 공중보건위생국장의 권고를 충족시키고 있다고 말했다. 그러나 나머지 절반의 청소 직원들에게는 그런 말을 하지 않았다. 이 연구 결과, 연구진은 청소 직원들이 자신의 일 덕분에 활발한 생활방식이 가능해지고 있다는 마음 자세만으로도 체중, 혈압, 체지방지수 면에서 건강이 좋아졌다는 것을 알게 됐다. 더 놀라운 점으로, 그 청소 직원들은 별다른 행동 변화 없이도 각종 생리 현상에서 이처럼 좋은 결과를 보였다. 다음 참고. Crum and Langer (2007).

**3** Smith and Lewis (2011).

**4** 역설 사고방식과 '역설 사고방식 평가표'에 대해 더 알고 싶다면 다음 참고. Miron-Spektor et al. (2018).

**5** 우리는 이 책의 부록에 '역설 사고방식 평가표'를 넣었다. 또한 paradox.lerner.udel.edu를 방문하면 누구든 무료로 이 평가표를 이용할 수 있다.

**6** Nisbett (2010); Spencer-Rodgers et al. (2004); Spencer-Rodgers et al. (2009).

**7** 힌두교와 불교, 자이니교 등 고대의 많은 철학적 전통이 눈먼 사람들과 코끼리의 우화를 다루고 있다. 이 우화와 그 다양한 역사에 대해 더 알고 싶다면 다음 참고. Marcora and Goldstein (2010).

**8** 이 시 구절은 '눈먼 사람들과 코끼리' 우화와 관련된 John Godfrey Saxe의 우화시에서 인용한 것으로 '눈먼 사람들과 코끼리' 우화는 다음 책에서 볼 수 있다. *The Poems of John Godfrey Saxe* (Sydney, Australia: Wentworth Press, 2016).

**9** Dan Simons와 Chris Chabris는 함께 관심과 인식에 관한 연구를 진행했다. 다음 참고. The Invisible Gorilla, accessed January 22, 2022, www.theinvisiblegorilla.com. Simons and Chabris (1999); Chabris and Simons (2010).

**10** '확증 편향'에 대해 더 알고 싶다면 다음 참고. Lord, Ross, and Lepper(1979); Mynatt, Doherty, and Tweney (1977). 더 최근의 자료는 다음 참고. Grant (2021).

**11** 〈뉴욕타임스〉 저널리스트 Ezra Klein은 저서 *Why We're Polarized*에서 우리의 확증 편향이 어떻게 정치적 양극화를 심화시키는지 깊이 들여다보고 있다. Klein (2020).

**12** Dolly Chugh와 Max Bazerman은 비윤리적 행동이 어느 정도 자신들이 말하는 이른바 '제한된 인지력' 때문에 생겨나는지, 즉 비윤리적 행동이 어느 정도 의사결정 과정에서 적절한 정보를 찾거나

제대로 활용하지 못한 데서 생겨나는지를 연구한다. 제한된 인지력에 대해 더 알고 싶다면 다음 참고. Chugh and Bazerman (2007); Chugh (2018).

**13** 시카고의 즉흥극 극장 Second City에서 공연하기도 하는 뛰어난 즉흥극 배우이자 연구원인 Clay Drinko는 저서 *Theatrical Improvisation, Consciousness and Cognition*(Drinko, 2013)에서 즉흥극을 신경과학 및 인지 연구와 연결지었다. 그는 직접적인 연구를 통해 이런 툴의 힘에 대해 워낙 큰 확신을 갖게 되었고, 그래서 사람들로 하여금 즉흥적인 접근법을 활용할 수 있게 해줄 120가지 관행을 담은 저서 *Play Your Way Sane*에서 다시 실용적인 조언을 한다.

**14** Drinko (2018), 37.

**15** Felsman, Gunawarden, and Seifert (2020).

**16** Bazerman (1998); Fisher and Ury (1981).

**17** Sonenshein (2017).

**18** www.ecobricks.org에서 러셀 마이어의 이야기와 글로벌 에코브릭 연합에 대해 더 많이 알 수 있다.

**19** Diamandis and Kotler (2012).

**20** Grant (2013).

**21** 나(메리앤)는 동료 Lotte Lüscher와 함께 레고의 중간관리자들에 대해 연구하는 과정에서 '실행 가능한 확실성workable certainty'이란 용어를 도입했다. 그 중간관리자들은 조직 내에 불어닥친 커다란 변화 속에서 지속적인 갈등을 겪고 있었다. 우리가 알게 된 바에 따르면, 그 중간관리자들은 리더들이 관점을 바꾸라는 권유를 받고 있는 상황에서 그 모든 도전을 더 잘 헤쳐나갈 수 있었다. 즉 갈등을 해결하는 데 전념하는 것이 아니라, 갈등을 있는 그대로 받아들이고 자신들이 앞으로 나아가는 데 도움이 될 '실행 가능한 확실성'을 찾아내려 애씀으로써 더 잘해낼 수 있었다. 다음 참고. Lüscher and Lewis (2008).

**22** Langer (1975).

**23** 통제의 착각은 많은 연구에서 나타난다. 예를 들어 Larwood and Whittaker (1977)의 연구에 따르면, 학생들은 자신을 가상의 회사 판매 책임자라고 생각할 때 그 회사 제품 판매와 관련해 기꺼이 더 위험한 결정을 내리려 한다. 마찬가지로 관리자들 역시 자신이 모든 것을 책임진다고 생각할 때 기꺼이 더 위험한 결정을 내리려 한다. 더 최근에 실시된 Drand (2003)의 연구에서는, 조직 내 개인들이 자신들의 자원 사용과 관련해 더 강한 통제권을 가질 때 자원 전체 사용과 관련해 보다 긍정적인 예측을 할 가능성이 더 높았다. 통제의 착각과 그것이 의사결정에 미치는 영향에 대해 더 알고 싶다면 다음 리뷰 참고. Stefan and David (2013).

**24** 예를 들어, Hill and Lineback (2011)은 통제권을 내려놓는 리더들은 권한을 위임받는 부하 직원들에게 마음의 문을 열어 더 많이 배우고 더 적극적으로 혁신할 수 있게 해준다고 말한다. 또한 Edmonson (2012)에 따르면, 통제권을 내려놓음으로써 기꺼이 취약점을 드러내는 리더들은 직원들에게 심리적인 안정감을 주고 실험 정신을 북돋울 뿐 아니라 팀워크도 강화한다.

**25** Heifetz, Grashow, and Linsky (2009), 19.

**26** Heifetz and Linsky (2002), 53-54.

**27** Friedman (2005).

**28** Kierkegaard (1962).


## 5장

**1** "Hardware and Tear," *Economist*, December 19, 1992, 63-64.

**2** 거스너의 IBM 회생 전략에 대해 더 알고 싶다면 다음 참고. Gerstner (2002).

**3** IBM의 3영역 전략은 Baghai, Coley, and White (2000)의 영향을 받았다.

**4** March (1991), 71-87.

**5** 허르미니아 이바라(1999)는 '진정성 역설' 문제를 헤쳐나가려면 (가능하지만 아직 완전히 정교하지 않은 전문적인 정체성을 위한 실험 역할을 하는) 임시적인 자아를 깊이 파고들어야 한다고 주장했다. 진정성 역설에 대해 더 알고 싶다면 다음 참고. Ibarra (2015a, 2015b).

**6** '양손잡이' 조직의 특성에 대해 더 알고 싶다면 다음 참고. Tushman and O'Reilly (1996). IBM이 양손잡이 조직을 구축하기 위한 전략을 어떻게 실행에 옮겼는지 더 알고 싶다면 다음 참고. Harreld, Tushman, and O'Reilly (2007). 다음도 참고. O'Reilly and Tushman (2016); Binns, O'Reilly, and Tushman (2022).

**7** Frankl (1959).

**8** Vozza (2014).

**9** Roy West (1968), 38.

**10** 생텍쥐페리 인용문은 다음에서 번역. Quote Investigator, "Teach Them to Yearn for the Vast and Endless Sea," citing Antoine de Saint-Exupéry, Citadelle, section 75 (Paris: Gallimard, 1948; reprint), 687. (Reprint of text first published in 1948, https://quoteinvestigator.com/2015/08/25/sea/#note-11852-1.)

**11** 시넥에 대해 더 알고 싶다면 다음 참고. Simon Sinek, "How Great Leaders Inspire Action," TEDx talk, TEDxPuget Sound, September 2009, https://www.ted.com/talks/simon_sinek_how_great_leaders_inspire_action; and Sinek (2009).

**12** 평화의 씨앗에 대해 더 알고 싶다면 다음 참고. www.seedsofpeace.org.

**13** Sherif et al. (1961).

**14** Slawinski와 Bansal (2015)은 장기적 사고가 역설 문제로 야기되는 갈등 해결에서 하는 역할에 대해 논하고 있다. 두 사람은 알버타 오일 샌드 지역의 기업들이 보다 장기적인 비전을 갖고 있을 때 보다 친환경적인 관행을 택한다는 사실을 알아냈다.

**15** Smets et al. (2015).

**16** 재닛 페르나, 저자와의 화상 인터뷰, 2021년 11월 30일.

**17** 우리의 연구 결과에 따르면, 분리하고 연결하는 활동들은 조직 차원은 물론이고 고위직 리더 팀 차원에서도 일어났다. 리더들은 조직이 제대로 돌아가게 할 구조만 구축한 것이 아니라 고위직 리더들이 각종 갈등을 분리하고 연결하는 역할을 할 수 있는 관행도 구축했다. 다음 참고. Smith (2014); Tushman, Smith, and Binns (2011).

**18** Tushman and O'Reilly (1996); Harreld, O'Reilly, and Tushman (2007); Gibson and Birkinshaw (2004).

**19** 내 동료 마리아 베샤로프와 티파니 다라비, 나(웬디)는 조직 내에서의 분리와 연결을 위한 여러 가지 접근법을 비교해보았다. 그 결과 조직이 어떤 식으로 역설의 양극단을 분리하고 연결하는가는 그들이 직면한 역설의 종류에 따라 달라진다는 것을 알게 되었다. 그러나 조직의 전반적인 성공을 위해 그 같은 여러 가지 접근법보다 더 중요한 것은 분리와 연결 사이에서 제대로 균형을 잡는 일 이었다. 우리는 분리와 연결을 위한 이 같은 여러 접근법의 사례를 보여주기 위해 다양한 사회적 기업에 대해 살펴보려고 한다. 다음 참고. Besharov, Smith, and Darabi (2019).

**20** 앞으로 뻗어나가려는 사람들이 각종 제약을 활용해 창의성을 발휘하는 것에 대해 더 알고 싶다면 다음 참고. Sonenshein (2017).

**21** Petriglieri (2018; 2019).

**22** Brown (2012).


## 6장

**1** Horace Mann, 12th Annual Report to the Massachusetts State Board of Education (1848).

**2** Dacin, Munir, and Tracey (2010).

**3** Einstein's diaries, examined by Rothenberg (1979).

**4** Vince and Broussine (1996).

**5** Haas and Cunningham (2014)

**6** Brown (2012).

**7** 두 번째 화살을 맞는 것에 대한 석가모니의 이 비유는 그의 가르침에서 핵심이다. 이 비유에 대해 글을 쓴 학자들은 많다. 예로 다음 참고. Nhat Hanh (2008).

**8** Stuart Manley, "First Person: 'I Am the Keep Calm and Carry on Man,'" *Independent* (London), April 25, 2009, https://www.independent.co.uk/news/people/profiles/first-person-i-am-the-keep-calm-and-carry-on-man-1672398.html.

**9** Gharbo (2020).

**10** 수용 전념 치료(ACT)의 임상에서 가장 중요한 것은 수용, 즉 받아들임이다. 이 같은 접근법은 우 리의 마음 자세가 바뀌면 행동도 바뀐다고 보는 인지 치료의 보다 전통적인 접근법에서 나온 것이

다. 수용 전념 치료는 우리의 마음 자세와 감정을 인지하고 받아들이는 데서 시작된다. 수용 전념 치료에 대해 더 알고 싶다면 다음 참고. Hayes, Strosahl, and Wilson (2009).

**11** Brach (2004), 152. 또한 타라 브라흐는 이 연구를 소개하는 여러 대담과 명상이 담긴 웹사이트를 운영하고 있다. www.tarabrach.com.

**12** Dostoevsky (2018), 29.

**13** 흰곰 효과에 대해 더 알고 싶다면 다음 참고. Wegner (1989).

**14** Fredrickson (2001, 2010).

**15** Gharbo (2020).

**16** Seligman (2012), 21-24.

**17** Rothman and Northcraft (2015).

## 7장

**1** Maslow (1968); McGregor (1960).

**2** 빌 고어의 회사 설립 이야기와 인용문은 다음 참고. https://www.gore.com/about/culture.

**3** 그 좋은 예로, 테리 켈리가 최고경영자에 오른 그해에 고어는 〈포춘〉(2005년 1월 24일자)이 선정한 '일하기 좋은 직장 100' 중 2위에 올랐다.

**4** 테리 켈리, 저자들과의 대면 인터뷰(2016년 4월 17일 미국 델라웨어주 뉴어크).

**5** 테리 켈리, 저자들과의 대면 인터뷰(2016년 4월 17일 미국 델라웨어주 뉴어크).

**6** '도요타 생산 방식'의 독특한 접근법에 대해 쓴 글은 많다. 이 생산 방식에 대해, 특히 이 생산 방식 밑에 숨은 역설의 특성에 대해 더 알고 싶다면 다음 참고. Osono, Shimizu, and Takeuchi (2008); Takeuchi and Osono (2008); Eisenhardt and Westcott (1988).

**7** Osono, Shimizu, and Takeuchi (2008), 9.

**8** Toyota, "Toyota Production System," Toyota Motor Corporation, accessed January 22, 2021, https://global.toyota/en/company/vision-and-philosophy/production-system/.

**9** Staw (1976).

**10** Kelley and Kelley (2013).

**11** Toyota Motor Corporation, *Team Toyota 10* (internal company publication), January-February 2004, 다음에서 인용. Osono, Shimizu, and Takeuchi (2008), 67.

**12** 록키모어, 저자들과의 전화 인터뷰, 2018년 10월 8일.

**13** 록키모어, 저자들과의 전화 인터뷰, 2018년 10월 8일.

**14** Cunha and Berti (2022). 다음도 참고. Cunha, Clegg, and Mendonça (2010).

**15** Busch (2020).

**16** 스티븐 코스크로브, 저자들과의 화상 인터뷰, 2021년 4월 1일.

**17** 스티븐 코스크로브와 그의 책에 대해 더 알고 싶다면 그의 웹사이트 참고. https://www.stephencosgrove.com.

**18** 보스턴 컨설팅 그룹의 보고서는 다음 참고. Boston Consulting Group, *Strategic for the British Motorcycle Industry*, Her Majesty's Stationary Office, London, July 30, 1975.

**19** 혼다에 대해 그리고 전략의 계획적인 면을 중시하는 측과 우발적인 면을 중시하는 측 간의 논쟁에 대해 더 알고 싶다면 다음 참고. Pascale et al. (1996); Pascale et al. (1996), 112.

**20** 아지리스의 '이원 순환 학습' 아이디어는 컨설팅 기업 액션 디자인(www.actiondesign.com)이 심층 분석했다. 여기에선 아지리스(1977)가 '이원 순환 학습'에 대한 자신의 생각을 말했다.

**21** Grant (2021).

## 8장

**1** Langer (1989).

**2** Fisher and Ury (1981).

## 9장

**1** 우리는 에즈라 클라인의 *Why We're Polarized* (Klein, 2020)를 읽고 많은 영감을 얻었다. 점점 심해지는 미국 정치의 양극화 현상을 심층 분석하고 있다.

**2** 학자들은 집단 갈등에 대해 많은 글을 써왔다. 타지펠과 동료들(Tajfel, 1970; Tajfel et al., 1979)이 실시한 집단 갈등에 대한 초창기 연구에 따르면, 개인들이 양극단으로 갈리는 데는 그리 오랜 시간이 걸리지 않는다. 그리고 양극단으로 갈린 사람들은 다른 집단에 속한 사람들을 적으로 돌리면서까지 자기 집단에 속한 사람들의 편을 든다. 그간 학자들은 이런 갈등을 헤쳐나가는 데 필요한 전략을 내놓았다. 셰리프(Shefif)와 그의 동료들(1961)은 자신들의 초기 연구에서 핵심 비전의 가치를 높이 평가했다. 피올(Fiol), 프랫(Pratt), 오코너(O'Connor)(2009)는 서로 간의 다름을 통해 시너지 효과를 내는 분리와 통합 과정을 설명했다. 보다 최근에는 골드만-웨츨러(Goldman-Wetzler)(2020)가 이스라엘과 팔레스타인 간의 갈등처럼 아주 풀기 힘든 역사적·정치적 갈등을 집중 연구했다. 우리 자신의 감정과 배경을 더 깊이 이해하기 위한 개인 차원의 관행을 알아내 서로 더 잘 연결될 수 있는 방법을 찾고자 했다.

**3** 배리 존슨과 폴래러티 파트너십스의 연구에 대해 더 알고 싶다면 다음 참고. Johnson (2020, 2021). 폴래러티 파트너십스의 웹사이트도 참고. www.polaritypartnerships.com. 존슨(1992)은 양극단 지도 그리기의 토대를 닦았다. 그는 양극단 지도 그리기를 더 깊이 연구하고(Johnson 2020) 특정 사례들의 성공 스토리를 공유함으로써(Johnson 2021) 양극단 지도의 개념을 확대했다.

**4** Horowitz, Corasaniti, and Southall (2015).

**5** 폴래러티 파트너십스에 대해 더 알고 싶거나 작성용 양극단 지도를 구하고 싶다면 다음 참고.

https://www.polaritypartnerships.com.

**6** Gregory G. Mullen, quoted in "Who We Are," Illumination Project, accessed April 13, 2021, http://theilluminationproject.org/who-we-are/.

**7** Chris Hanclosky and Glenn Smith, *From Tragedy to Trust: Can Charleston Achieve Unity after the Emanuel AME Church Shooting?*, documentary film, written by Jennifer Berry Hawes, *Charleston (SC) Post and Courier*, June 15, 2016, https://data.postandcourier.com/saga/oneyearlater/page/6.

**8** 다음에서 인용. Hanclosky and Smith, *From Tragedy to Trust*, 7:07.

## 10장

**1** Heidrick & Struggles, "The CEO Report: Embracing the Paradoxes of Leadership and the Power of Doubt," accessed April 2020, https://www.sbs.ox.ac.uk/sites/default/files/2018-09/The-CEO-Report-Final.pdf, 3.

**2** PwC, "Six Paradoxes of Leadership: Addressing the Crisis of Leadership," accessed April 2020, www.pwc.com/paradoxes.

**3** Deloitte, "The Social Enterprise at Work: Paradox as a Path Forward," accessed April 2020, https://www2.deloitte.com/global/en/pages/human-capital/articles/sap-response-human-capital-trends.html.

**4** Polman and Winston (2021).

**5** Polman and Winston (2021), 102.

**6** Polman and Winston (2021), 109.

**7** 이 다양한 역설에 대해 더 알고 싶다면 다음 참고. Smith, Lewis, and Tushman (2016).

**8** 폴 폴먼, 저자들과의 인터뷰, 2021년 7월 13일.

**9** 폴 폴먼, 저자들과의 인터뷰, 2021년 7월 13일.

**10** 목적의 가치에 대해 더 알고 싶다면 다음 참고. Collins and Porras (2005); Mourkogiannis (2014).

**11** 1950년대에 사회심리학자 무자퍼 셰리프와 그의 동료들이 실시한 로버스 케이브 캠프 실험은 중요한 비전이 어떻게 갈등을 완화시키는지 잘 보여주는 대표적인 사례가 되었다. 그 실험에서 셰리프와 동료들은 소년들을 캠프로 데려가 두 팀으로 나눈 뒤 여러 날 동안 지속적인 경쟁을 붙였다. 그런데 연구진이 관찰한 바에 따르면, 참석자 전원의 참여와 중요한 비전이 필요한 도전에 직면하게 되자 소년들은 자기 팀에 대한 집착에서 벗어나 상대 팀 소년들과 협력했다. 다음 참고. Sherif, et al. (1961). 다른 학자들은 중요한 비전은 보다 통합적인 협상과 상호협조적인 행동을 가능하게 해준다는 사실을 발견했다. 다음 참고. Kane (2010); Sonenshein, Nault, and Obodaru (2017).

**12** 우리의 동료인 빅토리아대학의 나탈리 슬라빈스키와 웨스턴온타리오대학의 프라티마 반살은 조직의 전략에서 상반된 요구들을 통합하려면 장기적 사고가 필수라는 사실을 알아냈다. 그들은 역청 타르에서 원유를 추출하는 지역 중 그 규모가 세계 3위인 알버타 오일 샌드 지역 내 주요 기업들의 사고방식을 비교해보았다. 환경보호 운동가들은 역청 타르를 '더러운 오일'이라 하면서 그 업계의 해체를 요구해오고 있다. 그런 저항을 고려할 때, 그 업계의 리더들이 역청 타르에서 원유를 추출하는 사업 모델을 재고해볼 수는 없는 걸까? 대규모 삼림 벌채를 하지 않고 막대한 양의 물을 사용하지 않으며 건강과 경제 측면에서 주변 지역사회에 피해를 주지 않으면서 원유를 추출하는 방식으로 말이다. 슬라빈스키와 반살은 그 업계의 리더들이 이런 도전에 어떻게 대처하고 있는지 알고 싶었다. 그 지역에서 60여 명의 경영인들과 인터뷰를 해본 결과, 그들은 리더들의 마음 자세와 그 파급력에 상당한 차이가 있다는 것을 알게 됐다. 대부분 리더는 단기적인 매출 감소를 우려하고 있었다. 이 지배적인 마음 자세 때문에 환경문제 혁신을 위한 투자가 쉽지 않았다. 그러나 일부 리더들은 장기적 관점을 갖고 있었다. 중대한 환경문제를 해결하기 위해서는 미래 지향적인 해결책이 나와야 했고, 그래서 그 리더들은 그것을 가능하게 해줄 새롭고도 혁신적인 방법들을 찾고 있었다. 다음 참고. Slawinski and Bansal (2015).

**13** 폴 폴먼, 저자들과의 인터뷰, 2021년 7월 13일.

**14** 다음 참고. Unilever's history at https://www.unileverusa.com/brands/every-day-u-does-good/.

**15** 유니레버의 역사에 대해 더 알고 싶다면 다음 참고. Unilever UK and Ireland, "Our History," accessed April 2020, https://www.unilever.co.uk/about/who-we-are/our-history/; David Gelles, "He Ran an Empire of Soap and Mayonnaise. Now He Wants to Reinvent Capitalism," *Corner Office* (blog), *New York Times*, August 29, 2019, https://www.nytimes.com/2019/08/29/business/paul-polman-unilever-corner-office.html.

**16** Polman and Winston (2021), 121.

**17** 학자들은 그간 '단기 성과주의'의 폐해를 지적해왔다. 리더들이 단기적 이익을 올리기 위해 장기적 성공을 희생시키고 있다는 것이다(Stein, 1988). 한 연구에서, 푸(Fu)와 그의 동료들은(2020)은 리더들이 이익 보고를 한 해에 2회 할 때보다 분기별로 할 때 혁신을 포기할 가능성이 더 높다는 사실을 알아냈다.

**18** 성 다양성과 관련된 맥킨지 앤 컴퍼니의 조사에 따르면, 경영진의 성 다양성이 상위 4분의 1인 기업들은 하위 4분의 1인 기업들에 비해 평균 수준 이상의 이익을 낼 가능성이 25퍼센트 더 높았다. 이에 대해 더 알고 싶다면 다음 참고. *Diversity Wins: How Inclusion Matters* (May 19, 2020), https://www.mckinsey.com/featured-insights/diversity-and-inclusion/diversity-wins-how-inclusion-matters.

**19** Polman and Winston (2021), 121.

**20** Dan Schawbel, "Unilever's Paul Polman: Why Today's Leaders Need to Commit to a Purpose,"

Forbes.com, November 21, 2017, https://www.forbes.com/sites/danschawbel/2017/11/21/paul-polman-why-todays-leaders-need-to-commit-to-a-purpose/?sh=8e7284212761.

21 넷플릭스의 기업 문화와 인사 관행은 다음 참고. "Netflix Culture," Netflix Jobs page, accessed January 22, 2022, https://jobs.netflix.com/culture. 다음도 참고. McCord (2014).

22 자사의 기업 문화에 대한 넷플릭스 측의 이야기를 더 듣고 싶다면 다음 참고. "Netflix Culture," Netflix Jobs page, accessed January 22, 2022, https://jobs.netflix.com/culture. 다음도 참고. McCord (2014).

23 나(웬디)는 Tushman, Smith, and Binns (2011)에서 조직 꼭대기에서 리더들이 역설들을 어떻게 겪고 있는지 설명했다. 다음도 참고. Smith and Tushman (2005).

24 폴 폴먼, 저자들과의 전화 인터뷰, 2021년 7월 13일.

25 Colquhoun (1999), 33.

26 Polman and Winston (2021), 109.

27 Graham (1995), 67. 메리 파커 폴릿은 갈등을 관리하는 방법과 관련해 깊은 지혜를 보여준다. 그 생각을 좀 더 현대적인 감각으로 읽어보면 역설을 헤쳐나가는 법에 대해 말하고 있다. 폴릿에 대해 더 알고 싶다면 다음 전기를 읽어보라. Tonn (2008).

28 Hastings and Meyer (2020).

29 Bossidy, Charan, and Burck (2011).

30 우리는 기억에 남을 만한 모리슨의 이 말을 Kenwyn K. Smith와 David N. Berg (Smith and Berg, 1987)에서 처음 접했다. 원문은 다음 참고. Mary C. Morrison, "In Praise of Paradox," *Episcopalian,* January 1983.

| 참고문헌 |

Abedin, H. (2021). *Both/And: A Memoir.* New York: Scribner.

Andriopoulos, C., and M. W. Lewis (2009). "Exploitation-Exploration Tensions and Organizational Ambidexterity: Managing Paradoxes of Innovation." *Organization Science* 20(4): 696-717.

—— (2010). "Managing Innovation Paradoxes: Ambidexterity Lessons from Leading Product Design Companies." *Long Range Planning* 43(1): 104-122.

Argyris, C. (1977). "Double Loop Learning in Organizations." *Harvard Business Review*, September: 115-125.

Baghai, M., S. Coley, and D. White (2000). *The Alchemy of Growth.* Boulder, CO: Perseus Books.

Bartunek, J. (1988). "The Dynamics of Personal and Organizational Reframing." *In Paradox and Transformation: Toward a Theory of Change in Organization and Management,* edited by R. Quinn and K. Cameron, 127-162. Cambridge, MA: Ballinger.

Bateson, G. (1972). *Steps to an Ecology of Mind: Collected Essays in Anthropology, Psychiatry, Evolution, and Epistemology.* New York: Ballantine Books.

—— (1979). *Mind and Nature: A Necessary Unity.* New York: Bantam Books.

Bazerman, M. (1998). *Judgment in Managerial Decision Making.* New York: Wiley.

Bennis, W. (2003). *On Becoming a Leader,* rev. ed. Cambridge, MA: Perseus.

Berti, M., and A. V. Simpson (2021). "The Dark Side of Organizational Paradoxes: The Dynamics of Disempowerment." *Academy of Management Review* 46(2): 252-274.

Besharov, M., W. Smith, and T. Darabi (2019). "A Framework for Sustaining Hybridity in Social Enterprises: Combining Differentiating and Integrating." In *Handbook of Inclusive Innovation,* edited by G. George, T. Baker, P. Tracey, and H. Joshi. Cheltenham, UK: Edward Elgar Publishing: 394-416.

Binns, A., C. O'Reilly, and M. Tushman (2022). *Corporate Explorer: How Corporations Beat Entrepreneurs at the Innovation Game.* Hoboken, NJ: Wiley.

Bolman, L. G., and T. E. Deal (2017). *Reframing Organizations: Artistry, Choice, and Leadership.* Hoboken, NJ: Jossey-Bass.

Bossidy, L., Charan, R., and Burck, C. (2011). *Execution: The Discipline of Getting Things Done.* New York: Random House.

Brach, Tara (2004). *Radical Acceptance: Embracing Your Life with the Heart of a Buddha.* New York: Bantam Books.

Brandenburger, A. M., and B. J. Nalebuff (1996). *Co-opetition.* New York: Doubleday.

Brown, B. (2012). *Daring Greatly: How the Courage to Be Vulnerable Transforms the Way We Live, Love, Parent, and Lead.* New York: Penguin.

Busch, C. (2020). *The Serendipity Mindset*. New York: Riverhead Books.

Cameron, K., and R. Quinn (2006). *Diagnosing and Changing Culture: Based on the Competing Values Framework*. San Francisco: Jossey-Bass.

Cameron, L. D. (2021). "Making Out while Driving: Relational and Efficiency Games in the Gig Economy." *Organization Science* 33(1). https://doi.org/10.1287/orsc.2021.1547.

Cameron, L. D., and H. Rahman (2021). "Expanding the Locus of Resistance: Understanding the Co-constitution of Control and Resistance in the Gig Economy." *Organization Science* 33(1). https://doi.org/10.1287/orsc.2021.1557.

Capra, F. (1975). *The Tao of Physics: An Exploration of the Parallels between Modern Physics and Eastern Mysticism*. Boulder, CO: Shambhala Publications.

Chabris, C., and D. Simons (2010). *The Invisible Gorilla: And Other Ways Our Intuition Deceives Us*. New York: HarperCollins.

Cheng-Yih,C. (1996). *Early Chinese Work in Natural Science: A Reexamination of the Physics of Motion, Acoustics, Astronomy, and Scientific Thoughts*. Hong Kong: Hong Kong University Press.

Christensen, C. (1997). *The Innovator's Dilemma*. New York: HarperCollins.

Chugh, D., and M. H. Bazerman (2007). "Bounded Awareness: What You Fail to See Can Hurt You." *Mind & Society* 6(1): 1-18.

Chugh, D. (2018). *The Person You Mean to Be: How Good People Fight Bias*. New York: HarperBusiness.

Cohen, B., J. Greenfield, and M. Maran (1998). *Ben & Jerry's Double Dip: How to Run a Values-Led Business and Make Money, Too*. New York: Simon & Schuster.

Collins, J., and J. Porras (2005). *Built to Last: Successful Habits of Visionary Companies*. New York: Random House.

Colquhoun, G. (1999). *The Art of Walking Upright*. Wellington: Aotearoa New Zealand: Steele Roberts.

Cronin, T. E., and M. A. Genovese (2012). *Leadership Matters: Unleashing the Power of Paradox*. London: Paradigm Publishers.

Crum, A. J., and E. J. Langer (2007). "Mindset Matters: Exercise and the Placebo Effect." *Psychological Science* 18(2): 165-171.

Cunha, M. P., and M. Berti (2022). "Serendipity in Management and Organization Studies." In *Serendipity Science*, edited by S. Copeland, W. Ross, and M. Sand. London: Springer Nature.

Cunha, M. P., S. R. Clegg, and S. Mendonça (2010). "On Serendipity and Organizing." *European Management Journal* 28(5): 319-330.

Cyert, R. M., and J. G. March (1963). *A Behavioral Theory of the Firm*. Englewood Cliffs, NJ: Prentice-Hall.

Dacin, M. T., K. Munir, and P. Tracey (2010). "Formal Dining at Cambridge College: Linking

Ritual Performance and Institutional Maintenance." *Academy of Management Journal* 53 (6): 1393-1418.

Dane, E. (2010). "Reconsidering the Trade-Off between Expertise and Flexibility: A Cognitive Entrenchment Perspective." *Academy of Management Review* 35 (4): 579-603.

Danesi, M. (2004). *The Liar Paradox and the Towers of Hanoi: The 10 Greatest Math Puzzles of All Time*. New York: Wiley.

Diamandis, P. H., and S. Kotler (2012). *Abundance: The Future Is Better Than You Think*. New York: Simon & Schuster.

Doren, C. (2019). "Is Two Too Many? Parity and Mothers' Labor Force Exit." *Journal of Marriage and Family* 81 (2): 327-344.

Dostoevsky, F. (2018). *Winter Notes on Summer Impressions*. Richmond, Surrey, UK: Alma Books.

Dotlich, D. L., P. C. Cairo, and C. Cowan (2014). *The Unfinished Leader: Balancing Contradictory Answers to Unsolvable Problems*. New York: Wiley.

Drinko, C. (2013). *Theatrical Improvisation, Consciousness, and Cognition*. New York: Palgrave Macmillan.

——— (2018). "The Improv Paradigm: Three Principles That Spur Creativity in the Classroom." In *Creativity in Theatre: Creativity Theory in Action and Education*, edited by S. Burgoyne, 35-48. Cham, Switzerland: Springer.

——— (2021). *Play Your Way Sane: 120 Improv-Inspired Exercises to Help You Calm Down, Stop Spiraling, and Embrace Uncertainty*. New York: Tiller Press.

Duncker, K. (1945). *On Problem Solving*. Psychological Monographs, vol. 58. Washington, DC: American Psychological Association.

Durand, R. (2003). "Predicting a Firm's Forecasting Ability: The Roles of Organizational Illusion of Control and Organizational Attention." *Strategic Management Journal* 24 (9): 821-838.

Dweck, C. (2006). Mindset: The New Psychology of Success. New York: Random House.

Eden, D. (1990). "Pygmalion without Interpersonal Contrast Effects: Whole Groups Gain from Raising Manager Expectations." *Journal of Applied Psychology* 75: 394-398.

——— (2003). "Self-Fulfilling Prophecies in Organizations." In *Organizational Behavior: State of the Science*, edited by J. Greenberg, 91-22. Mahwah, NJ: Erlbaum.

Edmondson, A. C. (2012). Teaming: *How Organizations Learn, Innovate, and Compete in the Knowledge Economy*. New York: Jossey-Bass.

Eisenhardt, K. M., and B. Westcott (1988). "Paradoxical Demands and the Creation of Excellence: The Case of Just in Time Manufacturing." In *Paradox and Transformation: Toward a Theory of Change in Organization and Management*, edited by R. Quinn and K. Cameron, 19-54. Cambridge, MA: Ballinger.

Fairhurst, G. T., and L. L. Putnam (2019). "An Integrative Methodology for Organizational

Oppositions: Aligning Grounded Theory and Discourse Analysis." *Organizational Research Methods* 22(4): 917-940.

Fayol, H., and C. Storrs (2013). *General and Industrial Management.* United Kingdom: Martino Publishing.

Felsman, P., S. Gunawarden, and C. M. Seifert (2020). "Improv Experience Promotes Divergent Thinking, Uncertainty Tolerance, and Affective Well-Being." *Thinking Skills and Creativity* 35.

Festinger, L., and J. Carlsmith (1959). "Cognitive Consequences of Forced Compliance." *Journal of Abnormal and Social Psychology* 58: 203-210.

Fiol, C. M., M. Pratt, and E. O'Connor (2009). "Managing Intractable Identity Conflicts." *Academy of Management Review* 34: 32-55.

Fisher, R., and W. Ury (1981). *Getting to Yes: Negotiating Agreement without Giving In.* New York: Penguin Books.

Frankl, V. (1959). *Man's Search for Meaning.* London: Hodder and Stoughton.

Fredrickson, B. L. (2001). "The Role of Positive Emotions in Positive Psychology." *American Psychologist* 56(3): 218-226.

────── (2010). *Positivity: Groundbreaking Research to Release Your Inner Optimist and Thrive.* New York: Simon & Schuster.

Freeman, R. E., K. Martin, and B. L. Parmar (2020). *The Power of and: Responsible Business without Trade-offs.* New York: Columbia University Press.

Friedman, M. (1970). "The Social Responsibility of Business Is to Increase Its Profits." *New York Times Magazine*, September 13, 122-126.

Friedman, T. L. (2005). *The World Is Flat.* New York: Farrar, Straus and Giroux.

Frost, R. (1979). *The Poetry of Robert Frost: The Collected Poems, Complete and Unabridged.* Lanthem, E. C. (ed.). New York: Henry Holt and Company.

Fu, R., A. Kraft, X. Tian, H. Zhang, and L. Zuo (2020). "Financial Reporting Frequency and Corporate Innovation." *Journal of Law and Economics* 63(3): 501-530.

Gerstner, L. (2002). *Who Says Elephants Can't Dance?* New York: Harper Collins.

Gharbo, R. S. (2020). "Autonomic Rehabilitation: Adapting to Change." *Physical Medicine and Rehabilitation Clinics* 31(4): 633-648.

Gibson, C. B., and J. Birkinshaw (2004). "The Antecedents, Consequences and Mediating Role of Organizational Ambidexterity." *Academy of Management Journal* 47(2): 209-226.

Goldman-Wetzler, J. (2020). *Optimal Outcomes: Free Yourself from Conflict at Work, at Home, and in Life.* New York: Harper Business.

Graham, D. W. (2019). "Heraclitus." In *Stanford Encyclopedia of Philosophy*, edited by Edward N. Zalta, September. https://plato.stanford.edu/archives/fall2019/entries/heraclitus.

Graham, P., ed. (1995). *Mary Parker Follett: Prophet of Management.* Boston: Harvard Business

School Press.

Grant, A. M. (2013). *Give and Take*. New York: Viking.

———— (2021). *Think Again: The Power of Knowing What You Don't Know*. New York: Viking.

Grant, A. M., and J. W. Berry (2011). "The Necessity of Others Is the Mother of Invention: Intrinsic and Prosocial Motivations, Perspective Taking, and Creativity." *Academy of Management Journal* 54(1): 73-96.

Greenough, P. M. (2001). "Free Assumptions and the Liar Paradox." *American Philosophical Quarterly* 38(2): 115-135.

Haas, I. J., and W. A. Cunningham (2014). "The Uncertainty Paradox: Perceived Threat Moderates the Effect of Uncertainty on Political Tolerance." *Political Psychology* 35(2): 291-302.

Hahn, T., and E. Knight (2021). "The Ontology of Organizational Paradox: A Quantum Approach." *Academy of Management Review* 46(2): 362-384.

Hahn, T., L. Preuss, J. Pinkse, and F. Figge (2014). "Cognitive Frames in Corporate Sustainability: Managerial Sensemaking with Paradoxical and Business Case Frames." *Academy of Management Review* 39(4): 463-487.

Hampden-Turner, C. (1981). *Maps of the Mind*. New York: Macmillan.

Handy, C. (1994). *The Age of Paradox*. Boston: Harvard Business School Press.

———— (2015). *The Second Curve: Thoughts on Reinventing Society*. London: Penguin Random House UK.

Hargrave, T. J., and A. H. Van de Ven (2017). "Integrating Dialectical and Paradox Perspectives on Managing Contradictions in Organizations." *Organization Studies* 38(3-4): 319-339.

Harreld, J. B., C. O'Reilly, and M. Tushman (2007). "Dynamic Capabilities at IBM: Driving Strategy into Action." *California Management Review* 49(4): 21-43.

Harvey, J. B. (1974). "The Abilene Paradox: The Management of Agreement." *Organizational Dynamics* 3: 63-80.

Hastings, R., and E. Meyer (2020). *No Rules Rules: Netflix and the Culture of Reinvention*. New York: Penguin.

Hayes, S. C., K. D. Strosahl, and K. G. Wilson (2009). *Acceptance and Commitment Therapy*. Washington, DC: American Psychological Association.

Heifetz, R., A. Grashow, and M. Linsky (2009). *The Practice of Adaptive Leadership: Tools and Tactics for Changing Your Organization and the World*. Boston: Harvard Business Press.

Heifetz, R., and M. Linsky (2002). *Leadership on the Line: Staying Alive through the Dangers of Leading*. Boston: Harvard Business School Press.

Henrich, J., S. J. Heine, and A. Norenzayan (2010). "The Weirdest People in the World?" *Behavioral and Brain Sciences* 33(2-3): 61-83.

Hill, L. A., and K. Lineback (2011). *Being the Boss: The Three Imperatives for Becoming a Great Leader*.

Boston: Harvard Business Press.

Horowitz,J., N. Corasaniti, and A. Southall (2015). "Nine Killed in Shooting at Black Church in Charleston." *New York Times*. https://www.nytimes.com/2015/06/18/us/church-attacked-in-charleston-south-carolina.html.

Ibarra, H. (1999). "Provisional Selves: Experimenting with Image and Identity in Professional Adaptation." *Administrative Science Quarterly* 44(4): 764-791.

———— (2015a). "The Authenticity Paradox." *Harvard Business Review*, January-February: 53-59.

———— (2015b). *Act Like a Leader, Think Like a Leader*. Boston: Harvard Business Review Press.

Jarzabkowski, P., J. Le, and A. Van de Ven (2013). "Responding to Competing Strategic Demands: How Organizing, Belonging and Performing Paradoxes Co-Evolve." *Strategic Organization* 11(3): 245-280.

Jaspers, K. (1953). *The Origin and Goal of History*. New Haven, CT: Yale University Press.

Johnson, B. (1992). *Polarity Management: Identifying and Managing Unsolvable Problems*. Amherst, MA: Human Resource Development Press.

———— (2020). *Foundations. Vol. 1 of And…. Making a Difference by Leveraging Polarity, Paradox or Dilemma*. Amherst, MA: Human Resource Development Press.

———— (2021) *Applications*. Vol. 2 of *And…. Applications: Making a Difference by Leveraging Polarity, Paradox or Dilemma*. Amherst, MA: Human Resource Development Press.

Jung, Carl G. (1953). "Psychology and Alchemy," in *Collected Works*, vol. 12. Princeton, NJ: Princeton University Press.

Kane, A. (2010). "Unlocking Knowledge Transfer Potential: Knowledge Demonstrability and Superordinate Social Identity." *Organization Science* 21(3): 643-660.

Keller, J., J. Loewenstein, and J. Yan (2017). "Culture, Conditions, and Paradoxical Frames." *Organization Studies* 38(3-4): 539-560.

Kelley, T., and D. Kelley (2013). *Creative Confidence: Unleashing the Creative Potential within Us All*. New York: Crown.

Kidder, T. (2011). *The Soul of a New Machine*. London: Hachette UK.

Kierkegaard, S. (1962). *Philosophical Fragments*. Translated by David F. Swenson. Princeton, NJ: Princeton University Press.

Klein, E. (2020). *Why We're Polarized*. New York: Simon & Schuster.

Knight, E., and Hahn, T. (2021). "Paradox and Quantum Mechanics: Implications for the Management of Organizational Paradox from a Quantum Approach." In R. Bednarek, M. P. e Cunha, J. Schad, and W. K. Smith (Ed.) *Interdisciplinary Dialogues on Organizational Paradox: Learning from Belief and Science*, Part A (Research in the Sociology of Organizations, Vol. 73a). Bingley, UK: Emerald Publishing Limited. 129-150.

Kolb, D. A. (2014). *Experiential Learning: Experience as the Source of Learning and Development*.

Upper Saddle River, NJ: FT Press.

Kramer, T., and L. Block (2008). "Conscious and Nonconscious Components of Superstitious Beliefs in Judgment and Decision Making." *Journal of Consumer Research* 34(6): 783-793.

Kurlansky, M. (2011). Cod: *A Biography of the Fish That Changed the World. Toronto*: Vintage Canada.

Lager, F. (2011). *Ben & Jerry's: The Inside Scoop: How Two Real Guys Built a Business with a Social Conscience and a Sense of Humor*. New York: Currency.

Langer, E. J. (1975). "The Illusion of Control." *Journal of Personality and Social Psychology* 32(2): 311-328.

——— (1989). *Mindfulness*. Reading, MA: Addison-Wesley.

Langer, E. J., and J. Rodin (1976). "The Effects of Choice and Enhanced Personal Responsibility for the Aged: A Field Experiment in an Institutional Setting." *Journal of Personality and Social Psychology* 34(2):191-198.

Larwood, L., and W. Whittaker (1977). "Managerial Myopia: Self-Serving Biases in Organizational Planning." *Journal of Applied Psychology* 62(2): 194.

Leonard-Barton, D. A. (1992). "Core Capabilities and Core Rigidities: A Paradox in Managing New Product Development." *Strategic Management Journal* 13 (summer): 111-125.

Lewis, M. W. (2018). "Vicious and Virtuous Cycles: Exploring LEGO from a Paradox Perspective." *Dualities, Dialectics, and Paradoxes of Organizational Life: Perspectives on Process Organizational Studies* 8: 106-123.

——— (2000). "Exploring Paradox: Toward a More Comprehensive Guide." *Academy of Management Review* 25(4): 760-776.

Lewis, M. W., and W. K. Smith (2014). "Paradox as a Metatheoretical Perspective: Sharpening the Focus and Widening the Scope." *Journal of Applied Behavioral Science* 50: 127-149.

Lord, C. G., L. Ross, and M. R. Lepper (1979). "Biased Assimilation and Attitude Polarization: The Effects of Prior Theories on Subsequently Considered Evidence." *Journal of Personality and Social Psychology* 37(11): 2098-2109.

Lowens, R. (2018). "How Do You Practice Intersectionalism? An Interview with bell hooks," Black Rose Anarchist Federation.

Luscher, L., and M. W. Lewis (2008). "Organizational Change and Managerial Sensemaking: Working through Paradox." *Academy of Management Journal* 51(2): 221-240.

March, J. G. (1991). "Exploration and Exploitation in Organizational Learning." *Organization Science* 2(1): 71-87.

Marcora, S., and E. Goldstein (2010). *Encyclopedia of Perception*. Thousand Oaks, CA: SAGE.

Markus, H., and S. Kitayama (1991). "Culture and the Self: Implications for Cognition, Emotion and Motivation." *Psychological Review* 98(2): 224-253.

Martin, R. (2007). *The Opposable Mind: How Successful Leaders Win through Integrative Thinking.*
Boston: Harvard Business School Press.

Maslow, A. H. (1968). *Toward a Psychology of Being.* New York: John Wiley & Sons.

McCord, P. (2014). "How Netflix Reinvented HR." *Harvard Business Review,* January-February:
71-76.

McGregor, D. M. (1960). *The Human Side of Enterprise.* New York: McGraw-Hill.

——— (1967). *The Professional Manager.* New York: McGraw-Hill.

McKenzie, J. (1996). *Paradox - The Next Strategic Dimension: Using Conflict to Re-energize Your
Business.* New York: McGraw-Hill.

Miller, D. (1992). *The Icarus Paradox: How Exceptional Companies Bring about Their Own Downfall.*
New York: Harper Collins.

——— (1993). "The Architecture of Simplicity." *Academy of Management Review* 18(1): 116-138.

——— (1994). "What Happens after Success: The Perils of Excellence." *Journal of Management
Studies* 31(1) 325-358.

Miron-Spektor, E., F. Gino, and L. Argote (2011). "Paradoxical Frames and Creative Sparks:
Enhancing Individual Creativity through Conflict and Integration." *Organizational Behavior and
Human Decision Processes* 116(2): 229-240.

Miron-Spektor, E., A. S. Ingram, J. Keller, M. W. Lewis, and W. K. Smith (2018).
"Microfoundations of Organizational Paradox: The Problem Is How We Think about the
Problem." *Academy of Management Journal* 61(1): 26-45.

Mitchell, S. (1988). *Tao Te Ching.* New York: Harper & Row.

Mourkogiannis, N. (2014). Purpose: *The Starting Point of Great Companies.* New York: St. Martin's
Press.

Mynatt, C. R., M. E. Doherty, and R. D. Tweney (1977). "Confirmation Bias in a Simulated
Research Environment: An Experimental Study of Scientific Inference." *Quarterly Journal of
Experimental Psychology* 29(1): 85-95.

Needham, J. (1948). *Science and Civilization in China.* Cambridge: Cambridge University Press.

Nhat Hanh, T. (2008). *The Heart of Buddha's Teaching.* New York: Random House.

Nisbett, R. (2010). *The Geography of Thought: How Asians and Westerners Think Differently ... and
Why.* New York: Simon & Schuster.

O'Neill, J. (1993). *The Paradox of Success: When Winning at Work Means Losing at Life.* New York:
G.P. Putnam's Sons.

O'Reilly, C. A., and M. L. Tushman (2016). *Lead and Disrupt: How to Solve the Innovator's Dilemma.*
Palo Alto, CA: Stanford University Press.

——— (2004). "The Ambidextrous Organization." *Harvard Business Review,* April: 74-83.

Osono, E., N. Shimizu, and H. Takeuchi (2008). *Extreme Toyota: Radical Contradictions That Drive*

*Success at the World's Best Manufacturer.* Hoboken, NJ: Wiley.

Pascal, O. (2018). "John McCain's Final Letter to America." *Atlantic,* August 28, https://www.theatlantic.com/ideas/archive/2018/08/john-mccains-final-letter-to-america/568669/.

Pascale, R. T., H. Mintzberg, M. Goold, and R. Rumelt (1996). "The Honda Effect Revisited." *California Management Review* 38(4): 78-117.

Peters, T. (1987). *Thriving on Chaos.* New York: Knopf.

Peters, T., and R. Waterman (1982). *In Search of Excellence.* New York: Harper & Row.

Petriglieri, J. (2018). "Talent Management and the Dual-Career Couple." *Harvard Business Review,* May-June: 106-113.

―――― (2019). *Couples That Work: How Dual-Career Couples Can Thrive in Love and Work.* Boston: Harvard Business Review Press.

Polman, P., and A. Winston (2021). *Net Positive: How Courageous Companies Thrive by Giving More Than They Take.* Boston: Harvard Business Review Press.

Poole, M. S., and A. Van de Ven (1989). "Using Paradox to Build Management and Organizational Theory." *Academy of Management Review* 14(4): 562-578.

Putnam, L. L., G. T. Fairhurst, and S. Banghart (2016). "Contradictions, Dialectics, and Paradoxes in Organizations: A Constitutive Approach." *Academy of Management Annals* 10(1).

Quinn, R., and K. Cameron (1988). *Paradox and Transformation: Toward a Theory of Change in Organization and Management.* Cambridge, MA: Ballinger.

Raza-Ullah, T., M. Bengtsson, and S. Kock (2014). "The Coopetition Paradox and Tension in Coopetition at Multiple Levels." *Industrial Marketing Management* 43(2): 189-198.

Robertson, D., and B. Breen (2013). *Brick by Brick: How LEGO Rewrote the Rules of Innovation and Conquered the Global Toy Industry.* New York: Crown Business.

Roddick, A. (2001). *Business as Unusual: The Triumph of Anita Roddick.* London: Thorsons.

Roethlisberger, F. (1977). *The Elusive Phenomena: An Autobiographical Account of My Work in the Field of Organizational Behavior at the Harvard Business School.* Boston: Division of Research, Graduate School of Business Administration, Harvard University; distributed by Harvard University Press.

Rosenthal, R., and L. Jacobson (1968). "Pygmalion in the Classroom." *The Urban Review* 3(1): 16-20.

Rothenberg, A. (1979). *The Emerging Goddess.* Chicago: University of Chicago Press.

Rothman, N. B., and G. B. Northcraft (2015). "Unlocking Integrative Potential: Expressed Emotional Ambivalence and Negotiation Outcomes." *Organizational Behavior and Human Decision Processes* 126: 65-76.

Roy West, E. (1968). *Vital Quotations.* Salt Lake City: Bookcraft.

Schad, J., M. Lewis, S. Raisch, and W. Smith (2016). "Paradox Research in Management Science:

Looking Back to Move Forward." *Academy of Management Annals* 10(1): 5-64.

Schneider, K. J. (1990). *The Paradoxical Self: Toward an Understanding of Our Contradictory Nature.* New York: Insight Books.

Seligman, M. E. (2012). *Flourish: A Visionary New Understanding of Happiness and Well-Being.* New York: Simon & Schuster.

Senge, P. (1990). *The Fifth Discipline: The Art and Practice of a Learning Organization.* New York: Currency Doubleday.

Sheep, M. L., G. T. Fairhurst, and S. Khazanchi (2017). "Knots in the Discourse of Innovation: Investigating Multiple Tensions in a Re-acquired Spin-off." *Organization Studies* 38(3-4): 463-488.

Sherif, M., O. J. Harvey, et al. (1961). *The Robbers Cave Experiment: Intergroup Conflict and Cooperation.* Norman, OK: Institute of Group Relations.

Simon, H. (1947). *Administrative Behavior: A Study in the Decision Making Processes in Administrative Organizations.* New York: Macmillan.

Simons, D. J., and C. F. Chabris (1999). "Gorillas in Our Midst: Sustained Inattentional Blindness for Dynamic Events." *Perception* 28(9): 1059-1074.

Sinek, S. (2009). *Start with Why: How Great Leaders Inspire Everyone to Take Action.* New York: Portfolio/Penguin.

Slawinski, N., and P. Bansal (2015). "Short on Time: Intertemporal Tensions in Business Sustainability." *Organization Science* 26(2): 531-549.

Smets, M., P. Jarzabkowski, G. T. Burke, and P. Spee (2015). "Reinsurance Trading in Lloyd's of London: Balancing Conflicting-Yet-Complementary Logics in Practice." *Academy of Management Journal* 58(3): 932-970.

Smith, K., and D. Berg (1987). *Paradoxes of Group Life.* San Francisco: Jossey-Bass.

Smith, W. K. (2014). "Dynamic Decision Making: A Model of Senior Leaders Managing Strategic Paradoxes." *Academy of Management Journal* 57(6): 1592-1623.

Smith, W. K., and M. L. Besharov (2019). "Bowing before Dual Gods: How Structured Flexibility Sustains Organizational Hybridity." *Administrative Science Quarterly* 64(1): 1-44.

Smith, W. K., and M. W. Lewis (2011). "Toward a Theory of Paradox: A Dynamic Equilibrium Model of Organizing." *Academy of Management Review* 36(2): 381-403.

Smith, W. K., M. W. Lewis, and M. Tushman (2016). "Both/And Leadership." *Harvard Business Review,* May: 62-70.

Smith, W. K., and M. L. Tushman (2005). "Managing Strategic Contradictions: A Top Management Model for Managing Innovation Streams." *Organization Science* 16(5): 522-536.

Sonenshein, S. (2017). *Stretch: Unlock the Power of Less—and Achieve More Than You Ever Imagined.* New York: HarperBusiness.

Sonenshein, S., K. Nault, and O. Obodaru (2017). "Competition of a Different Flavor: How a Strategic Group Identity Shapes Competition and Cooperation." *Administrative Science Quarterly* 62(4): 626-656.

Spencer-Rodgers, J., H. C. Boucher, S. C. Mori, L. Wang, and K. Peng (2009). "The Dialectical Self-Concept: Contradiction, Change, and Holism in East Asian Cultures." *Personality and Social Psychology Bulletin* 35(1): 29-44.

Spencer-Rodgers, J., K. Peng, L. Wang, and Y. Hou (2004). "Dialectical Self-Esteem and East-West Differences in Psychological Well-Being." *Personality and Social Psychology Bulletin* 30(11): 1416-1432.

Starbuck, W. (1988). "Surmounting Our Human Limitations." In *Paradox and Transformation: Toward a Theory of Change in Organization and Management,* edited by R. Quinn and K. Cameron, 65-0. Cambridge, MA: Ballinger.

Staw, B. (1976). "Knee-Deep in the Big Muddy: A Study of Escalating Commitment to a Chosen Course of Action." *Organizational Behavior and Human Performance* 16(1): 27-44.

Stefan, S., and D. David (2013). "Recent Developments in the Experimental Investigation of the Illusion of Control. A Meta-analytic Review." *Journal of Applied Social Psychology* 43(2): 377-386.

Stein, J. C. (1988). "Takeover Threats and Managerial Myopia." *Journal of Political Economy* 96(1): 61-80.

Sundaramurthy, C., and M. W. Lewis (2003). "Control and Collaboration: Paradoxes of Governance." *Academy of Management Review* 28(3): 397-415.

Tajfel, H. (1970). "Experiments in Intergroup Discrimination." *Scientific American* 223(5): 96-103.

Tajfel, H., J. C. Turner, W. G. Austin, and S. Worchel (1979). "An Integrative Theory of Intergroup Conflict." *Organizational Identity: A Reader* 56(65).

Takeuchi, H., and E. Osono (2008). "The Contradictions That Drive Toyota's Success." *Harvard Business Review,* June: 96.

Taylor, F. W. (1911). *The Principles of Scientific Management.* New York: Harper.

Tonn, J. C. (2008). *Mary P. Follett: Creating Democracy, Transforming Management.* New Haven, CT: Yale University Press.

Tracey, P., N. Phillips, and O. Jarvis (2011). "Bridging Institutional Entrepreneurship and the Creation of New Organizational Forms: A Multilevel Model." *Organization Science* 22(1): 60-80.

Tripsas, M., and G. Gavetti (2000). "Capabilities, Cognition and Inertia: Evidence from Digital Imaging." *Strategic Management Journal* 18: 119-142.

Tushman, M. L., and C. A. O'Reilly (1996). "Ambidextrous Organizations: Managing Evolutionary and Revolutionary Change." *California Management Review* 38(4): 8-30.

Tushman, M. L., W. K. Smith, and A. Binns (2011). "The Ambidextrous CEO." *Harvard Business Review*, June: 74-80.

Tutu, D. (2009). *No Future without Forgiveness*. New York: Crown.

Van Vugt, M., R. Hogan, and R. Kaiser (2008). "Leadership, Followership, and Evolution: Some Lessons from the Past." *American Psychologist* 63(3): 182.

Van Vugt, M., and M. Schaller (2008). "Evolutionary Approaches to Group Dynamics: An Introduction." *Group Dynamics: Theory, Research, and Practice* 12(1): 1.

Vince, R., and M. Broussine (1996). "Paradox, Defense and Attachment: Accessing and Working with Emotions and Relations Underlying Organizational Change." *Organization Studies* 17(1): 1-21.

Vozza, S. (2014). "Personal Mission Statements of 5 Famous CEOs (and Why You Should Write One Too)." *Fast Company*, February: 25.

Watzlawick, P. (1993). *The Situation Is Hopeless but Not Serious*. Norton: New York.

Watzlawick, P., J. H. Weakland, and R. Fisch (1974). *Change: Principles of Problem Formation and Problem Resolution*. New York: Norton.

Weber, M., P. R. Baehr, and G. C. Wells (2002). *The Protestant Ethic and the "Spirit" of Capitalism and Other Writings*. New York: Penguin.

Wegner, D. (1989). *White Bears and Other Unwanted Thoughts: Suppression, Obsession, and the Psychology of Mental Control*. New York: Penguin.

Wheelwright Brown, M. (2020). *Eve and Adam: Discovering the Beautiful Balance*. Salt Lake City, UT: Deseret Books.

Winfrey, O. (2014). *What I Know for Sure*. New York: Flatiron Books.

Yunus, M. (2011). "Sacrificing Microcredit for Megaprofits." *New York Times*, January 15.

**패러독스 마인드셋**

**초판 1쇄 발행** 2024년  8월 21일
**초판 2쇄 발행** 2024년 10월  7일

**지은이** 웬디 K. 스미스, 메리앤 W. 루이스
**옮긴이** 엄성수
**펴낸이** 고영성

**책임편집** 김주연 **디자인** 이화연 **저작권** 주민숙

**펴낸곳** ㈜상상스퀘어
**출판등록** 2021년 4월 29일 제2021-000079호
**주소** 경기도 성남시 분당구 성남대로 52, 그랜드프라자 604호
**팩스** 02-6499-3031
**메일** publication@sangsangsquare.com
**홈페이지** www.sangsangsquare-books.com

**ISBN** 979-11-92389-93-6  03320